NEW OR OLD?

NEW OR OLD?

THE CHRISTIAN STRUGGLE
WITH CHANGE AND TRADITION

by
Ernest C. Colwell

THE WESTMINSTER PRESS
Philadelphia

Copyright © MCMLXX The Westminster Press

All rights reserved—no part of this book may be reproduced in any form without permission in writing from the publisher, except by a reviewer who wishes to quote brief passages in connection with a review in magazine or newspaper.

Scripture quotations from the Revised Standard Version of the Bible are copyright, 1946 and 1952, by the Division of Christian Education of the National Council of Churches, and are used by permission.

THE SPRUNT LECTURES, 1969
Union Theological Seminary
Richmond, Virginia

ISBN 0–664–24885–3
LIBRARY OF CONGRESS CATALOG CARD NO. 70–111039

BOOK DESIGN BY
DOROTHY ALDEN SMITH

Published by The Westminster Press ®
Philadelphia, Pennsylvania

PRINTED IN THE UNITED STATES OF AMERICA

CONTENTS

	INTRODUCTION	7
I.	THE PAST REJECTED: MARCION'S NEW BIBLE	21
II.	THE PAST IGNORED: THE GOSPEL OF TRUTH	38
III.	THE PAST REFORMED: THE GOSPEL OF JOHN	53
IV.	THE PAST DIVIDED: THREE PRIMITIVE GOSPELS	80
V.	THE GOSPEL BEFORE THE CRUCIFIXION	99
	NOTES	121

INTRODUCTION

WHEN I was invited to give these lectures, references were made to my competence in New Testament studies and to my ability to relate them to the present work of the ministry. I felt that the invitation bestowed an aura of authority upon me that might be misleading. If I am to maintain any integrity, I must make a disclaimer.

When I was still in my thirties, I was seduced into academic administration. Administrative work steadily corrodes the bright metal of scholarly study. Every full-time professor recognizes this fact, and I have been an administrator for thirty years. To expect me to reflect the brilliant results of scholarship is to expect a tin can after thirty years on the rubbish heap to reflect the bright light of the Virginia sun.

Yet I have not been entirely defeated. I am like the graduate of a Presbyterian seminary. He enters his parish equipped with Biblical languages, theology from Calvin to the post-Bultmannians, a psychological mastery of interpersonal relationships, sociological mastery of the urban and rural community, personal counseling and creativity through small-group experiences, the understanding of the kerygma, the mastery of methods for its proclamation, and the use (and repair) of the instruments of mass communication, not to mention the administration of the local church in line with its historic polity and in relation to current ecumenism.

He often decides to take just one of these arrows from his quiver and sharpen it.

That is what I have done. I have progressively narrowed the areas in which I read and study until nothing is left but the study of the manuscript tradition of the Greek New Testament. My expertise is limited to the area of lower criticism: for example, I am an authority on Byzantine paleography. I can date undated Greek manuscripts from the medieval period as well as anyone in the western hemisphere. But outside the manuscript world I am an amateur.

Thus, in speaking of a ministry to the world and the church today, I am a true amateur, a lover of the sport. I have never served as the pastor of a church. I lack even the authority of ordination. But I am a member of the church. Jesus Christ mastered me many years ago, and my ministry through many of these years has been an effort to improve the ministry of others.

In these chapters I struggle with the problem of continuity and discontinuity, of tradition and change, of old and new. I confess that I see no reality in these as alternative options. The reality I know as a historian and as a reflective human being is a continuum, a process—one that includes both past and future in the present.

Why, then, do I choose "New or Old?" as the theme of these chapters? Because the tension between these two is felt more strongly by today's minister than by anyone else. He feels it because his work puts him in the middle between opposing forces. The culture to which he is supposed to minister is addicted to the new. The institution through which he is supposed to minister is devoted to the old.

Only the New Is Good

That only the new is good is one of the basic beliefs of Americans today. Our contemporary American culture is

Introduction

addicted to novelty. It is hooked on the new.

This is true in business. What can be sold to the American public? The new. Turn on your TV for two hours. Of the thirty or so commercials that you will hear in that period, twenty-nine will use the word "new." For example—

It is not enough for a detergent to be called "Cheer" or even "Super-Cheer"; it has to be called *New* Super-Cheer.

Again, a mother rushes frantically out of the house, calling, "Betsy! Betsy!" A neighbor asks, "What's the matter?" Mother replies that the child went off without brushing her teeth with Gleem, and "who needs cavities?" The neighbor exclaims: "But Gleem! Come off it! Use this." Mother says, "But that's Gleem!" And the neighbor triumphantly explains, *"New* extra action Gleem."

Just before it fell more than a dozen points on the New York Stock Exchange, Standard Oil of New Jersey was recommended to me by my investment counselor as a growth stock. So I now receive their reports to stockholders. Recently the report was illustrated in color by an attractive tiger wearing huge boxing gloves, and the print read: "New—the first gasoline of its kind. Now the Tiger has an extra punch! Put the *new* Tiger in your tank!"

I have not heard the commercials for the 1969 automobiles. But I remember 1968's, and I am confident that the 1969 models are *entirely new*. When I first heard that there was to be an entirely new auto, my imagination ran away with me. I expected to see a car running on seven wheels instead of four, without a windshield, with the engine on the roof, and no headlights. But the only new thing I noticed in a hurried inspection was that the speed of the windshield wipers could be controlled.

In government also, what can be sold to the American public is the new. And every candidate for office knows it. A brief glance reveals the power of the *"New* Deal," the successors of which have changed the labels but have kept the emphasis on *new* programs.

The Peace Corps is new—even though what its members do was formerly done by missionaries from churches. Our consciences became outraged because those missionaries opened doors to "economic imperialism," but today our consciences are insensitive to the outright political imperialism implicit in these agents of government. Why? Because it is *new!*

So also in the fine arts, novelty is king. Peter Ustinov (on the *Today Show,* September 12, 1967) exclaimed over the narrowing of the gap between the generations. He said, in effect, that when he was young, a man of forty would refer to a twenty-year-old as a member of the younger generation. But now a twenty-four-year-old says he can't understand the "younger generation," and he's referring to a twenty-three-year-old! Ustinov's explanation was that the combination of instantaneous mass communication and the desire for the new outdates everything rapidly. He was worried lest his play about hippies, *Halfway Up the Tree*—then just opening on Broadway—would therefore be dated before it had a chance at a long run.

Similarly, Russell Lynes, in *Harper's Magazine* (August, 1967, pp. 19–20), comments "on the speed with which tastes come and go." "The hungry maw of the mass media," he says, "is equalled only by the hungry maw of the public seeking new sensations. Tastes get used up at a rate hitherto undreamed of: today's avant-garde is tomorrow's square. It used to be that an artist with new ideas hoped that he would be discovered before he died; now he can't avoid being discovered, and he hopes to be *revived* before he dies."

Therefore, when we turn to religion, we are not surprised to find that there, also, only the new is good. The church may or may not be relevant to our society, but it certainly is involved in it, and influenced by it—nowhere more than here in America.

If a team of research sociologists landed from Mars and studied our secular society (ignoring religion and morality, which would be par for Martian sociologists), what would they say when interviewed on the *Today Show?* Although they would disclaim any direct knowledge of religion and morality, they would doubtless be asked to comment on them. So, their spokesman would say, and I quote: "This culture is so enamored of novelty, and so confident that change is good, that I have no hesitation in hazarding the following predictions about religion and morality in the U.S.A.:

"1. If there is a revival of traditional orthodoxy, it will be called the *new* orthodoxy or, perhaps, neo-orthodoxy.

"2. If there is a revival of historical interest in Jesus, it will be called the *new* quest of the historical Jesus.

"3. If there is an increase in interest in Biblical interpretation, it will be called the *new* hermeneutic.

"4. If serious study of morality should arise again, it will be called the *new* morality.

"5. There will be no critical inspection of *new* translations of the Scriptures, or *new* editions of the original, even when the only significant change is the number of the edition, or even if the new edition's superiority lies only in its type font.

"6. Religion must be relevant to its culture, and this culture's cult is novelty. In this American culture, exotic cults from far enough away to have been previously unknown will succeed *because they are new*.

"7. If the church is to be reformed, it will not be called reformation but re-*new*-al. The cry will be for the repudiation of all existing ecclesiastical institutions, and for new patterns and new revelations that will save the world because they are new.

"8. If the new United Methodist Church launches a significant program, its slogan will be, 'A New Church for a New World.' "

Thus spoke the Martian.

The Bible text for American culture today is from the book of Revelation, ch. 21:5: "And he who sat upon the throne said, 'Behold, I make all things new.' "[1]

The Old Is Better

In our society, one institution repudiates novelty. It is an institution that is dominated by one dogma. That dogma is, "The old is better." That institution is the university.

The professors sometimes champion change off-campus; but when they are speaking about their own institution they say, "The old is better!" In the university, the very age of the institution is a credit. The oldest university's delegates lead all processions. Academic man wears a medieval cap and gown. His Ph.D. union card is acceptable because it is old. All faculties avoid "a dangerous precedent," or "an entering wedge," and they are very sensitive to the unripeness of time. In the academic world, novelty is tolerable only when its antiquity can be established.

Professors champion the old to preserve their own established interests. When they "pursue truth," the pursuit of truth turns out to be the same thing as the professor's pursuit of his own advancement in prestige and cash. Or the professors proclaim a spurious objectivity, pretending that they make no ethical judgment. And, finally, the professor strives to upgrade his institution. He does this by admitting only those students who are best prepared to do his work as he is now doing it. Actually, the professor teaches and applies the research methodology that is currently orthodox.

A national award was being given to a distinguished scien-

Introduction

tist. I happened to be sitting near him. As the citation was being read, he turned to me and said in a disgruntled tone: "I've done better research than this. The only reason they're excited about this is that it saves human lives." When, in some shock, I reported this comment to the dean of a faculty of science, he said: "The professor was right. He *has* done better research than that." What counted was the brilliance of research methodology—not any other value.

These are some of the fruits of the dogma that grows so vigorously in academia: The old is better.

The Biblical text for the university is Luke 5:39: Jesus said, "No man having drunk old wine desires new; for he says, 'The old is better.'"

The Preacher Here and Now

All that I have said above is a parable. The church is like the university. Everything I have said about the university is true of the church.

As a seminary president, I visited more than a hundred Methodist churches in a hundred towns. Scores of them were named "The First Methodist Church," meaning the oldest Methodist church in that city. But I have never been in "The Fifth Methodist" or "The Seventh Methodist Church."[2]

If the professors wear medieval clothes, what shall we say of clerical garb? The liturgy of the classroom is not more traditional than that of the church. In my church, the liturgical revival has upgraded the aesthetic quality of the parts of the Sunday morning service, but the same old components are still there: three hymns, special music (regularly "special"), two prayers, a profession of faith, Scripture, a sermon, and a benediction.

As in the university, so also in the church—the professionals are the Establishment. The clergy are the great defenders of the tradition. To the churches' lay members, they often seem radical. But as is the case in the university, they are radical about other people's business, not in regard to the inner workings of the church. Here most ministers are conservative—conservative of their own vested interests.

Moreover, I indict the clergy with self-deception in the proclamation of the goals they seek to reach. How do the clergy really measure each other? My examples come from the church I know best, the Methodist Church.

In the late twenties I attended my first Methodist Annual Conference. At this Conference—under the sanction of our founding father—the character of the ministers is inspected and judged. As a recent seminary graduate, I was fascinated by this procedure. A district superintendent would call out a minister's name. The minister would rise and say: "Well, Bishop, we had a pretty good year: 10 accessions by profession of faith, 20 baptisms, 45 transfers by letter, 96 percent of current budget paid, 87 percent of Conference apportionments paid." Whereupon the bishop would bang his gavel upon the pulpit and exclaim, "Character passes!"

With slight variations in the statistics, this procedure was followed with man after man until a white-haired minister rose to his feet. "We've had a bad year, Bishop," he said. "A loss of 65 members, 65 percent of current expenditures paid, nothing paid on Conference apportionments." The bishop's gavel beat a tattoo on the pulpit as he expressed a low estimate of this minister's character, winding up with the indignant question, "Don't you have a single Methodist layman who would give one dollar to Methodist Benevolences?" "No," replied the minister, "I don't have a single Methodist layman in my church. They all moved out of town when our industry closed down, and our Baptist supporters limit their support strictly to the local church."

At the time I was under thirty and not yet harness-broken;

Introduction

so I exclaimed in indignation to the minister seated beside me. "Don't waste your sympathy on him," he said. "There's nothing the bishop can do to him—he already has the worst church in the Conference. Sympathize with me. I have one of the strong churches of this Conference. Before I came to this meeting my official board instructed me to reject any increase in Conference apportionments. Yet they are being increased. I have two daughters entering college next year, and the bishop can move me down a steep hill, fast." He was obviously a man under strong pressure to have his character passed.

Among my Methodist clerical friends, I often heard references to a man's "standing in the Conference." Only gradually did I become aware that the reference was to his salary level. To maintain or improve his standing in the Conference inevitably finds its place among the minister's major goals. When several district superintendents (who can serve only a fixed term at a relatively high salary) go "off the district" at the same time, the bishop often has difficulty in finding appointments for them that will maintain their standing in the Conference. When I was young I heard a rumor (you know how gullible the young are in regard to rumors about the Establishment) that a bishop could not find a single church willing to receive an ex-district superintendent at his "standing" level, but that he solved the problem of maintaining the man's standing in the Conference by appointing him to be a professor in a theological seminary. Any personnel manager in a major industry would find this story credible. But when will the professional leadership of the church disentangle its standards from those of a gross materialism? At present, preachers seem to me no better than professors.

When a school measures its excellence by the size of the student body, the number of new buildings, and the size of its budget, it has very little to boast of. When a preacher measures his church in this way, he has forgotten his Christian mission—but he may well advance to higher-salaried churches. Whom is the preacher serving when he concentrates on these things? His own career, for ordination—like the Ph.D. degree—does not obliterate our liability to sin.

Thus far we have seen that preachers are like professors because they wear medieval clothing, because they give priority to the old, because they limit their radicalism to outside things, and because they degrade the high ideals of their profession to goals that serve their own selfish needs.

Some of our preachers are like those professors who profess an unattainable objectivity. These ministers abstain from confessions of their own faith in preaching. They shrink from speaking from a position. They talk about the kerygma, but they don't "keryg" anything. They discuss, they dialogue, they summarize contemporary books—but they have nothing to proclaim. My ears burn with desire to hear some preacher say: "Here I stand. I can do no other!" If the university professor should expose his own values to challenge, how much more the Christian minister!

Is the minister or his congregation like the professor who strives to "upgrade" his university? Do we strive to create a more satisfactory and equable church atmosphere by the indirect exclusion of the unwashed? Few of us today would consciously echo the repugnance with which a generation ago the custodian of a well-to-do Presbyterian church in a Northern city exclaimed to me that "sometimes people came in off the streets to attend services!" Yet more often than not the church is the prisoner of the economic homogeneity of its community. To escape from this Babylonian captivity, the minister must find resources that transcend his own local church or his own denomination. To work so that the members of the congregation become more and more like each other in economic and formal educational level is not to strengthen the church but, rather, to dilute its quality. To upgrade its quality calls for the use of ways and means still largely unidentified. But clarity as to the nature of upgrading can be achieved today, and it is the first essential step.

What can a student of the past say to the preacher in the present? He can help him to identify the new.

When I was young, a judge in Denver advocated trial marriage as a cure for divorce. At the same time I was translating from the Greek a Trial Marriage, dated A.D. 36.

In the third century A.D., a letter from a boy at college to his father tells father not to worry about the boy's studies—he studies hard, but then he also rests; so he's getting along fine![3]

In Professor Clinebell's superb booklet on drugs, we are reminded that Herodotus mentioned the smoking of marihuana 2400 years ago, and that in India a root was used as a tranquilizer for at least a thousand years before it was hailed as a new miracle drug (reserpine) in America.[4]

Yet much indeed *is* new. Clinebell identifies new drugs as well as old. The truism of our day is that there has been more change since 1900 than there was up to 1900. In communication and transportation, and in man's control of natural forces, this is beyond challenge.

The physicist Harris Purks (a college classmate of mine) summarized the rate of change in a speech made as director of the North Carolina Board of Higher Education. "It is trite," he said, "to say that the 'know-how' of the blacksmith is no longer needed in quantity. But before we have produced enough vacuum-tube technicians, the transistor appears; . . . before we have trained enough radiologists who can be trusted with x-rays and radium, we have cobalt 60; . . . before one wonder drug has been recorded in the latest pharmaceutical text, another and better one has replaced it; . . . by the time we have enough mills for cotton, we have synthetic fibers; . . . before we have learned to operate the latest machine, an improved model has appeared to take its place, momentarily before it too becomes obsolete."[5]

New drugs, new technological advances, all the new things, have been followed by new attitudes, particularly on the part of the young. *Impatience they know in a new dimension.* If man can fly to the moon and make artificial hearts, then hunger and disease could be eliminated today—not tomorrow—not a generation from now. Moreover, the customary rebellion of the young against compulsion finds a new target in the university, for higher education is now an economic necessity. Without it, no young man can hope to gather the fruits of the good life that the technological miracles make possible. Therefore, the students react strongly to this compulsion. Paradoxically, they react in opposite directions at the same time. They rebel against campus authority in which they have no share and strike out wildly against the very existence of the institution. But they also demand that the university admit and cherish those underprepared candidates who have no chance at a rich life without university education. Student rebellion is an old thing, but this one is also new.

To identify the new, man must know the old—the tradition. Otherwise he may think he is riding the wave of the future when he is actually sliding downhill into the past. Or he may splash prematurely into the trough of a wave because he has not learned that his fathers nearly drowned trying to ride that same wave.

Nowhere is diagnostic knowledge of the past more essential than in the current excitement about taking the church out of the churches into secular society—or, more extremely, of finding God's word "out there" and not inside the church. Involvement in secular protest against social injustice and oppression is the newest gospel.

Introduction 19

A member of my own generation, a seminary administrator, recently commented on this with some bitterness: "What do they mean 'new'?" he asked. "I was in jail three times before I was twenty-eight!"

In the prosperous twenties and the depressed thirties, an entire generation was swept along on the enthusiasms of the Social Gospel. We learned the tragic by-products of unorganized labor in Company Town and Cotton Mill Village *before* the Depression, and in that Depression we saw human misery so massive that it stammers our tongues when we try to talk to an affluent society. But we found out eventually that a purely "social" gospel was an inadequate gospel. We impoverished our message theologically. The present generation may impoverish it in the same way.

Thirty-five years ago, in 1934, I wrote some verses in which Jesus speaks to a modern doubting Thomas:

> Would you see the marks of the Roman scourge,
> And the pits where the nails were driven?
> They are all hidden under fresh wounds.
>
> Much more than forty lashes have I borne since Calvary;
> Blows aimed at striking labor have bruised my body sore;
> I've known the torture of my kinsmen by the Gentile mob;
> My back is raw from lashings by heroes, masked, at night.
> Wherever man was beaten, I was whipped.
>
> You see this scar?
> 'Twas a bayonet in Flanders.
> You eye this bruise?
> A slave's chain pinched me there.
> My shoulder's stoop?
> Under the heavy load of labor.
>
> But—
> You would see the marks of the Roman scourge
> And the pits where the nails were driven?
> They are all hidden under fresh wounds.

This poem is now again in great demand from people who have no idea what happened in 1934 and do not know about the rise and fall of the Social Gospel.

The would-be religious leader needs to avoid being a mirror of his culture—capable of saying to it only what it says to him. Mirrors lead men nowhere; they only turn left into right. An echo is nothing but a weak reinforcement of the original yell! Mirrors and echoes create complacency. And, in society, complacency creates nothing—except decay.

The historian knows that "old" and "new" are arbitrary labels when applied to the process of human history, in which the old is always an element in the new complex. In the "here and now," the traditions the layman champions seldom go back farther than his own childhood, yet he blithely assumes that these are the characteristics of Christianity in its pure, golden age. In his fight to preserve this old-time religion, he assumes that he is supporting New Testament Christianity. If the first century and a half of Christian history can be vividly presented to him, he may become more open to the gospel for here and now. Thus these chapters are rooted in New Testament times, moving back from A.D. 150 to the life of Jesus of Nazareth. If everything that Christians did down to the year 150 were written down, the world itself could not contain all the books; but these things were written to enlarge your knowledge of how God dealt with man then so that you may serve Him now in the renewing of his church.

My text for this book comes from Matt. 13:52: Jesus said, "Therefore every scribe who has been trained for the kingdom of heaven is like a householder who brings out of his treasure what is new and what is old."

I

THE PAST REJECTED: MARCION'S NEW BIBLE

THIS is an invitation to a time-capsule trip. Destination: the beginning of the second Christian century. The going is rough. The visa requirements are openness of mind and a rugged imagination.

When you reach your destination, you are in a strange country. In that country, human history has reversed its direction. With us, human history climbs uphill. We welcome the new; we look down upon the past either with contempt or with a smug, patronizing attitude. But there, human history ran downhill toward disaster. This dogma permeated both secular and religious cultures. History was running downhill fast, and it always had. All early Christians believed that the golden age was in the past. But this did not differentiate them from pagans. Pagans believed it too. Christians believed that what was earlier was better than what was later; so did pagans. That age believed that unity preceded diversity, that truth was corrupted into error with the passage of time, that purity became adulterated. This article of faith was universal.

Listen to this in Tertullian's vigorous language! "For inasmuch as error is falsification of truth, it must needs be that truth precedes error. . . . On the whole then, if that is evidently more true which is earlier, if that is earlier which is from the very beginning, if that is from the beginning which has the apostles for its authors, then it will certainly be quite as evident, that that comes down from the apostles which has been kept as a sacred deposit in the churches of the apostles."[6] In this last clause, Tertullian represents the end of the century, not its beginning.

Two other dogmas were accepted widely, but not universally. They were as popular among Christians as they were among pagans. The first was a dualistic exaltation of the spiritual and a depreciation of the material: flesh versus spirit was one of its formulations. The second was a syncretistic tolerance and acceptance of a variety of cults, creeds, and diverse religious traditions. "All these gods are the same god," said one Corinthian to another. And an Alexandrian pointed out that by using allegory you could find Platonism in Homer and almost anything in anything. Thus, allegorical interpretation and a prosyncretistic attitude led to a superficial harmonization of the most diverse elements.

Christians in that strange world used words familiar to us, but the words did not have the familiar meanings. They said "religious," but they did not mean something that can be separated from a major area of life called "secular." The state—that is, the government—was not separate from religion. To suggest that it should be was both blasphemy and treason.

Those Christians said "Bible," but they did not mean your Bible. They meant the Jewish Bible. Your Bible has two Testaments. Not theirs. They sometimes referred to it as "The Law and The Prophets," but it was a one-volume Bible; their common name for it was Scripture. They took it over from the Jews, both the book and the concept of an authoritative closed canon.

Christians then had lively debates about "prophets." But they were not talking about Isaiah, Jeremiah, and Amos.

The Past Rejected: Marcion's New Bible

They were talking about John Doe, James Smith, Emanuel Simpkins, who had come wandering into town and into their church, full of the authority of the Spirit, blessed with new revelations from God or from his Son, Jesus Christ. They assumed the leadership of the local church and led it through stormy days. So "prophet" did not mean a foreigner wearing strange robes and a hippie's beard in the remote past; it meant this living man, in town today, stirring up the church.

They never spoke the word "church" with a capital C. A church was a local organization. Today we speak glibly of "The Church Universal," but the only thing universal about their church was its outreach, its mission. The word "catholic" in any of its legitimate meanings for us was meaningless then.

When a Christian minister enters the second century and is struck with its strangeness, part of the strangeness is that familiar structures are missing. Some of these are physical: no building that looks like a church; and when one asks his host for a Bible, the man is embarrassed to have to say that he doesn't have one. Actual copies of the Bible were rarer than we can imagine. No hymnbooks, no Episcopal Prayer Book, no Presbyterian Book of Order, no Methodist Discipline, no choir, no lectionary, no fixed order of service.

Pliny reports to the Emperor Trajan what he had found out from some renegade Christians: "They were in the habit of meeting on a certain fixed day before it was light, when they sang in alternate verses a hymn to Christ, as to a god, and bound themselves by a solemn oath, not to any wicked deeds, but never to commit any fraud, theft, or adultery, never to falsify their word, nor deny a trust when they should be called upon to deliver it up; after which it was their custom to separate and then reassemble to partake of food—but food of an ordinary and innocent kind."[7] Granted that there are defensive overemphases in this report, its reference to a hymn, moral instruction, and a (later) common meal does not testify to an extensive and regimented liturgy.

Massey Shepherd says that "we know very little about the development of the Church's worship in the generation following the death of the original apostles and leaders"; and he dates the beginning of information about the generally followed pattern of the liturgy at the middle of the second century.[8] His earliest witnesses are The Acts of the Apostles and Justin's Apology. But the situation into which we are moving existed fifty years before Justin.

Of all the blanks in that early Christian world, the strangest is created by the absence of the apostles, and most especially of the apostle Paul. Later on, from 150 to 250, apostles are swarming all over the place. In that later period, they are authors of canonical books and of noncanonical books, founders of every important church, and guarantors of sound doctrine. But here in the early second century, we do not often find appeals to the authority of the apostles; and among those writers whom the later church revered, there is a general silence about Paul—occasionally, an apologetic reference.[9]

If as a Christian in the early second century you made your living as a traveling salesman, you would find a variety of church governments as you visited churches in different provinces and towns. You could attend a church that was organizationally episcopal. Or you could attend a church with a presbyterian government. Or, again, you would find that the church you attended was governed by teachers and prophets, a charismatic government. Nothing has been discovered in the last forty years to reverse Streeter's conclusions as to the variety of governments in the churches of this period. His thesis is still sound: "The history of Catholic Christianity during the first five centuries is the history of the standardization of a diversity having its origin in the Apostolic Age." Nowhere is this truer than in the pattern of church government.[10] Here confusion reigned.

In the early second century, we tourists will find an equally great diversity of doctrine. There, a large variety of Christian faiths is available. Studies and discoveries in the last generation have reversed Streeter on this point. He seems to have made an exception of "sound doctrine." Here, he felt, the early fathers are serious about the appeal to history.[11]

Subsequent studies in various areas support Streeter's main thesis that diversity originating in the apostolic age preceded standardization. And they make his exception less probable. Thus Carroll's survey of the variety of New Testament canons fits the pattern of movement from diversity to unity.[12] Carroll argues, in fact, that "the earliest New Testament appeared in Rome sometime between the years 170 and 180," although it took several centuries to get final agreement on all the contents.

Moreover, recent studies based on the Dead Sea Scrolls claim that in the period in which Jesus lived, Judaism itself was much more diverse than we previously believed. Professor Cross believes that "the normative Judaism" which we used to locate in Jesus' lifetime did not conquer the variety in Jewish religion until the third century A.D.[13] This reinforces the probability of diversity within primitive Christianity.

Streeter's exception of doctrine from this general process is striking in that its illustrations (the unity of God and the reality of Christ's manhood) are specifically referred to the struggle with the Gnostic heresy. Walter Bauer's epochal study of orthodoxy and heresy was needed to demonstrate that orthodoxy was one of the unities which the Christian churches slowly and partially achieved.[14] The evidence for theological diversity was advanced by the discovery of a sermon on the passion by Melito, bishop of Sardis (died before A.D. 190).[15] The theology of Melito is revealed as being far from orthodox. He speaks of Jesus as "born as a Son, led forth as a lamb, sacrificed as a sheep, buried as a man, he rose from the dead as God, being by nature God and man. Who is all things: in that he judges, Law; in that he teaches, Word; in that he saves, Grace; in that he begets, Father; in that he is begotten, Son; in that he suffers, a sacrificial sheep; in that he is buried, Man; in that he arises, God" (8–9). Again, in his peroration on the crucifixion (95–97), Melito identifies the Creator with Jesus: "God has been murdered; the King of Israel has been slain by an Israelitish hand." Professor Bonner tends to explain this as either naïve, unguarded speech or as emotional rhetoric; and in either case, as departure from an existing orthodoxy. But Melito supports Walter Bauer's thesis that what we call orthodoxy was a secondary development. Melito's modalistic, patripassian theology without a true doctrine of the Holy Spirit is heretical, like all primitive Christian writing, because it antedates the formation of orthodoxy. These startling sayings are not unorthodox because they are the unguarded speech of a layman; on the contrary, they are the formal, studied utterance of the Bishop of Sardis.[16] Melito demonstrates the unreliability of Streeter's claim that the bishops were historically accurate in handing down the great doctrines of the faith. The demonstration of primitive theological diversity was completed by the discovery of the Nag Hammadi Library.[17] Thus, in every area of Christian experience from A.D. 100 to 150, diversity was the rule.

In these first fifty years of the second century, the diversities within Christianity tended to polarize around the old and the new. The conditions which favored this were complex. Vigor, energy, drive, characterized the Christian

The Past Rejected: Marcion's New Bible

movement. It was expanding in various directions at a rapid rate. This was partly due to its awareness of its newness, or rather of its climactic nature in God's revelation. The old was institutionalized for it in the Scriptures—an ancient, sacred, and authoritative book. But, paradoxically, this new revelation was rationalized, theologized, as no more than the intention of this very ancient book. This was done through two identifications. Jesus was identified as the Jewish Messiah, and the Christians were identified as "the true Israel." But Christians were excused from obeying the commandments in their Scripture, and they denied that the mission of Jesus was to the Jewish people who refused to identify him as the Messiah. Yet the Jewish Scriptures were the primary authority for the Christian churches at the beginning of this century—as I Clement plainly shows.

Into this diversity and confusion, the reformer Marcion came with vision and energy. He came from Sinope on the Black Sea, where he was a shipowner, a wealthy member of the upper class in that seaport. From there he went west, ultimately to Rome. In Rome, in A.D. 144, he was expelled from the Christian community and founded his own Christian church. This Marcionite church had an amazing success, and spread "over the whole of mankind." Justin Martyr testifies to this within a single decade. Toward the end of the century, Celsus, the cultured critic of Christianity to whom Origen replied, seems clearly to imply that the Christian options were (1) the emerging catholic church or (2) the Marcionite church. Tertullian's general attack on heresies put Marcion front and center; and, unsatisfied with this, Tertullian wrote a comprehensive work in five books, *Against Marcion*. Harnack's list of Marcion's enemies is drawn from all the provinces of the Empire and includes almost all known leaders of the churches.[18] Marcion wins the gold medal as the best-hated Christian of the late second and early third centuries. His popularity and unpopularity declined thereafter, although some of his churches survived at least into the fifth century.

The tremendous sweep and impact of Marcion's movement is the more impressive when we remember that he banned all sexual intercourse and marriage. His new members were all converts. How high would the quantitative growth of our churches go today if we were under the same restriction? If Roman Catholics didn't count the baptized infants and if Protestants didn't count the recruits from the Sunday school, our success wouldn't begin to compare with Marcion's. No other Christian had as great an impact on the development of Christianity in the second century. Any careful student of Harnack's must share his conclusion: *The Great Church became the Catholic Church through its struggles against Marcion and through its imitation of him.* How did he do it?

He achieved this influence first of all through his realistic analysis of the condition of the churches and the consequent definition of their needs. He saw a fourfold need: (1) The Christian churches needed a Christian Bible. (2) They needed apostolic (i.e., primitive) sponsorship. (3) They needed a consistent theology—Biblical, centralized, authoritative. (4) They needed to become one universal, connectional church. Marcion undertook to meet these needs.

In the first two points, he had "something old and something new." When he said "Christian Bible," he meant a Bible that was uniquely and distinctively Christian—a *new* testament. He had no use for the old Jewish Bible. When he reached for apostolic sponsorship, he was a typical reformer—going back to the beginnings of the Christian faith. Thus he could meet the damaging accusation of novelty by claiming to present the original (and, therefore, pure) gospel.

The Past Rejected: Marcion's New Bible

That the Bible question was a troublesome one is shown by the numerous "Dialogues" between Christians and Jews, as well as by the eagerness with which Christians adopted allegory and typology to eliminate the difficulties involved in saying yes to the Jewish Bible.

The oldest answer and for a long time the universal Christian answer was: Hold on to the Scripture that Jesus used: the Hebrew Bible (or for convenience, its Greek form, the Septuagint, a somewhat longer Bible). In the first generations, the Christians were Jews, the apostles (including Paul) were Jews; their Scripture was the Jewish Bible. They didn't have an Old Testament or a New Testament; they had a Bible. And they hung on to it. There were reasons for this: (1) its rootage in the beginnings of the Christian movement; (2) its antiquity, in an age when antiquity had prestige; (3) its moral quality and its religious monotheism.

But there were strong reasons against keeping it: (1) It was Jewish, and anti-Semitism was as strong then as now.[19] (2) The mass of Jewish people and their vocal leaders did not recognize Jesus as a Biblical figure, as predicted in their Bible. (3) Its dietary and liturgical requirements were strange and unattractive to many of the Gentiles who early became a majority in the churches. (4) The identification of its God's interests with the interests of one nation shocked many. (5) Its "legalism" or "moralism" or "emphasis on works" offended many Christians who shared Paul's view on this issue. (6) Its identification of God as the Creator of all physical things offended a large majority who were attracted by dualism and asceticism. So Marcion said, "Let's drop it and adopt our own Bible."

Marcion's Bible had two parts: Gospel and Apostle. He was the first Christian to use "Gospel" with reference to a written book. For him, "Gospel" was its complete name. He called it "The Gospel." He did not call it "The Gospel According to Luke"; he sought no sanction from authorship. To Marcion, the value of The Gospel was that in it Jesus himself opposed much that Marcion was opposing.

His Gospel was probably a revised edition of our Luke, or possibly a revised edition of an earlier form of our Luke. His enemies accused him of butchering Luke, but this is certainly overstatement. He lacked the opening two chapters and such anti-Marcionite verses as ch. 5:39. But ch. 5:39 is also absent from MS. D and the Itala. Harnack thinks that Marcion removed this and similar verses and thus influenced the content of these "Western" witnesses. But Harnack also believes that the Gospel of Luke that Marcion used had already been harmonized to Matthew and was already "Western" in nature.[20]

Marcion's *Apostolikon* contained ten letters, which he regarded as Paul's own work. Paul was *the* apostle par excellence. Paul had received his authentic gospel, the true gospel, straight from the risen Jesus. Paul saw clearly the antithesis between gospel and law, most clearly in the epistle to the Galatians. Naturally Marcion put this letter first in his collection of Paul's letters. He edited these letters, as he edited the Gospel of Luke, removing "Judaizing corruptions" from the text. Marcion was Paul's disciple. In this, as in other matters, he set a pattern for later reformers of the Christian faith.

So Marcion offered the Christian churches a Christian Bible: The Gospel (essentially our Luke) and The Apostle (those ten letters of Paul). This twofold canon was certainly influenced in its form by "The Law and The Prophets." It was a canon in that it had definite limits; the book had covers on it. And it was authoritative. Jesus and Paul were its sanctions. And it did *not* include the Jewish Bible. That omission was deliberate and, for Marcion, based in sound doctrine.

The Past Rejected: Marcion's New Bible

Marcion insisted that his followers drop their previously accepted Bible—not because he disbelieved it, but because he believed it. He read it open-eyed and believed it literally. He repudiated all allegorical and typological interpretation. He insisted that the Hebrew Scriptures meant what they said. And he was bothered by what they said.

In them he read that God was a God of justice, demanding righteousness and punishing the unjust; but he observed and felt that man was incapable of achieving this righteousness. To obey all these commands, to please God by an accumulation of good works that would outweigh bad works, this looked to him like a dead-end road. Paul delivered him from this difficulty. From Paul he learned that the law had been abrogated through Christ, and he accepted this with a rigorous simplicity. If the law is canceled, let's drop it and replace it with the good news of Jesus Christ. And this good news he meant to be news, to be something new.

In the Old Bible, Marcion found a Jewish Messiah, anointed by the God of justice and judgment—a Messiah who would come to judge the world, rewarding the righteous and punishing the wicked. Jesus Christ, Marcion claimed, came not to judge the world but that the world through him might be saved. Thus Marcion had two Messiahs as well as two Gods, in each of whom he believed.

He disliked the Hebrew Bible for an additional reason—its God was the Creator of this physical universe. Marcion brought to his Christian faith an ascetic dualism. The functions that man shared with the animals nauseated him. Thus, his repudiation of the Old Bible rested not only on his preference for love over justice but also on his detestation of the physical and material. And he found support for this in Paul, too. In his repudiation of the Creator-God, he was confident that he was simply carrying Paul's thought to its logical conclusion. Paul was the ideal apostle, a contrast to the

Judaizing James and the compromising Peter. And Paul had received his gospel direct from heaven without any of the corruptions that crept into the Palestinian apostles' reports.

This is the language of a man who thinks in sharp contrasts, as reformers are apt to do. So what could be more natural than that Marcion named the theology which he wrote for his church "The Antitheses," The Contrasts? In addition to a discursive, polemical Biblical theology, this work contained a very large number of short formal contrasts that show clearly the tremendous vigor of Marcion's message and go far toward explaining its appeal.[21]

Imagine yourself listening to a proclamation of these by a Marcionite evangelist:

The Creator was known to Adam and his offspring; but the Father of Christ is unknown, for Christ himself has said of him, "No one has known the Father except the Son."

The Creator-God instructed Moses at the exodus from Egypt: "Be prepared, with your loins girded up, shoes on your feet, staves in the hands, sacks on the shoulders, and carry with you from there gold and silver and everything that belongs to the Egyptians"; but our Lord, the Good God, said to his disciples as he sent them into the world, "Have no shoes on your feet, no sack, no change of clothing, no cash in your belt."

Joshua conquered the country with force and cruelty; but Christ forbids all force and preaches kindness and peace.

The prophet of the Creator-God climbs to the peak of a mountain while his people are engaged in battle, and stretches out his hands to God so that he might kill as many as possible in the battle; but our God, the Good God, stretches out his hands (on the cross) not to kill men but to redeem them.

In the Law it says, "Eye for an eye, tooth for a tooth"; but the Lord, the Good Lord, says in the Gospel, "When

The Past Rejected: Marcion's New Bible

anyone strikes you on the cheek, turn the other to him, also."

The Creator of the world sent the plague of fire at the demand of Elijah; but Christ forbids his disciples to request fire from heaven.

The prophet of the Creator-God ordered the bears to break out of the thicket and to devour the children whom he encountered; but the Good Lord says, "Let the children come to me, and don't turn them away, for of such is the Kingdom of Heaven."

The prophet of the Creator of the world says, "My bow is bent, and my arrows are pointed against you"; but the Apostle says, "Put on the armor of God so that you may quench the fiery darts of the wicked."

The World Maker says, "Cursed is everyone who is hung on the Wood"; but Christ endured the death of the cross.

The Jewish Christ was specifically destined to lead the Jewish people back from the Dispersion; but our Christ was entrusted by the Good God with the deliverance of all mankind.

The Jewish Christ predicted by Isaiah will be called Emmanuel, and takes the riches of Damascus and the spoils of Samaria against the King of Assyria; but our Lord was not born under such a name, nor ever engaged in any warlike enterprise.[22]

The World Maker ordered one to give to brothers; but Christ, simply to all who ask.

In the Law of the righteous, happiness is given to the rich and unhappiness to the poor; in the Gospel this is reversed.

In the Law the Creator-God speaks: "You shall love him who loves you and hate your enemy"; but our Lord, the Good Lord, says, "Love your enemies, and pray for those who persecute you."

The Creator of the World has commanded the Sabbath; but Christ annulled it.

Moses permits divorce; Christ forbids it.

The Christ of the Old Bible promises the Jews the restoration of their former condition through the giving back of their country; and after death, in the underworld, a haven in Abraham's bosom. Our Christ will establish the Kingdom of God, an eternal and heavenly possession.

This is strictly Biblical theology based positively on one book (The Gospel and Paul), and negatively on another (our Old Testament) whose factual nature is accepted. In it there are two gods: (1) an inferior god who made the world and man, the Old God, who has his own Messiah; (2) the Good God, who lives in the third heaven, whom Jesus made known for the very first time, the New God. This Unknown God sent Jesus in the likeness of man (but not, of course, in real flesh) and through his crucifixion redeemed the world and mankind from the Creator.

If this theology had been thrown at you in a series of thirty or forty contrasts like the samples above, would it not have shaken you? It shook up Christendom in the second century. Out of this shake-up came the major structures of the catholic Christian church.[23]

I've discussed Marcion's Christian Bible, apostolic authority, and authoritative theology as major parts of his reformation. The organization of his churches as a single connectional church, intensely self-conscious, may be only partly cause—since it may be in part result of the other three. That it existed, his enemies clearly testify. Moreover, they admit that one of the practices of this church was not to avoid martyrdom.

What did Christians in the second century do about this reformation? We've already seen that many of them joined

The Past Rejected: Marcion's New Bible

in its efforts to purify the Christian churches. But most did not. How did this majority react?

They reacted to his Christian Bible and to apostolic sanction in a positive way. They did more than say yes. They grabbed his ideas and ran with them, as the relay runner in the Olympics snatches the baton from the lead-off man and tears off down the track. In the words of a popular song, they said to Marcion, "Anything you can do, we can do better."

He had one Gospel in his canon. They made it four, including his. He had one apostle in his canon. They added "The Acts of All the Apostles"[24] and letters from Peter, James, John, and Jude—and included Marcion's Paul, plus four more letters.

In the specifically Christian canon, two things come unexpectedly out of the blue. The first is that there should be such a canon at all in a church that already had a canonical book. The second is the presence of four Gospels in that canon. Both of these developments I believe are due to Marcion; the first, directly; the second, indirectly.

What blinds our eyes to the unnaturalness of four Gospels in a Bible? Nothing but the presentation of four Gospels to each Christian as he becomes a Christian aided by the accumulation through the centuries of proofs that their differences are unreal. But in the beginning it was not so. Then a new member of a Christian church found it using one Gospel. Certain Gospels became The Gospel of a particular area: in Rome, Mark; in Greece, Luke; in Ephesus, John; in Syria, Matthew. This is the only reasonable explanation of Marcion's choice of Luke. Luke was the first Gospel he knew, the Gospel of his home church. No other pattern of development can explain the presence of Mark as one of the four. Matthew is a second and greatly improved edition of Mark, including almost every line of Mark. That Mark was included in the canon is convincing evidence that it was The Gospel of some very influential center of the Christian movement. Thus when the leaders of the big churches negotiated the content of The Gospel that was to overwhelm Marcion's Gospel, Mark was included even though it was duplicated by Matthew, and John was included even though it disagreed with the others on every page. This pooling of sameness and difference was a defensive alliance against the threat that originated with Marcion. Four Gospels against one, twelve apostles against one—it was an effective defense.

But while the majority generously accepted much that was new, it stubbornly held on to the old. It successfully resisted Marcion's attack on the Old Bible, and made a twofold canon: Old Testament and New Testament.

Part of this defense of the Old Bible was effective because the second century was the second century and the defense was "relevant." The Old Bible was very old, and in that century all men believed "the older, the better." Allegorical and typological interpretation was the reputable method of interpretation for almost everybody but Marcion. Thus it could be used against him effectively, and it was. But Marcion's opponents had other arguments that retain their force today. They quoted Jesus and Paul against him in support of God the Creator and the God of the prophets as being one with the God and Father of Jesus. They quoted the Old Bible to show that its God preferred mercy to sacrifice and was slow to anger. They reduced his fleshless Jesus to a meaningless phantom. They attacked "grace without justice." They indicated the unworkableness of a Messiah who was sent to the Jewish people to reveal a "Strange God" about whom absolutely nothing was known prior to the coming of Jesus. Marcion's own Biblicism caused him trouble. He believed the Old Bible and the Gospel, and yet his message was the

The Past Rejected: Marcion's New Bible

revelation of a hitherto unknown god. Without a Scripture he might have achieved consistency.

The Big Church was persuaded by Marcion of the value of a connectional system, subject to discipline. By the end of the second century, episcopal government was general.

This same majority was persuaded also of the value of an authoritative theology, and by the end of the second century the "Roman Symbol," the forerunner of the so-called Apostles' Creed, was widely used. Notice how much of it answers Marcion: "Maker of heaven and earth," "Jesus, the son of the Creator," "born," "suffered," "he shall come to judge," "the holy catholic church," "the resurrection of the body." After Marcion, the churches were not the same.

Is there any lesson for us in this part of our tradition? Our times have some analogies to the second century. Change is rapid. Diversity characterizes the church, as well as its culture. Strife between many forces, including old and new, is carried on viciously both inside and outside the church. Many false messiahs polarize this strife around the old and the new.

From the story of Marcion's attempt at reformation and what came of it, we could learn not to panic in the face of diversities vigorously championed, not to meet the new with total rejection, and still to be generous in the acceptance of the old.

II

THE PAST IGNORED:
THE GOSPEL OF TRUTH

Toward the end of the first century, Christian evangelists found a new audience, an audience that came from higher social strata. What was this new audience like?
What was it higher than? It was higher than the lowest social strata: slaves, fishermen, women, etc. But the first audience of Christianity came out of these lowest strata. Paul reminds the Corinthian Christians of this:

For consider, what happened when God called you. Not many of you were what men call wise, not many of you were influential, not many were of high birth. But it was what the world calls foolish that God chose to put the wise to shame with, and it was what the world calls weak that God chose to shame its strength with, and it was what the world calls low and insignificant and unreal that God chose to nullify its realities, so that in his presence no human being might have anything to boast of. (I Cor. 1:26–29.)

And the first three canonical Gospels (Matthew, Mark, and Luke) make their appeal to the "low and insignificant." In Luke (ch. 6:20), the first Beatitude blesses the "poor," and has a matching curse (ch. 6:24), "Woe to you rich people!" And even though Matthew (ch. 5:3) softens this by adding "in spirit" to "the poor," and softens Luke's blessing of the hungry (ch. 6:21) by making them hungry for righteousness (ch. 5:6)—yet his "mourners," "meek," "per-

The Past Ignored: The Gospel of Truth

secuted" blessees are clearly from the lowest classes. In these three Gospels only God's superhuman power could make the salvation of a rich man possible.

After the story of the rich young man who came to Jesus and then left him (Matt. 19:23–26; Mark 10:23–27; Luke 18:24–27), Jesus says plainly, and says it twice, that it is hard for a rich man to enter the Kingdom; in fact, he says, it is easier for a camel to go through the eye of a needle than for a rich man to enter the Kingdom of God. When the disciples exclaimed in dismay, "Then who *can* be saved?" Jesus calmed them with the assurance that God can do anything; he can even save a rich man!

The reaction of second-century respectable upper-class people to this glorification of the poor and repudiation of the rich can be measured by our own modern refusal to accept these sayings. We winnow the scholars' dustbins searching for some escape from these words. An archaeologist finds a narrow gate in the wall of Jerusalem called the camel's-eye gate, and we are to assume that an average-sized camel could with a little difficulty get through the gate. A linguist notices the similarity in ancient Aramaic between the consonants of the word for "camel" and the word for "rope," and we are to assume that it is only a small rope and could with a little difficulty get through a needle's eye. But Matthew, Mark, and Luke tell us that the disciples didn't know about the gate or the rope. The disciples' response shows that they thought it was impossible, and Jesus' own comment acknowledges that it is impossible for men but not for the God who can do anything—even impossible things. Our refusal to accept the plain meaning of the Gospel text is due to our respect for people who have possessions. The major part of the society of the second century respected them too. And they found Matthew, Mark, and Luke shocking.

In these three Gospels, Jesus' followers were fishermen, beggars, tax collectors, maniacs, epileptics, sinners of all kinds—including well-known prostitutes, hungry mobs, and women. Jesus came to call sinners, not the righteous (Matt. 9:13; Mark 2:17; Luke 5:32). In the Gospel of Luke, Jesus tells his followers that there will be more joy in heaven over one sinful person who repents than over ninety-nine upright people who do not need repentance (ch. 15:7; cf. Matt. 18:13). The poor and the outcast heard this good news gladly.

But the middle- and upper-class pagans were shocked by these Gospel accounts. One of them, a man named Celsus, expresses this sense of shock forcibly:

Let's hear what kind of persons these [Christians] invite. Everyone, they say, who is a sinner, who is devoid of understanding, who is a child, and to speak generally, whoever is unfortunate, him will the kingdom of God receive. Do you not call him a sinner, then, who is unjust, and a thief, and a burglar, and a poisoner, and a robber of temples, and of the dead? What others would a man invite if he were issuing a proclamation for an assembly of gangsters?[25]

This is strong language, but Celsus could legitimately get this impression from the first three Gospels.

This new audience was a respectable audience. It disliked wonder-workers and magicians. It had some pride of place in society; it recognized the value of its social standing. In his correspondence with Trajan, Pliny again and again solicits the social upgrading of friends. And the second century shows many a Christian defender of the faith striving manfully to overcome the handicap of low origin, an origin that Paul earlier, had been able to turn into a triumphant boast.

This new audience was "scientific" in its culture. This statement must not mislead you into assuming that for it the word "scientific" meant what it does to us today. For them, it meant a respect for Knowledge—spelled with a capital *K*.

It was interested in knowing, not in learning, which results from serious and prolonged study. To this extent, and only to this extent (like the massive middle-class in America today), it was intellectual, cultured.

It was interested in knowing universal truths, truths that applied to all individuals everywhere. It discussed ideas, abstractions; not specific events nor the peculiarities of an individual.

These people were Gentiles. Their interest in universals made them suspicious of any national or racial gods. The particularism of the Jewish faith alienated them and reinforced the anti-Semitic feeling that was strong in various parts of the empire. They were 100 percent Greeks. Like all 100 percenters they were hostile to minorities.

Their devotion to Knowledge defined in abstract terms alienated them from cultus and ritual. Their pride in their social status reinforced their dislike of secret rites, of sacraments that had been smeared with blood in their ancient origins. This Knowledge was pure, clean, antiseptic.

This Knowledge developed a faith in two antithetical worlds, this world being significantly bad. The contrasts between the two worlds were sharply and dramatically stated: Good versus Bad, Upper versus Lower, Complete versus Incomplete, Truth versus Error or Deceit, Light versus Darkness, Spirit versus Flesh.

In the circles where this concept of Knowledge was popular, there was no interest in anything that we would call history. History was ignored. Narrative was the least popular form of literary composition. Where myths or legends or sacred histories existed, they were made relevant to this world view through the use of allegory, symbol, and typology. New mythologies were developed out of the old.

I have been describing this new audience without any

qualification, but the sophisticated skeptic will ask, "Where do we find such an audience in the first two Christian centuries?"

Under this attack, I immediately begin to hedge. Those centuries were vigorously mixed societies, certainly not a single stereotype. In the preceding chapter, I described the Marcionite communities as one distinguishable group within Christendom. So also in this alleged middle-class group, no one—including me—would assert that we have a solid, complete pattern everywhere.

In some places, the passion for respectability might be the single or the dominant characteristic of the middle-class group. In others, intellectual respectability coupled with an abhorrence of superstition might dominate. In still others, the passionate desire for universal truth, unhampered by particulars, was the main interest. But sometimes all these existed together. If this picture seems unreal, look at the varied passions of America's enormous middle class today, especially at the surging upper groups that have swollen its numbers. In them you'll find thousands of worshipers of Knowledge with a capital K; in America, the Christian minister stumbles over modern Gnostics on every suburban street corner.

This new audience was critical of Christianity. Its criticisms stung Christian leaders to vigorous defensive replies. We know these critics only from the defenders. But we know them well, for in these defenses we see a mirror image of the attackers. That image is sharply outlined and clearly detailed. And that outline and those details correspond with the description which I have given of this new audience for the gospel.

Skim through half a dozen of the earliest Christian apologists looking for the ideals and interests of the critics of Christianity, and what do you find?

The Past Ignored: The Gospel of Truth

1. They were not interested in a Jewish religious cult. Celsus ridicules Christians by referring to the comic poet's statement that Jupiter had sent Mercury on a mission to certain Greek states, and then asking "Do you not think that you have made the Son of God more ridiculous by sending him to the Jews?"[26]

2. They found a human Savior, subject to human limitations, incredible. Critics of Christianity leaped to attack the evidences of Jesus' human weakness—notably, the prayer in Gethsemane. "Why," asks Celsus, "does he mourn, and lament, and pray to escape the fear of death, expressing himself in terms like these—'O Father, if it be possible, let this cup pass from me'?"[27]

3. They were shocked by Christianity's appeal to the lowest classes. In this audience, the possession of money brought prestige; being poor did not. Manual labor was degrading. The shocking nature of Christianity's appeal to the masses has been illustrated above. Moreover, their world was a man's world. Women had a place in it only through relationship to men—as daughter, wife, or slave. The most pitiful member of that society was a widow. The inferiority of women was obvious and natural. Nor was there any sentimental worship of "the little darlings"; the most extreme thing that can be said about the attitude toward children is that they were of less importance than women.

Celsus climaxes his indictment of the Christian invitation to ignorant, unintelligent, uninstructed, or foolish persons with a reference to women and children. "By these words," he says, ". . . they plainly show that they [the Christians] desire and are able to gain over only the silly, and the mean, and the stupid, with women and children."[28]

4. This audience was composed of law-abiding people, champions of law and order, supporters of the *status quo*. People who turned the world upside down were not popular

with them. The idea of an executed criminal as a divine being brought forth sarcastic comment from these champions of respectability. Their respectability was concerned with good citizenship, which involved the state religion.

The charge of sedition, so frequently made against the Christians, rested not only on the ascription of the title "Lord" to Jesus but also on the refusal to apply this title or any other divine title to the emperor or to anyone else. This looked like atheism and treason to the responsible citizen. The early martyrdoms reveal the ground for this suspicion, and the apologists spend an enormous amount of time answering it.

The reluctant Roman magistrates who sentenced the first martyrs identified their faith as superstition, and superstition was anathema to this audience. These people identified superstition by its undue appeal to fear as motivation (the threat of punishment), by its novelty and extravagance, and by its teaching atheism and unworthy things about the gods. They identified superstition also as a belief in sorcery, in exorcisms, in magic of all kinds, in astrology.

The Establishment's close association of atheism, magic, new gods, and sedition is revealed in a speech of Maecenas, Augustus' favorite: "Reverence the divinity in everything and in every place, conforming to the practices of the nation, and compel others to honor the gods. Hate and punish those who distort our religion with foreign rites . . . above all because those who introduce new gods increase by so doing the taste for foreign customs. This leads to conspiracies, uprisings, and plots—things in no way suitable to a monarchy. Permit no one to be an atheist or a sorcerer. Soothsaying, indeed is necessary . . . but there should be no workers in magic at all."[29]

As Christianity approached people with these prejudices and devotions, what did it gain by ignoring its past? It freed

The Past Ignored: The Gospel of Truth

itself of a long list of handicaps—among them: (1) Jewish origin, (2) proletarian origin, (3) an executed criminal as a leader, (4) the embarrassing prominence of women in the story, (5) a Savior subject to human limitations, (6) a non-Roman Kingdom, (7) a fearful judgment, (8) exorcisms, and (9) the flavor of magic.

Granted that, on these grounds, these more cultured people were against many of the elements of the Christian faith, what were they for? In religion, for example, what attracted them?

The vogue of the mystery religions, the salvation cults with their secret sacraments of initiation, has been known for a long time. But that the effectiveness of their appeal was primarily to the masses has been equally well known. The new audience did not supply many converts to the popular mystery cults.

These people reacted positively to what might be called philosophical religion, religion developed out of the great Greek philosophies. Various developments of Platonic thought had an appeal that was essentially religious. Another influential philosophical cult was that of Stoicism. From the beginning and end of the period of our concern, two witnesses give lengthy expositions of this faith; and it is significant that the later of these two was an emperor. But even the street preacher, Epictetus, in spite of his common language, gives a philosophical tone to what is essentially a religious faith. The Stoic faith was attractive because of its intellectual element, because of its rigorous universalism, because of its abolition of fear, because of its openness, its noncultic character. Thus this new audience might choose Stoicism or some other philosophical religion.

This new audience also reacted positively to "scientific" religion. But the science that it yearned for was Knowledge, Gnosis, a kind of religious knowledge. This Knowledge cult, these Gnostic faiths, as we find them in the second century, seek knowledge as a means of gaining immortality. By knowing one's true place in the cosmos, by knowing how man's predicament arose, knowing man's true nature, finding out one's true identity, one entered into life. These scientific religions were not interested in sin, nor in salvation from it. Repentance for sins, forgiveness of sins, punishment for sins, redemption, salvation—these are all strange words, seldom used. The Knowledge cults offered revelation, not salvation. The revelation told man what he needed to know. The revelation of a hitherto secret Knowledge reminded man of his true nature, and admitted him to the world of light.

This implied, of course, the existence of two antithetical worlds, this world being evil, the contrast to the world to which man essentially belonged. Thus this cult solved the problem of evil by claiming an unfortunate descent of man, through deceit and ignorance, from his primeval citizenship in the world of spirit and truth. The passport for return, for reunion, was the acceptance of the Knowledge brought by the Revealer.

Through recent decades the debate over the ultimate origin of Gnosticism, as this faith is called, has continued with unabated vigor. Some scholars see its development as a deviation from Christianity; others see it as non-Christian in origin but strongly influencing early Christianity.

Whatever its origin, that it had a tremendous vogue in Christian circles in the second century is beyond question. This would be clear if we had no other evidence than the extent and intensity of Christian attacks on it. In the company of orthodox critics of Gnosticism, none is better known than Irenaeus. The date of his work *Against Heresies* is itself significant. Written about A.D. 180, it attacks disciples of a disciple of Valentinus, one of the leading exponents of what came to be called a heresy. Thus Irenaeus testifies to at least three

The Past Ignored: The Gospel of Truth

generations of Gnostics by the year 180. He claims that the Gnostic faiths are as numerous as mushrooms, and his list of these is a long one. He begins his attack with an exposition of their "vain genealogies," usually consisting of groups of eight, ten, and twelve divine beings or hypostases, that bridge the gap between the incomprehensible ultimate being and the present world. If Irenaeus is accurate in his explanation of these Gnostic beings, he was wise to begin his attack there, for confusion has seldom been worse confounded, where triple names for one and identical names for two are not unusual.

Look, for instance, at the following outline by Irenaeus of the genealogy of these Gnostic beings in the system of Valentinus.[30] In ch. I of his work *Against Heresies,* he catalogs the Aeons that compose the spiritual Fullness (Pleroma) and both separate and unify the ultimate Being and human beings. They total thirty—an ogdoad, a decad, and a dodecad. The first pair beget the second; the second beget the third; and the third, the fourth. This is the ogdoad. Then the third pair beget five more pairs (the decad), and the fourth pair beget six more pairs (the dodecad).

The Ogdoad: (1) Profundity (also "Pre-Beginning" and "Pre-Father") and Idea (also "Grace" and "Silence"); (2) Intelligence (also "Unique" and "Beginning" and "Father") and Truth; (3) Word and Life; (4) Man and Church.

The Decad: (5) Deep and Mingling; (6) Non-Decaying and Union; (7) Self-Existent and Pleasure; (8) Immovable and Blending; (9) Unique and Happiness.

The Dodecad: (10) Advocate and Faith; (11) Ancestral and Hope; (12) Metrical and Love; (13) Praise and Understanding; (14) Ecclesiastical and Felicity; (15) Desired and Wisdom.

Sometimes the first pair were not counted, and Christ and the Holy Spirit were added at the bottom of the list to keep the mystical number at thirty. Irenaeus says the Gnostics found the spiritual meaning of the number in the fact that Jesus lived thirty years before he began his ministry; as also in the hours of the laborers in the vineyard who went into the fields at the first, third, sixth, ninth, and eleventh hours (total, thirty).

But that Irenaeus was often describing his contemporaries, rather than the earlier forms of Gnosticism is demonstrated by the recent (1945) discovery of a "Gospel" which comes in all probability from the pen of Valentinus himself before the year 150. This "Gospel of Truth" is so named from its opening words: "The gospel of truth is joy to those who have received from the Father of truth the gift of knowing him by the power of the Logos, who has come from the pleroma and who is in the thought and the mind of the Father."

The Gospel of Truth is one of a number of early Christian books found in Egypt near Nag Hammadi. This Gnostic library takes its place alongside the Dead Sea Scrolls as a major contribution to our knowledge of our past. Its importance for the study of early Christian history cannot be overestimated. These documents supply information in an area of great ignorance. Sources for Christian history in Egypt before Clement of Alexandria have been scarcer than hens' teeth. These documents were copied no later than the fourth century A.D., and their sources go back into the second century—some of them (including the Gospel of Truth) long before Clement. The library is a large one, containing fifty-two or fifty-three works in thirteen volumes. Moreover, these works are exceedingly varied in nature. Some of the titles themselves stimulate interest; e.g., the Apocalypse of Adam, the Paraphrase of Shem, the Book of Thomas the Contender, the Dialogue of the Savior, the Letter of Peter to Philip, the Acts of Peter and the Twelve Apostles, the Teachings of Silvanus, the Interpretation of "Gnosis," and

The Past Ignored: The Gospel of Truth

the Gospels of Philip, Thomas, and Truth. Some of them seem to be non-Christian and/or non-Gnostic in origin but slightly adapted to the central tenets of the community. The library has further value for us because it was the library of a Christian Gnostic community. For the first time, we have access directly to Gnostic works rather than to the rebuttals of their critics. Publication has been slow. Very little is available in English.[31] Prof. James M. Robinson heads a company of scholars that is preparing an English translation of all these texts. Professor Robinson has recently published an overall review of the present state of study of these documents,[32] which provides an adequate base for the understanding of this new find.

Valentinus, who wrote the Gospel of Truth, moved from Alexandria to Rome. In Rome, he evidently became a leader of the Christian community, since he was a candidate for the episcopacy and was *twice* expelled from the church. Anybody can be expelled once, but to be expelled twice you have to be good enough to get back in. Valentinus was that good. He was enough of a leader to share with Marcion the label of "Most Dangerous Heretic."

His Gospel of Truth offered one of the major options in religion to the new audience that has been described in this chapter. What did he offer? Before interpreting his offer, let's listen to his Gospel.

The first selection (ch. 24:9 ff.) explains the revelation:

The Father opens his bosom, but his bosom is the Holy Spirit. He reveals his hidden self [his hidden self is his son], so that through the compassion of the Father the Aeons may know him, end their wearying search for the Father [and] rest themselves in him, knowing that this is rest: after he had filled what was incomplete, he did away with form. The form of it [i.e., what was incomplete] is the world, that which it served. For where there is envy and strife, there is an incompleteness. But where there is unity, there is completeness. Since this incompleteness came about because they did not know the Father, so when they know the Father, incompleteness, from that moment on, will cease to exist. As one's ignorance disappears when he gains knowledge, [and] as darkness disappears when light appears, so also incompleteness is eliminated by completeness.

The following selection from the Gospel of Truth (ch. 18:11 f.) introduces an evil character, *Plane,* Error.

That is the gospel of him whom they seek, which he has revealed to the perfect through the mercies of the Father [as] the hidden mystery, Jesus the Christ. Through him he enlightened those who were in darkness because of forgetfulness. He enlightened them [and] gave [them] a path. And that path is the truth which he taught them. For this reason error was angry with him, [so] it persecuted him. It was distressed by him, [so] it made him powerless. He was nailed to a cross. He became a fruit of the knowledge of the Father. He did not, however, destroy them because they ate of it. He rather caused those who ate of it to be joyful because of this discovery.[33]

These passages are enough to establish the nature of this Gospel, even though they have been chosen because of their specific reference to Jesus. This Gospel lacks the elaborate genealogies that Irenaeus quoted. It not only has no elaborate mythology; it is doubtful whether it has any other beings than the Father, Jesus, and Man. Error itself may be no more than a human potency. This Gospel has no narrative. It never names any country, or city, or town; never any date. It never quotes directly any words of Jesus. It never tells a story about Jesus. It mentions him three times, and alludes to his crucifixion and some of his sayings. Basically it is the Gospel taken out of history and presented in terms of its meaning.

That meaning is a new meaning. Man's present situation is bad. He lives in partial ignorance, in deceit, in incomplete-

The Past Ignored: The Gospel of Truth

ness, in forgetfulness, involved in a cosmos of matter. Why is this? Because he has been deceived into forgetting his true nature, which is his kinship with the Father-God. The cure for this is Knowledge. The Father-God sends the Knowledge that has been lost, completes the incompletion. The coming of the Knowledge removes the ignorance, breaks the power of Deceit, achieves the reunion, gives life for death.

Many members of this new audience welcomed this Gospel. It avoided all their prejudices. It was not Jewish nor proletarian. Its Revealer floats in a sea of abstractions with no implication of human limitation. Here there is no talk of another Kingdom than the Roman. It is an intellectual Gospel, not lowbrow in any sense. Knowledge and ideas are its focus, not cult or sacrament. Women and children aren't even mentioned. There is no appeal to fear of punishment, present or future. For these varied reasons, this new audience welcomed this Gospel.

Don't let the strange vocabulary mislead you as to the appeal of such a Gospel. It provided an escape from history, from moralism, from particularism. It promised to solve the problem of a person's identity, and it did it all in the name of science, of Knowledge. A blueprint of the ideas and attitudes of the Gospel of Truth resembles ideas and attitudes of "cultured" Americans today. The pastor who must struggle with psychological subjectivism or with some variety of existentialism may gain strength from understanding the church's rejection of the Gospel of Truth.

For the Gospel of Truth was a Christian Gospel, and its ultimate fate was determined within Christendom. Some of those who welcomed this Gospel may have been Christians initially and Gnostics later, as Valentinus was. Or they may have been converted to this type of Christianity directly from paganism. But the major current of Christianity washed this new Gospel up onto the shore and swept past it. The experience of Valentinus himself with the Roman Church is typical of the Gnostic movement within Christianity in the second century. Almost, but not quite, it took over the formulation of the Christian faith.

The reasons for its failure are complex. The very elaborateness of the later Gnostic mythologies helped to defeat it. But more basically, this Gospel failed because it ignored the past; it abandoned God in history, Jesus involved in human events. If the church were to hold on to Matthew and/or Mark and/or Luke and/or the Old Testament, it had God entrenched in human affairs. Paradoxically the bridge between those older Scriptures and this new audience was built by a radically new Gospel that won acceptance where the Gospel of Truth failed. That new Gospel which reformed the Christian past is the Gospel of John—which, if it had not been named for John, could have been called the Gospel of Truth.

III

THE PAST REFORMED: THE GOSPEL OF JOHN

In Chapter II, I suggested that the fourfold Gospel canon was put together about A.D. 150, and gave Marcion credit for stimulating this through the churches' violent reaction to his New Testament with its one Gospel. But the presence of *four* Gospels in the New Testament is so strange, so unexpected, so troublesome, that the need of other motivation than just anti-Marconitism is obvious. That helper in the creation of the catholic Gospel canon was the Gospel of John, whose aid in our understanding of the origin of that four-Gospel canon is badly needed. John was so new that it was acceptable only when read with Matthew or Luke, except to the Gnostics, who welcomed it with open arms and produced the first commentary upon it. Thus, as the church took Luke and Paul from Marcion, so it took John away from the Gnostics by accretion.

In the first half of the second century the Christians had a large number of Gospels. The following list is not complete, but it is extensive. By A.D. 150, the following Gospels had been written: Mark, Matthew, Luke, John, Thomas, Truth, Philip, The Egyptians, Peter, Papyrus Oxyrhynchus 840, Papyrus Egerton 2, The Nazarenes, The Hebrews, The Ebionites, Judas, The Apocryphon of John, etc.[34] With such a large library of Gospels to choose from, surely the church could have found one satisfactory Gospel! The incredible fact is that it found four. Even more incredible is the diversity of these four.

The basic reason for this confusion in the Christian Bible is that there was no such entity as "The Church" to make the selection. The selecting was done separately in metropolitan centers such as Rome and Antioch. In each of four such strongholds of Christianity, one Gospel was either produced or adopted. It became *the* Gospel of that area, and the only one. The organization of the church gained strength initially in areas that were autonomous. The theological and ecclesiastical desirability of having only one Gospel is obvious. When the local churches were struggling toward unity in doctrine and tradition, the appeal to the one Gospel would have been invaluable. Marcion found it so. And so did the local churches. They appealed to *the* Gospel that was authoritative in their area. Thus Roman Christians appealed to Mark; Antiochene Christians to Matthew; Ephesian Christians to John; and Corinthian Christians to Luke.

That this was the process which led eventually to our familiar four-Gospel canon can be demonstrated by two overwhelming negative arguments:

1. Nothing else can explain the presence of the Gospel of Mark in a collection that included the Gospel of Matthew. Professor Goodspeed claimed that "it is not difficult to find fifteen-sixteenths of Mark reproduced in Matthew."[35] Who that had Matthew would want Mark? Mark's inclusion must have been due to very strong support. If Mark was Rome's Gospel, we can understand how it got into the canon.

2. Nothing else can explain the inclusion of four books that differ so much from each other in content and in theology and Christology. But the struggle toward ecumenicity could produce this kind of inclusiveness, provided that this movement is understood as the unification of strong autonomous centers. Romans fought for their Gospel. The citizens

The Past Reformed: The Gospel of John

of Antioch fought for theirs. The result was a triumph for a coalition of four strong centers, each of which got its Gospel accepted, provided it was willing to accept the others.

That this is the normal process of ecumenism was made clear to me by the recent union of my own church with another. In the new united church, we accepted *both* creedal statements from the two uniting bodies, accepted them complete with their differences. Christians in the second century were not so overwhelmed by the Holy Spirit as to be remarkably different from us. They accepted four very different Gospels as part of an authoritative Scripture.

Our eyes are blind to the differences of these Gospels. Through centuries of defensive emphasis upon agreement, through the nature of our theological education, we have lost the ability to see the individual Gospel as it is. In our schools, the very textbook that catalogs their differences is called "A Harmony of the Gospels." Emphasis upon the agreements that are there has pushed the disagreements out of our view.

And, in addition to this, we have put on blinders. In our several denominations the major stress has been upon a distinctive creedal heritage. With this in front of us, we turn to the Gospels and we find them agreeing with our founding fathers. Agreement is what we look for, and agreement is what we find. Our minds are not open to the perception of difference in authoritative Christian documents.

Share my surprise at the sharpness of the contrasts as each Evangelist describes the beginning of Jesus' public ministry.

Matthew (chs. 5 to 7) sets the scene in ways that remind us of Moses receiving the law on Mt. Sinai. Jesus goes up into a mountain, gathers his disciples around him, and begins a long sermon with a set of Blessings reminiscent of the Ten Words. At the end of the sermon (ch. 7:28–29), Matthew copies Mark 1:22: "They were astonished at his teaching, for he taught them as one who had authority, and not as the scribes." Here, at the end of the Sermon on the Mount, this refers directly to Jesus' sayings; such sayings as, "You have heard that it was said to the oldtimers, but I say unto you . . ." For Matthew, Jesus is the Great Teacher whose words have authority. His Gospel contains five great sermons from the lips of Jesus, just as the ancient Scripture contained five books of Moses.

But Mark 1:22 means something very different in Mark from what it means in Matthew. Mark sets the scene in a synagogue, and introduces it with v. 22, which is explained by the immediately following account of the exorcism of an unclean spirit. In Mark, Jesus' first sermon is a mighty act, and Mark emphasizes this in the response of the people in the synagogue. Verse 27: "And they were all amazed, so that they questioned among themselves, saying 'What is this? A new teaching! With authority he commands even the unclean spirits, and they obey him.'" For Mark, Jesus is the Great Doer, whose actions have authority. Miracles are thicker in Mark than anywhere else.

In Luke (ch. 4:16–22), Jesus' first sermon is in a synagogue at Nazareth, where he reads Isaiah's definition of *his* ministry as one of compassion and then says that that Scripture is fulfilled that day. And Luke emphasizes this element in his report of the people's response: "And all spoke well of him, and wondered at the gracious words which proceeded out of his mouth." For Luke, Jesus is the seeking Savior, who announces the acceptable year of the Lord.

In the Gospel of John, Jesus' ministry begins when he goes to a wedding feast in Cana of Galilee. There, when the regular supply of wine is exhausted, he changes an enormous amount of water into wine (ch. 2:1–11). The Evangelist's comment on this is significant: "This, the first of his signs, Jesus did at Cana in Galilee, and manifested his glory; and

The Past Reformed: The Gospel of John

his disciples believed in him." In John, all that Jesus does and says makes his glory plain.

The Sermon on the Mount, an exorcism in a synagogue, a gracious sermon based on Isaiah, the transformation of gallons and gallons of water into wine—could more different inaugurations be imagined? More strikingly different are the Evangelists' interpretations of the meaning. For Matthew, the words of Jesus have power. For Mark, the deeds show his power. For Luke, his words are words of grace. For John, the action manifests his glory. Each Evangelist selected and edited to produce a Gospel whose emphasis would be relevant to his place and time. Instead of being shocked by this, we should rejoice that the canon itself exemplifies Christians making the gospel relevant.

Ideally I ought to give a comprehensive account of the diverse interests of each Evangelist. But this would require the recital of scores of facts from Matthew, scores of facts from Mark, scores of facts from Luke, and scores of facts from John. So I temper the wind to the tonsured lamb, and select one Gospel as an example, and John is the best example. John is the best example for two reasons. First, Matthew, Mark, and Luke have so much more in common with each other than with John that they have long been called the Synoptic Gospels. Second, John is the latest of the four and used at least two of the others: Mark and Luke. The manner of his use is as informative as the fact itself. Moreover, John's relative lateness faces him with a new challenge—the challenge of reaching a new and difficult audience. That challenge he accepted, and in its acceptance he reformed the gospel.

In the preceding chapter, the new audience was shown to be both "respectable" and "philosophically" or "scientifically" religious. That the respectables might choose one of a list of intellectually respectable religions was made clear.

Gnosticism, the cult of knowing, was presented as one of these intellectual options in religion, and the Gospel of Truth was used as an illustration of a Christian attempt to reach this audience. In that effort, Valentinus and his Gospel were cast out of the mainstream of Christian history.

This chapter looks at another Gospel, which aimed at the same target and hit it, without losing the majority of Christians. That Gospel is the Gospel of John.

The indictments hurled at Christianity by its pagan critics correspond to an unbelievable degree with the silences of the Gospel of John. The Christian apologists, the defenders of the faith, do not defend the Fourth Gospel. They are continually busy defending Matthew, Mark, Luke, and Paul—and the Christian Old Testament. But not John!

Anyone who will read through the early Christian apologists and make a catalog of attacks and answers will see at once that the Gospel of John is almost invulnerable to these attacks. But the way that invulnerability is achieved in John is quite different from the way the Gospel of Truth became invulnerable. The Gospel of Truth withdrew from the arena. It abandoned the realm of history and moved into a world of philosophical abstraction. John, on the contrary, stays in the world of time and place and happening. In John, Jesus lives in Palestine among the Jewish people. In the Gospel of Truth, he lives in a philosophy of religion, in abstractions. John wins his invulnerability by a careful selection of material, as well as by its interpretation. His omissions, his silences, put him beyond attack. Consider this summary list:

First, we have already noted that Christianity was attacked as being a Jewish cult. But in John—

No genealogy connects Jesus with the Jewish people.
No prediction of Jesus' birth in the Jewish Scriptures.

The Past Reformed: The Gospel of John

No tribute to John the Baptist by anyone.
No actual baptism of Jesus is recorded.
No scribes, no Sadducees, no Herods.
No use of "Gentile" as a synonym for "heathen."
Jesus is sent *not* to the Jewish people, but to the world.
Jesus' disciples are *not* sent to Jews alone, but to the world.
No parables.
No Jewish legalism in this Gospel:
- Jesus calls the Jewish law "your law" (chs. 7:19 f.; 8:17; 10:34; 15:25); but contrast Nicodemus, who calls it "our law" (ch. 7:51).
- No observance of Jewish ceremonial law by Jesus' parents.
- No exhortation to obey the law completely, nor to do what the scribes command.
- No quotation of the "Great Commandment" from the Old Testament.
- No genetic relationship of Jesus to the law; rather, an antithesis: "The law was given through Moses, *but* grace and truth came into being through Jesus Christ" (ch. 1:17).
- Moses never saw God, but Jesus came from his bosom (ch. 1:18).
- No commandments in John, except Jesus' commandment that his disciples should love one another, and we are told emphatically that this is a *new* command.

Jesus did *not* entrust himself to the Jewish believers, since he knew that they would *not* abide in their faith (ch. 2:23–25).
"The Jews" are a solid and hostile block, denying the divinity of Jesus.
Jesus identified the Jews as children of the devil (ch. 8:31–44).
The festivals are identified objectively as "Jewish" (chs. 2:6, 13; 5:1; 6:4; 7:2; 11:55; 19:42).

Jesus separates himself from both Jews and Samaritans and identifies himself with the Christians who *now* worship the Father in spirit and in truth and not in either temple (ch. 4:1–42).[36]

The word "Savior" is used only in the climax of the visit to Samaria (ch. 4:42), where Jesus is identified as the Savior *of the world* (cosmos). This cosmic orientation of Jesus in John is new. The word "cosmos" occurs seventy-six times in John, nine in Matthew, two in Mark, three in Luke. In John, Jesus is a cosmic Savior. He was sent not to a race, nor to a nation, but to the World, to *this* world, and to all of it. How, then, could anyone think he was a Jew?

Basically, Jesus is not a Jew in the Fourth Gospel because he is a divine being, essentially above the classification of nationality. To ask this Evangelist if Jesus was a Jew is comparable to asking a Presbyterian minister today whether God is a white, male American.

The anti-Jewish nature of the Fourth Gospel has been recognized recently in a strange publication: Dagobert D. Runes's *The Gospel According to Saint John* (Philosophical Library, Inc., 1967). The sole purpose of this work is to remove from the text of this Gospel the anti-Jewish element due to sayings which the author is sure "are either erroneous or false."

Runes deals with these sayings in two ways: by omission and by substitution. He omits at least thirteen passages totaling sixty-three verses (chs. 5:15–18; 7:1b, 32–36, 45–52; 8:37–59; 11:52–57; 12:10; 18:12b–14, 19–24, 35–36; 19:4–8, 21b, 31–38). But he uses a dull ax in his mutilation of John. He fails to omit some of the strongest anti-Jewish passages; e.g., ch. 10:8: "All that ever came before me are thieves and robbers." He changes the wording of at least thirty passages. Those who are hostile to Jesus are changed from "the Jews" to "the people," "the crowds," "the faithful," and—

The Past Reformed: The Gospel of John

most incredibly—to "the Romans" (chs. 7:13, 25; 18:3; 19:38; 20:19). In reverse, he changes "the crowds" to "the Jews" when they are recorded as believing on Jesus (chs. 7:31; 12:12, 19; etc.). His high point here is ch. 12:20, where "the Greeks" who would see Jesus are changed to "Jews." The Romans are against Jesus throughout the Gospel; so Pilate's "I find no fault in him" (ch. 18:38) becomes "I find grave fault in him." And in ch. 19:14, Pilate says "with great laughter" unto the Jews, "Behold your King!"

The Gospel according to Runes is based on simple logic. The historical probability is that the Romans were responsible for Jesus' death; John's original Gospel must have been historically accurate; therefore excision and change are needed so that the message of Jesus can be "offered here without adulteration by hate and revulsion against the people of the Savior." But "hate and revulsion" can be expressed by silence and omission. The black students' revolt has accurately indicted the university's curriculum with prejudice by omission. Mr. Runes would need to write a supplement to the Gospel of John to reach his goal. His addition of "with great laughter" (ch. 19:14) shows that he realized the need for addition once. But he is not a perceptive man, and he was blind to that need throughout the Gospel.

A second attack of the cultured pagans was directed to Jesus as subject to human limitations—

a. Because "He prayed in agony in Gethsemane." But *not* in John! That scene is relocated before the Passover meal (ch. 12:27–33). Jesus echoes it as a question: "What can I say—Father, save me from this trial?" And he answers his own question negatively: "And yet it was for this very purpose that I have come to this trial." So he substitutes the request "Father, honor your own name." Then he explains the voice from heaven and the whole incident as occurring for the sake of the bystanders.

b. Because "He was betrayed by one of his own men, was seized, and arrested." *Not* in John. In John, Jesus literally knocks the arresting group flat with a word (ch. 18:5–6). He then directs them to let his disciples go while he submits to arrest because the divinely ordained and foreknown hour has come (chs. 6:64; 13:21 f.; 18:8 f.). John has no room for thirty pieces of silver and a kiss by Judas. The so-called betrayal was divinely ordained and controlled, and Jesus identifies himself. In fact, Jesus had previously told Judas when to arrange his arrest (ch. 13:27–30).[37]

c. Again, Tacitus, the Roman historian, said, "Christ, the founder of the sect, was put to death as a criminal by the procurator Pontius Pilate."[38] But *not* in John. Here the Roman official, Pilate, three times declared to the Jews that he found Jesus innocent (chs. 18:38; 19:4, 6); and he tried to find ways to let him go (ch. 19:1–12). Here Pilate has to execute Jesus because Jesus had predicted his own death and its manner (ch. 18:32). The power exercised by Pilate was bestowed upon him from above for this very purpose (ch. 19:11).

The crucifixion was a liability to the Christian evangel. From Paul on, through almost all Christian literature and art down to the fifth century, the defenders of the faith struggle with it. Paul explains it as the fitting climax of Jesus' voluntary humiliation, and welds it to the resurrection, which was glorious. The Synoptists report it as a fearsome, tragic thing. But in John, the cross is gilded by the divine glory that Jesus had already manifested in his earthly life. The Johannine word for crucifixion is "exaltation," a lifting up. It is the first rung on the ladder that Jesus climbs to return to his Father.

He prepares his disciples for his approaching departure by announcing that he will send them a Comforter, the Spirit of Truth. So dignified has his death become that it can be spoken of as a departure, a return to the Father. The promise of the

The Past Reformed: The Gospel of John

Spirit is given to console the disciples for Jesus' absence. And every incident is interpreted as part of the divine plan. Almost every event of the passion happens to fulfill Scripture, while there are not more than six or seven allusions to the Old Testament elsewhere in John. If John's quotations of Scripture are numerous only in the passion story, it is because that part of the career of Jesus was hardest to glorify.[39]

The taunting and jeering at the crucified find no place in John's account. The theme of the taunts reported by the earlier Evangelists was that Jesus claimed to be a Savior of others but could not even save himself. Such a charge presupposes that Jesus didn't want to be crucified. John has so clearly shown that Jesus came to earth for the purpose of being crucified that he is consistent when he omits this charge from the story of the death.

The superscription in three languages was undoubtedly intended to suggest the function of Jesus as world Savior. The protest of the Jews against the content of the superscription reminds the reader once more that it was the Jews, not the Romans, who were Jesus' enemies.

John removes the passion story altogether from the category of tragedy. As he interprets the death of Jesus, it was triumph and exaltation for Jesus. The concomitants of misery and tragedy are, therefore, absent from his narrative. He shows us a Jesus who, having already conquered the cosmos, now completes his mission and begins his exaltation by being crucified. He has no despairing, forsaken cry from Jesus, reproaching the Father for having abandoned him. In the earlier accounts, the result of this cry was that a bystander ran to get Jesus a drink. John knows that Jesus was not forsaken and that he could not have cried, "My God, my God, why have you forsaken me?" Why, then, did the bystander offer Jesus a drink? Because Jesus had called out, "I am thirsty." Not that he just happened to be thirsty—but, rather, because Jesus, aware that the last detail of the plan was finished, said this that the Scripture might be fulfilled. Nor was there any loud cry from Jesus at the moment of his death, as Matthew and Mark report. On the contrary, Jesus, in the leading role in the drama of redemption, closes the scene with the pronouncement, "It is finished."

The interpretation of the crucifixion as triumph rather than tragedy leads John to omit such miracles as the Synoptics report to have accompanied the death of Jesus. There is in John's story no eclipse of the sun, no supernatural tearing of the temple veil, no earthquake or resurrection of the dead when Jesus dies. Such portents are signs of gloom and dread disaster; nature mourns in sympathy with the suffering and death of Jesus. In the Fourth Gospel there is no excuse for mourning; Jesus experiences crucifixion as a triumph.

A third and very serious attack charged that Christianity was seditious because it preached another Kingdom than the Roman and was loyal to another King. But in John—

a. The most amazing of all silences is the silence about the Kingdom of God or the Kingdom of Heaven. This phrase, which occurs 121 times in the other Gospels (Matthew, 56; Mark, 20; Luke, 45), appears only twice in John, both times in the dialogue with Nicodemus (ch. 3:3, 5.) There the message is plain. Man must be born again from above of the Spirit to enter this Kingdom of the Spirit.

b. The examination of Jesus by Pilate (ch. 18:33 ff.) clears Jesus of any charge of sedition. Jesus states plainly that his Kingdom is not a kingdom of this world.[40] His followers do not fight to protect him from the Jews, as the followers of a rebel would have done. He is indeed a King, but his Kingdom is the truth. Nowhere in this Gospel does he claim any other kingdom, and it is significant that Pilate refuses the demand of the Jewish high priests that the placard on the

The Past Reformed: The Gospel of John

cross should read, *"He said,* 'I am king of the Jews.'" Not in this Gospel has Jesus said that.

A fourth attack pointed out that Christianity appeals to the lowest classes. But not in John. Listen to these silences:

> No "poor" people (only ch. 12:5–8, which is not pro-poor).
> No wicked rich.
> No publican.
> No sinner.
> No widow.
> No child.
> No women fellow travelers.
> No unclean demoniacs.
> No repentance or forgiveness of sins, and no glorification of these actions.
> No shepherds.
> No fishermen.
> No preaching of repentance for sins by the Baptist.
> No healing of a leper.
> No prostitutes.
> No "good news" (gospel)
> No "preaching" (*kerussein*), although it occurs thirty times in the Synoptics.
> No parable.
> No "hope."
> No "other criminals" crucified with Jesus.
> No pity.
> No compassion.

This list needs little comment to make the case. But look more closely at the women in this Gospel. They either wear robes of stainless white or are stage props that carry the action to some other focus. Jesus' mother tries to direct his actions (ch. 2:1–11). But Jesus rebukes her with the curt common phrase from which most translators shy away: "Woman, what do you have to do with me?" In ch. 2:12, Jesus does travel with a woman, but it is his mother, and his brothers are along. In the Lazarus story (ch. 11), Mary and Martha are minor characters, stupidly misunderstanding Jesus and thus advancing the dialogue and the action to its climax in the resurrection of Lazarus. But they don't travel with Jesus; they are at home, and entertain him there with their brother Lazarus as the host at the table. At the cross (ch. 19:25), the mother of Jesus and her sister Mary stand nearby with Mary of Magdala, whose demonized background is silently passed over. The natural implication of the incident in John is that she was a close friend of Jesus' mother. Mary of Magdala in the resurrection stories is subordinated to the male disciples.

But the most striking instance of the translation of an event from the moral (or immoral) context to the Christological is the woman of Samaria. Here, if anywhere in John, we expect a confession of sins and their forgiveness. But when Jesus tells the woman that she is an adulteress, she is not "convicted of sin"—she is convinced first that he is a prophet, and then, because of his superhuman knowledge, that he may be the Messiah. She reports her experience to the men in town, who ask Jesus to stay with them two days, which he does. Then the men achieve a truly Christian faith from their direct contact with Jesus, and downgrade the woman's role by saying: "It is no longer because of *your* statement that we believe, for we have heard him ourselves, and we know that he is really the Savior of the world" (ch. 4:42). But here there is no reaction to the woman's sins; they are not even identified as sins. The reaction that counts here (as everywhere in John) is the reaction to Jesus' revela-

The Past Reformed: The Gospel of John

tion of what he is. In this emphasis, in John's Gospel, even the woman of Samaria loses her scarlet letter.

Actually, sin has only one meaning in John, and that meaning has nothing to do with morality. Look carefully at the following quotations from this Gospel. They include all the references to sin: the verb "to sin," the noun "sin," the noun "sinner."

hamartia, "sin"

- 1:29 John the Baptist's identification of Jesus: "Behold, the Lamb of God, who takes away the sin of the world."
- 8:21 Jesus says to the Jews: "I go away, and you will seek me and die in your sin."
- 8:24 Jesus says to the Jews: "I told you that you would die in your sins, for you will die in your sins unless you believe that I am he."
- 8:34 Jesus says to the Jews: "Amen, Amen, I say to you, everyone who commits sin is a slave to sin."
- 8:46 Jesus says to the Jews: "Which of you convicts me of sin?"
- 9:34 The Jews say to the blind man: "You were born in utter sin."
- 9:41 Jesus says to the Pharisees: "If you were blind, you would be guilty of no sin, but as it is, you say 'We can see'; so your sin continues."
- 15:22 Jesus says about the Jews: "If I had not come and spoken to them, they would not have sin; but now they have no excuse for their sin."
- 15:24 Jesus says about the Jews: "If I had not done among them the works which no one else did, they would not have sin."
- 16:8 Jesus says to his disciples. "And when he [the Counselor] comes, he will convict the world of sin."

16:9 "... of sin, because they do not believe in me."
19:11 Jesus says to Pilate: "You would have no power over me unless it had been given you from above; therefore he who delivered me to you has the greater sin."
20:22–23 Jesus says to the disciples: "Receive the Holy Spirit. If you forgive the sins of any, they are forgiven; if you retain the sins of any, they are retained."

hamartema, "sin," does not occur.

hamartano, "to sin"
5:14 Jesus says to the paralytic: "Sin no more, that nothing worse befall you."
9:2 The disciples ask about the blind man: "Who sinned, this man or his parents, that he was born blind?"
9:3 Jesus answered: "Neither this man sinned, nor his parents."

hamartolos, "sinner"
9:16 Some of the Pharisees said, "This man is not from God, for he does not keep the sabbath." But others said, "How can a man who is a sinner do such signs?"
9:24 The Pharisees say to the blind man: "We know that this man [Jesus] is a sinner."
9:25 He answered, "Whether he is a sinner, I do not know."
9:31 The blind man says: "We know that God does not listen to sinners."

The first thing that strikes the eye here is the clustering of "sin" in the eighth and ninth chapters. Of the twenty occurrences, twelve appear in these two chapters of bitter disputes with the Jews. Even more striking is the definition of sin and the identification of the sinners. Sin, according to John, is refusal to believe in Jesus; and the chief sinners are the Jews. Six times Jesus identifies the Jews as sinners (chs. 8:21, 24, 34; 9:41; 15:22, 24), because they do not believe

The Past Reformed: The Gospel of John

in him. The Counselor will convict the world of sin because of its unbelief.

Only four of the twenty passages (chs. 1:29; 5:14; 19:11; 20:22-23) fall outside the Johannine doctrine of sin as unbelief in Jesus. Two of them are uncaught survivals: (ch. 5:14, contradicted by ch. 9:2-3, and ch. 19:11; see Matt, 27:4, contradicted by the voluntary nature of Jesus' death in John). How could the Lamb of God take away the Johannine sin (ch. 1:29)? Equally alien to this Gospel is the apostolic forgiveness of sins in ch. 20:22-23. In John there is only one sin—not to believe in Jesus.

Whereas the sinners in the earlier Gospels are prostitutes, tax collectors, breakers of God's laws, and immoral people, in John that word "sinner" is applied only to Jesus (ch. 9:16, 24, 25, 31)—applied falsely, of course, by the Jews, who are always wrong.

And, finally, we have noted among the cultured attacks on Christianity the claim that Christianity is a new superstition, mixed with magic, and using threats of punishment to create fear. But *not* in John.

a. In John, Christianity is not "new." (1) Moses, a very ancient figure, wrote about Jesus. (2) Jesus himself existed before Abraham was (ch. 8:58). (3) In the beginning, Jesus was God's Word, and his agent in creation. Thus here, as elsewhere, John avoids an indictment through the nature of his Christology.

b. Again, in John, the very suspicion of magic has evaporated. You listen in vain for an exorcism. Here there are no unclean demoniacs; in fact, no demons at all. The devil has faded out of the picture almost completely. Jesus is not tempted by the devil. Satan plays a role in the betrayal—he enters into Judas, but Judas waits for Jesus' word before he acts. The vital force of evil in this Gospel is the Archon (Ruler) of This World. After the voice from heaven, Jesus says: "Now is the judgment of this world; now the Archon of This World will be cast out" (ch. 12:31). Again Jesus says: "I shall not talk much more with you, for the Archon of the World is coming. He has no power over me; but he is coming so that the World may know that I love the Father and am doing what he has commanded me to do." (Ch. 14:30-31.) In ch. 16, Jesus explains that he has to return to the Father so that the Comforter may come, who will rebuke the world, finally, about judgment "because the Archon of This World has been condemned." Thus, the evil Ruler of This World has been judged through the career of Jesus, and the Spirit will make this known. But this is cosmic drama, not in any sense magic.

Naturally, there are no astrologers in this Gospel—no magi from the East.

In John there is no emphasis on miracles, on mighty works as such. The contrast with Mark is striking, both in the density of miracles and the function they serve in the Gospel story.

The few miracles in John are symbolic signs of the meaning of Jesus: (1) The 120 to 180 gallons of wine, produced late in the feast, signify the giving of the Spirit without measure. (2) The healing of the royal official's son paradoxically exalts the faith of those who believe without signs and marvels. (3) Healing the paralytic on the Sabbath shows that the Father works continuously, as the Son also does. (4) The miraculous feeding means that Jesus is the Bread that has come down from heaven, and that it is the Spirit that gives life; flesh is of no use at all (ch. 6:63). (5) The healing of the blind man shows that "I [Jesus] am the Light of the World." (6) The resurrection of Lazarus shows that "I myself [Jesus] am the Resurrection and the Life." (7) The garrison knocked over backward indicates that Jesus laid down his life voluntarily. Moreover, these signs are submerged in long dis-

The Past Reformed: The Gospel of John

courses, which indicates their proportionate place in the revelation. These signs of divinity can hardly be suspected of being magician's tricks.

c. The more cultured the pagan, the more he disliked superstitious appeals to fear. But in John the future is happy, because judgment is now. Granted that there are vestiges of the earlier Christian belief in future judgment, they are very limited in number (only chs. 5:28–29; 12:48) and in each case follow a strong statement of the present tense of judgment. The one who believes in Jesus will not be judged; the one who disbelieves has already been judged (ch. 3:18 ff.). The judgment is that men turned away from the Light that came into the world. The hour of judgment that was coming, now is—"Amen, Amen, I say to you that the one who hears my word and believes in the one who sent me has eternal life and will not come into judgment but has passed out of death into life" (ch. 5:24). Statements of this kind, added to the exposition of the Lazarus story, make a future resurrection unnecessary, for eternal life is given now. The one who believes in Jesus will never die (ch. 11:23–26); the one who keeps his word will never see death at all (ch. 8:51). John's own belief was undoubtedly immortality rather than resurrection, and the cultured pagan would find no superstition here.[41] In this Gospel, the Second Coming is promise, not threat—the Comforter will come. In fact, he does come in a placid scene at the end of the story (ch. 20:22–23).

The correspondence between the pagan indictments of Christianity and the silences of John are too numerous to be accidental. We have seen that two explanations are possible. Either John wrote in awareness of these criticisms so as to defend the gospel, or John writes out of attitudes shared with these respectable pagans. The second of these alternatives is made more plausible when one looks at John's additions to the first three Gospels. In events, there is little that is new; in the exposition of the meaning of Jesus and the gospel, a great deal—even on the lips of Jesus himself.

The new additions to the narrative are quite brief: additional visits to Jerusalem, Jesus' success in Samaria, the wedding feast at Cana, the sick man *at Bethesda,* the man *born* blind, Lazarus, the foot washing, and Jesus' demonstration of power at the arrest. This is all, except for details in the passion narrative.

But in the definition of the meaning of Jesus and of the gospel, new concepts and doctrines pervade the entire Gospel. Here there is no moralism, no collection of sayings of the Lord comparable to the Sermon on the Mount. A new Christian code could not be constructed from this book. Nor is there any trace of a sacramental salvation, such as we find in Paul and to some degree in the first three Gospels. If Christians possessed only this Gospel, they would not know that they were supposed to die with Jesus in baptism, nor that Jesus had himself instituted the sacred meal of the church. They would know that Jesus himself baptized no one and commanded no baptism. To be born of the Spirit gave life, and the only ritual established by Jesus was the foot washing.

These absences spring from the possession of Christological concepts that are very close to those of the group called Gnostics. If ritual is played down in this Gospel—as it is—it is because "knowing" is played up. The verb "to know" occurs 133 times in this Gospel, and eternal life is defined as knowing God and Jesus, whom God sent. "Believing" is a strong second to "knowing"; it occurs 95 times in John. But when you ask, Believe what? the answer is that you should believe what you know: that God sent Jesus to manifest his glory.

The Past Reformed: The Gospel of John

Thus the basic meaning of Jesus is that he is a revealer of God. This revelation is taken very seriously, for he reveals a previously unknown God (chs. 1:17–18; 7:28; 8:19, 55; 10:8). In this, John stands close to Marcion, and close to many Gnostics.

The revelation in Jesus is stated in Gnostic terms of contrast made familiar to us by the Gospel of Truth and by the Christian attackers of Gnosticism. Jesus is Light versus Darkness. He embodies the contrast between From Above and From Below. John the Baptist was From Below; so were the Jews. He contrasts Knowing and Ignorance. He sets Eternal Life over against Death; and Spiritual Worship against ceremonies in temples. His kingdom is the kingdom of Truth versus *Plane* (Error), for which John uses Lie. The hostile Jews are the children of a devil who has nothing to do with the truth, for there is no truth in him. When he tells a lie he speaks in his true character, for he is a liar and the father of them (ch. 8:44). Add the constant references to the cosmic mission of Jesus, and you have a large part of the Gnostic vocabulary present here.

One paragraph from the Gospel of Truth (ch. 30:32 ff.) is enough to illustrate this similarity.[42] I present its sentences with obvious parallels drawn from the Gospel of John.

THE GOSPEL OF TRUTH	THE GOSPEL OF JOHN
He appeared, informing them of the Father, the illimitable one.	1:18 No one has ever seen God; the only Son, who is in the bosom of the Father, he has made him known.
He inspired them with that which is in the mind, while doing his will.	6:38 For I have come down from heaven, not to do my own will, but the will of him who sent me.

Many received the light and turned towards him. But material men were alien to him and did not discern his appearance nor recognize him.	3:19-21 And this is the judgment, that the light has come into the world, and men loved darkness rather than light, because their deeds were evil. For every one who does evil hates the light, and does not come to the light, lest his deeds should be exposed. But he who does what is true come to the light, that it may be clearly seen that his deeds have been wrought in God.
For he came in the likeness of flesh and nothing blocked his way because it was incorruptible and unrestrainable.	1:14 And the Word became flesh and dwelt among us. 19:11 Jesus answered [Pilate], "You would have no power over me unless it had been given you from above."
Moreover, while saying new things, speaking about what is in the heart of the Father, he proclaimed the faultless word.	13:34 A new commandment I give to you, that you love one another; even as I have loved you, that you also love one another.
Light spoke through his mouth, and his voice brought forth life.	9:5 I am the light of the world. 11:25 "I am the resurrection and the life."
He gave them thought and understanding and mercy and salvation and the Spirit of strength derived from the limitlessness of the Father and sweetness.	14:16-17 And I will pray the Father, and he will give you another Counselor, to be with you for ever, even the Spirit of truth.

The Past Reformed: The Gospel of John

He caused punishments and scourgings to cease, for it was they which caused many in need of mercy to stray from him in error and in chains—and he mightily destroyed them and derided them with knowledge.	3:17 For God sent the Son into the world, not to condemn the world, but that the world might be saved through him.
He became a path for those who went astray and knowledge for those who were ignorant, a discovery for those who sought, and a support for those who tremble, a purity for those who were defiled.	14:4-6 "And you know the way where I am going." Thomas said to him, "Lord, we do not know where you are going; how can we know the way?" Jesus said to him, "I am the way, and the truth, and the life."
He is the shepherd who left behind the ninety-nine sheep which had not strayed and went in search of that one which was lost.	10:14 I am the good shepherd; I know my own and my own know me.

The number of parallels in vocabulary and theological idea which can be found for less than a page of the Gospel of Truth is impressive.

John's pro-Gnostic omissions include this world of physical nature. A study of Christian art in the catacombs reveals a positive appropriation of physical nature by Christians. Pictures of seasons, winds, ocean, sun, moon, etc., adorn these walls. In this, the artists follow the literary tradition of the first three Gospels, and of I Clement, Aristides, and others.

"But John has nothing that resembles either this argument from the cosmos to the creator or the intuition of the Synoptic Jesus that God who clothed the lilies in beauty cares for man. There are in the Fourth Gospel no flowers, no birds, no animals, except the beast of burden that carries Jesus to Jerusalem for the triumphal entry. Fields of wheat appear as a figure of rhetoric, and a seed is chosen (as with Paul) as a sign of the necessity of sacrificial death; but appreciative treatment of nature is absent. There is a vine in John, but it, too, is so much more than a vine that it brings no breath from the vineyard to the pages of the Gospel. Its symbolism is as unnatural and rigorous as that of the tree of the cross in the Middle Ages. It carries a somewhat different message from the eschatology of the vine in Clement and the catacombs."[43]

For John, this world is a lower world of darkness opposed to the upper world of light. This world rejected Jesus; its ruler was hostile to Jesus. Thus the world was bound to hate the Christians, who are not of this world, as Jesus was not (chs. 15:18 f.; 17:14 ff.).

It is no wonder that the Gnostics in the second century welcomed John with open arms. The first commentary on this Gospel was written by a Gnostic. On the other hand, most Christian churches were slow to accept John. Irenaeus certainly felt that he had to put up a stiff argument for the Fourth Gospel. It may well be that one of the motives for the creation of a four-Gospel canon was to make John acceptable to the churches.

Whatever its intention was, the publication and canonization of The Gospel in four books—According to Matthew, According to Mark, According to Luke, and According to John—saved the Gospel of John for the church. Reading the four together blurs and blots the distinctive elements of John. Most Christian ministers read the other Gospels between John's lines and are unaware of how relevant his Gospel was to the social group for which it was written.

That group was self-consciously cultured, composed of loyal citizens of the Roman Empire with an anti-Semitic bias.

The Past Reformed: The Gospel of John

They were religious people, interested in redemption from this world and the attainment of immortality. They rejected crude myths and rites and extravagant ecstasy, and turned their eyes toward Knowledge, Life, Light, and Truth. By contemplating a divine revelation, they were redeemed. They stood between cult and philosophy, but closer to the chapel than to the classroom—more interested in spiritual baptism than in wearing the philosopher's beard.

John wrote his Gospel primarily for this group, and in doing it he combined old and new. He conserved the familiar framework and outline of the Gospel narrative and repeats much that is familiar to us from the first three Gospels. Thus—

An account of John the Baptist begins the Gospel.
The first ministry is in Galilee.
Jesus goes up to Jerusalem at Passover.
Jesus cleanses the Temple.
The imprisonment of the Baptist is mentioned.
Jesus heals the son of the official at Capernaum.
Jesus breaks the Sabbath by healing.
Jesus feeds the five thousand.
Jesus walks on the sea.
Joseph and Mary are referred to as Jesus' parents.
Jesus teaches in synagogues.
Galilee is his home.
He is not fifty years old.
He heals a blind man.
The Old Testament has divine authority, as foretelling Jesus.
The triumphal entry on Palm Sunday.
He gives his disciples an example of humility.
The great commandment is Love.
Judas betrays him in the Garden.
Jesus is known as "Jesus of Nazareth."

He is sent to Caiaphas and then to Pilate for trial.
Pilate has him beaten.
The crown of thorns, and purple robe, and mockery.
The superscription on the cross.
The women at the cross.
The "vinegar" offered.
The tomb of Joseph of Arimathea.
Mary Magdalene and the stone rolled away.
Jesus appears to Mary.
Jesus appears to the disciples and shows his wounds.
The miraculous catch of fish.

This is an extensive use of old, traditional material; and it may well be that even in the briefer list of "new" material, John may be using equally old stuff.

But he allegorized the meaning of everything he touched into a new pattern—a pattern that was vital and significant to the members of his own group. No one has ever rewritten the gospel more boldly or more efficiently. He laid a strong hand upon the church's stories about its Lord and reshaped them closer to the needs of his own group.

But this is what Marcion tried to do. That is what Valentinus attempted in the Gospel of Truth. How is John different? Why did the church reject them and accept him?

John consciously repudiates Gnosticism's basic theology. Although he uses the verb "to know" 133 times, he never uses the noun "knowledge" (*gnosis*). Although he uses the verb "to believe" 95 times, he never uses the noun "belief" or "faith" (*pistis*). This cannot be the result of chance. It must be the result of conscious avoidance of the key words of Gnosticism as they existed in John's milieu.

Moreover, what is to be "known" in John is quite different. In Gnosticism, the revealed knowledge looked inward—the individual found his identity; he recognized *his* essential nature. But in John, the revealed knowledge is external—it

The Past Reformed: The Gospel of John

is knowledge of Jesus and of the Father who sent him. This Jesus became flesh and dwelt among us; he existed in time and place, and John presents him as a revelation of God inside human history. John's Gospel is a narrative with teaching; it is not a meditation.

John not only accepted this cosmos; his Lord was used by God in its creation. In John, there is no revulsion against the flesh, against the physical world. When he contrasts flesh and spirit, he does it to illuminate a higher from a lower meaning —not to set the ground for a rigid asceticism, as Marcion did. Nor on this ground could he agree with the Gospel of Truth that there were three orders of men: the physical (*hylikoi*), who were doomed; the natural (*psychikoi*), who could be saved; and the spiritual (*pneumatikoi*), who were foreordained for salvation.

John was a much more radical rewrite man than Marcion was, but he held on to Biblical doctrines that Marcion abandoned. His major difference from Valentinus was that he wrote a narrative about Jesus in history. He was convinced that it was of the greatest importance to the church to know the story and word and meaning from the preresurrection career of Jesus. Therefore he adopted Mark's major outline as the skeleton of his creation. The features may look different, but the essential Biblical concept of revelation is there—God makes himself known through events within human history. Thus John's Gospel is both old and new.

IV

THE PAST DIVIDED: THREE PRIMITIVE GOSPELS

IN THIS CHAPTER we move back once more in time to the period before any one of our four canonical Gospels existed as a document. This first generation of Christians after the cross reaches from A.D. 30-35 all the way up to A.D. 70-75.

In this period all Christians were aware of their newness—however much it might differ in degree. Even in Palestine and Syria, where Jewish-Christian communities existed—even when "Jewish" was the ruling adjective—the members of those Jewish sects knew that they were a *new* Jewish sect.

Outside, in the Gentile world, Christians accepted Judaism as preface or prediction, but those who said, "Jesus is Lord," were vividly aware of uniqueness. Echoes of this are scattered through our Scriptures. The concept of a "new covenant," a "new testament," appears in Paul (I Cor. 11:25; II Cor. 3:6), as does the concept of a new creature; i.e., the Christian (II Cor. 5:17; Gal. 6:15). The Epistle to the Hebrews draws the logical inference from a "new" covenant: "Now when he [God], speaking through Jer. 31:31, speaks of a new covenant, he is treating the first one as obsolete" (Heb. 8:13). So also, the "new man" of Ephesians (chs. 2:15; 4:24) witnesses to the general awareness of newness.

The major problem for that generation of Christians lay

in the definition of the newness—or, rather, in the choice to be made among various definitions. Today a large company of scholars, among them Professor Koester, insist that early Christianity is a "religious movement which is syncretistic in appearance and conspicuously marked by diversification from the very beginning."[44] This diversification is not an adjustment to external forces, or a matter of decay at the periphery of the movement. It is inside the movement in the first generation after the cross. Well down into the second century, the term "heresy" lacks its contemporary meaning. Heresy at the beginning was division, and the divisions are obvious as soon as one looks at the sources.

But a generation ago when we looked at the sources, Paul dominated our view of the origins of Christianity. The textbook introductions to New Testament literature pointed out that Paul's letters were earlier than our canonical Gospels. They were even earlier than Mark, the earliest of the Gospels in our canon. Historical study of the New Testament, while it increased skepticism as to the dependability of the Gospel accounts, paradoxically increased confidence in Paul as *the* witness for the beginnings of the Christian faith.

A potential rival to Paul in the claim for primitive witness was the hypothetical document usually referred to as Q. This Sayings Collection used by both Matthew and Luke was generally believed to be earlier than Mark, or even Paul. But it had a shadowy character. It was not a Gospel like Mark or Matthew. It did not proclaim a faith, as Paul did. To most of us who studied the New Testament then, it took a seat in the back row as an interesting scholarly hypothesis. When we looked for evidence of Christian beginnings, we did not look at Q; we looked at Paul.

Paul's dominance of our thinking in this area was supported by his importance in Reformation theology—of which we were children. The trends in theology thirty years ago further supported Paul's importance. He loomed so large— he was such a massive figure—that we could not see past him or over him to any other witness to the beginning of what might be called Christianity.

Thus the study of Paul's Gospel of the Resurrection led naturally to the affirmation that Christianity began with the resurrection faith. The most skeptical of historians affirmed the reality of the "resurrection experiences" of the disciples. Moreover, the affirmation was common that exactly these experiences were the essential element in the origin and early spread of Christianity.

But Paul's Gospel was neither the first, nor the only, nor the dominant Gospel in the first generation after the cross. Before him and around him there were other definitions of the Gospel. If we had nothing but his own letters, we could demonstrate this. His compulsion to argue his equality with those who were apostles before him; his struggles with "Judaizers" inside the Christian movement, even in his own churches; his tacit acceptance of the followers of Judaizing James, whom he does *not* attack for not eating with Gentiles, although it was the pressure of James's followers that made Peter withdraw from the Gentile table; and finally, the fourfold factions at Corinth—followers identified as "of Paul, of Apollos, of Cephas, of Christ."

Thus Paul himself testifies to the diverse influence of pre-Paul apostles. He clearly exempts Judaizing Christians in Palestine (and Syria?) from the obligation to join the Pauline Christians in the rejection of the law. Peter, James, and John agree, says Paul, that it is all right for him to be an apostle to the Gentiles as they are to the Jews. But these Jewish Christians should not insist that Gentile Christians have to obey the law.

The implications are clear. In Palestine, at the beginning,

The Past Divided: Three Primitive Gospels

all Christians were Jews. They regarded themselves as existing inside Judaism.[45]

Thus, today we can see over and around Paul not only a "Judaizing" gospel, but also a large and varied number of "Gospels" that deserve the adjective "primitive" in the sense that they are earlier than our four canonical Gospels. We are confronted today with a diversity of such Gospels, a diversity that sets the question of Christian origins into a different context.

Walter Bauer's study of orthodoxy and heresy (1934) began a new epoch in church history. It did more than establish "heretical" forms of Christianity as relatively early competitors with orthodoxy.[46] It established some of these forms as the earliest Christianity known in specific areas of the ancient world. Bauer's organization of his material was basically geographical. He looked at Palestine, Egypt, Macedonia and Crete, Asia Minor, Edessa, and Rome. This same geographical organization has been followed recently in Helmut Koester's review and development of Bauer's work.[47]

From the diverse primitive Gospels, I have selected three, including Paul's: (1) the Gospel of the Resurrection, (2) the Gospel of Mighty Deeds, and (3) a Sayings Gospel.

1. Today when we look at Paul himself, we still find, of course, his own Gospel. This was a preached gospel—not a book—and it identified the newness of the Christian faith in the resurrection of Jesus as "the beginning, the first-born from the dead" (Col. 1:18). In an expedient shorthand, Paul's Gospel can be called the Gospel of the Resurrection. In it, crucifixion and resurrection are one inseparable event, whose religious significance is shown by the resurrection. "Paul, a servant of Jesus Christ, called to be an apostle, set apart for the gospel of God which he promised beforehand through his prophets in the holy scriptures, the gospel concerning his Son, who was descended from David according

to the flesh and designated Son of God in power according to the Spirit of holiness by his resurrection from the dead, Jesus Christ our Lord." (Rom. 1:1–4.)

This Gospel had a tremendous vogue in that first generation. Its concentration upon the risen Christ dazzled the eyes of the believer so that he could hardly see the earthly life of his Lord's humiliation. Paul did not agree with the Gnostics or Marcion on the unreality of the earthly life of Jesus. The happiest phrase to describe his attitude toward it is to say that the career of the risen Jesus was rooted in his earthly career. Roots grow underground; they are not visible unless special efforts are made to dig them up. Paul made no such special efforts.

Moreover, it is well known that the vitality and dynamism of Paul's Gospel made it a prolific source of Christian sects in the second century. We have noted Marcion's adoption of Paul as *the* apostle, but we have passed over others equally radical, including some of the Gnostics and Montanus, the leader of an enthusiastic, spiritistic Christian sect.

2. Another Gospel that was popular in this period was the Gospel of Mighty Deeds. It existed before Mark in some form, either oral or—more probably—written, and became one of his two main literary sources—the other being the Passion Narrative. In this Gospel, emphasis was put upon the charismatic powers exercised by Jesus in his earthly career. These powers were a divine gift, and Jesus acted as a divine man.

Note the density of miracles in Mark. If we compare the four Gospels in their content up to the approach to Jerusalem that inaugurates the Holy Week, we find that Mark has 23 miracles on 18 pages,[48] almost one and a half per page. Matthew, who swallowed Mark, has 33 on 31 pages. Luke's average is lower, with 32 on 38 pages, a little less than one a page. John has 11 on 22 pages (using a most inclusive

The Past Divided: Three Primitive Gospels

definition of miracle), or only half a miracle per page. Thus, Mark and John stand at the opposite ends on this scale.

That the first verse of the first chapter of Mark speaks against alternative definitions of the gospel is unmistakable. Those who claimed that the Christian gospel began with the resurrection are here forcibly contradicted. Mark's source brings the gospel down out of the clouds and ties it to earth, to human history. "The beginning of the gospel of Jesus Christ" was John the Baptist's appearance in the desert.

Listen to Mark's account of the first day of Jesus' public ministry and note the emphases: "And they went into Capernaum; and immediately on the sabbath he entered the synagogue and taught. And they were astonished at his teaching, for he taught them as one who had authority, and not as the scribes. For example, there was in their synagogue a man with an unclean spirit; and he cried out, 'What have you to do with us, Jesus of Nazareth? Have you come to destroy us? I know who you are, the Holy One of God.' But Jesus rebuked him, saying, 'Be silent, and come out of him!' And the unclean spirit, convulsing him and crying with a loud voice, came out of him. And they were all amazed, so that they questioned among themselves, saying, 'What *is* this? A *new* teaching! With authority he commands even the unclean spirits, and they obey him.'" (Mark 1:21–27.)

In Matthew also (ch. 7:28–29), we are told "the crowds were astonished at his teaching, for he taught them as one who had authority, and not as their scribes." But this is the end of the Sermon on the Mount, and in it, in Matthew, the authority inheres in the nature of the sayings. But in Mark, the authority is illustrated in the exorcism, in the Mighty Deed.

In Mark's formulation of the Gospel, the earthly Jesus is not empty of divine attributes, as he was in the Pauline Gospel. Here he possesses a divine *exousia*, which is authority, but authority under the aspect of power. Thus the Gospel of the Divine Man is that he has divine authority, a gift from the Divine Being. He uses these special powers in a variety of ways. He exorcises demons, demonstrating his authority over them. He forgives sins, clearly showing a divine authority. He has authority over the law, and even over the Sabbath Day. He is a man of power, and the good news is that God anointed him with this power in his earthly life for the blessing of God's own people.[49]

It has been said that Mark is the Gospel of Power, as John is the Gospel of Glory. But more significantly for our study, Mark interprets Jesus in terms of the old and John in terms of the new. This Gospel of the Divine Man comes out of the conflict of two traditions. The first is Judaism with its Scripture, religious customs, religious leaders, and messianic hope —both Davidic and apocalyptic. The second is the Christian traditions about Jesus as the Divine Man—given the Spirit of God, a carpenter, teacher, doer of mighty deeds, maker of disciples from the "poor," from sinners, from women and children, arrested, condemned, and executed; yet this same Jesus was the Messiah who came with power and announced that the Kingdom of God would be established soon, with power.

This messianic faith dominates the composition, though Judaism sets the framework and the Divine Man tradition supplies the data. But the more the power of Jesus is emphasized in this Gospel, the more important it is to explain his rejection. Mark's explanation of the rejection is conservative in this sense—he obviously felt that Jesus' divergence from Scripture and tradition had to be recognized and dealt with and that Jesus' stature as religious leader in Judaism was important. In other words, his explanation of Jesus had to be dealt with within Judaism. He places Jesus on a Jewish stage, and except for Pilate, all the actors are Jews, the stage settings are Jewish, the furniture is Jewish, but the plot of the play is Christian.

A study of the sayings of Jesus in Mark suggests that Mark's source is defending Christian faith in the earthly career of Jesus against the attacks of Jews, or of Christians who accepted the Jewish Bible and were still in contact with the living scribal interpretation of the Scripture in contemporary application. This Gospel's rejection of the claim made by Paul that only the resurrection demonstrated that Jesus was God's Messiah forced a serious treatment of the details of Jesus' relationships with his own people.

If this observation is sound, Mark is defending the gospel's right flank as John defends its left flank. Mark defends Jesus with reference to a Biblical and Jewish tradition. John defends him with reference to important currents in contemporary Gentile culture. A rapid summary of the sayings that accompany the deeds in Mark supports this generalization.

a. None of the sayings of Jesus describes God.

b. All of them explain Jesus' career, which is superficially anti-Biblical-Messiah, either by specific defense or by a new definition of his Messiahship as insignificant in appearance, limited in appeal to the poor masses.

c. Defenses of specifics of Jesus' career:

2:17	Defense of eating habits
2:19–22	Defense of not fasting
2:25–28	Defense of Sabbath-breaking, with an appeal to a specific Scripture passage, I Sam. 21:1–6
3:23–29	Defense of exorcisms
3:32–35	Defense of leaving family's control
6:4	Defense of rejection in his own region
7:6–23	Defense of eating with defiled hands, introduced by attack on scribal traditions
9:37; 10:15	Defense of receiving childlike persons (non-theologians) as disciples

10:17–31   Defense of rejection by rich and acceptance by poor
12:35–37   Defense of non-Davidic messiahship
12:38–40   Beware of scribes
12:41–44   The poor give more than the rich

d. Defense of Jesus' Messiahship as one limited in appeal:
4:1–34   Parable of sower
Parable of lamp
Parable of measure
Parable of seed growing of itself
Parable of mustard seed
8:27–38   Who am I? Tell no one! Passion predicted. Discipleship of self-denial
9:30–32   Passion predicted
9:35   First will be last, etc.
9:43–50   Discipleship of self-denial, hand, foot, eye. Salt
10:32–34   Passion predicted
10:35–45   Discipleship of self-denial—James and John
12:1–11   Parable of the vineyard; rejection of Jesus

e. Jesus was better than the best leaders of the various Jewish parties. He defeated them on their own ground:
11:27–33   Chief priests, scribes, and elders—By what authority?
12:12–17   Pharisees and Herodians—Pay tribute?
12:18–27   Sadducees—the seven-times widow in the resurrection
12:28–34   Scribes—First commandment?

f. Chapter 13 changes the Jewish apocalyptic pattern by inserting the trials of disciples, promising rewards to *them,* and insisting that no one knows the exact day and hour. Yet the end comes soon, in this generation. Thus the messiahship of rejection and discipleship of suffering will be justified.

In all these sayings, as in the Mighty Deeds, the old traditions of Judaism are mixed with the new that was the Divine

The Past Divided: Three Primitive Gospels

Man, Jesus. The result is a gospel quite distinct from the Pauline gospel of the resurrection.

3. A third "gospel" that was popular in this generation was the words of Jesus. The traditional solutions of the Synoptic problem, which identified a sayings source (Q) as a second literary source common to Matthew and Luke, never quite clinched the case for a Christian document composed only of the sayings of Jesus. But the existence in the period before our canonical Gospels of such a source is confirmed by the discovery of the Gospel of Thomas near Nag Hammadi, from the library that contained the Gospel of Truth and many other documents.

This copy was written in Coptic about the fourth century A.D., but the document itself, in a form close to its present content, goes back to a Greek source in the first half of the second century. But most important for us is the scholarly judgment that almost all its content is derived from an early stage of the sayings tradition that was independent of our Gospels and of Q.[50]

That a collection of sayings could be a Gospel was demonstrated for me by Professor Koester's brilliant discussion of the theology of the Gospel of Thomas. He argues that although the sayings are in many cases sayings of the earthly Jesus, they are presented here as sayings of Jesus "the Living One." Thus, a transition is made from earthly to risen Lord. Moreover, the authority of the sayings resides in their own potency—not in the fact that Jesus said them. They are not set in any context; they are not applied to any specific historical situation.

Koester finds five types of sayings in Thomas: (*a*) Kingdom or apocalyptic sayings (*b*) parables, (*c*) "I am" or "I" sayings, (*d*) proverbial or wisdom sayings, and (*e*) rules for the community.

a. Koester's first type, *Kingdom or apocalyptic sayings,*

carries the revelation of a Kingdom. But it is not a future Kingdom. On the contrary, it is distinct in every way from "the Little Apocalypse" in Mark, ch. 13, and also from the future coming of the Son of Man as it appears in Luke. The Kingdom in the Gospel of Thomas is present and hidden—a transformation from a primitive, eschatological Kingdom to a Kingdom congenial to Gnostic thinking.

The nature of the teaching of the Gospel of Thomas about the Kingdom can be shown through its answers to three questions: (1) When will the Kingdom come? (2) Where is the Kingdom? and (3) Who will find it?

(1) When will the Kingdom come? Out of seventeen Kingdom sayings only two raise this question: 57 and 113. And they raise it to rule it out.

"113. His disciples said to him: On what day does the Kingdom come? [Jesus said:] It does not come when one expects (it). They will not say, Lo, here! or Lo, there! But the kingdom of the Father is spread out upon the earth, and men do not see it."[51]

Note that the Kingdom is present and hidden.

Saying 57 is the parable of the tares, a parable whose reference to the harvest is part of the authentic tradition which was tolerated here because of the practical application of the parable to a world of mixed good and evil—a doctrine congenial to Gnostics.

(2) Where is the Kingdom? The Kingdom is present and hidden, unperceived. Eight of the seventeen Kingdom sayings stress these aspects.

"3. Jesus said: If those who lead you say to you, Lo, the kingdom is in heaven, then the birds of heaven will precede you; if they say to you, It is in the sea, then the fish will precede you. But the kingdom is within you and outside you. When you know yourselves, then you will be known; and you will know that you are the sons of the living Father.

The Past Divided: Three Primitive Gospels

But if you do not know yourselves, then you are in poverty, and you are poverty."

"82. Jesus said: He who is near me is near the fire, and he who is far from me is far from the kingdom."

The other six sayings that stress the hiddenness of the Kingdom are parables: 20, the mustard seed; 76, the pearl; 96, the leaven; 97, the woman carrying the jar; 107, the lost sheep; 109, the buried treasure. The very titles of these parables make the answer clear. Several of them are quoted in the discussion of parables.

(3) Who will find the Kingdom? This question is stated in the language of Thomas, a language that emphasizes the present, hidden nature of the Kingdom. Of the seventeen Kingdom sayings, seven answer this question.

"22. Jesus saw children that were being suckled. He said to his disciples: These children being suckled are like those who enter the kingdom. They said to him, If we are children, shall we enter the kingdom? Jesus said to them: When you make the two one, and make the inside like the outside, and the outside like the inside, and the upper side like the under side, and when you make the male and the female into a single one, so that the male will not be male and the female will [not] be female; when you make eyes in place of an eye, and a hand in place of a hand, and a foot in place of a foot, an image in place of an image, then you shall enter [the kingdom]."

The growth of the tradition is evident here. It began with an authentic saying of Jesus. See Matt. 18:3: "Amen, I say to you, unless you turn and become as little children, you shall not enter into the Kingdom of Heaven." The Gnostic accretion is obvious, and is paralleled elsewhere in Thomas.

27 admits those who fast to the kingdom.

46 changes the end of the saying about the greatness of the Baptist (see Matt. 11:11) to read: "I have said that who-

ever among you will become a little one will know the kingdom and will be greater than John."

49 says the solitary and the elect shall find the Kingdom.

54 repeats the Beatitude on the poor.

99 repudiates mother and brothers in favor of those who do the will "of my Father."

98 is one of the previously unknown parables, one that answers the question, Who? therefore I quote it here:

"98. Jesus said: The kingdom of the Father is like a man who wanted to kill a powerful man. He drew the sword within his house (and) ran it through the wall, so that he might know whether his hand would be strong (enough). Then he killed the powerful (man)."

b. The Gospel of Thomas contains a large number of *parables,* most of which have direct parallels in the Synoptic Gospels, although a few are new. It is probable that all of them go back to original parables of Jesus. But the striking fact is that these parables—like the Kingdom sayings—are not eschatological; they don't present man's situation in view of the coming Kingdom, but rather are exhortations to *find* the Kingdom in Jesus' words and in one's own self. For example, in the Gospel of Thomas—

"8. [Jesus said:] Man is like a wise fisherman who cast his net into the sea; he drew it out of the sea when it was full of little fishes. Among them the wise fisherman found a large good fish. The wise fisherman cast all the little fishes down into the sea and chose the large fish without difficulty. He who has ears to hear, let him hear."

"76. Jesus said: The kingdom of the Father is like a merchant who had merchandise and who found a pearl. This merchant was prudent. He sold the merchandise and bought the one pearl for himself. You also must seek for the treasure which does not perish, which abides where no moth comes near to eat and where no worm destroys."

The Past Divided: Three Primitive Gospels

"96. Jesus said: The kingdom of the Father is like a woman; she took a little leaven, hid it in dough, and made it into large loaves. He who has ears, let him hear."

"97. Jesus said: The kingdom of the [Father] is like a woman who was carrying a jar full of meal. While she was walking [a] long way, the handle of the jar broke [and] the meal spilled out behind her on the road. She did not know [it]; she did not perceive the accident. After she came into her house, she put the jar down [and] found it empty."

"107. Jesus said: The kingdom is like a shepherd who had a hundred sheep. One of them went astray; it was the largest. He left the ninety-nine [and] sought for the one until he found it. After he had exerted himself, he said to the sheep, I love you more than the ninety-nine."

"109. Jesus said: The kingdom is like a man who had a treasure ((hidden)) in this field, without knowing it. And ((after)) he died, he left it to his ((son. The)) son knew nothing [about it]. He accepted that field [and] sold ((it)). And he who bought it came, [and] while he was ploughing ((he found)) the treasure. He began to lend money at interest to ((whomever)) he wished."

c. Thomas has a larger number of *"I" sayings* than the Synoptics do. But in Thomas, Jesus speaks of himself as a divine Revealer who brings his followers to a knowledge of their true nature, and thus frees them into an existence independent of the historical circumstances of their life. No one of these sayings predicts the passion and/or the resurrection. Koester points out that only four out of seventeen "I" sayings have Synoptic parallels (10, 16, 55, and 90); and his conclusion is that they have little basis in the historical teaching of Jesus. For example, in the Gospel of Thomas—

"10. Jesus said: I have cast fire upon the world, and behold, I guard it until it is ablaze."

"17. Jesus said: I shall give you what no eye has seen

and no ear has heard and no hand has touched and [what] has not entered the heart of man."

"55. Jesus said: He who does not hate his father and his mother will not be able to be my disciple; and [he who does not] hate his brothers and his sisters and [does not] bear his cross as I have, will not be worthy of me."

"77. Jesus said: I am the light which is over everything. I am the ALL; the ALL came forth from me and the ALL has reached to me. Split the wood; I am there. Lift up the stone, and you will find me there."

d. The general statements of truths, *wisdom sayings and proverbs,* usually have no specific context or application. Most of them have close parallels in the first three Gospels. Some seem earlier than the form of the saying in our Gospels. Others (e.g., those which refer to finding) have an added Gnostic flavor that turns the tradition of wisdom sayings into Gnostic theology. For example, in the Gospel of Thomas—

"31. Jesus said: No prophet is acceptable in his village; no physician works cures on those who know him."

This saying is an example of a proverbial saying that may be earlier in this form than in the form in which it appears in our canonical Gospels. Mark 6:4 (see Matt. 13:57; Luke 4:24): "A prophet is not without honor except in his own country and among his kinfolk and in his own household." Matthew omits the kinfolk, and Luke has nothing after "in his own country." But the nicely balanced parallelism in Thomas seems authentic. And note that in Luke this saying is preceded by a reference to a physician (ch. 4:23, "And Jesus said to them: 'perhaps you will say this parable to me: Physician, heal yourself! Those great things which we have heard happened in Kapharnaoum, do here also, in your own country.'"

"34. Jesus said: If a blind man leads a blind man, both of them fall into a pit."

The Past Divided: Three Primitive Gospels

This is practically identical with Matt. 15:14 and its parallel in Luke 6:39.

"47a. Jesus said: It is impossible for a man to ride two horses [and] to stretch two bows, and it is impossible for a servant to serve two masters; either he will honor the one and despise the other . . ."

Here the parallels in Matt. 6:24 and Luke 16:13 seem the more primitive. The addition of the two horses and the two bows looks secondary, especially as honoring the one and despising the other is appropriate to the two masters but not to the horses or the bows.

"67. Jesus said: He who knows the ALL but fails to know himself has missed everything."

To the Gnostic, knowing oneself meant knowing how one came to be spirit imprisoned in flesh; and this involved knowing the path of descent from the Father and how to climb back up. The current American cult of amateur psychologizing has brought this Gnostic saying back with all the vigor of rock and roll. But the American has no such cosmic reality as "The Father" in mind. He is thinking of himself.

"102. Jesus said: Woe to the Pharisees! For they are like a dog lying in the manger of oxen; for he neither eats nor lets the oxen eat."

Here this old, old proverb of the dog in the manger is found in a Christian gospel. It appears also in some of the collections of fables attributed to Aesop. It is quite possible that Jesus knew it and used it.

e. Koester's fifth category of sayings is that of rules for the community. Several of these from the Synoptic tradition have parallels in Thomas. In our canonical Gospels and epistles (as well as in other early Christian literature), these rules intend to enable Christians to live *in* this world. But in Thomas, these rules, whether based upon original words of

Jesus or not, ask the disciple to divorce himself from the traditional religious behavior of Judaism and to separate himself from any involvement in this world. For example, in the Gospel of Thomas—

"6. His disciples asked him (and) said to him: Do you wish us to fast? And in what way shall we pray (and) give alms? And what observances shall we keep with respect to eating? Jesus said: Do not speak a lie and do not do what you hate, because everything is manifest before Heaven. For there is nothing hidden which shall not be made manifest, and there is nothing covered that shall remain without being revealed."

"14. Jesus said to them: If you fast, you will beget sin for yourselves, and if you pray, you will be condemned, and if you give alms, you will do evil to your spirits. And if you go into any land and travel in the regions, if they receive you, eat what they set before you. Heal the sick who are among them. For what will go into your mouth will not defile you, but what comes out of your mouth, that is what will defile you."

The four questions asked in Saying 6 are answered in Saying 14. This fact and the presence in Saying 6 of the wrong answer ("Jesus said: Do not speak a lie . . . without being revealed"), plus the intrusion of "Heal the sick who are among them" in Saying 14 show the extent of edited confusion that characterizes the present form of the Gospel of Thomas. The exact agreement in order (which is not Matthew's order)—fast, pray, give alms—in 6 and 14, plus the fact that 14 also answers the question about eating, demonstrates the original unity of these two sayings.

As a characteristic aspect of Gnostic life, I quote Saying 42:
"42. Jesus said: Become those who pass by."
This exhortation to indifferentism is close to the center of

The Past Divided: Three Primitive Gospels

Christianity's quarrel with Gnosticism, for Jesus urged his followers not to pass by (Luke 10:29-37).

A little reflection on these sayings will confirm Koester's statement that the conviction that eternal wisdom about man's true self is disclosed in Jesus' words is the catalyst that has caused the crystallization of these sayings into a gospel. Equally clear is the Gnostic proclivity of this concept, and the process of development into Gnostic theology.

The process of gnosticizing sayings of Jesus evidently did not proceed at the same rate in each of Koester's five categories: Kingdom sayings, parables, "I am" or "I" sayings, proverbial sayings, and rules for the community. The third and fifth classes—the "I" sayings and the rules for the community—are the most completely Gnostic.[52]

That the "I" sayings are largely secondary creations is not surprising to the student of our first three canonical Gospels. In them, Jesus does not talk about himself. He does not define his role, but speaks constantly about the Kingdom of God and our obligations as sons of God. Students of the Fourth Gospels long ago decided on the secondary nature of the theme and style of Jesus' sayings found there.

The three (actually two) examples quoted above from the rules for the community show clearly two methods used to gnosticize the message of Jesus: first, the adaptation to a Gnostic purpose of material Christian in origin; and second, the use of material that originated within Gnosticism.

We have taken a quick look at three of the numerous diverse Gospels that existed in the Christian movement in that first long generation after the Cross. The final decision of the church was against all three: that decision was anti-Paul, anti-Thomas, anti–Mighty Deeds. But it was also pro-Paul, pro-Thomas, pro–Mighty Deeds. The church refused to choose a Gospel with a specific, consistent Christology.

It chose all three. Just as it refused to take John instead of Matthew or Mark; so it refused to take a Gospel of Resurrection, or of Mighty Deeds, or of Sayings.

Matthew, Mark, and Luke include all three. They contain sayings of Jesus, his mighty deeds, and his resurrection. That Mark was the least inclusive of the three may explain why Mark's Gospel was the most unpopular Gospel in the first six centuries of the church's life. Most Christians voted for inclusiveness. It took time for the ballots to be cast and counted, but inclusiveness won out over a consistently limited Christology.

Why did they vote that way? The identity affirmed in the book of The Acts of "this same Jesus" ultimately dominated. In other words, these Christians insisted that the Jesus who lived in Nazareth and taught in Capernaum was the same Jesus whom God exalted by the resurrection of the dead. They worked both ways from this conviction of his sameness. They read the glory of the risen Jesus into his earthly life, and they read the remembered words and deeds into their understanding of his power and glory. Therefore, What was he like before he was crucified? was a question they felt compelled to answer.

V

THE GOSPEL BEFORE THE CRUCIFIXION

To state the title of this chapter is to assume that something can be known about the historical Jesus and that this something has religious significance.[53] I make these assumptions against the most extreme historical skepticism and against theologies that cannot see religious meaning in happenings—note the plural number: happenings, not a happening.

One of my instructors in the study of history was the distinguished professor of American church history, Sidney E. Mead. I quote him with respect and delight. "History is the study of the meaning of the past. The historian thinks of meaning in terms of events and the unfolding consequences thereof. . . . The central event of church history is the life, work, and death of Jesus, and historically we understand its meaning in terms of the unfolding consequences."[54]

The historian, says Professor Mead, gives three types of answers to the question, "How did this present come out of that past?" First answer: When and where people did what —e.g., Columbus sailed the ocean blue in fourteen hundred and ninety-two; and, Jesus was crucified under Pontius Pilate in Judea. These are the so-called bare facts. Second answer: The reasons, stated or implicit, for people's actions. This is the realm of meaning contemporary to the facts. Third answer: The unquestioned presuppositions, what seemed obvious to everyone and was therefore never stated nor even directly implied.

Professor Mead insists that the interpretation of what the events meant or mean depends upon selection of facts, upon some concept of the end of the story, and some faith in, or allegiance to, a present trend. Theologians accuse historians of the lack of that certainty which they assume results from laboratory experiments. They emphasize the discontinuity in histories, and discard history as being unserviceable to faith. Reasonable historians admit that their results are stated in terms of probabilities, but some results—especially at level one—have such a high degree of probability that the historian may be pardoned who refers to them as certainties. What scholarly historian has ever questioned that Jesus was crucified under Pontius Pilate in Judea?[55]

To prevent misunderstanding, I hasten to say that the historian does not *start* with bare facts. He *ends* with them. The historian meets no such thing as an uninterpreted fact. He finds fact and meaning boiled up together in a vegetable stew. Without the identification of meaning, he cannot establish a fact. He must understand the contemporary meaning of specific data and also the relevant though unspoken presuppositions before he can confirm a particular datum as fact. Therefore, when I turn to the presentation of Professor Mead's first level, I am presenting the third chapter in a history.

In 1960, Günther Bornkamm published a study of Jesus of Nazareth that has subsequently won wide acceptance by scholars. In it he lists twenty-five items as belonging "to the data of his life which cannot be doubted."[56] My own list of these first-level bare facts is slightly longer, for I have included some generalizations about his message that Bornkamm treats elsewhere.

The Gospel Before the Crucifixion

His name was Jesus.
He was a Palestinian Jew.
He was a Galilean, from Nazareth.
He attended synagogue services.
He attended the great temple festivals in Jerusalem; e.g., Passover.
His native tongue was Aramaic.
He understood Hebrew.
He started his work in Galilee.
He was active in the smaller towns and villages: Bethsaida, Chorazin, Capernaum—in the hill country and around the Sea of Galilee.
He preached in the fields and along the seashore.
His parents were Joseph, a carpenter, and Mary.
He had four brothers: James, Joseph, Judas, Simon.
He had sisters.
His family opposed his ministry.
He was baptized by John the Baptist.
He never opposed John.
He related his own vocation to the Baptist's ministry.
He did not become a disciple of the Baptist.
He had a high opinion of the Baptist.
The Baptist questioned the nature of Jesus' vocation.
Jesus baptized no one.
The form of his teaching was parables, paradoxes and hyperboles, and proverbs.
He was not rich, nor a member of any Establishment.
He had disciples who followed him as he preached (or taught) traveling about the country.
Women were accepted into his company.
He was called a glutton and a drunkard, a friend of tax collectors and sinners.
He ate with them.

He heralded the coming Kingdom of God.
He healed the sick and exorcised demons.
He did not fast, nor teach his disciples prayers—except under pressure.
He believed God created the world.
He believed his people, the Jews, were God's special people.
He accepted the Jewish Scriptures as a revelation of God.
But he took liberties with particular Biblical commandments.
He urged complete devotion to God's will.
One of his disciples, Judas Iscariot, betrayed him.
He was crucified under Pontius Pilate (A.D. 26–36).
He was crucified about A.D. 30.
After his death, his followers had experiences which they identified as meetings with the risen Jesus.

The theme of this book is "New or Old?" How much of Jesus' work and message was old? Aside from the strictly personal items in the above list, all can be located within the Judaism of his period, although some of them would put Jesus in a definite minority group. Serious and competent Jewish scholars have found Jewish parallels to 90 percent of Jesus' teaching and actions. He himself admitted that contemporary Jews exorcised evil spirits, and if the search is made far and wide, some Jewish parallel to the vast majority of the words of Jesus can be found. No serious student of the Gospels today can deny that there was a tremendous amount of the old, of the tradition and customs of his people, in Jesus.

There were many categories within Judaism available for his identification. He could be called Rabbi, Teacher. Rabbis had disciples. He could be called Prophet, although this term would put him closer to apocalyptic thought than to the messages of the great literary prophets. He could be identified as some sort of Anointed One, though certainly not as the military Messiah. He could be identified as one whom God had given special gifts, a charismatic person. It is hard to imagine him as a priest or liturgist, but not so hard to see him as a Pharisee, a reforming Pharisee. He could be identified after the resurrection experiences as a future Messiah, the coming Son of Man. With the help of Isaiah, but with little help from contemporary Judaism, he could be identified as a suffering servant Messiah.

The variety of identifications of Jesus is staggering in amount. This is true within the New Testament, and it is true in the work of modern historians. Even a casual reader of the New Testament must be bewildered by the large number of different titles applied to Jesus—especially since some of them are mutually exclusive. In the New Testament we find Jesus called Rabbi, Teacher, Lord, Master, Messiah, Lamb of God, Servant, Life, Light, Truth, Way, Vine, Son of God, Son of Man, the Second Adam, Prophet, etc.

In modern times, such identifications as Rabbi, Prophet, Moral Teacher, have been applied to Jesus by numbers of students, generation after generation. In periods of social crisis, the interpretations of Jesus tend to make him a revolutionary or a social reformer. This was true in England at the onset of the industrial revolution. So in this country, in the Depression in the '30s, he was presented to radical youth as a Communist revolutionary in a poem that ended with the line "Comrade Jesus has his red card."

This kind of identification has been congenial to the moralism and humanitarianism of the nineteenth and twentieth centuries. Before leaving this catalog of identifications, I call your attention to two that were *not* congenial. Several scholars have emphasized Jesus' kinship to the Pharisees.

Professor D. W. Riddle explored this relationship affirmatively in *Jesus and the Pharisees,* published by The University of Chicago Press in the '30s.

But the epoch-making identification that shocked New Testament study was made by Albert Schweitzer at the beginning of this century. He argued with great vigor and effectiveness that Jesus preached a future Kingdom to be established by God at the end of the world. Therefore, he said, "consistent eschatology" was the clue to the understanding of Jesus. The ensuing debate over what kind of an eschatologist Jesus was has lasted almost to the present (although existentialism and the new hermeneutic have taken the front of the stage).

But even though modern historians have identified Jesus variously as Rabbi, Pharisee, Social Reformer, Moral Teacher, Consistent Eschatologist, etc., they seem to have reached a consensus on this negative conclusion: *Jesus cannot be completely contained in any of the descriptions and categories that were prevalent in Judaism at his time.* When he is measured against those contemporary patterns, he sticks out all around the edges.[57]

Two inferences can be drawn from these facts: first, that Jesus never defined himself clearly; second, that he *was* more than any category. The study of the early traditions makes clear that Jesus did not talk much about himself. The church soon began to supply that deficiency, as can be seen in the Gospel of John and in the Gospel of Thomas. In each of these, the amount of first-person discourse from the lips of Jesus swamps the small amount that can be found in the Synoptics. There, instead of talking about himself, he talked about God and his kingdom. The most authentic saying in the Gospels is the one in which Jesus repudiates the title "Good Teacher." "Why do you call me good?" he retorts, and throws the questioner's attention to God, who alone is good. This is why we have so little from Jesus about Jesus. He lost himself in devotion to God. Long before his execution on the cross, he lost his life. Thus he became—to our bafflement—an incarnation of the saying "He who would save his life, must lose it."

He talked about our obligation to love God, not about God's love for us. The First Commandment is the central focus of his teaching. And because he had integrity, he talked about that and the second, derivative commandment and not about himself. Love of God came first; love of neighbor followed.

Because of the consistency of this priority in his message, it is difficult to cast his mantle over the current exhortation to find yourself first. The pagan Greeks had a word for it (*Gnothi seauton*), but the good news of Jesus Christ does not. The Gnostics rejoiced in finding themselves, but the majority of Christians would have none of it as the prime quest. For them, as for their Lord, the primal quest was to find God.

If 90 percent of the words and deeds of Jesus were demonstrably Jewish, what were the other 10 percent? (I suggest to you, in passing, that 10 percent is not an unimportant difference. Anatomically, the male body differs from the female by about 10 percent, but the differences are striking and important.)

What was the other 10 percent? It was Jesus, an individual—not a culture or a cult. We know that every person is unique to some degree. Jesus was to an unusual degree. In this sense, he was an ambiguous person—a person who was more than "a normative Jew," more than a typical Galilean. He was one of that very small group of people who have burst the boundaries of the definition of a class or a culture.

Two distinguished Jewish scholars, Klausner and Montefiore, in placing Jesus within Judaism explain his uniqueness as an extremism. That is to say, Jesus laid hold on certain elements in Judaism and developed them to such an extreme that the result was hardly identifiable as Jewish. Klausner speaks of the teaching of Jesus as consisting only of belief in God and the practice of extreme and one-sided ethics. He goes on to say that Jesus' teaching meant the ruin of national culture, national state, and national life. And Professor Montefiore sees something distinctive and novel in Jesus' emphasis upon the benevolence of God. A God who seeks the sinner, says Professor Montefiore, is a new teaching in Judaism.

Walter Bauer in 1927[58] identified Jesus as a Galilean. Bauer substitutes Galilean characteristics for Judean traits. Thus, Galilee as a social matrix for Jesus explains his antilegalism, his being an antimilitary, antinationalistic Messiah, his opposition to liturgy, his anti-Pharisaic attitudes. All these things were Jerusalemite and Judean, but Jesus was a Galilean, and hence different. This simply substitutes one social yardstick for another, and leaves unanswered the question Why weren't all Galileans Jesus? This road will not lead to the identification of Jesus as an individual.

Nor will the popular road of form criticism's *Sitz im Leben*, or sociological history. In the year in which Bauer identified Jesus as a Galilean (1927), Shirley Jackson Case published a study of the historical Jesus: *Jesus, A New Biography* (The University of Chicago Press). In this study, "while literary criticism has not been ignored, more attention has been given to social orientation." It sought "a more complete integration of Jesus within the distinctively Jewish setting where he had actually lived." Case had pioneered in sociological history applied to early Christianity, with the publication in 1914 of *The Evolution of Early Christianity*, a book that antedated the form criticism school's emphasis upon *Sitz im Leben*. Case evaluated the data for our knowledge of the historical Jesus by the use of two criteria. First, "That which is peculiarly apposite to a situation realized first in the social experience of the disciples after Jesus' death can hardly be taken to represent a well-established fact of his own career." Second, "Gospel traditions that dovetail normally into his experience within a Palestinian environment need not be called in question." "The fundamental test," he says, is "social experience as revealed in the content of the narrative."

This test is a reductionist process. The individual is measured against precrucifixion Palestinian social experience, and whatever sticks out around the edges is lopped off. The result is a Jesus who is undoubtedly a Palestinian Jew, but one who is not an individual. Neither sociological history nor the *Sitz im Leben* emphasis leaves room for the creative individual who anticipates the future and bursts the bonds of his immediate environment. How could these techniques explain even William Rainey Harper—a man who in the 1890's in Chicago initiated a score of developments in American higher education, which found a *Sitz im Leben* only after 1920 or after 1930?

John Knox finds the individuality of Jesus by following Montefiore in pointing the finger at Jesus' teaching about love toward God and its consequences. "The distinction of Jesus' teaching," he says, "about the requirement of love toward God lies not in its formal or conceptual character but *in the intensity and exclusiveness* [italics added] with which he emphasized it, and in the concrete quality of the love itself as his life and words set it forth. . . .

"Jesus' great originality as a teacher," Knox continues, "consists, not in the newness of his ideas taken severally and in the abstract, but in the characteristic emphases of his teaching, in the particular way in which he felt the concrete meaning, the force, of certain traditional ideas, and in the beauty and power of his speech. Others have spoken of God as Father; but no one spoke so constantly of God in this way; no one (so far as we can know) ever realized the concrete meaning of God's fatherliness in just the way Jesus realized it, and certainly no one has ever expressed that meaning so completely and so movingly. There is no true parallel to the parable of the prodigal son (Luke 15:11-32). . . .

"Others had warned against overweening anxiety, but Jesus' words about the fowls of the air and the lilies of the field are his very own. There is a radical character about many of the teachings of Jesus and a bold imaginative quality which place them altogether in a class apart. . . . The words of Jesus are, in a sense entirely unique, *living words*. They can hardly be distinguished from his actions."[59]

Note that Knox refers to the radical, concrete character of Jesus' words as being a part of the definition of his distinctive quality. The current enthusiasm for what scholars call the new hermeneutic recognizes the inseparability of words and message.[60] In a recent article, "Jesus' Parables as God Happening," James M. Robinson illuminates this new concern. "The understanding of language," he says, "as that which presents the possibilities from which reality is actualized identifies in Jesus' language itself the locus of God's reign—not in the present as a reality, nor as an apocalyptic reality near or far, but as the structuring of reality that reveals it as immediate to God, God's 'creation.' . . . It is in his [Jesus'] language that God's reign is inescapable, as invitation and challenge, grace and judgment. Between the presumption of the Establishment that identifies reality with God and the fanaticism of otherworldliness that separates reality from God—the Scylla and Charybdis between which the chronological debates about the nearness of the Kingdom oscillated

The Gospel Before the Crucifixion

—lies the event of Jesus' language in which God's reign happens as reality's true possibility."[61]

A generation ago, I commented to Case that his picture of Jesus was incomplete because he did not quote any of Jesus' sayings. He smiled tolerantly, and said: "I've put what I know about Jesus in *my* books. You write that book." I did write an approach to it,[62] and it began like this:

"The words of Jesus have the rugged fibre of the cypress tree and the jagged edge of the crosscut saw. Nothing but an excessive familiarity with his words or an insulated ignorance can keep up from perceiving this rigorous element. His language is extreme—extravagant. Hyperbole, antithesis, and paradox mark his style. His figures of speech are crammed with energy. Explosive as hand grenades, they are tossed into the crowds that listen. A tremendous vigor, an exuberant vitality, surges through his words.

"In Jesus' words a man with a log in his eye tries to pick a cinder out of his brother's eye. In his words a man who has been forgiven a debt of ten million dollars refuses to forgive a debt of twenty dollars. In the words of Jesus a giant hand hangs a millstone around the neck of one who exploits a little child, and hurls the sinner into the midst of the sea. If you visualize that scene, you can catch the truly extreme quality of his utterance. What giant hand would seize the millstone, hang it around the neck of the offender, and hurl both out into the middle of the ocean?

"In the words of Jesus one asks for bread and is given a stone; he asks for a fish and is given a snake. In the words of Jesus men strain out the little gnats and gulp down the camels.

"Many interpreters of Jesus' words have spoken appreciatively of the humor of his teaching. They stop the rapid action of the parable or the pointed expression and are amused at the ludicrous contrasts which result. . . . But the words of Jesus carry none of the humor of a static picture; this is made clear by their context. The saying about the gnat and the camel is in a cluster of bitter sayings directed against the religious leaders, the ordained ministers, of Jesus' day. The tone of all these remarks is one of rigorous indictment. The epithets which he hurls at these people are: 'You hypocrites!' 'You blind guides!' 'You blind Pharisees!' 'You brood of snakes!' 'You serpents!' 'You murderers!' There is no more humor in this than in the atomic bomb. Jesus uses these rigorous expressions to make his sayings powerful—not to make them funny. . . .

"Thus it is that in his words a camel crawls through a needle's eye. A mountain gathers its limbs under it, summons up all its strength, and leaps into the sea. The corpses bury one another. The man who would save his life must lose it. The first is last, and the last first. . . .

"The basic difficulty for the student of Jesus' words is how to explain the rigorous, the extreme, the gigantesque. All attempts to remove the rigorous element from Jesus' language fail because this rigorousness is neither rhetoric nor ornament; it is not a veneer upon the surface of his message but the natural grain of the wood. It takes its nature from the content of his words. It was not designed to attract an audience, but to convey his message."

We have been following a trail of diversities in Christianity, back from the year A.D. 150 to the times of Jesus' life. These diversities, I am persuaded, are rooted in those times. Why should we suppose that the response to Jesus would be uniform? Why should we assume that the identification of what was important in him would be one single identification? Does not the continuity of history as we see it elsewhere argue for diverse evaluations of Jesus in his lifetime?[63] Whether you put the responsibility upon him or upon God,

The Gospel Before the Crucifixion

he must have been a powerful, creative figure to become identified later as the Lord of the church's faith. Such figures do not yield to simple and single identifications. Nor did Jesus.

"We know from the history of Early Christianity that the name of Jesus of Nazareth does not indicate something unambiguous and clear, but that various Christian groups claimed this name for quite different, even contradictory theological positions."[64]

Thus, I affirm that there was a diversity of identifications of Jesus before the crucifixion. Some of these came straight out of current Jewish categories; some, conceivably, out of Galilean deviations; and some out of a Hellenistic culture that existed inside as well as outside of Palestine. But the point that our emphasis upon environment causes us to miss is that some of these explanations of Jesus' role came from individuals—out of the diverse hopes and fears and prejudices of the individuals who were impressed by him. They were impressed, I suggest, some in one way, some in another.

Someone found Jesus' significance in his words and before his death began the collection that became the Sayings Gospel, the ancestor of Thomas or of Q. Some desperate souls surely wished themselves into the conviction that he was the One to come to deliver Israel. Someone else was impressed by his exorcisms and healings, and collected these stories—some of which turn up in the Gospel of Mighty Deeds or the Signs Source.

I have discussed the Gospel of Thomas as a Sayings Gospel in an earlier chapter, and there are countless books and articles on the identification of Jesus as Messiah. But I call your attention to another Christology, which lies behind and organizes what I have called the Gospel of Mighty Deeds. This Christology of the Divine Man was discussed in a recent publication by Hans Dieter Betz, and I summarize his position in what follows.[65]

Professor Betz outlines a concept of New Testament Christology "which could, in fact, justify itself by references to the phenomenon of Jesus of Nazareth"[66]—even though it was rejected by some New Testament writers and modified by others. This concept is that of the "Divine Man Christology."

A Hellenistic-Jewish variation of the Divine Man concept influenced primitive Christianity and was modified in various ways. These Christian formulations "presuppose his [Jesus'] full humanity," but see "his significance ... in his ability to surmount what is the normal human condition."[67]

This Christology appears first in pre-Synoptic miracle narratives, also in "controversy dialogues" and in some details of the passion narrative. In these Divine Man pericopes, faith is "the personal-emotional relationship of *trust* of the believer in Jesus," ... "not yet connected with the kerygma of the death and resurrection of Jesus."[68]

Mark greatly modifies the Divine Man Christology he found in his sources; he did not reject it (like Paul and Q) but reinterpreted it. So, each in his own way, did Matthew, Luke, and John.

What about the relationship of these various formulations of the Divine Man concept to the historical Jesus? Jesus certainly did not conceive of himself as Divine Man in the Hellenistic sense, but "certain aspects of his appearance show a great similarity to the Hellenistic type of Divine Man."[69] (1) Jesus conceived of himself as eschatological messenger and representative of God. (2) Jesus understood himself as inspired by the Spirit of God (Mark 3:27; Luke 11:20). He performed exorcisms and healings, and was not an ascetic. He accepted no honorific title. And such traits "if 'translated' into Hellenistic concepts would come out as traits character-

The Gospel Before the Crucifixion

istic of the Hellenistic Divine Man." But Jesus' suffering and crucifixion do not fit into the picture.

Five New Testament authors answer the question as to the relationship of the passion to the Divine Man. All of them can in fact claim to have *a* basis in Jesus himself, but there is a controversy among them as to just what that basis is; i.e., whether it is Jesus' activities as Divine Man or the passion that is most essential.

When we get back to the times of Jesus, therefore, we do *not* find *the* dependable source. There may have been as many as ten or twelve estimates of his meaning (primitive Christologies), and every one of these may have some legitimate reference to Jesus as he was.

But in this chorus of diverse voices, how can we know anything? What are the evidences of legitimacy? Are they as hard to establish here as in the case of human offspring?

I have suggested at the beginning of this chapter that there is historical certainty about a long list of bare facts. Moreover, there is general agreement that Jesus' teaching was radical teaching. Knox, in the work I have referred to, struggles valiantly to find a bridge between the extreme demands of Jesus and the life of man in this world. I believe that most scholars would agree that this radical demand is rooted in the proclamation of the nature of God and the consequent obligations of those who would be his children. The strongest of the exhortations, "Be ye, therefore, perfect as your heavenly Father is perfect," follows the description of God's unlimited benevolence in respect to sunshine and rain and urges upon us an incredible love of enemies (Matt. 5:43–48).

Unmistakably distinctive also is the degree of concreteness in the sayings of Jesus. No theologian has equaled Alfred North Whitehead's description of Jesus' words.

"The reported sayings of Christ are not formularized thought. They are descriptions of direct insight. The ideas are in his mind as immediate pictures, and not as analyzed in terms of abstract concepts. He sees intuitively the relations between good men and bad men; his expressions are not cast into the form of an analysis of the goodness and badness of man. His sayings are actions and not adjustments of concepts. He speaks in the lowest abstractions that language is capable of, if it is to be language at all and not the fact itself."[70]

To demonstrate the accuracy of Whitehead's words, all that is needed is a rapid survey of Jesus' words in the first three Gospels. In such a survey, I found references to salt, a lamp and a bushel basket, a shirt, wild birds, wild flowers, grapes and thorns, figs and thistles, the foundations of a house, sick people and a doctor, patches, wineskins, children playing on a street corner, the farmer sowing a crop, weeds, mustard, yeast, buried money, a pearl, a fishnet, the dogs eating under the table, a vineyard, the mint and dill growing in the garden, whitewashed tombs, a hen and her chicks, a fig tree in the spring, bridesmaids, sheep and goats, a robber in a strong man's house, the farmer and his crop, a cup of water, a mountain, a coin, a poor but devout widow, a coat left in the house, a bridegroom, fox holes, a plow, lambs and wolves, three loaves of bread, an egg and a scorpion, bigger and better barns, the crows, the rain clouds before the storm, a lost sheep, a lost coin, a prodigal son, a dishonest manager, a sick beggar, a servant waiting on table, an unjust judge, and vultures around a dead body.

Finally I suggest that in the future, as scholars deal more extensively with the primitive diversity in Christianity, the evidence of agreement in inclusion will substantiate more and more of the central elements in the actual words and deeds of Jesus. The cross, for example, is obvious and inescapable. Even the Gospel of Truth alludes to the cross.

The Gospel Before the Crucifixion

Why didn't that author leave it out? It had no theological value for him. He put it in because it was one of the must-be-included pieces.

I call your attention to another strange agreement among such theologically diverse works as the Gospel of John, the letters of Paul, the Gospel of Thomas, the Gospel of Mighty Deeds, and our first three Gospels. In the Gospel of John, Jesus is a glorious figure. In his earthly career he manifests his glory. He is not really a member of the lower classes; he is a divine visitor who stalks majestically through situations and events in Palestine untroubled and uncontrolled—uninfluenced even—by any human power. His is the power and the glory. Yet he institutes a liturgy to be followed by his disciples, and the service is a foot washing! In setting it up, Jesus consciously condescends. He reminds his disciples that he is their teacher and Lord, and they are not to forget it. Thus, the punch of the ceremony comes from the fact that the exalted leader does this menial task. The entire incident (even with its emphasis upon Jesus' importance) is out of place in John. Humility, even in role-playing, does not fit the Christology of this Gospel. Why did John put this story in when he left out so much that showed Jesus as a humble person?

In the Gospel of Thomas, humility is not an inculcated virtue; it never would make the top ten on the Gnostics' most-wanted list. But in Thomas, Jesus said, "Blessed are the poor"; and he told the stories of the mustard seed and the leaven—the parables of insignificant beginnings. Why did Thomas include these?

In the Gospel of Mighty Deeds, the cast of characters is loaded with people from the lower classes. Jesus' works are carried out in tone and setting that suggest an unimpressive, humble person—except for his charismatic gifts.

In Paul's letters it is perfectly clear that the earthly life of Jesus was a humble one. Paul contrasts it in the sharpest way with the glorious position of the risen Jesus. "Have this mind among yourselves, which you have in Christ Jesus, who, though he was in the form of God, did not count equality with God a thing to be grasped, but emptied himself, taking the form of a servant, being born in the likeness of men. And being found in human form he humbled himself and became obedient unto death, even death on a cross. Therefore God has highly exalted him and bestowed on him the name which is above every name, that at the name of Jesus every knee should bow, in heaven and on earth and under the earth." (Phil. 2:5–10.)

The agreement of these diverse sources in including humility supports the claim that humility was the leading virtue in Jesus' words and deeds. The opening Beatitudes, the brutal rebuke of James and John for their ambitions, the saying about being one who waited on tables rather than one who was served, and the priceless saying about a man who had the end of a log stuck in his own eye and was trying to get a cinder out of his neighbor's eye—these and scores of others are more securely established in the center of Jesus' message by the fact that diverse gospels couldn't drop the tradition of humility no matter how unwelcome it was.

At the end of his work, the historian states the meaning that he has found. Knox has a great sentence in which he says the significance of Jesus is not that he talked about the love of God, but that he brought the love of God near. Christian faith affirms that Jesus makes God available, believable. The meaning that I have found is a confession of faith. Since I find it easier to confess in poetry than in subscription to a creed, my confession is made in these lines:

The Gospel Before the Crucifixion

THE DAY-SPRING FROM ON HIGH

How does the day dawn?
Not with bugles blowing,
Not with any "Now!"
In surprised silence
The darkness dies,

And the day grows
As trees grow—
Not with watching;
As the flower opens,
Slower than eye can see,
Color blooms from the black.

So that day dawned,
And God's Son shone.
Jesus came to Jordan
And the water burned.
He was a light
That the blind saw.
Where he walked,
The lame leaped.

Slowly his time came.
The unspeakable Word
Hung silent on the tree,
And light won the world.

But the Day-Spring shone just once, in one place—in Palestine, in Judea, nineteen hundred years ago. This is the indictment of history! It does not have the repetitive potential of the scientific experiment. But Biblical religion sees God in happenings; and particularly, for Christians, in this one. Can any *one,* even this one, make God available? I tried to answer this question in an experiential way in some verses I wrote several years ago. In them, Adam is speaking in the Garden of Eden. He has just been created.

Adam and the Sun

I saw Him first at high noon.
New-made man, I stood in Eden.
    Cedars I saw, the blossoming bush
    And the banyan tree,
    The prickly pear, and
    Lilacs and lilies,
        and lions, and leopards, and lambs.

I looked up, and I saw Him!
    Light that stopped my looking,
    Warmth that clothed my skin.
And I bowed and danced before Him.

I ran through the wood!
    I named every bush, every tree!
    I called the beasts' names
    And they answered!
But when I looked up,
He had moved—lower and slipping
He threw a black shape behind me
That grew as he dropped down and down
Toward the dull rim of the garden
Until it was done—He was gone!

Darkness was all.   The shape
Had swallowed the garden.
A black fear shivered me;
My glory had departed!
The aloneness was the lostness.
Fickle and treacherous,
He had abandoned me.

I ran through the wood,
I stumbled on roots,
I fell into pools,
I was stabbed by the prickly pear.

> But these little wounds
> Were lost in the great gash—
> He had cut Himself loose from me!
>
> Dazed, defeated, dulled,
> I breathed in that blackness
> Till to dimmed eyes, came light!
> To gooseflesh, warmth!
> He had come back to me!
> There was evening, and
> There was morning—Day One!
> And I said—
> > "Though He should leave me
> > Yet will I trust Him.
> > For there was evening
> > And there was morning,
> >   —A First Day!"

The sun only needed to rise *once* for Adam to believe.

We have looked at the first hundred and twenty-five years of Christian history. At each stop we have seen that the old was always present, as it always is today in our present. But at each stop we have seen that as that old was reexperienced, something new was always added—the experience was never a carbon copy of the old. This, too, is true today of our appropriation of our past. Is it too much to ask of the leaders of the churches today that they identify the new in this amalgam as that work of the Holy Spirit, which in our heritage is supposed to carry revelation farther than the Scriptures did? Were not those early Christians wise in refusing a rigorous consistency and in accepting a comprehensive faith that included God in nature *and* God in history and could tolerate a diversity of gospels?

NOTES

1. Biblical quotations throughout are from various versions, and some are my own translation.
2. I must admit that I once lived in a city that had "The Second Baptist Church," and in another that had "The Fourth Presbyterian Church."
3. These two documents were published in Edgar J. Goodspeed and Ernest C. Colwell (eds.), *A Greek Papyrus Reader* (The University of Chicago Press, 1935).
4. Howard J. Clinebell, Jr., *The Pastor and Drug Dependency* (Pamphlet; National Council of Churches).
5. Harris Purks, "How High Is Higher Education?" *The Emory Magazine,* March, 1959, p. 12. Used by permission.
6. Tertullian, *Against Marcion* (ANF), IV. 4, 5.
7. *Pliny Letters,* Vol. II, tr. by William Melmoth, rev. by W. M. L. Hutchinson (The Macmillan Company, 1915), Bk. X, xcvi, pp. 403–404.
8. Massey H. Shepherd, Jr., *The Worship of the Church* (The Seabury Press, Inc., 1952), pp. 72 ff. Even his description of the mid-century liturgy (p. 73) will sound strange to the modern preacher.
9. See A. E. Barnett, *Paul Becomes a Literary Influence* (The University of Chicago Press, 1941); John Knox, *Marcion and the New Testament* (The University of Chicago Press, 1942). The one appeal to the role of the apostles as founders appears in I Clement, a letter from the Roman church; see Hans Lietzmann, *The Beginnings of the Christian Church,* tr. by Bertram L. Woolf

(Charles Scribner's Sons, 1937), pp. 256 ff. Yet the evidence of I Clement for apostolic authority is slight indeed. Apostles are referred to twice in sixty-five chapters. In ch. V, Peter and Paul are given as examples of those who were destroyed by jealousy. In ch. XLII, we have a clear-cut statement that the apostles were evangelized by Jesus, Jesus by God, and that the apostles appointed their first converts to be bishops and deacons. But like the other sixty-four chapters, this one ratifies authority by appeal to Scripture. I Clement demonstrates clearly the primary authority of Scripture and the very limited value of appeal to apostles in this period.

Tertullian, a hundred years later, reverses this position. "Heretics are not to be admitted to discussion of the Scriptures because they don't belong to them. . . . The Apostles sanctioned this exclusion; . . . [moreover] a controversy over the Scriptures can, clearly, produce no other effect than help to upset either the stomach or the brain. . . . The appeal against heresy is not to Scripture but to the rule of faith—to whom was it given? . . . Christ delivered the faith to the Apostles who founded churches which founded churches." (*The Prescription Against Heretics* [ANF], Vol. III, chs. XV, XVI, XIX, XX.)

10. B. H. Streeter, *The Primitive Church* (The Macmillan Company, 1929).

11. "In the Fathers, 'tradition'—or rather the various words and phrases which we translate by that word—means two very different things. There is the tradition of sound doctrine, of which the Bishops of the great sees were regarded as in a special sense the custodians; and there are stories current about historical personages or events. It is only where the tradition of sound doctrine is in question—more especially as regards the Unity of God and the reality of Christ's Manhood as against the Gnostic challenge—that the early Fathers are serious about the appeal to history." (Streeter, *The Primitive Church,* pp. 17–18.)

12. Kenneth L. Carroll, "Toward a Commonly Received New Testament," *Bulletin of the John Rylands Library,* Vol. XLIV, No. 2 (March, 1962), pp. 327–349.

Notes

13. Frank M. Cross, Jr., "The Contribution of the Qumran Discoveries to the Study of the Biblical Text," *Israel Exploration Journal,* Vol. XVI, No. 2 (1966).

14. Walter Bauer, *Rechtglaübigkeit und Ketzerei im ältesten Christentum* (Tübingen: J. C. B. Mohr, 1934), and the host of derivative writings.

15. Campbell Bonner (ed.), *The Homily on the Passion by Melito, Bishop of Sardis, and Some Fragments of the Apocryphal Ezekiel* (Studies and Documents XII) (London: Christophers, Ltd.; Philadelphia: University of Pennsylvania Press, 1940). Used by permission.

16. See my review of Bonner's book in *Classical Philology,* Vol. XXXVII, No. 4 (October, 1942), pp. 458–459.

17. For the literature on Nag Hammadi, see Chapter II.

18. For this and all other aspects of Marcion's life and work, the basic source is Adolf von Harnack, *Marcion: Das Evangelium vom fremden Gott* (Berlin: Hinrich's-Verlag, 1960). This is a photographic reprint of the 2d ed. of 1924 plus *Neue Studien zu Marcion,* which adds corrections and supplementary material published by Harnack in 1923.

19. Bad as its own record is in this regard, Christianity did not invent anti-Semitism. Claudius' Epistle to the Alexandrians (A.D. 41) with its attempt to curb the anti-Jewish riots that had begun in A.D. 38 is proof of this. See H. Idris Bell, *Jews and Christians in Egypt* (London: The British Museum, 1924), p. 11: "As elsewhere in the ancient world, so also in Alexandria, the Jews were exposed to the hostility of their neighbors. This hostility was due to various causes. Economic factors were not without influence; for the Jews, besides being dangerous rivals in commerce, were not infrequently tax-farmers or farmers of the royal domains, and many of them were persons of great wealth. Even more powerful, however, were political and religious prejudice. Precluded by their religion from sharing in many of the activities of their fellow-townsmen, to whom the [city] was above all things a religious community united by the common service of the ancestral gods, and yet enjoying special privileges of their

own and favoured, not by the Ptolemies only but by many of the Hellenistic monarchs, as later by the Romans, the Jews were naturally objects of suspicion and dislike." Used by permission.

20. Harnack, *Marcion,* has reconstructed Marcion's "Gospel" from all available sources.

21. All but one of the following examples are taken from Harnack, *Marcion,* pp. 89 ff.

22. See Tertullian, *Against Marcion,* III. 12.

23. The role of Gnosticism (and to a lesser degree Montanism) in this process is referred to in Chapter II.

24. This is the title given the book of The Acts in the Muratorian list.

25. Origen, *Celsus,* iii. 59.

26. *Ibid.,* vi. 78.

27. *Ibid.,* ii. 24; see also vii. 55.

28. *Ibid.,* iii. 44.

29. Dion Cassius, *Roman History,* lii. 36.

30. The discovery of the Gnostic work called the Gospel of Philip at Nag Hammadi substantiates Irenaeus' report. See R. McL. Wilson (ed. and tr.), *The Gospel of Philip: Translated from the Coptic Text with an Introduction and a Commentary* (London: A. R. Mowbray & Company, Ltd., 1962), p. 3.

31. Kendrick Grobel, *The Gospel of Truth: A Valentinian Meditation on the Gospel* (Abingdon Press, 1960); "The Gospel of Truth," tr. by W. W. Isenberg, in Robert M. Grant (ed.), *Gnosticism: An Anthology* (Harper & Brothers, 1961), pp. 146–161; *The Gospel According to Thomas,* tr. by A. Guillaumont, H. -Ch. Puech, G. Quispel, W. Till, and Yassah 'Abd Masih (Leiden: Brill; London: William Collins Sons & Company, Ltd.; New York: Harper & Brothers, 1959); *The Gospel of Philip,* tr. by R. McL. Wilson. Publication plans are under way for a number of other individual tractates to be published in English within the next five years.

32. James M. Robinson, "The Coptic Gnostic Library Today," *New Testament Studies,* Vol. XII (1967–1968), pp. 356–401.

33. The translation given here is that of W. W. Isenberg, "The Gospel of Truth," in Robert M. Grant (ed.), *Gnosticism.*

Notes

34. For a comprehensive introduction to the noncanonical gospels, see Edgar Hennecke, *New Testament Apocrypha, Volume One: Gospels and Related Writings,* ed. by Wilhelm Schneemelcher, English translation ed. by R. McL. Wilson (The Westminster Press, 1963).

35. Edgar J. Goodspeed, *An Introduction to the New Testament* (The University of Chicago Press, 1937), p. 170.

36. For a detailed exposition of this passage, see Ernest C. Colwell, *John Defends the Gospel* (Willett, Clark and Co., 1936), pp. 47–49.

37. Yet cf. John 19:11 on betrayal!

38. Tacitus, *Annals,* xv. 44.

39. This paragraph is taken from Colwell, *John Defends the Gospel,* pp. 86–87; and the following four paragraphs are from the same book, pp. 88–89.

40. Three times in John 18:36, Jesus affirms that his Kingdom is not of this world. Nowhere else does he use the word.

41. For a list of the vestigial survivals of the older faith, see Colwell, *John Defends the Gospel,* p. 101.

42. Translated by W. W. Isenberg, in Robert M. Grant (ed.), *Gnosticism,* p. 154.

43. Ernest C. Colwell, "The Fourth Gospel and Early Christian Art," *Journal of Religion,* Vol. XV (1935), p. 201. Used by permission.

44. Helmut Koester, *"Gnomai Diaphoroi:* The Origin and Nature of Diversification in the History of Early Christianity," *Harvard Theological Review,* Vol. LVIII (1965), p. 281. Copyright by the President and Fellows of Harvard College.

45. The Stephen incident (Acts 6:1 to 8:5) shows that only the Greek-speaking Jews from outside Palestine were persecuted and chased out of Jerusalem.

46. Bauer, *Rechtglaübigkeit und Ketzerei im ältesten Christentum.* For bibliographical data on consequent publications, see the references to Koester's work in notes 44 and 47.

47. Koester, *"Gnomai Diaphoroi,"* pp. 279–318. In this chapter I am indebted to two of Koester's articles: *"Gnomai Diaphoroi,"* and "One Jesus and Four Primitive Gospels," *Harvard Theologi-*

cal Review, Vol. LXI (1968), pp. 203–247. With no dissent from Koester or Bauer as to the reality of geographical differentiation in the formulation of a gospel of the Christian faith, I feel that the possibility of more than one "gospel" per place needs to be kept in mind.

48. I counted in Edgar J. Goodspeed, *The New Testament: An American Translation* (The University of Chicago Press, 1948).

49. Cf. the summary given by Hans Dieter Betz of the Christology behind this "gospel," pp. 170 ff.

50. While there is still division on this point, I am persuaded by Professor Robinson's solid reconstruction of the development of this type (*Gattung*) of tradition from Judaism through primitive Christianity, and by Professor Koester's recent exposition of every aspect of this Gospel, that the position taken in the text is sound. See James M. Robinson, "*Logoi Sophon,*" in *Zeit und Geschichte; Danksesgabe an Rudolf Bultmann zum 80. Geburtstag,* ed. by Erich Dinkler (Tübingen: J. C. B. Mohr [Paul Siebeck], 1964), pp. 77–96; and Koester, "*Gnomai Diaphoroi,*" and his "One Jesus and Four Primitive Gospels."

51. The English translation used in this chapter is that of Bruce M. Metzger in Kurt Aland (ed.), *Synopsis Quattuor Evangeliorum,* 4th ed. (Stuttgart: Württembergische Bibelanstalt, 1967), pp. 517–530. Used by permission.

52. For a thoughtful discussion of the origin and development of the sayings in Thomas, see R. McL. Wilson, *Studies in the Gospel of Thomas* (London: A. R. Mowbray & Company, Ltd., 1960); and Robert M. Grant with David Noel Freedman, *The Secret Sayings of Jesus* (Doubleday & Company, Inc., 1960), with commentary.

53. "It is beyond dispute that the historical origin of Christianity lies in Jesus of Nazareth, his life, preaching and fate. Consequently, the quest for the individuality and singularity of Christianity is inevitably bound up with the problem of the historical Jesus." Koester, "*Gnomai Diaphoroi,*" p. 282.

54. Sidney E. Mead, in a thoughtful paper, "Church History Explained," *Church History,* Vol. XXXII (March, 1963), p. 10.

55. For a discussion of the difference between levels one and two by another distinguished historian, see F. M. Powicke, *History, Freedom, and Religion* (London: Oxford University Press, 1938), pp. 14 ff.; and his *Three Lectures Given in the Hall of Balliol College, Oxford* (London: Oxford University Press, 1947), pp. 81–88.

56. Günther Bornkamm, *Jesus of Nazareth*, tr. by Irene and Fraser McLuskey with James M. Robinson (Harper & Brothers, 1960), pp. 49, 51 ff.

57. See Bornkamm, *Jesus of Nazareth*, pp. 56 ff. Hans Dieter Betz, reviewing Martin Hengel's *Nachfolge und Charisma* (Berlin: Töpelmann, 1968), in *Journal of Biblical Literature*, Vol. LXXXVIII (1969), p. 116, approves the statement that "careful religiohistorical comparison demonstrates that Jesus cannot simply be classified among any of the possible Jewish categories of the time (messianic aspirant, prophet, apocalyptic visionary)."

58. Walter Bauer, *Jesus der Galiläer* (Tübingen: J. C. B. Mohr, 1927).

59. John Knox, *The Ethic of Jesus in the Teaching of the Church* (Abingdon Press, 1961), pp. 20, 25–26. Used by permission.

60. For a dialogue on this creative new departure in Christian thought, which unites Biblical interpretation with contemporary theology, see James M. Robinson and John B. Cobb, Jr. (eds.), *The New Hermeneutic*, Vol. II of *New Frontiers in Theology* (Harper & Row, Publishers, Inc., 1964).

61. James M. Robinson, "Jesus' Parables as God Happening," in F. Thomas Trotter (ed.), *Jesus and the Historian* (The Westminster Press, 1968), p. 145.

62. Ernest C. Colwell, *An Approach to the Teaching of Jesus*, The Quillian Lectures, 1946 (Abingdon-Cokesbury Press, 1947). Used by permission.

63. This seems to me to be clearly implied by Koester's characterization of early Christianity: "We have to do here with a religious movement which is syncretistic in appearance and conspicuously marked by diversification *from the beginning*" (italics added). Koester, *"Gnomai Diaphoroi,"* p. 281.

64. Hans Dieter Betz, "The Origin and Nature of Christian Faith According to the Emmaus Legend," *Interpretation,* Vol. XXIII (1969), pp. 32–46. Used by permission.

65. Hans Dieter Betz, "Jesus as Divine Man," in Trotter (ed.), *Jesus and the Historian,* pp. 114–133.

66. *Ibid.,* p. 116.

67. *Ibid.,* p. 117.

68. *Ibid.,* p. 121.

69. *Ibid.,* p. 128.

70. Alfred North Whitehead, *Religion in the Making* (The Macmillan Company, 1926), pp. 56–57.

Eckart Kleßmann

Universitäts-mamsellen

*Fünf aufgeklärte Frauen zwischen
Rokoko, Revolution und Romantik*

Eichborn Verlag
Frankfurt am Main 2008

Inhalt

ERSTES KAPITEL
1. Die Stadt   11
2. Die Universität   15
3. Die Professoren   20
4. Die Studenten   24
5. Die Bürger   28
6. Die Obrigkeit   31
7. Die Besatzung   40

ZWEITES KAPITEL
1. Die junge Dichterin   49
2. Gottfried August Bürger   64
3. Caroline Michaelis   70
4. Therese Heyne   87
5. Meta Wedekind   98
6. Dorothea Schlözer   104
7. Meyer, Forster, Bürgers Ende   126

Philippine Gatterer

Caroline Michaelis

DRITTES KAPITEL
1. Eheleben 145
2. Mainz und die Folgen 169
3. Frau Senatorin Rodde 207
4. Die Romantik 221
5. Therese Huber 250
6. Der Krieg kommt nach Lübeck 260
7. Carolines letzte Jahre 271

VIERTES KAPITEL
1. Der Schatten Napoleons 295
2. Friedhofsruhe 302
3. Ein Grab in Avignon 307
4. Die Redakteurin 311
5. Die Lyrikerin 316
6. Die Unstete 319
7. Spätere Schicksale 324

BIBLIOGRAPHIE 329

Therese Heyne   Meta Wedekind   Dorothea Schlözer

ERSTES KAPITEL

Prospect der Allee.
1. die London Schenke
2. Eingang in den Collegiums Hoff.
3. die Leine.
4. die Allee.
5. Hr. Comiß Gratzels neues Wohnh...
6. Der Fechtboden.
7. die Treppe auf den Wall.

Die »London-Schenke«, das Michaelis-Haus

Die Stadt

GÖTTINGEN WAR WIRKLICH ETWAS BEsonderes. Nie hätte sich der Magistrat des heruntergekommenen Städtchens träumen lassen, so gänzlich unvermutet und gleichsam über Nacht der Stätte einer veritablen Universität vorzustehen, emporgehoben aus den Niederungen eines dürftigen Kleinhandels in die Höhen weithin strahlender Gelehrsamkeit. Das Wunder ereignete sich so:

Nach dem Ende der Dynastie der Stewarts auf dem englischen Thron war die Krone dem Kurfürsten von Hannover zugefallen, der als Georg I. am 1. August 1714 englischer König geworden war. Sein Sohn, Georg II., König seit 1727, regierte in Personalunion sein Kurfürstentum *de iure* von London aus, *de facto* aber versah die Amtsgeschäfte ein Geheimes Rats-Kollegium in Hannover. Zwischen dem König und diesem Kollegium stand zwar die »Deutsche Kanzlei« in London, tatsächlich aber wurde die nicht sonderlich viel beschäftigt, denn als heimlicher Regent wirkte der vom König eingesetzte Premierminister Gerlach Adolph von Münchhausen, der dem Geheimen Rats-Kollegium vorstand.

Das Kurfürstentum Hannover besaß damals nur eine Universität, Helmstedt, 1576 gegründet. Eine zweite und vor allem modernere tat not, denn eine Universität war, wie sich noch zeigen wird, ein beachtlicher Wirtschaftsfaktor. Statt des etwas antiquierten Helmstedt bevorzugten die Landeskinder mehr und mehr das preußische Halle oder das sächsisch-weimarische Jena. Warum sollten sie ihr gutes Geld nicht im Land halten und die neue Universität so ausgestalten, daß man auch über die Grenzen Attraktivität ausstrahlte und fremde Untertanen anzog?

Der erste Planungsentwurf lag 1732 vor, und als Standort entschied man sich sehr rasch für Göttingen. Der erstmals 953 urkundlich erwähnte Ort, der seit dem Anfang des 13. Jahrhunderts die Stadtrechte besaß, hatte sich früh zu einer florierenden Handelsstadt entwickelt, ehe er vom Dreißigjährigen Krieg ruiniert wurde. Kontributionen und Einquartierungen führten bald zu einer unermeßlichen Verschuldung, Seuchen und Abwanderung dezimierten die Bevölkerung, Handel und Handwerk lagen brach. Die über Jahrhunderte gepflegten Handelsverbindungen (Göttingen war auch Mitglied der Hanse gewesen) waren abgerissen, die Tuchindustrie, die der Stadt Wohlstand gebracht hatte, existierte nicht mehr, Privilegien wie Münz- und Zollrecht hatte man dem Landesherrn zurückgeben müssen. Über ein Drittel aller Häuser standen leer und verfielen. Um 1700 lebten in Göttingen etwa 1500 Einwohner. Eine Universität, an welcher »Sr. Königl. Maj. Unterthanen zu den ordentlichen kirchen- und weltlichen Bedienungen nach Erheischung jetziger Umstände besser als anderswo präpariert werden« könnten, wäre zweifellos geeignet, der Stadt allmählich etwas von ihrem alten Glanz zurückzugeben.

Am 23. April 1733 bekam der Magistrat Göttingens von der Regierung in Hannover die offizielle Mitteilung: »Euch wird ab dem, was bey letzterer Versamlung derer Land= Stände zur proposition gekommen, bereits bekant worden seyn, welchergestalt Se. Königl. Majt. unser allergnädigster Herr gewillet sind, in dortiger Stadt eine Universität einzurichten.« Diese Gründung werde »insbesondere eurer Bürgerschaft Vortheil und Nahrung bringen, folglich der Stadt-Aufnahme mercklich vermehren«.

Göttingens Magistrat ließ es erst einmal ruhig angehen, nach Einschätzung der auf Aktivität bedachten Regierung viel zu ruhig, denn es entging ihr nicht, daß es der Stadt an rechter Arbeitslust mangelte. Aber die Zeit drängte. Am 21. Februar 1733 hatte der Kaiser in Wien der neuen Universität ein kaiserliches Privileg erteilt, das dem der 1694 gegründeten preußischen Universität Halle entsprach, und die neue Hochschule sollte 1737 eröffnet werden. So beauftragte die Regierung eine Kommission zur Überwachung der Koordination der Arbeiten und unterstellte den Göttinger Bürgermeister Georg Friedrich Morrien, ohne ihn zu fragen, dem Northeimer Bürgermeister Friedrich Ferdinand Insinger, der im Januar 1736 seine neue Tätigkeit aufnahm und auch gleich die gewünschte Energie walten ließ. Es war viel zu tun.

Zwar hatte man schon 1702 die Neubebauung vorangetrieben und verfallene Häuser und Grundstücke kurzerhand enteignet, wenn die ursprünglichen Eigentümer nicht mehr zu ermitteln waren, aber das hatte natürlich nicht gereicht, der künftigen Universitätsstadt ein einladendes Aussehen zu geben.

Wasserleitungen mußten verlegt und neue Brunnen gebohrt werden, alle Plätze und die wichtigsten Straßen waren zu pflastern, Straßenlaternen aufzustellen, die Reinigung der Straßen und die Müllabfuhr zu organisieren, die Wälle mit Linden zu bepflanzen und die Hausbesitzer anzuhalten, ihre Häuser verputzen und streichen zu lassen. Auch mangelte es empfindlich an Gasthöfen für bessergestellte Besucher und Durchreisende, aber die meisten Sorgen bereitete die Versorgung der Bevölkerung mit Nahrungsmitteln, zumal die zu erwartende Universität immer mehr Menschen nach Göttingen zog. Zwischen 1736 und 1756 waren es zweitausend, fast schon zuviel für eine Stadt, die selbst ihre bis dahin 3500 Einwohner nicht besonders gut hatte versorgen können. Es mangelte empfindlich an Frischfleisch, die Getreidepreise stiegen, die Bierbrauer konnten der wachsenden Nachfrage nicht mehr gerecht werden, es fehlte ein solider Weinhandel, und das Brennholz wurde immer teurer. Zwar erlebte das Bekleidungs- und Baugewerbe eine Hochkonjunktur, und auch die Handwerker hatten gut zu tun. Doch alle diese kleinen, mit Kapital kaum ausgestatteten Betriebe beschäftigten nur sehr wenige Menschen, und den steigenden Preisen standen konstant gebliebene Löhne gegenüber. Vierzig Prozent der Einwohner Göttingens rechnete man damals zur Unterschicht, die wirklich Armen und Bedürftigen nicht mitgezählt.

2. Die Universität

UNIVERSITÄTEN VON HOHEM WISSENschaftlichem Ansehen gab es längst in Frankreich, Italien und Spanien, ehe sich Kaiser Karl IV. entschloß, 1346 in Prag die erste deutsche Universität zu gründen. Was dem Kaiser recht war, konnte den Landesfürsten nur billig sein, und so folgten denn schon bald die Gründungen der Universitäten Heidelberg (1386), Köln (1388), Erfurt (1392), Würzburg (1402), Leipzig (1409), Freiburg (1457), Tübingen (1476), Marburg (1527), Jena (1558), Helmstedt (1576) und Gießen (1607); da jeder Herzog und Kurfürst auch eine Hochschule sein eigen nennen wollte, besaß Deutschland die meisten Universitäten in Europa. Hier sollte die intellektuelle Elite des Landes ausgebildet werden, Juristen und Theologen, deren das Staatswesen bedurfte, und so bestanden die meisten Universitäten aus der Fakultät der Theologie und – in einigem Abstand im Rang – jener der Rechtswissenschaften; die Medizin kam als eigene Fakultät erst im 17. Jahrhundert hinzu und wurde nur an ganz wenigen Universitäten (vor allem in Mainz) gepflegt; ihr ermangelte die gesellschaftliche Reputation, die sie erst im späten 18. Jahrhundert erlangte. Neben den Universitäten gab es als weitere Ausbildungsstätten Forst-, Berg- und Handels-Akademien.

Einen besonderen Fall bildete die als Hochburg der lutherischen Orthodoxie geltende Universität Tübingen, der Herzog Ulrich von Württemberg 1536 noch eine Bildungsanstalt für württembergische Theologen anschloß, genannt »das Stift«. Für dessen Besuch setzte der Herzog Stipendien aus, die »armer, frommer Leut Kinder« zugute kommen sollten. Dort legte man besonderen Wert auf die philosophische und sprachliche Schulung. Zu den berühmten »Stiftlern« zählten der Astronom Johannes Kepler, die Dichter Friedrich Hölderlin, Eduard Mörike und Wilhelm Hauff, die Philosophen Georg Wilhelm Friedrich Hegel und Friedrich Wilhelm Joseph Schelling und die Theologen Johann Albrecht Bengel und Friedrich Christoph Oetinger.

An den deutschen Universitäten, selten von mehr als 200 bis 400 Studenten besucht, herrschten ein grober Ton und rauhe Sitten. Rüpelhaftes Benehmen und eine zotige Sprache galten als üblich, blutige Ehrenhändel nicht minder. Ein 1617 kursierender Spruch charakterisierte das so:

> Wer von Tübingen kommt ohne Weib,
> Von Leipzig mit gesundem Leib,
> Von Helmstedt ohne Wunden,
> Von Jena ohne Schrunden,
> Von Marburg ungefallen,
> Hat nicht studiert an allen.

Wenn der Freiherr von Münchhausen für seine neue Universität eines nicht wollte, so war es Flegeltum (»Grobianismus«) als Ausweis studentischen Lebens und Strebens. Seine neue Hochschule sollte sich nicht nur durch wissenschaftliche Qualität, sondern auch durch gute Umgangsformen und Wohlanständigkeit empfehlen. Diese Einstellung war dem segensreichen Wirken der Aufklärung zu danken und ihrem neuen Wissenschafts- und Universitätsideal, das die Theologie nun von ihrem bisher unangefochtenen ersten Platz zugunsten der Rechtswissenschaften verdrängte. Beispielhaft für den Einfluß der Aufklärung war die erst 1694 gegründete Universität Halle (Saale), die maßgeblich von dem aus Leipzig vertriebenen Juristen Christian Thomasius, einem der bedeutendsten deutschen Aufklärer, initiiert worden war, dem der Philosoph Christian Wolff zur Seite stand.

Eine solche Reformuniversität wie Halle zu schaffen, eine Hochschule mit einem vielfältigen Angebot in allen wissenschaftlichen Disziplinen, stand Münchhausen vor Augen. Er setzte für Göttingen eine garantierte Lehr-, Druck- und Zensurfreiheit durch und plädierte für religiöse Toleranz. Allerdings wurde Atheismus nicht geduldet. Die Bibliothek sollte eine Forschungsbibliothek sein und Professoren und Studenten unentgeltlich zur Verfügung stehen. Hier fügte es sich günstig, daß der Grundstock großzügig gestiftet wurde von der Familie des »Königlich Großbritannischen und Kurfürstlichen Geheimen Rates und Großvogtes zu Celle, Freiherrn von Bülow« mit etwa zehntausend Bänden. Hinzu kam der Bücherbestand des Göttinger Gymnasiums mit mehreren tausend Bänden und Dubletten aus der königlich-kurfürstlichen Bibliothek in Hannover.

Welche Professoren an die neue Hochschule berufen werden sollten, lag allein bei der Regierung und in ihrer Sachkompetenz. Allerdings bevorzugte Münchhausen die juristische Fakultät, was schon die bessere Besoldung der Professoren zeigte, denn aus ihr sollten ja einmal die künftigen Staatsdiener hervorgehen. Von Anfang an war Münchhausen auch der Kurator der Universität und blieb in diesem Amt bis zu seinem Lebensende 1770; einen besseren hätte es schwerlich geben können.

Die erste Vorlesung an der offiziell noch gar nicht eingeweihten Universität hielt am 14. Oktober 1734 der Physiker Samuel Christian Hollmann. Er war 1696 in Stettin geboren, seit 1726 außerordentlicher Professor der Universität Wittenberg und Anfang Oktober in Göttingen eingetroffen.

Wie wenig die Stadt darauf vorbereitet war, zeigte sich sogleich bei der Wohnungssuche Hollmanns. Dem hatte man zwar zwei Wohnungen bereitgestellt, aber die erste war schon bewohnt, und der zweiten fehlten Türen und Fenster. Die dritte (Johannisstraße 26) bezeichnete der verärgerte Professor als »Mördergrube«, doch hier hielt er seine Vorlesungen ab. Überhaupt fand er Göttingen zunächst wenig einladend (Straßen schmutzig und weitgehend immer noch ungepflastert, Häuser verwahrlost) und klagte allgemein über »den Mangel alles dessen, was zur menschlichen Notdurft und Bequemlichkeit unentbehrlich ist«. Dies und noch viel mehr ließ er die Öffentlichkeit wissen in den von ihm herausgegebenen *Wöchentlichen Nachrichten* in 46 Exemplaren, die allerdings ihr Erscheinungsjahr 1735 nicht überdauerten, wiewohl sich Hollmann sonst Mühe gab, Göttingen und namentlich seine Universität in günstigem Licht darzustellen und repräsentative Ereignisse ausführlich zu beschreiben. Von diesen stimmte das erste freilich recht düster: Kaum eingetroffen, war der Jurist Johann Salomon Brunnquell auch schon gestorben. Gewiß, der Professor der Universität Jena kam als Todkranker nach Göttingen, aber das ungünstige Omen wurde wenigstens durch eine pompöse Beisetzung am 15. Juni 1735 wettgemacht. Ein riesiger Trauerkondukt zog unter dem Geläut aller Kirchenglocken durch die Stadt, gefolgt von den Professoren, dem Magistrat und wer sich sonst noch zu den Honoratioren zählte, auch die Bürgerschaft und viele Studenten (von ihnen abgesondert die eigens eingeladenen studierenden Grafen); Schulkinder sangen Trauerchoräle, eine Musikkapelle intonierte gedämpft Melodien, die kleine Garnison präsentierte das Gewehr, und vom Turm der Johanniskirche, wo die Trauerfeier mit einer Kantate und lateinischer Rede abgehalten wurde, ließ man feierlich blasen. Göttingen verstand seinen Professoren schon etwas zu bieten.

Doch bald gab es auch eine Feier aus freudigem Anlaß: Am 17. September 1737 wurde die Universität festlich eingeweiht. Viertausend Menschen hatten sich versammelt, die Regierung repräsentierte Freiherr Gerlach Adolph von Münchhausen, Excellenz, und es wurde bekanntgemacht: »Ihro Königl. Maj. haben allergnädigst beliebet, Dero hiesigen Universität den Nahmen GEORGIA AVGVSTA beyzulegen.« Auch zum ersten Rektor der »Königl. Georg August Universität allhier« sich selber zu ernennen hatte Seiner Majestät »allergnädigst gefallen«, was aber nur eine Geste des allerhöchsten Wohlwollens darstellte, denn selbstverständlich lag die praktische Leitung in den bewährten Händen des – wie anders – »Höchstansehnlichen Repraesentanten Excellentz« von Münchhausen.

Der wollte die Anziehungskraft der Universität nicht gänzlich dem Ansehen der Professoren allein überlassen, es sollte den Studenten – denen vom Adel zumal – bewußt werden, wie dienlich es ihrem Renommee sein würde, gerade in Göttingen studieren zu dürfen, denn so würde Geld ins Land kommen. Münchhausen sprach das unumwunden aus: »Hunderttausend Goldlouisdor, die jedes Jahr herbeiströmen, tun gut, und die Regierung ist überzeugt, Samen ausgestreut zu haben, der bei den Söhnen des Landes moralische und von Seiten der Fremden goldene Früchte tragen wird.« Deswegen wünschte sich Münchhausen auch »den Ausbau der Universität zu einer höfischen und eleganten«, und neben den Wissenschaften sollte der Student als ein künftiger Mann von Welt hier auch Reiten, Fechten und Tanzen erlernen und in Sprachen unterwiesen werden. Da nimmt es nicht wunder, wenn das erste Gebäude der Hochschule 1734 die Reitschule war mit einem von der Universität besoldeten Stallmeister. Die Bibliothek im Paulinerkloster hingegen konnte erst im Juni 1736 ihre Räume beziehen.

»Der Hauptzweck einer Universität«, so der Staatsrechtler Johann Stephan Pütter, seit 1746 Professor in Göttingen, »wird billig darinn gesetzt, zur Ehre Gottes und zum gemeinen Nutzen der Menschen die Aufnahme der Religion und Wissenschaften dadurch zu befördern, daß einem jeden hinlängliche Mittel verschafft werden, seine Ansichten und Sitten vollkommener und für die Kirche und das gemeine Wesen brauchbar zu machen.«

Natürlich konnte man es auch so sehen.

Die Universität 19

Die Professoren

QUALIFIZIERTE LEHRKRÄFTE ZU BEKOMmen, war für Münchhausen und seine Räte nicht schwierig, denn die neue Universität lockte mit guten Bezügen. Der Schweizer Albrecht von Haller, der am 30. September 1736 in Göttingen eintraf, war ein Gelehrter von hohem Ansehen, in Korrespondenz mit ganz Europa, und seit er 1732 sein philosophisches Lehrgedicht *Die Alpen* veröffentlicht hatte, stand er auch im Ruf, ein bedeutender Dichter zu sein. In Göttingen wurde er, 28 Jahre alt, Professor der Medizin, Chirurgie, Anatomie und Botanik, bis ihn 1753 das Heimweh nach Bern zurücktrieb. Doch zwei Jahre vorher gründete er noch die *Societät der Wissenschaften*, die auch die *Göttingischen Anzeigen von Gelehrten Sachen* herausgab, ein sehr angesehenes Journal.

Haller bekam ein Jahresgehalt von 700 Reichstalern. Gewiß, Johann David Michaelis, Orientalist und Theologe, seit 1745 in Göttingen, übertraf ihn mit 910 Rtlr., aber die bekam er erst fünfzig Jahre später. Deutschlands damals renommiertester Staatsrechtler, Johann Stephan Pütter, ein Jahr nach Michaelis nach Göttingen berufen, brachte es 1797 auf 1000 Rtlr. Hingegen erreichte der Physiker Georg Christoph Lichtenberg nur magere 460 Rtlr., während sein Kollege, der Historiker August Ludwig Schlözer, seit 1769 in Göttingen, 760 Rtlr. bezog.

Aber das waren nur die Grundgehälter. Hinzu kamen die Kolleggelder (zwischen 3 und 10 Rtlr. hatte ein Student pro Semester zu zahlen); die Autorenhonorare für die veröffentlichten Bücher, die das wissenschaftliche Ansehen des Professors mehrten und schon dadurch Studenten anzog, und die von den Studenten aufzubringenden Promotionsgebühren. Pütter, in dessen Vorlesungen bis zu 200 Studenten saßen (auf eine solche Zahl brachte es kaum einer seiner Kollegen), der außerdem als Zubrot gutbezahlte staatsrechtliche Gutachten für Regierungen verfaßte, erreichte mit sämtlichen Einkünften ein jährliches Spitzeneinkommen von 12 000 Reichstalern. Pütter war nicht verheiratet und besaß am Ende sogar vier Häuser. In das von ihm bewohnte ließ er sich einen Hörsaal mit zweihundert Plätzen einbauen, weil die Vorlesungen zumeist in den Privaträumen der Professoren stattfanden.

Die nächst Pütter besonders betuchten Michaelis und Schlözer besaßen neben ihren Häusern in der Stadt noch Gärten vor den Toren mit hübschen Sommerhäusern. Michaelis hatte in seinem geräumigen Haus dank eines Anbaus noch ein Dutzend Studentenwohnungen geschaffen, die ihm eine schöne Miete einbrachten. Professoren wie Pütter, Michaelis und Schlözer, die in ganz Deutschland in hohem Ansehen standen, konnten von vornherein mit einem großen Zulauf bei ihren Vorlesungen rechnen. Johann Christoph Gatterer hingegen, Professor der Geschichte und Spezialist für Genealogie, seit 1759 in Göttingen, klagte, er habe es in seinen ersten vier Göttinger Jahren nur auf 50 Rtlr. Kolleggelder gebracht, während Lichtenberg mit etwa tausend Talern im Jahr rechnen konnte.

Diese Angaben gelten aber nur für die Ordinarien, die ordentlichen Professoren; den außerordentlichen ging es nicht annähernd so gut. Als Lichtenberg 1770 auf Vorschlag Münchhausens zum außerordentlichen Professor ernannt wurde, bekam er nur 200 Rtlr. Grundgehalt, sonst erhielten die Extraordinarien oft überhaupt kein Grundgehalt, sondern waren auf Kolleggelder und Autorenhonorare angewiesen. So bezog etwa Gottfried August Bürger – 1789 zum außerordentlichen Professor ernannt – ein Jahr später Kolleggelder von 1200 Rtlr., 5 Rtlr. pro Student und Semester. Angesichts der vorzüglich ausgestatteten Universitätsbibliothek brauchten die Professoren keine besonderen Aufwendungen für Bücher zu machen, dennoch nannten Gatterer, Heyne und Michaelis Privatbibliotheken von jeweils etwa 4000 Bänden ihr eigen.

Verglichen mit den Einkünften der Professoren nahmen sich die der anderen Berufe recht bescheiden aus, vor allem, wenn man berücksichtigt, daß zur Ernährung einer fünfköpfigen Familie (von Kleidung, Miete etc. ist also nicht die Rede) um 1790 etwa 110 Rtlr. pro Jahr veranschlagt wurden. Ein Geselle verdiente 90 Rtlr., ein Landpfarrer 70 Rtlr. (bar; hier kamen aber mietfreies Wohnen und Naturalien hinzu), ein Tagelöhner 60 und Dienstboten nur 12 Rtlr. (alles pro Jahr gerechnet). Beim Dienstpersonal sind jedoch freie Kost und Logis mit einzubeziehen, außerdem hatten sie Anspruch auf Weihnachts- und Jahrmarktsgeld und erhielten von den Gästen ihrer Herrschaft oft ein Trinkgeld.

Dem Freiherrn von Münchhausen lag, wie erwähnt, sehr am Herzen, daß den Studenten neben den Wissenschaften auch höfische Umgangsformen vermittelt wurden. Doch mit einem Grundgehalt von jährlich 100 Rtlr. gehörten die dafür kompetenten Tanzmeister zu den Beschäftigten der unteren Lohnskala. Etwas besser standen sich die Fechtmeister mit jährlich 120 Rtlr., denen die Studenten pro Quartal zusätzlich 5 bis 6 Rtlr. zu bezahlen hatten.

Aber was waren schon Tanz- und Fechtmeister verglichen mit dem Stallmeister der Universität! Mit einem Jahresgehalt von 1000 Rtlr. bekam er weit mehr als etwa Georg Christoph Lichtenberg; er verfügte dazu noch über eine mietfreie Dienstwohnung, durfte den Reitstall unentgeltlich benutzen und die Honorare für sich behalten: Zwischen 6 und 10 Rtlr. zahlte ein Student für die Reitstunden, und reiten zu können war damals so selbstverständlich wie heute der Erwerb eines Führerscheins. Allerdings mußte der Stallmeister seine Pferde, ihr Futter und seine Stallknechte aus eigener Tasche bezahlen. Doch als um 1800 sein Grundgehalt auf 1440 Rtlr. erhöht wurde, bekam er zusätzlich auch noch das Pferdefutter gestellt. Privilegierter war sonst nur ein Minister, dessen jährliches Grundgehalt 4000 Rtlr. betrug, wozu in aller Regel noch – wie die Kolleggelder der Professoren – weitaus höhere Summen als Schmiergelder *(douceurs)* und andere finanzielle Aufmerksamkeiten hinzugerechnet werden müssen.

4 Die Studenten

DIE ZAHL DER STUDENTEN WAR VON ANfangs etwa 400 bei Beginn des Siebenjährigen Krieges (1756) auf etwa 600 gestiegen und lag zum Ende des 18. Jahrhunderts bei etwa 950. Damit stand Göttingen an vierter Stelle im Reich nach den Universitäten Halle, Jena und Leipzig. Zentrum der Göttinger Universität waren die Rechtswissenschaften (wozu Pütter nicht unwesentlich beitrug), ein Viertel studierte Theologie, je ein Achtel Medizin und Philosophie. Man begann das Studium im Alter zwischen achtzehn und zwanzig Jahren (selbstverständlich nur Männer, Frauen waren zum Studium nicht zugelassen) und rechnete als Studiendauer rund drei Jahre, wobei es keinen vorgeschriebenen Studienaufbau gab. Wer die Höchstdauer von vier Jahren überschritt, galt als »überjährig« und mußte sich scharfe Kontrollen gefallen lassen. Konnte er seine »Überjährigkeit« nicht plausibel begründen, drohte ihm die Relegierung und Ausweisung aus der Stadt, denn Bummelei und zuviel Müßiggang wurden nicht geduldet.

Der Student hatte sich in den ersten zwei Wochen nach seiner Ankunft beim Prorektor immatrikulieren und examinieren zu lassen und dafür eine Gebühr von drei (später vier) Rtlr. zu entrichten. Dieser Betrag konnte einem mittellosen Studenten erlassen werden, dafür zahlten Adlige das Doppelte, Grafen das Vierfache. Auch gab es für Minderbemittelte Stipendien, die sowohl die Regierung als auch private Stifter ausgesetzt hatten. Für ein Jahr Studium in Göttingen rechnete man als Mindestbetrag 200 Rtlr., die Söhne vermögender Eltern erhielten pro Jahr 500 Rtlr., aber es gab auch vom Glück Begünstigte, die einen Wechsel über 2000 Rtlr. geschickt bekamen. Das war jene kleine Schar von Auserwählten, die mit eigener Kutsche, livrierten Dienern und einer Koppel Jagdhunde ihren Einzug in die kleine Stadt hielten. Diener führte man nicht nur der Bequemlichkeit halber mit sich, sondern auch als Statussymbole. Sie hatten die Wohnung und die Kleidung des Studiosus in Ordnung zu halten, Stiefel zu putzen, das Frühstück zu bereiten, Lebensmittel einzukaufen und Bücher aus der Bibliothek zu holen. Dafür bekamen sie ein Jahresgehalt, das zwischen 42 und 205 Rtlr. lag, und wohl auch meist Kostgeld.

Mühsam war in den ersten Jahren der noch jungen Universität die Beschaffung des Quartiers. Es fehlte an geeigneten Zimmern für die Studenten, zumal viele von ihnen auf einer Wohnstube mit zusätzlicher Schlafkammer bestanden. Einschließlich des Geldes für die »Aufwartung«, d. h. die Bedienung der Studenten (Aufwand für Reinigung, Heizung, Licht, Verpflegung etc.), lag die Jahresmiete zwischen 20 und 40 Talern; einen eigenen Diener besaßen die wenigsten. Erst in der zweiten Hälfte des 18. Jahrhunderts gab es ein Überangebot an Wohnungen.

Gegessen wurde in Speisewirtschaften mit besonderen Angeboten für die Studenten. Monatlich waren dafür zwischen 2 und 7 Taler aufzuwenden, das konnte man schwerlich als preiswert bezeichnen. Über die Qualität der Beköstigung wurde fast nur geklagt, wenn auch nicht immer so drastisch wie von dem 1788 immatrikulierten Schweizer Carl Friedrich August Hochheimer, der später in einem Buch behauptete: »... und überhaupt kann man sagen, daß wenn der Göttingische Bürger und sein Schwein einander wechselweise zu Gaste bäthen, beyde Parthien, jede gleich zufrieden mit dem Tractament, von einander scheiden würden.« Sein Urteil über das Göttinger Bier (»das allerwiderwärtigste Getränk, das man sich denken kann«) wurde von den meisten geteilt. Dabei lag Einbeck, dessen Bier im 18. Jahrhundert einen guten Ruf besaß, fast vor der Haus-

Die Studenten 25

tür, aber die Göttinger Brauer schützte das staatliche Monopol, das Importbiere nicht zuließ, und mit dem Wein scheint es auch nicht viel besser bestellt gewesen zu sein. Natürlich sah es in den Restaurants der gehobenen Kategorie anders aus, die aber waren nur für Studenten mit hochdotiertem Wechsel erschwinglich.

Die Mängel der Gastronomie blieben auch der Regierung nicht verborgen, die den Magistrat aufforderte, »diesem hauptsächlichem die Stadt und Universitaet in übeln Ruff bringenden Mangel abzuhelfen«. Für arme Studenten hatte Münchhausen 140 Freitischstellen eingerichtet, die aus Stiftungen finanziert wurden. Diese Freitische befanden sich nicht in den Gastwirtschaften, sondern in Bürgerhäusern und wurden von Inspektoren überprüft.

Über seinen Tageslauf berichtet ein Theologiestudent, der von 1768 bis 1771 in Göttingen studierte:

»Des Morgens um 7 Uhr (damit ich Ihnen ein kleines Tagesregister von meinen Stunden gebe, und meine liebe Mama weiß, wo ich eben bin, wenn sie in dieser oder iener Stunde an mich denkt), um 7 also gehe ich in das Hebräische Collegium nach dem Hofrat Michaelis, von da um 8 nach dem D. Miller in die Dogmatic oder Glaubenslehre. Um 9 Uhr zu Professor Feder in die Vernunftslehre, oder Logic. Um 10 komme ich zu Haus, esse ein bisgen Brod und schreibe gleich soviel ich kann, von dem letzten Collegio ins Reine. Dann gehe ich um 11 Uhr in die Kirchengeschichte nach dem Doct. Walch, um 12 gehe ich zu Tisch, woran ich bis halb ein, meine Tischgenossen aber nicht viel über eine viertelstunde, sitzen. Dan schreibe ich wieder und gehe um 3 ins Colleg. zum Prof. Heyne, der über die Lateinischen Schriftsteller lieset, und von da um 4 zu einem Magister Eberhard, da ich die reine Mathematik höre. Um 5 Uhr gehet denn meine Repetition an, bis es dämmerig wird. Dann esse ich mein Abendbrot, lese in der Bibel, bete und gehe nach 10 zu Bette. Des Morgens stehe ich leider! Erst nach 5 wieder auf, und dann geht meine Arbeit von neuem an.

Mittwochens und Sonnabend Nachmittag habe ich frey, die aber doch immer auf die Wiederholung des Versäumten drauf gehen. Sehen Sie, das ist mein Lebenslauf.«

Mag der Bericht auch für die Familie ein wenig geschönt worden sein: Im wesentlichen traf er gewiß zu, wenn man in drei Jahren sein Studium abgeschlossen haben wollte. »Man kann den Fleiß auf einer Hohen Schule nicht höher treiben, als er in Göttingen betrieben ist«, stellte Professor Johann Christian Claproth 1748 zufrieden fest.

Aber wer fleißig war, durfte sich abends durchaus der Geselligkeit erfreuen. Man traf sich in zwangloser Runde in den Wirtshäusern (Sperrstunde um 22 Uhr) oder in den Zusammenkünften der Landsmannschaften und »Orden«, wie damals studentische Verbindungen hießen. Sonntags unternahm man gern Ausflüge in die Umgebung (wer es sich leisten konnte, mietete sich dafür ein Reitpferd), vor allem ins Hessische, in nicht weit entfernte Dörfer wie Bovenden und Eddigehausen, wo man (wegen der niedrigeren Steuern) Wein, Branntwein und Kaffee wesentlich preiswerter und in besserer Qualität bekommen konnte als in Göttingen. In Bovenden sorgte die von der Universität streng verpönte Prostitution für zusätzliche Attraktivität. Immer wieder gab es entrüstete Eingaben Göttingens an die hessischen Ämter mit dem Ersuchen um energisches Durchgreifen, wenn es darum ging, »unzüchtige Weiber« auszuweisen, und meist leistete das Land Hessen dann auch die erbetene Nachbarschaftshilfe.

5. Die Bürger

IN DEN AUGEN VIELER STUDENTEN WAren die Göttinger »im Grunde ein rohes, ungehobeltes und unfreundliches Volck«, denen man »tückisches Wesen, Schadenfreude, Rachsucht und Schmähsucht« nachsagte. Der schon zitierte Schweizer Hochheimer wollte selbst die Kinder nicht ausgenommen wissen: »... ehe sie noch das sechste Jahr erreicht haben, so zeigen sie schon alle bösartigen Eigenschaften.« Wechselseitig warfen sich Bürger und Studenten vor, einander zu übervorteilen und zu prellen.

Die Stadt war gewachsen: 1740 zählte sie etwa 5200 Einwohner, 1766 waren es etwa 6300 und 1795 rund 9100. An diesem Wachstum hatte die Universitätsgründung den entscheidenden Anteil. Allein das Vermieten von Zimmern und Wohnungen an Studenten und Universitätsangehörige brachte im letzten Viertel des 18. Jahrhunderts jährlich 20000 Taler ein. Unterm Strich galt der Satz eines zufriedenen Bürgers: »Ich habe vier Studenten und drei Schweine – mich chet es chanz chut!«

Die Bauwirtschaft profitierte von den Neubauten und den vielfältigen Renovierungsaufträgen, die Wohnraum schufen oder vorhandenen verbesserten. Überdurchschnittlich wuchs das Textilgewerbe. Da die meisten Studenten aus vermögenden Familien stammten, kleideten sie sich gut und stets *à la mode*; so war auch das Schneiderhandwerk stets gut beschäftigt. Immer mehr Perückenmacher kamen in die Stadt; 1724 gab es nur zwei, 1755 schon 26. Sie machten aber nicht nur Perücken, die ohnehin gegen Jahrhundertende samt den Zöpfen verschwanden, sondern arbeiteten auch als Friseure, die von ihren Kunden für tägliches Frisieren mit Puder, Pomade und Eau de Lavande 2 bis 3 Taler im Quartal verlangten.

Es siedelten sich Glashändler, Graveure, Kupferstecher, Drucker, Buchbinder sowie Sortiments- und Verlagsbuchhändler in der Stadt an. Zwar hatte Münchhausen noch 1737 und 1738 geklagt, »daß die hiesigen Buchläden nach den gedruckten Katalogen gar keine importante, ja nicht einmal die nothwendigen Werke und die Schriften der Göttingischen Professoren feil hätten, daß man weder in Hannover noch anderen Städten unseres Landes, noch in Hamburg und Lübeck die Arbeiten der hiesigen Lehrer erhalten könne«, aber das änderte sich schon bald, als Johann Christian Dieterich und Carl Friedrich Günther Ruprecht samt Abraham Vandenhoeck ihre Unternehmen gründeten (Ruprecht als Kompagnon der Witwe Vandenhoecks) und um 1790 jährlich bis zu fünfzig Bücher verlegten. Damals existierten in Göttingen sieben Buchhandlungen, sechs Druckereien, sechzehn Buchbindereien, sieben Leihbibliotheken, und es erschienen 25 Periodika.

Aber auch Lesegesellschaften sorgten für die Bildung der Göttinger, Wanderbühnen gastierten gelegentlich. Die Professoren und Honoratioren der Stadt gaben Gesellschaften (*Assemblées* genannt), *Thé dansants*, Picknicks, Bälle, Schlittenfahrten, und Professor Pütter lud zu Hauskonzerten. Er selber spielte Cembalo, Flöte und Violine und musizierte gemeinsam mit Jacob Schuback, der, wie Pütter betont, »von Telemann zu Hamburg selbst die Composition gelernt hatte«. Die Masse der Göttinger begnügte sich mit Schützenfest und Jahrmarkt. Das war nun nichts für die Studenten, aber zu jenen bürgerlichen Zirkeln, in denen sich Professoren und Honoratioren trafen, erhielten sie nur selten Zutritt, sofern sie nicht aus renommiertem Adel stammten. Die Damen, so beschwert sich ein Student, wollten »nur mit Grafen und Herren tanzen«. Und: »Zwar können wir uns alle Sonnabend im Concerte hinter den Stuhl irgendeiner Dame stellen, sie auch wol nach Endigung des Concerts

Die Bürger

nach Hause zu begleiten; aber o! wie bald findet man Eckel daran!«

Die etwa fünfzig Professoren blieben am liebsten unter sich. Der Hinweis, im Verkehr mit ihren Familien könne man den jungen Leuten doch so etwas wie den letzten Schliff im gesellschaftlichen Umgang vermitteln, lehnte Johann David Michaelis brüsk ab: »Meine Töchter sollen die Schleifsteine nicht sein.« Michaelis, im persönlichen Umgang etwas ruppig und polemisch, fand auch, angesichts zu vieler Studenten habe es der Staat »nicht nöthig, die Armen zum Studiren zu reitzen, oder es ihnen zu sehr zu erleichtern«. Für arme Schlucker hatte Michaelis nichts übrig und für ihre gesellschaftliche Bildung am allerwenigsten.

Nicht unerwähnt bleiben soll ein Kuriosum: die Hundeplage. Angeblich gab es nirgends so viele Hunde wie in Göttingen; am Ende des Jahrhunderts sollen es dreitausend gewesen sein. Das war für eine Stadt von etwa neuntausend Einwohnern entschieden zuviel, und da allzu viele Hunde zu Straßenkötern verwildert waren, wurde regelmäßig im Sommer zur Hetzjagd geblasen und so viele mit dem Knüppel totgeschlagen, als man nur greifen konnte, nicht zuletzt auch darum, weil es wiederholt Fälle von Tollwut und Beißangriffen gab. Alle Versuche, der Plage mit der Einführung einer Hundesteuer und mit Maulkorbzwang entgegenzuwirken, schlugen fehl; beide ließen sich nicht durchsetzen. Manche Studenten hielten sich zwei oder drei Hunde, mit denen sie auch zur Jagd gingen. Ein Graf erschien nie anders als mit Diener und Hund im Kolleg, und es brauchte einige Zeit, die Kläffer wenigstens aus den Hörsälen zu verbannen und 1763 überhaupt das Halten von sehr großen und gefährlichen Hunden zu verbieten. Wer nicht parierte, sollte fünf Taler Strafe zahlen, und der Hund wurde von der Obrigkeit konfisziert. Doch noch 1797 hieß es, selbst dieses Verbot sei kaum durchzusetzen, weil die Begriffe »groß und gefährlich« nicht gültig zu bestimmen seien. Wie immer in Deutschland setzten sich die Hundehalter durch.

Die Obrigkeit

ERFOLGREICHER ALS IM KAMPF GEGEN die Hunde und ihre Besitzer war das Bemühen, gegen eine Unsitte einzuschreiten, die man harmlos als »Ausgießen« bezeichnete. Gemeint war damit das rücksichtslose Ausleeren gefüllter Nachttöpfe aus dem Fenster, worüber 1760 geklagt wurde, »könnte die Polizey die bösen Sündfluthen aus den Fenstern hemmen, so wäre auf den Gassen auch des Abends gut fortzukommen«.

So beschwerte sich 1765 eine Metzgerstochter über einen von ihr namhaft gemachten Studenten, »er habe schone vielmahls auf ihren Laden zugegossen und ihnen Speck, Wurst und Pflaumen zuschaden gemacht«. Nun griff endlich die Obrigkeit ein und wies die Studenten an, »sich des Ausgießens des Wassers, es mag dasselbe beschaffen seyn, wie es wolle, auf die Strasse so wohl des Tags als des Nachts über gänzlich zu enthalten«, wiewohl Michaelis behauptete, Studenten seien viel zu gut erzogen, um solche Verstöße zu begehen, die Schuldigen seien die Aufwärterinnen. Peinlich war freilich, daß die Polizei nun noch gegen die Professoren Böhmer und Claproth Anzeige wegen nächtlichen »Ausgießens« erstattete und diese daraufhin protestierten, die Polizei habe sich damit »eine unmittelbare Gerichtsbarkeit über ihre Personen angemaßet«; um den Tatbestand als solchen ging es also gar nicht einmal.

Das 18. Jahrhundert gab sich in den Fragen der Hygiene ziemlich lax. Die Kanalisation der Städte erfolgte erst um die Mitte des 19. Jahrhunderts, und die wiederholten Klagen über den »Gassenkot« sind ganz wörtlich zu nehmen. Wie in den meisten kleinen Städten hielten sich die Bürger

Schweine, Ziegen, Schafe und Kühe, die vom Gemeindehirten morgens abgeholt und auf eine öffentliche Weide geführt und abends ihren Besitzern wieder zurückgebracht wurden. Bei ihrem Zug durch die Straßen fielen einige Hinterlassenschaften an, für deren Beseitigung sich niemand zuständig fühlte. Seinen persönlichen Unrat entleerte man in die Gosse, denn längst nicht jedes Haus verfügte über einen Abtritt. Selbst im großen und reichen Hamburg besaß damals nur jedes zweite eine »Laube« oder »heimlich Gemach«, und auch in einer solchen Stadt wollten die Beschwerden über die allgemeine Unreinlichkeit nicht enden. Die in Göttingen getroffenen Maßnahmen begannen aber zu wirken, und die kleine Stadt wurde zusehends reinlicher, wenn sie auch von modernen Sauberkeitsvorstellungen noch weit entfernt blieb.

Beschwerten sich Professoren über eine angemaßte Polizeigewalt, was häufiger geschah, so hatte das mit der besonderen Stellung der Universität in den Fragen der Rechtsprechung zu tun. Zwar unterstand die Universität dem Geheimen Rat in Hannover, und der König und Kurfürst war ihr Rektor. Doch gab es ein eigenes und weitgehend autonomes Universitätsgericht. Es bestand aus den vier Dekanen der Fakultäten, dem Universitätssyndikus und dem Sekretär unter dem Vorsitz des Prorektors, der für den fernen Rektor in London die Universitätsgeschäfte führte. Dieses Gericht entschied über alle Zivil- und Kriminalsachen, soweit sie die Universität und der ihr Angehörenden einschließlich aller Studenten betrafen.

Das Gericht konnte die Schuldiggesprochenen auf mehrere Weisen bestrafen: durch eine Geldbuße, durch eine Freiheitsstrafe in den fünfzehn Räumen des Karzers (überstieg sie eine Dauer von neun Monaten, so überstellte man die Verurteilten in das Zuchthaus von Celle), durch das *Consilium abeundi*, wonach ein Student die Universität zu verlassen hatte, oder in schwereren Fällen durch die Relegation, die auch anderen Hochschulen mitgeteilt wurde, wodurch es schwierig, wenn nicht unmöglich wurde, sein Studium auf einer anderen Universität fortzusetzen. Zur Erzwingung von Geständnissen besaß das Gericht auch das Recht, die Folter anzuwenden, was aber niemals geschah. In einem einzigen Fall ist die Todesstrafe verhängt worden (ein Student hatte 1766 einen anderen in einem – grundsätzlich verbotenen – Duell erstochen), aber man ließ den Täter entkommen, um sie nicht vollstrecken zu müssen. Als im Mai 1780 ein Goldschmied von einem Studenten im Streit mit der Schrotflinte erschossen wurde, entkamen der – namentlich bekannte – Täter und seine beiden Gefährten unmittelbar nach der Tat. Worauf der Universitätskurator Georg Friedrich Brandes, der Nachfolger des 1770 verstorbenen Freiherrn von Münchhausen, an den Professor Christian Gottlieb Heyne schrieb: »Das Beste ist, daß der Thäter das Weite genomen hat, und ich wünsche, er möge nicht ertappt werden.« Stammten die Angeklagten aus der Aristokratie des Landes, verhinderte der Geheime Rat in Hannover aus Rücksicht auf die Adelsfamilie eine Strafverfolgung.

Verhandelt wurden Beleidigungsklagen, Tätlichkeiten, Diebstähle, Unterschlagungen, Schadenersatzforderungen und die ständig anfallenden Sittlichkeitsdelikte. Immer wieder kamen illegal Prostituierte in die Stadt, die aus der Sexualnot der Studenten klingende Münze zu schlagen wußten. Daß Prostitution in Göttingen streng verfolgt wurde, hatte wenig mit Moral zu tun, doch sehr viel mit der Angst vor venerischen Krankheiten. Lichtenberg spricht 1772 von 176 infizierten Studenten. Die leichteren Infektionen konnte man heilen, nicht aber die gefährlichste, die luetische, die Syphilis. Die Ärzte waren verpflichtet, die von ihnen behandelten Studenten nach der Quelle ihrer Ansteckung zu fragen und diese dann der Polizei zu melden. Niemals also hätte die Universität ein Bordell geduldet, denn die Ausbreitung venerischer Krankheiten hätte schlimme wirtschaftliche Folgen für die Stadt gehabt und einen verheerenden Ruf für die Universität, weil Eltern ihre Söhne nicht mehr nach Göttingen gelassen hätten.

Doch immer wieder kam es zu Klagen gegen Studenten, die ein Mädchen »geschwächt« hatten. Jedes elfte Neugeborene in Göttingen 1776 war unehelich. Meistens betraf es das Dienstpersonal, also die »Aufwärterinnen«, die nun ein »Satisfaktionsgeld« einklagten, auch das »Stuprum« genannt, als Schadenersatz für die verlorene Ehre. Da konnten dann schon einmal 100 Taler fällig werden. Bei einer Schwängerung drohten Alimentszahlungen nach der Geburt des Kindes, das waren 1 bis 2 Taler monatlich bis zum vollendeten 14. oder 15. Lebensjahr, dazu kamen noch 5 Taler Entbindungskosten.

Verständlich also, daß solche Klagen abgewiesen werden mußten, und das Universitätsgericht unterstützte gern die Sache der Beklagten, denn welche Familie mochte noch ihre Söhne zum Studium nach Göttingen schicken, wenn dort liederliche Frauenspersonen deren Ehre (sprich Geldbeutel) zu ruinieren trachteten. Wer also, fragte das Gericht, hatte nun wen verführt und unter welchen Umständen? Den »Beweis einer wirklichen Verführung« hatte die Klägerin zu erbringen, was selten gelang. Waren Geldgeschenke oder Gaben von einigem Wert im Spiel gewesen, so galt das schon als Hurerei und somit als strafwürdig. Und natürlich bestritten die beklagten Studenten heftig ihre Vaterschaft, die damals medizinisch noch nicht nachzuweisen war, und sagten der Klägerin ein Lotterleben nach. So wurde einmal behauptet, die klagende Aufwärterin sei von vier Studentendienern »in *compagnie* gebraucht« worden. Da war der »würkliche Urheber« dann freilich fein heraus, zumal Zeugen preiswert zu haben waren.

Johann Nikolaus Becker, der sich 1793 als Student der Rechtswissenschaften in Göttingen hatte immatrikulieren lassen, schrieb fünf Jahre später:

»Wenn sich einmahl der Fall ereignet, daß ein lebendiger Zeuge eines vertrauten Umganges zwischen einem Studenten und Mädchen zum Vorscheine kommt, so ist schon durch ein eigenes Gesetz dafür gesorgt, daß der Student dabey nicht gefährdet werden kann. An andern Orten geräth der Liebhaber in einem solchen Falle gewöhnlich in große Verlegenheit, und findet sich heimlich durch ungeheure Summen ab, die ihn in seiner Haushaltung ganz und gar zurücksetzen und wird doch noch zuletzt von der Mutter vor Gericht belangt. Hier nicht also. Alle heimlichen Contracte in dieser Rücksicht sind durchaus null und Niemand ist verbunden sich mit seiner Liebhaberinn durch starke Summen oder wohl gar durch die Ehe abzufinden. Verrufene Mädchen kriegen für ihre Schmerzen keinen Dreyer, und nur dem Kinde muß ein kleiner Unterhalt gegeben werden, wenn sich der Student als Vater bekennt. Den Geschwängerten liegt noch überdas der überzeugendste und bündigste Beweis ob. Ich befand mich gerade hier, als dieses Gesetz gegeben wurde, und man hat mir damals erzählt, daß die Mädchens auf eine Zeit dadurch so abgeschreckt worden wären, daß sie keinem Studenten auch nur die kleinste Freiheit erlauben wollten. Sie riethen ihnen insgesammt, sich kastriren zu lassen.«

Den Studenten war die Heirat kategorisch verboten. Versuchten sie aber, sich jenseits der Landesgrenzen heimlich trauen zu lassen, so wurde die Eheschließung vom Universitätsgericht für nichtig erklärt, der Student in Haft genommen und der betroffenen Dienstmagd bedeutet, wer Studenten verführe, käme ins Zuchthaus. Nach Abschiebung der Sünderin wurde der Student auf freien Fuß gesetzt. Die klagenden Frauen entstammten durchweg dem Dienstpersonal, also der Unterschicht, Bürgerstöchter waren nie darunter. Selbst Vergewaltigungen, manchmal nachts auf der Straße begangen, wurden nicht einmal dann geahndet, wenn der Täter namentlich bekannt war; den Aussagen der natürlich alles abstreitenden Männer wurde eher geglaubt als ihren Opfern, vor allem, wenn die Täter von Adel waren.

Die Obrigkeit

Redlich verhielt sich Georg Christoph Lichtenberg. Er hatte seine Haushälterin Margarethe Elisabeth Kellner von 1783 an in schöner Regelmäßigkeit geschwängert, weswegen die Studenten ihren Professor einen »starken August« nannten. Erst im Oktober 1789, da gab es schon vier illegitime Kinder, entschloß sich Lichtenberg zur Heirat und zur Legitimation seines Nachwuchses.

Aber es gab nicht nur Probleme mit dem illegalen Nachwuchs. Es gab auch Liebe und Zärtlichkeit, und es war gerade Lichtenberg, der kleine bucklige Professor der Physik, der den Göttingern eine Liebesgeschichte vorlebte, die uns anrührt, während damals viele darüber die Nase rümpften.

Bei einem Spaziergang auf dem Wall begegnete Lichtenberg im Frühjahr 1777 einer zwölfjährigen Blumenverkäuferin, der er einen Strauß abkaufte. Ihm fiel ihre Anmut und Schönheit auf, er bat sie um ihren Besuch. »Sie gienge keinem Purschen auf die Stube sagte sie«, was nach dem bereits Erzählten zu verstehen ist; »wie sie aber hörte, daß ich ein Professor wäre, kam sie an einem Nachmittage mit ihrer Mutter zu mir«.

Maria Dorothea Stechard hieß sie, Tochter eines aus Thüringen zugezogenen Leinewebers, und am 27. Juni 1765 in Göttingen geboren. Sie verkaufte nun nicht mehr Blumen, sondern verbrachte den ganzen Tag bei Lichtenberg, der sie im Schreiben und Rechnen unterwies und »in allem, was ich glaubte, nöthig wäre sie zu einer recht guten Frau zu machen«. Das aufgeweckte Mädchen fand Freude an Lichtenbergs physikalischen Instrumenten, besorgte ihm auch den Haushalt, blieb aber nie über Nacht bei ihm. Doch war ihrer beider Vertrautheit inzwischen so groß geworden, daß die »Mamsell Stechardin«, wie Lichtenberg sie nannte, zu Ostern 1780 ganz in seine Wohnung zog. »Ihre Neigung zu dieser Lebensart war so unbändig, daß sie nicht einmal die Treppe hinunterkam, als wenn sie in die Kirche und zum Abendmahl ging. Sie war nicht wegzubringen. Wir waren beständig beisammen. Wenn sie in der Kirche war, so war es mir als hätte ich meine Augen und alle meine Sinnen weggeschickt«, schrieb er an den Pfarrer Gottfried Hieronymus Amelung. »Mit einem Wort – sie war ohne priesterliche Einsegnung (verzeihen Sie mir, bester, liebster Mann, diesen Ausdruck) meine Frau. Indessen konnte ich diesen Engel, der eine solche Verbindung eingegangen war, nicht ohne die größte Rührung ansehn. Daß sie mir alles aufgeopfert hatte, ohne vielleicht ganz die Wichtigkeit davon zu fühlen, war mir unerträglich. Ich nahm sie also mit an Tisch, wenn *Freunde* bei mir speisten, und gab ihr durchaus die Kleidung, die ihre Lage erforderte, und liebte sie mit jedem Tage mehr.«

Ein Skandalon? Als Maria Dorothea mit dem um 23 Jahre Älteren auch das Bett teilte, war sie 14 Jahre alt. Mit 14 galt ein Mädchen damals für heiratsfähig, in protestantischen Ländern nach erfolgter Konfirmation. Es existiert kein Zeugnis, das bezeugen könnte, man habe in Göttingen an dieser Verbindung ernstlich Anstoß genommen. Er habe sie auch heiraten wollen, »woran sie nun nach und nach mich zuweilen zu erinnern anfing«, doch dazu kam es nicht mehr. Maria Dorothea Stechard erkrankte; nach Lichtenberg an einer »Rose am Kopf« von der Medizin als *Erysipel* (Wundrose) bezeichnet, aber auch ein Unterleibstyphus *(Typhus abdominalis)* ist denkbar.

»Was ich bisher ausgestanden habe«, schrieb Lichtenberg an seinen Kollegen, den Professor der Mathematik Albrecht Ludwig Friedrich Meister am 4. August 1782, »kann ich Ihnen nicht mit Worten beschreiben. Das gute, arme Mädchen so entsetzlich leiden zu sehen. Sie gleicht sich gar nicht mehr, so daß, wenn ich sie verlöre, ich gar nicht werde glauben können, daß die Verstorbene die sei mit der ich umgegangen bin.«

Am Abend dieses Tages starb »die kleine Stechardin« (Lichtenberg) bei Sonnenuntergang. »Ich bin nie in meinem Leben in einem solchen Zustand gewesen, die Umstande sind gar zu traurig gewesen. Eine so vortreffliche Person, in

Die Obrigkeit

diesen Jahren so leiden zu sehen und mit so vieler Geduld, und die alles mit einem Ton sagte, was sie nämlich im Ernst und bei Verstand sagte, den ich gewiß in meinem Leben nicht vergessen werde. Die letzte Nacht um halb 4 des Morgens rief sie in diesem Ton gute Nacht, rührender und herzbrechender konnte wohl für mich in dieser Lage nichts gesagt werden. Die Worte schallen mir noch immer in den Ohren, so wenig sie wohl auch die Lange Nacht gemeint haben mag, in welcher sie sich schlafen legen wollte. [...] Jetzt nach dem Tode, sagen die Leute, gleicht sie sich völlig wieder.«

Einem Freund schrieb er am 8. August: »Was die Stadt auch von dieser Verbindung gedacht haben mag, so kann ich Ew. Wohlgeboren versichern, daß mir eine Person von der Sanftmut, der Sorgfalt in allen Verrichtungen, der Bescheidenheit, die selbst die Häßlichste geziert haben würde, ob diese gleich von großer Schönheit war, nie vorgekommen ist. Ihre Krankheit war die Rose am Kopf, die vermutlich durch Unwissenheit unsrer Ärzte zurücktrat und ihrem Leben in 8 Tagen ein Ende machte. Ich sah die Gefahr voraus, und warnte und bat. Ich wurde aber ausgelacht. Sie wurde 17 Jahre und 39 Tage alt, war die Gesundheit selber und ist nie krank gewesen, als an den Pocken. Am Mittewochen, als gestern morgen wurde sie begraben.«

Ihr Grab auf dem Bartholomäus-Friedhof vor dem Weender Tor existiert längst nicht mehr. »Noch 1792 notierte er sich, mit drei Ausrufungszeichen und in griechischen Buchstaben, den zehnjährigen Todestag der Stechardin: da war er ein verheirateter Mann«, bemerkt Wolfgang Promies.

Für die Aufrechterhaltung der äußeren Ordnung gab es drei Exekutivorgane. Das erste war die Scharwache, eine zwölf Mann zählende Truppe, deren Wachlokal sich im Keller des Rathauses befand. Bei Dunkelheit patrouillierten drei Mann stündlich durch die Straßen. Tagsüber war die Wache mit vier Mann besetzt, die von den Studenten den Spitznamen »Schnurren« bekamen. Sie wurden wenig geachtet.

Etwas mehr Autorität genossen die fünfzehn Jäger der Polizei; alte Berufssoldaten aus dem Korps der hannoverschen Jäger. Sie unterstanden der Universität, bekamen von ihr monatlich anderthalb Taler Sold und von der Stadt 2 Groschen »Servisgeld«. Alle zwei Jahre erhielten sie zwölf Taler zur »Montierung«, also zur Instandhaltung, ihrer Uniform.

Kam es einmal zu größeren Tumulten und Ausschreitungen der Studenten, so konnte die kleine Garnison der Stadt zur Dämpfung hinzugezogen werden.

Die Studenten verabscheuten diese uniformierten Autoritäten samt und sonders und lieferten sich mit ihnen immer wieder heftige Auseinandersetzungen. Das war in Göttingen so wie in allen deutschen Universitätsstädten, und trotzdem hatte die allgemeine Disziplin in der Regel nicht zu leiden. Man mochte zwar einander nicht, kam aber doch leidlich miteinander aus.

7. Die Besatzung

DEN 1756 AUSGEBROCHENEN SIEBENJÄHrigen Krieg bekam Göttingen schon sehr bald zu spüren. Ihm vorausgegangen und zu seinen Ursachen zählend waren die seit zwei Jahren ausgetragenen Kämpfe zwischen Franzosen und Engländern in ihren nordamerikanischen und kanadischen Kolonien, die bald auch militärische Auseinandersetzungen in den indischen Besitztümern und im Mittelmeer provozierten. Beide Seiten wußten, der Sieg würde nicht in den Kolonien, sondern auf dem europäischen Kontinent errungen, und hier war das Kurfürstentum Hannover, der kontinentale Besitz der englischen Krone, in unmittelbarer Gefahr, denn die französische Armee war in der Zahl weit überlegen. England gewann Preußen als Bündnispartner, während diesen beiden eine Koalition aus Österreich, Rußland und Frankreich gegenüberstand. Als König Friedrich II. von Preußen am 29. August 1756 das neutrale Sachsen ohne Kriegserklärung überfiel, war für die Koalition der verabredete (defensive) Bündnisfall gegeben; Schweden und die deutschen Reichstruppen schlossen sich der Koalition an.

Zum Schutz Hannovers und Norddeutschlands vor den anrückenden Franzosen gab es nur die sogenannte Observationsarmee unter dem Oberbefehl des Herzogs William Augustus von Cumberland, der aber schon im November 1757 durch Herzog Ferdinand von Braunschweig ersetzt wurde. Cumberland hatte mit seiner aus Hannoveranern, Braunschweigern, Hessen und einigen preußischen Einheiten bestehenden Armee am 26. Juli 1757 ziemlich schmählich die Schlacht bei Hastenbeck verloren. Die französische

Armee unter dem Oberbefehl des Herzogs von Richelieu besetzte daraufhin große Teile des Kurfürstentums Hannover und des Herzogtums Braunschweig. Göttingen war bereits am 16. Juli 1757 von französischen Truppen eingenommen worden.

Die Bürger bekamen Einquartierung, von der aber die Professoren bis 1760 verschont blieben. Im allgemeinen verhielt sich die Besatzung sehr diszipliniert. Die Universität bat gleich nach dem Einmarsch der Franzosen den kommandierenden Marschall d'Estrées um »Protection«, hatte aber nichts zu befürchten. »Überhaupt hatten wir nicht Ursache über das Betragen unserer Gäste zu klagen«, lobte Pütter. »Alle unsere academische Arbeiten behielten ihren völlig ungestöhrten Fortgang.« So war es. Der Universitätsbetrieb ging normal weiter, ja die Studenten wurden sogar zum Bleiben genötigt. Eine Genehmigung, Göttingen zu verlassen, wurde von den Besatzungsbehörden nur in besonders dringenden Fällen erteilt.

Wie Pütter rühmte auch Johann David Michaelis die ungebetenen Gäste: »Könnte man bessere Feinde haben als diese waren?« fragte er Jahrzehnte später. Und: »Überhaupt hatten wir die besten Feinde, welche man nur haben kann, und die sehr artig, ja freundschaftlich mit uns umgingen, besonders wurde die Universität sehr distinguirt.«

Die französische Armee bestand nicht nur aus Franzosen; in ihr dienten auch Deutsche, Iren, Italiener, Korsen, Schotten und Schweizer, die in eigenen Regimentern zusammengefaßt waren. Das zeitweilig in Göttingen stationierte Regiment *Royal Pologne* bestand trotz seines Namens aus Deutschen, und auch die berühmt-berüchtigten *Chasseurs de Fischer*, das Freikorps des Obersten Fischer, rekrutierte sich überwiegend aus Deutschen.

Der Württemberger Johann Christian Fischer kam aus einfachen Verhältnissen, hatte sich hochgedient und 1743 sein Freikorps gegründet, das 1200 Soldaten zählte. Vor allem aber unterhielt er einen anfangs sehr effizienten militärischen Nachrichtendienst. Pütter machte ihm gemeinsam mit einigen anderen Professoren in seinem Logis die Aufwartung, sie fanden den Obersten lesend im Bett und sahen sich überaus wohlwollend empfangen. Fischer versicherte, früher auch einmal Vorlesungen an der Universität Tübingen gehört zu haben, und versprach seinen Besuch nach dem Krieg, woraus nichts werden konnte, denn er starb 1762 an der Malaria.

Neben der rotuniformierten Schweizer Infanterie sah man in Göttingen die Husaren vom Regiment *Royal Nassau* in ihren schmucken dunkelblauen Uniformen mit den umgehängten roten Pelzjacken, und als einzige französische Einheit die *Grenadiers de France*. Zwei sächsische Bataillone verstärkten die Garnison im August 1760. Zwar hatten die Bürger die Lasten der Einquartierung zu tragen, blieben aber wenigstens doch von unmittelbaren Kriegshandlungen verschont, die andere deutsche Städte mit Verwüstungen und Plünderungen heimsuchten. Selbst die wiederholten Angriffe durch hannoversch-britische Truppen vom September bis Dezember 1760, die erfolglos blieben, fügten der Stadt keine Zerstörungen zu. Ein von General Nicolaus Graf Luckner versuchter Sturm auf die Stadt Ende August 1761 wurde von den Franzosen zurückgeschlagen. Der für seine tollkühnen Unternehmen berühmte Luckner hatte ausnahmsweise kein Glück gehabt, anders als im Juni dieses Jahres, als seine Husaren achtzig fette Mastochsen entführten, die auf den Wiesen vor Göttingens Mauern grasten. Ohnmächtig mußten die überraschten Franzosen zusehen, wie ihr kostbarer Proviant am Horizont entschwand. Das erscheint uns heute als Bagatelle, aber in diesem Krieg hat die Verpflegung ihrer Soldaten die Generale beider Seiten manchmal mehr beschäftigt als die militärischen Operationen. Da die Franzosen Göttingen über Jahre schützen konnten, legten sie hier große Magazine an, in denen Lebensmittel, Kleidung, Schuhe, Waffen und Munition gehortet wurden. Die Garnison wurde auf achttausend Soldaten verstärkt.

Seit den Kämpfen im Herbst 1760 und den damit verbundenen Stationierungen neuer Einheiten mußten nun auch die bislang verschonten Professoren Einquartierungen akzeptieren, aber man billigte ihnen wenigstens kultivierte Offiziere zu. Ins Haus von Michaelis kam der Generaladjutant Beville des jetzt den Oberbefehl führenden Marschalls Victor-François, duc de Broglie; Stadtkommandant war 1760 General Noël de Jourda, comte de Vaux geworden. Über sein Verhältnis zu Beville berichtet Michaelis:

»Mein Vertrauen zu ihm gieng so weit, daß, wenn ich verreisete, ich ihm wegen möglicher Feuersgefahr den Hauptschlüssel überließ. Nur sonderbar änderte sich dieß auf einmahl. Der Generaladjutant ließ mich aus dem Collegium rufen und sagte, der General de Vaux wolle mich sogleich sprechen, er sahe dabey etwas verstört aus. Ich gieng zu de Vaux, und er sagte mir, es sey eben Befehl von dem Marechal de France [= de Broglie] gekommen, daß mein Haus von aller Einquartierung frei seyn sollte. Ich verstand nun, warum der Generaladjutant ein ungewöhnliches Gesicht gehabt hatte, er mußte denken, ich hätte über ihn geklagt; ich nahm also zwar gleich diese Gnade und wirklich ganz besondere Distinction, die mich völlig zum Herrn meines Hauses machte, mit dem größten Dank an, setzte aber hinzu, ich bäte mir aus, den Generaladjutanten bis auf das Frühjahr welches ganz nahe bevorstand, *comme un illustre sauvegarde* zu behalten und würde dieses dem Marschall selbst schreiben. Dieß that ich auch, und nach wenigen Wochen war ich von aller Einquartierung frei, das im Kriege sehr viel ist, und als der General d'Etré [= Marschall d'Estrées] das Commando in Deutschland übernahm, erneuerte er die Exemption [exemption = Befreiung]«.

Die Professoren waren recht angetan von den kultivierten französischen Offizieren, die ihren Umgang suchten. Sie lobten deren wissenschaftliches Interesse und waren stolz, daß etliche, die des Deutschen mächtig waren, sogar in ihren Vorlesungen saßen. Pütter erzählt, er habe die Bekanntschaft

Die Besatzung 43

des gebildeten, auch von Goethe gerühmten Marschalls de Broglie in einer Göttinger Buchhandlung gemacht.

Nur einmal wurde diese beglänzte Harmonie empfindlich gestört. Am Abend des 25. August 1760 versuchte ein Stoßtrupp von grünuniformierten Jägern des Feindes, sich im Handstreich der Stadt zu bemächtigen, was aber an der Wachsamkeit der Franzosen scheiterte.

Just in dem Augenblick, als die französischen Verteidiger die letzten feindlichen Jäger in den Straßen verfolgten, verließ ein Student sein Quartier. Nun wollte es aber das Unglück, daß dieser, ein Herr von Grashof aus dem thüringischen Mühlhausen, ein besonders begabter Hörer von Professor Pütter, in einem grünen Anzug auf die Straße trat, von den offenbar etwas nervösen Franzosen für einen versprengten feindlichen Jäger (die traditionell eine grüne Uniform trugen) gehalten wurde, worauf sie ihn »auf der Stelle mit zwey Flintenschüssen erlegten«, wie der bekümmerte Pütter schreibt. Erlegten! Ein Waidmann hätte hier wohl vom letzten Büchsenlicht gesprochen, das dem G. C. von Grashof zum Verhängnis geworden sei.

Die Universität war außer sich und protestierte energisch bei Marschall de Broglie wegen des empörenden Abschusses eines Hochbegabten. Auch der Marschall sprach »die stärkeste Mißbilligung des Vorfalls« aus und versicherte die Universität seines Schutzes. Viel mehr blieb ihm auch nicht übrig, nachdem das Unglück nun einmal geschehen war.

Am 10. August 1762 – der Siebenjährige Krieg näherte sich seinem Ende, dauerte zwar noch ein Jahr, doch die Kampfhandlungen wurden spürbar weniger – verließen die letzten Soldaten der französischen Armee die Stadt Göttingen.

ZWEITES KAPITEL

Der Große und äußere Hof des Universitets Collegii.
1. Des Collegii Mitternächtige Seite, oben die Bibliothec, unten das Auditorium Juridicum.
2. Die Universitets Kirche.
3. Hr. Hofr. Reinhards seel. haus.
4. Hr. Prof. und Bibliothecar. Gesners Haus.
5. Die Spitzen beeder Thurne der S. Johannis Kirche.
6. Der Walkenrieder Hof.
7. Hr. D. Prof. Heumans We

Der große äußere Hof des Universitätsgebäudes

Die junge Dichterin

JOHANN CHRISTOPH GATTERER WAR 1759 von der Universität Göttingen als Professor für Geschichte und historische Hilfswissenschaften (Genealogie und Kulturgeschichte) berufen worden. Das hatte man ihm, wie man damals blumig zu sagen pflegte, »nicht an der Wiege gesungen«. Der am 13. Juli 1727 in Lichtenau bei Ansbach Geborene war nämlich der Sohn eines Unteroffiziers der Dragoner, der des Lesens und Schreibens nicht kundig war. Doch immerhin ließ dieser den Sohn an der Universität Altdorf studieren: Theologie, orientalische Sprachen, Philosophie und Mathematik. Nach Abschluß seiner Studien wurde der junge Gatterer Lehrer am Nürnberger Gymnasium und heiratete Helene Barbara Schubart, die Tochter eines Nürnberger Goldschmiedes. Und in Nürnberg kamen auch die ersten vier Kinder zur Welt; als drittes Magdalene Philippine, geboren am 21. Oktober 1756. Weitere sieben folgten in Göttingen.

Hier fand die Familie zunächst eine Wohnung an der Weender Straße, ehe sie 1766 in ein eigenes Haus an der Allee (heute Goetheallee Nr. 3) einziehen konnte. Das läßt auf einigen Wohlstand schließen, auch wenn Gatterer einmal betrübt bilanzierte, er habe es in den ersten vier Göttinger Jahren nur auf 50 Taler Kollegiengelder gebracht. Vielleicht lag das auch an der Art seines Vorlesungsstils. »Der gute Gatterer«, so erinnerte sich später der Hamburger Piter Poel, der ihn als Student hörte, »hatte keinen anziehenden Vortrag; er war lang und trocken wie seine Figur, und ich gestehe, daß ich nicht die Geduld gehabt, seinen Cursus bis ans Ende anzuhören.«

Gatterer las über Geographie, Geschichte, Kulturgeschichte und Genealogie. Seine besondere Liebhaberei aber war die Meteorologie, die damals noch ganz in den Anfängen steckte. Der Professor sammelte alle ihm erreichbaren Wetteraufzeichnungen, beobachtete natürlich auch selbst und legte statistisches Material an, denn er glaubte, es müsse sich ein nach Jahren stets sich wiederholender Zyklus von Wetterlagen vorausberechnen lassen, und es focht ihn nicht an, wenn seine so gewonnenen Prognosen sich am Ende alle nicht erfüllten.

In seinem Wesen lag offenbar mehr »des Lebens ernstes Führen« (um mit dem Minister-Poeten in Weimar zu sprechen). Morgens versammelte er Frau und Kinder und die beiden Mägde zu einer Hausandacht, die Stunde zwischen 11 und 12 Uhr gehörte dem täglichen Spaziergang auf dem Wall. Die Tageszeitungen sammelte er ungelesen, um sie dann nach Jahresfrist alle auf einmal hintereinander zu lesen. Abends ließ er sich von seiner Frau erzählen, was der Tag an Neuem gebracht hatte.

Helene Barbara scheint so ziemlich das Gegenteil ihres Mannes gewesen zu sein, nämlich eine rechte Frohnatur, munter und gesellig, und Tochter Philippine berichtet, der Vater habe einmal zur Mutter gesagt: »Mama, ich glaube, Sie könnten vierzig Menschen auf einmal unterhalten; überhaupt, daß Sie nicht eine große Fürstin wurden; es konnte eine Katharina aus Ihnen werden!« (Nicht nur Kinder redeten damals ihre Eltern mit »Sie« an, auch unter Ehepaaren war diese Anrede noch ganz üblich.)

Philippine wuchs in einer harmonischen Familie auf. In einem Brief erwähnt sie, daß sie in Gesellschaft singe und sich selber begleite, also muß ihr eine musikalische Ausbildung zuteil geworden sein. Aus ihren Gedichten geht hervor, die Mägde hätten ihr Märchen erzählt, wenn sie am Spinnrad saßen. Diese Märchen gab sie an die Nachbarskinder weiter: »Da ging es an Erzählungen! Die groben / Verfeinert ich, und die, die zu erhaben / Für ihre Sphäre waren, macht ich leichter.« Da ihr Vater eine Bibliothek von etwa viertausend Bänden besaß, wird es ihr an poetischen Anregungen nicht gemangelt haben.

Göttingen war damals voller Poesie. Am Abend des 12. September 1771 begaben sich sechs Studenten, die sich als junge Dichter verstanden, aus der Stadt hinaus in die Nähe des Dorfes Weende. Was dort geschah, hat einer von ihnen, Johann Heinrich Voß, in einem Brief geschildert:

»Der Abend war außerordentlich heiter, und der Mond voll. Wir überließen uns nahezu den Empfindungen der schönen Natur. Wir aßen in einer Bauernhütte eine Milch und begaben uns darauf ins freie Feld. Hier fanden wir einen kleinen Eichengrund, und sogleich fiel uns Allen ein, den Bund der Freundschaft unter diesen heiligen Bäumen zu schwören. Wir umkränzten die Hüte mit Eichenlaub, legten sie unter den Baum, faßten uns alle bei den Händen, tanzten so um den eingeschlossenen Stamm herum, riefen den Mond und die Sterne als Zeugen unsers Bundes an und versprachen uns eine ewige Freundschaft. Dann verbündeten wir uns, die größte Aufrichtigkeit in unsern Urtheilen gegen einander zu beobachten und zu diesem Endzwecke die schon gewöhnliche Versammlung noch genauer und feierlicher zu halten. Ich ward durch's Loos zum Aeltesten erwählt. Jeder soll Gedichte auf diesen Abend machen.«

So entsprach es dem Geschmack jener empfindsamen Epoche, als der Freundschaftskult blühte und junge Männer einander tränenreich in die Arme fielen und küßten. Der »Hain« erweiterte sich rasch: So traten Karl Friedrich Cramer und die Grafen Christian und Friedrich Leopold zu Stolberg bei, während zu den Gründungsmitgliedern neben Voß noch Johann Friedrich Hahn und Johann Martin Miller gehörten, vor allem aber Ludwig Christoph Heinrich Hölty, von allen der weitaus begabteste. Der Bund, der vierzehn Mitglieder zählte, führte ein »Bundesjournal« und ein »Bundesbuch« und hielt regelmäßig Sitzungen ab. Den Vorsitz führte Johann Heinrich Voß, der Sohn eines Leibeigenen aus Mecklenburg.

Friedrich Gottlieb Klopstock hieß ihr Idol; seine Verse deklamierten sie emphatisch, empfanden sich den alten, von ihm gefeierten »Barden« (wie man bei den Kelten die Dichter nannte) verwandt, beschwärmten den Mond und die Eichen, gefielen sich in einer verquasten Deutschtümelei und verachteten alles Französische. Klopstocks Geburtstag war der heilige Tag des Bundes. Am 2. Juli 1773, als der im fernen Hamburg lebende Meister 49 Jahre alt wurde, versammelten sich die Hainbrüder bei ihrem Bruder Johann Friedrich Hahn, wie Voß erzählt:

»Gleich nach Mittag kamen wir auf Hahns Stube, die die größte ist, zusammen. Eine lange Tafel war gedeckt und mit Blumen geschmückt. Oben stand ein Lehnstuhl lediglich für Klopstock, mit Rosen und Levkoyen bestreut, und auf ihm Klopstocks sämtliche Werke. Unter dem Stuhl lag Wielands *Idris* zerrissen. Jetzt las Cramer aus den Triumphgesängen und Hahn etliche sich auf Deutschland beziehende Oden von Klopstock vor.«

Natürlich bedurfte es auch eines Feindbildes, und das war der als »Französling« verhaßte Christoph Martin Wieland, dessen 1768 erschienene *Idris* hier geopfert wurde. Der in Weimar lebende Dichter stand im Ruf der Frivolität und des erotischen Freisinns, das paßte freilich schlecht zur ernsten Bardenkeuschheit. Daß übrigens Bürger (der dem Bund nicht angehörte, ihm aber nahestand), Voß und Leopold Graf zu Stolberg in aller Stille gemeinsam *Phantasien in drei priapischen Oden dargestellt und im Wettstreit verfertigt* hatten und dabei ein munteres Stück ziemlich pornographischer Reimkunst entstanden war, brauchten die sittsamen Brüder des Bundes ja nicht zu wissen.

Ein Jahr später besuchte Klopstock, der göttliche Meister, seine Jünger in Göttingen und bat – Glückes genug! – sogar um Aufnahme in den Bund, der sich zu dieser Zeit aber schon auflöste, weil die meisten der ihm angehörenden Studenten ihr Studium beendet hatten und Göttingen verließen. Als erste verabschiedeten sich die Brüder Stolberg und ihnen Hofmeister Clauswitz. Voß schildert die närrische Szene:

»Es ward ein Lautes Weinen. – Nach einer fürchterlichen Stille stand Clauswitz auf: Nun, meine Kinder, es ist Zeit! – Ich flog auf ihn zu und weiß nicht mehr, was ich that. Miller riß den Grafen ans Fenster und zeigte ihm einen Stern. Wie ich Clauswitz losließ, waren die Grafen weg. Es war die schrecklichste Nacht, die ich erlebt habe.«

Was wunder, wenn man die Hainbrüder in Göttingen nicht ganz ernst nahm: »Wir werden hier von den Professoren außerordentlich gehaßt, weil wir Klopstocks Freunde sind und Niemand die verlangte Cour macht«, beschwerte sich Voß. »Man erzählt die lächerlichsten Geschichten von uns, von Eichenkräntzen, die wir beständig trügen, von einem Ochsenberge, wo wir nach Art der Hexen nächtliche Zusammenkünfte halten sollen, 40 an der Zahl, alle in Ziegenfellen gekleidet und mit großen Krügen versehen, woraus wir Bier trinken, und solche Alfanzereien mehr, die dem Professorenwitze Ehre machen.«

Zum Ehrenvorsitzenden hatte der Bund Heinrich Christian Boie gewählt. Er hatte ein Jurastudium in Jena begonnen, das er im Frühjahr 1769 in Göttingen fortsetzte. Boie, 1744 als Sohn eines Pfarrers im holsteinischen Meldorf geboren, verdiente seinen Unterhalt als Hofmeister, lernte auf den Reisen mit seinen Schülern den Verleger Friedrich Nicolai, den Philosophen Moses Mendelssohn und den Lyriker und Horaz-Übersetzer Karl Wilhelm Ramler kennen; er machte die Bekanntschaft Goethes und wurde der Freund von Gottfried August Bürger und von Hölty. In Göttingen war er ein gerngesehener Gast in den Häusern der Professoren Heyne, Lichtenberg und Gatterer.

»Unter den Mädchen hier gehe ich meisten mit Gatterers Töchtern um«, schrieb Boie 1775 an seine Eltern. »Die zweyte, die ich am meisten schätze, ist nichts weniger als hübsch,

Die junge Dichterin

aber ein so gutes Mädchen, als ich keins kenne und mehr Verstand und Geist dabey, als Mädchen gewöhnlich haben.« Er lernte früh Philippines Gedichte kennen und fand, dies sei etwas für seinen Musenalmanach.

Nach französischem Vorbild entwickelte Boie gemeinsam mit Friedrich Wilhelm Gotter den im Herbst 1769 erscheinenden *Göttinger Musenalmanach auf das Jahr 1770*. Da Gotter schon bald danach Göttingen verließ, wurde Boie bis 1774 der alleinige Herausgeber, dann übernahm seine Arbeit Leopold Friedrich von Goeckingk, Boies und Bürgers Freund und selber Lyriker, und von ihm übernahm 1779 Bürger die Herausgeberschaft. Verleger war Johann Christian Dieterich.

Der *Musenalmanach* erschien in einem Miniaturformat, das es erlaubte, ihn in eine Westentasche zu stecken; er entsprach einer kleinen Literaturzeitschrift mit dem Abdruck von Gedichten, Kupferstichen und Vertonungen der hier publizierten Poesie auf beigebundenen gefalteten Notenblättern.

Der *Göttinger Musenalmanach* stellte das wichtigste Forum für die Poesie der Hainbündler dar. Noch vor der Gründung des Hains hatte der in Mecklenburg abgeschieden lebende Johann Heinrich Voß Boie Gedichte zum Abdruck angeboten. Boie hatte die große Begabung des jungen Poeten sofort erkannt und dem Mittellosen ein Stipendium in Göttingen verschafft. Der neue Almanach war so erfolgreich, daß der Verleger mit einem regelmäßigen Verkauf von etwa zweitausend Exemplaren rechnen konnte, eine für jene Zeit außerordentlich hohe Auflage. In einem Brief vom 13.10.1772 an Karl Ludwig Knebel jubelte Johann Wilhelm Ludwig Gleim, man solle Boie zum »Intendanten auf dem Parnaß« ernennen. Aber nicht jeder zeigte sich begeistert. Georg Christoph Lichtenberg urteilte mit der Skepsis und Nüchternheit des Naturwissenschaftlers, als er seinem Freund Johann Christian Dieterich, der ja zugleich der Almanach-Verleger war, während seines London-Aufenthalts am 28. Januar 1775 schrieb:

»Ich lebe nun der angenehmen Hoffnung, daß der Musen-Almanach besser werden wird, wenn das rasende Oden-Geschnaube heraus bleibt. Ich gebe es zu, daß es Menschen geben kann, die in einer solchen Zeit die Tritte des Allmächtigen und das Rauschen von Libanons Zedern zu hören glauben, aber ich bitte Gott, daß er alle guten Leute in Gnaden vor solchen Nerven bewahren wolle. Nichts ist lustiger als wenn sich die *Nonsense*-Sänger über die Wollustsänger hermachen, die Gimpel über die Nachtigallen. Sie werfen Wielanden vor, daß er die junge Unschuld am Altar der Wollust schlachtete, bloß weil der Mann, unter so vielen verdienstlichen Werken, die die junge Unschuld nicht einmal versteht, auch ein paar allzu freie Gedichte gemacht hat, die noch überdas mehr wahres Dichter-Genie verraten als alle die Oden voll falschem Patriotismus für ein Vaterland, dessen bester Teil alles das Zeug zum Henker wünscht. Die Unschuld der Mädchen ist in den letzten 10 Jahren, da die *Komischen Erzählungen* heraus sind, nicht um ein Haar leichter zu schlachten gewesen als Vorher, hingegen sieht man täglich wie der gesunde Menschenverstand unter Oden-Klang am Altar des mystischen *Nonsenses* stirbt. Herr Hölty ist, meines Erachtens, ein wahres Dichter-Genie und gewiß ein Verlust für den Musen-Almanach, Claudius in seiner Art, wenn er weniger Original scheinen wollte, und Hensler der jüngere in seiner Art. Mich dünkt, so wie Hölty zuweilen zu dichten, dazu gehört natürliche Anlage, allein wie die meisten übrigen, weit nichts als daß man ein Vierteljahr ähnliche Werkchen liest.«

Vielleicht trugen auch die in London erlebte britische Nüchternheit und der britische Sinn für Ironie dazu bei, die Distanz zur deutschen Verschwärmtheit noch zu vergrößern, als Lichtenberg einen Tag später auch dem Göttinger Professor für Medizin, Ernst Gottfried Baldinger, sein Unbehagen ausdrückte:

»Was denken Sie von dem Musen-Almanach? Meines Erachtens ist das meiste förmlich abscheulig, zumal das

Klopstockische und das darnach Geschnittene der andern. Haben Sie wohl ein einziges neues Bild darin gefunden, das ist das ewige Rauschen im Hain, das Silbergewölk und die Eiche, die wir schon hunderttausendmal gehabt haben, und dieses glauben sie neu zu machen, wenn sie es mit dicker Gurgel wie vom Dreifuß geheimnisvoll herunter lallten. [...] Einige Gedichte von dem Jahr gefallen mir, zumal unter den kleinen, und die Höltyischen. Wer wohl der Md. sein mag auf der 214. Seite [= Johann Friedrich Hahn]; das ist recht, so wie man sie in Sekunda macht, wenn's nur mit den Worten geht, für den Sinn sorgt der Rektor. Haben Sie in Ihrem Leben gehört, daß etwas, das strahlt und hoch steht, nur gesehen werden kann, wenn man sich auf einen Schemel stellt? Das Männchen hat an die Sonne gedacht, wie ich aus dem letzten Strahl verstehe; allein wenn man hoch stehen muß, um ihre letzten Strahlen zu sehen, so steht sie tiefer als der Beobachter und ist entweder schon wieder unten oder noch nicht aufgegangen. Und das wird ihm der vernünftigste Teil von Deutschland gern einräumen, daß Klopstock entweder noch nicht auf oder schon wieder untergegangen ist. Vermutlich wird nun der Musen-Almanach besser. Ich wollte unmaßgeblich raten, daß keine Oden hinein kommen als wie von Leuten, die sich legitimiert haben, daß sie auch etwas Vernünftiges nüchtern und im Ernste schreiben können; solchen Leuten hört man gerne zu und wenn sie würklich rasten. Ein Einfaltspinsel, der närrisch wird, ist gewiß im Tollhaus der letzte Einfaltspinsel, aber Simson und Lee, wenn sie närrisch werden, sind immer hörenswert, so gut wie Hamlet wenn er sich rasend stellt. Aber wer sind denn unsere Oden-Dichter? Meistens Leute, welche die Welt so wenig kennen, als die Welt sie. Und wie ist es anders möglich, als daß Leute, die mehr Kenntnis der Welt als diese Säuglinge besitzen, alles, was sie sagen, höchst albern finden müssen, ob sie selbst gleich glauben, *sie berührten mit erhabenem Nacken die Sterne*, wie Pastor Lange den Horaz sagen läßt.«

In Boies im Herbst 1776 herausgebrachten *Göttinger Musenalmanach auf das Jahr 1777* debütierte Philippine Gatterer mit den Gedichten *An den Schlaf*, *An den Mond* und *Lied*. Im Herbst 1778 folgten die Gedichte *Die strafende Stimme* und *An das Klavier* für den *Göttinger Musenalmanach für 1779*.

Ehe er sich als Stabssekretär nach Hannover (und 1781 als Landvogt von Süderdithmarschen) verabschiedete, stellte Boie die Verbindung zwischen Philippine Gatterer und Gottfried August Bürger her. Mit dem berühmten Bürger zu korrespondieren – wer hätte sich wohl unter den Töchtern Göttingens dessen rühmen dürfen? Seit im *Göttinger Musenalmanach für 1774* seine Ballade *Lenore* gedruckt worden war, kannte ihn ganz Deutschland.

Am 10. September 1777 schrieb Bürger an Philippine: »So wollen wir denn endlich einmal unsern abgeredeten Briefwechsel anfangen. Zwar weist meine Uhr schon auf elfe, und der Bote trillt mich so gewaltig, ihn abzufertigen; aber der Anfang soll und muß gemacht seyn, sonst wird in diesem Leben nichts draus. – Nun räuspere dich Verstand, und gieb hübsch was Gescheidtes von dir. – Da stehen die Ochsen am Berge. Ja, wenn ich nun hübsch Ihren poetischen Liebhaber spielen dürfte, dann sollten Sie mal schauen, was für ein Kasten voll schöner Raritäten sich aufthun würde. Die Liebe ist doch fürwahr! das Salz der Erde, ohne welches kein einziges Gericht beym Gastmale des Lebens schmeckt. Leider! mir versalzt sie auch gar viele Gerichte – Aber weiß ich denn nun schlechterdings sonst gar nichts? Nein! ganz und gar nichts, als etwa das: Wie haben Sie sich denn die Zeit her befunden, meine liebe Demoiselle? Sehen Sie, was für ein stupider, harter Kieselstein ich bin! Kein einziges Fünkchen springt von mir. Wenn nicht in der Folge Ihr Wiz noch was herausschlägt, so dürfte wohl mit mir nichts anzufangen seyn. Frisch auf also, und machen Sie den todten Kiesel electrisch. In der Folge bessert sichs vielleicht. – Apropos! Vor allen Dingen lassen Sie sich gesagt seyn, daß Sie alle Ihre Episteln Briefe und Sendschreiben in einerley

Die junge Dichterin

Format, wie ich auch thun werde, schreiben müssen, damit man sie desto bequemer in das Archiv legen und hernach ohne viele Umstände in die Druckerey schicken kann.«

Philippine antwortete am 13. September: »Ich habe oft die poetischen Gedanken in mir unterdrückt, weil ich nicht die erschreckliche Zahl der Dichter vermehren wollte; aber zuweilen drängen sie sich, und brüten heiß in meinem Gehirn; dann setz ich sie auf, wenn ich sie, indem ich Hand-Arbeit verrichte, ausgedacht habe. Das heilige Feuer des Genies, brannte sonst heller in mir – ich wagte einiges – man sagte mir es sey erträglich; es schien mir ein wenig zu verlöschen – und ich schwieg. Aber nun es wieder aufglimmt, nun will ichs nicht unterdrücken; kindisch genug, suchen männliche, und, meistens, weibliche Spöttereyen, es auszublasen – Eitle Bemühung! Sie fachen es nur mehr an!«

Denn wenn auch ihre Gedichte unter Pseudonym publiziert wurden: Der Name der Autorin war doch rasch in Göttingen bekannt geworden, und die Einundzwanzigjährige genoß ihren ersten Dichterruhm. »Viel Stolz schadet unsrer Vervollkommnung; denn man hält sich immer schon für vollkommen; aber ein kleiner edler Stolz – Bürger! Wenn ich den nicht gehabt hätte – zu dem bischen das ich bin – spornte er mich!«

Bürger ließ die ihm übersandten Gedichte liegen und antwortete ausweichend; Philippine, die sich durch einen leichten Anflug von Ruhm schon als bedeutende Dichterin empfand, ließ ohne Bürgers Wissen einen Band mit 46 Gedichten bei Dieterich in Göttingen herausbringen. Einige der Gedichte hatte Bürger, ehe er sie in den *Musenalmanach* aufnahm, ungebeten überarbeitet, wogegen Philippine aber nichts einzuwenden fand, im Gegenteil: »Und bey der Gelegenheit statt ich meinen aufrichtigen Dank ab, für die Veränderungen am einen Gedicht des Almanachs. Ich sehs ein, daß diese Versart feuriger ist als die meinige«, schrieb sie ihm am 15. Februar 1779 und meinte damit ihr Gedicht *Die strafende Stimme* (1778):

Mitleidig vernahm ich's, fast Jedermann sprach
Der armen Belinde viel häßliches nach!
Da wagt' ich es um sie zu zanken.
Drob' bild ich vom Danken mir wundervicl ein;
Doch ärger nur lästert sie hinter mir drein,
Anstatt mir schön freundlich zu danken.

Einst gieng ich an Brombeergesträuchen hinab,
Da lagen, heruntergerissen vom Stab,
Schon halb zertretene Ranken.
Und als ich sie freundlich empor hub und band
Zerritzten sie grausam die pflegende Hand;
Da kam mir Belind' in Gedanken.

Gehabt euch dann wohl! hob murrend ich an,
Nur diesmal und nimmermehr Gutes gethan
An stachligen Zungen und Ranken!
Als eine Stimme zu Herzen mir fuhr:
Thu immerdar Gutes, und sollten auch nur
Die Wenigsten Dir es verdanken.

Da die Urfassung nicht erhalten ist, wissen wir nicht, wie tief Bürger in den ursprünglichen Wortlaut eingegriffen hat. Weil ein Pseudonym nun nicht mehr vonnöten war, beschloß der Verleger, den *Göttinger Musenalmanach auf das Jahr 1781* sogar mit Philippines Bildnis zu zieren. Wer etwas auf sich hielt, ließ sich damals von Johann Heinrich Tischbein porträtieren. Also reiste Philippine im Juli 1780 nach Kassel zu Tischbein, Chodowiecki verfertigte nach dem Gemälde einen Kupferstich, und im Almanach erschien dazu Philippines *An den Herrn Rath Tischbein. Als ihr Bildniß in G. ankam, d. 5. August, 1780.*

Weder Boie noch Bürger waren über Philippines Gedichtband, den sie lieber verhindert hätten, begeistert. Bürger fand, »daß sie sich unter ihren ungedruckten Sachen bald des besten Dichters würdig sich erhebt, bald tiefer als der jämmerlichste Leiermatz sinkt«. Worauf Boie beipflichtete:

»Geist und Gefühl hat das Mädchen im Übermaß. Wer ihr nur Geschmack und Delicatesse beibringen könnte.« Natürlich kannte Philippine diese Urteile nicht, sie hätte sich von ihnen aber auch nicht irritieren lassen. Ihr mangelte es inzwischen nicht mehr an Selbstbewußtsein, und sie konnte gegenüber Menschen, die ihr nicht sympathisch waren, offenbar auch recht spitz werden, denn Johann Heinrich Voß bemerkte einmal: »Philippine ist süß wie eine Biene, die das Schönste aus allen Blumen sammelt, aber sie sticht auch wie eine Wespe.«

Im Hause Tischbeins in der Kassler Bellevue Nr. 11 hatte Philippine den hessischen Kriegsrat und Juristen Johann Philipp Engelhard, 27 Jahre alt, kennengelernt, und beide fanden augenblicklich Gefallen aneinander, denn schon am 27. September 1780 ging an Bürger die Nachricht: »Lieber Bürger! Eine wundersame Neuigkeit! Ich bin Braut!!! Dießmahl im Ernst. Oft *sollt* ichs und oft *wollt'* ichs seyn. Dieß eine mal traf beydes zusammen. Wenn mein Herzenskäfer in 14 Tagen wieder her kömmt, so will ich mit ihm vielleicht auf einen Tag zu Ihnen hin. Meine Zeit ist kurz – drum hören Sie nur daß der Mann Kriegssecretair in Cassel ist, Engelhard heißt und eine herrl. Familie hat; und daß meine Aeltern äußerst vergnügt sind und ich ihn liebe mit *ruhiger* Liebe und der Ueberzeugung daß er mich glücklich machen wird. Es solls *hier* in G. noch niemand wissen bis die Ringe fertig sind. Am Sonntag den 24. Sept. ward sie vergeben, die Hand Ihrer Freundinn.«

Und eine zweite Neuigkeit schloß sie gleich an: »Nun eine Bitte an Sie, ich möchte gern auf den Sommer Gedichte auf Subscription heraus geben. Es wäre Unrecht wenn ichs nicht thäte da ich viel Geld brauche und keines habe; und viele Freunde die mir sammeln wollen. Auch viele, zum Theil schöne Gedichte, hab ich schon und werde mehrere noch machen. Schon die aus den Allmanachen sind viele. Da ließ ich mir nun heut früh aus Spaß ein Av.[ertissement] von meinem Bruder aufsetzen. Wollt's abschreiben und das Lied-chen hinzufügen das mir heut früh schnell einfiel. Alles beydes wollt' ich verbessern und Ihnen dann schicken daß Sie mir Rath dazu geben *wie* ichs am besten einrichte und daß Sie mirs feilten. Und schon hatt ich dem Doctor Weiß Comm.[ission] gegeben, wenn 1 Bothe von App.[enrode] käme, ich müste an Sie schreiben – mir ihn zu schicken. Da kömmt nun Nachricht er sey da und gienge gleich wieder. Also schnell schreib ich Ihnen diese Nachrichten, und bitte Sie mir als Dichter, als Gelehrter, und vor allen als edler Freund Rath zu geben. Aber, Lieber! Antwort muß ich noch in den nächsten Tagen haben. Verschiedener meiner reisenden Freunde wegen, vor allen wegen Einem dem ich das *Av. Auf die Leipz. Messe* schicken soll, die schon angegangen ist. Bester Bürger! Erfüllen Sie meine Bitte. Am liebsten wäre mirs Sie kämen selbst. Ich bin Ihnen ja so gut und muß bald aus Ihrer Gegend weg, sehe Sie folglich noch seltner.«

Da möchte man nun doch Bürgers Gedanken und Empfindungen beim Lesen dieser Zeilen wissen. Sie will einen Gedichtband auf Subskription veröffentlichen, weil sie Geld braucht. Es sind, versteht sich, schöne Gedichte, was sonst, und sie fabriziert noch schnell ein paar hinzu. Und es kommt vor allem auf Geschwindigkeit an, denn man könnte ja das Ding noch gerade pünktlich zur Leipziger Messe anbieten. Bürgers Antwort läßt nur eine sehr milde Ironie spüren, als er ihr tags darauf schreibt:

»Von Herzen, liebste Philippine, wünsche ich Ihnen Glük und Segen zur Brautschaft. Meine heütige Eile aber verbietet mir ein so langes und breites hierüber mit Ihr zu köhren [= plaudern], »als ich wol Lust hätte. Das ist indessen nur aufgeschoben, nicht aufgehoben. Vorläufig nur etwas auf Ihr Vorhaben, Ihre Gedichte auf Subscr. herauszugeben.

Vor allen Dingen bleibt das beliebte und belobte Lied bei dem Avertissement weg und wird mit Haut und Haaren dem Vulcan geopfert. Man hat Beispiele, daß oft aus Brautleüten keine Eheleüte werden. Das wollen wir nun zwar in gegenwärtigem Falle gar nicht besorgen. Indessen wer weiß alle, wie der Teüfel sein Spiel haben kan. Gesagt nun er hätte es, und Philippine hätte sich als Braut annoncirt, welches ja ohne hin zur Güte der Gedichte nichts beiträgt, und es würde hernach entweder so oder so aus dem Handel nichts, so lachte man Philippine hübsch was aus. Übrigens ist, mit Permiß, die letzte Strophe eine Bettel- und Pracherstrophe. Ob nun gleich jedem Christen Menschen die Subscriptionsthälerchen gar glatt zu Halse gehen, so läßt man sich doch das vor dem Publicum nicht so sehr von Herzensgrunde merken. Übrigens muß sowol die Bogenzahl, als der Subscriptionspreis *bestimt* angegeben werden. Auf das ungewisse mögten sich sonst viele zu Ihrem Schaden nicht einlaßen. Auch in Ansehung der Kupfer muß was bestimmtes gesagt werden. Übrigens rathe ich, wie ich, 15 P Cent Rabbat anzubiethen. Die Meisten nehmen diesen Rabbat doch ohnehin nicht an, und mancher der sonst wohl nicht colligirt hätte, wird doch durch dies Vörthelchen bewogen, es zu thun. Das Avertissement muß übrigens ganz kalt und simpel, ohne alle poetische Schnörkel abgefaßt seyn.

In einigen Tagen hoffe ich Sie in Göttingen zu sehn und weitläufiger mit Ihnen zu sprechen.«

Doch das Wiedersehen kam nicht zustande, und der neue Gedichtband Philippines sollte erst 1782 erscheinen. Am 23. November fand die Trauung Philippines mit Engelhard in Rosdorf bei Göttingen statt. Bürgers Glückwunsch zum Ehestand datiert erst vom 18. Januar 1781:

»Daß Sie auf mich nicht böse werden kan, meine traute Philippine, das habe ich lange gewust, daher habe ich mir denn auch schon so manches liebes mal die Freiheit genommen, Ihre gnädigen Befehle nicht auf das allerpünctlichste und schnellste zu befolgen. Es steht auch dahin, ob Sie heute mit diesem Briefe Ihre Gedichte erhält. Denn diese aus dem Ozeane der Papiere um mich her aufzufischen, ist wahr und wahrhaftig keine Kleinigkeit. Indessen um Sie von Ihrer mütterlichen Angst für Ihre poetischen Kindlein endlich einmal zu befreien, werde ich mich wol in das Wasser hineinstürzen müssen. Wird Sie dereinst für die durch die Kraft der Gnade Gottes und Ihres Herrn Gemals zu erlangenden leiblichen Kinder eben so bekümmert seyn, so darf man Ihr den Namen einer guten Gluckhenne nicht streitig machen.«

Und da die junge Ehefrau nicht versäumt hatte, ihren Mann mit dem Zusatz »Engelhard ist fromm« Bürger zu empfehlen, mochte sich dieser die Replik nicht versagen: »Das hat mich fast gelächert, daß Sie, *Madonna Angelica,* Ihres Herrn Gemals Frömmigkeit so andächtig preiset. Sie hat doch wol meiner armen Sündlichkeit dadurch keinen Hieb geben wollen? Ei nun! Danke Sie dem Himmel für den lieben frommen Mann. Je weniger Schläge kriegt sie.«

Gottfried August Bürger

ALS BÜRGER MIT PHILIPPINE GATTERER korrespondierte, lebte er als Amtmann in Gelliehausen unfern Göttingen und betrieb nebenher eine kleine Landwirtschaft im nahe gelegenen Appenrode. Er war als Sohn eines Landpfarrers in Molmerswende bei Halberstadt am 31. Dezember 1747 zur Welt gekommen, hatte von 1764 bis 1767 in Halle Theologie studiert und dann noch ein Studium der Rechtswissenschaften und der Philosophie in Göttingen angeschlossen, das ihm sein Großvater finanzierte. Daß der Studiosus in Göttingen ein wahres Lotterleben geführt habe, gilt in der Literatur für ausgemacht, zumindest wurde es so seinem Großvater hinterbracht, der dem Enkel daraufhin alle Zuwendungen strich; alles in allem sollen es 5000 Taler gewesen sein, so behauptete es jedenfalls der ergrimmte Alte. Nun war es mit dem Lotterleben nicht soweit her; eine Affäre mit einer jungen Witwe verlief nicht ganz so, wie es sich Bürger gewünscht hatte, aber eines stimmte: Der Studiosus lebte auf zu großem Fuße, neigte zu Luxus und großzügigem Umgang mit Geld. Wie auch immer: Nachweislich ist Bürger ein eminent fleißiger Student gewesen und ein tüchtiger Jurist geworden, der wahrlich Besseres verdient gehabt hätte, als für eine Adelssippe den Gerichtsherrn des Amts Altengleichen zu machen, dazu für eine Bezahlung, die, wenn sie nicht gleich gänzlich ausblieb, kaum zum Leben reichte. Als Bürger diese Stelle 1772 in Gelliehausen unweit Göttingens antrat, hatte er im Jahr zuvor seine ersten Gedichte im *Göttinger Musenalmanach* veröffentlicht und damit auf sich aufmerksam gemacht.

Seinen eigentlichen Ruhm als Dichter aber gewann er mit der im Herbst 1773 veröffentlichten Ballade *Lenore*. Er hatte Monate an dieser Schauermär gearbeitet: Ein im Siebenjährigen Krieg gefallener Soldat holt nachts die seiner sehnsüchtig harrenden Geliebte zu Pferd in das Totenreich. Bürger selbst war sich sofort sicher, ein Meisterwerk geschaffen zu haben: »Ists möglich, daß Menschen Sinne so' was köstliches erdenken können?« schrieb er begeistert an Boie. »Ich staune mich selber an, und glaube kaum, daß ichs gemacht habe. Ich zwicke mich in die Waden, um mich zu überzeugen, daß ich nicht träume.«

Der grausige Ritt des toten Soldaten mit seiner Geliebten durch die Luft – Bürger fand dafür mitreißende Bilder:

Wie flogen rechts, wie flogen links
Gebirge, Bäum und Hecken!
Wie flogen links und rechts und links
Die Dörfer, Städt und Flecken! –
»Graut Liebchen auch?... Der Mond scheint hell!
Hurra! Die Toten reiten schnell!
Graut Liebchen auch vor Toten?« –
»Ach! Laß sie ruhn, die Toten.« –

Sieh da! sieh da! Am Hochgericht
Tanzt um des Rades Spindel,
Halb sichtbarlich bei Mondenlicht,
Ein luftiges Gesindel.
»Sa sa! Gesindel, hier! komm hier!
Gesindel, komm und folge mir!
Tanz uns den Hochzeitsreigen,
Wann wir zu Bette steigen!« –

Und das Gesindel, husch husch husch!
Kam hinten nachgeprasselt,
Wie Wirbelwind am Haselbusch
Durch dürre Blätter rasselt.

Und weiter, weiter, hopp hopp hopp!
Gings fort in sausendem Galopp,
Daß Roß und Reiter schnoben
Und Kies und Funken stoben.

Bürger hatte, wie er in einem Brief schrieb, die leitmotivisch verwendeten Formulierungen »Die Toten reiten schnell« und »Graut Liebchen auch« in einem ihm fragmentarisch bekannten Lied gefunden, und sie hatten ihn zu seiner Ballade angeregt. Sie erschien dann im *Musenalmanach* für 1774 und wurde ein beispielloser Erfolg. In wenigen Monaten kannte ganz Deutschland diese Verse, die immer wieder illustriert und vertont wurden. Das war ganz in Bürgers Sinn, der sich wünschte, seine Ballade möchte »in den Spinnstuben gesungen werden«. Dies habe ihm »immer als ein Ideal vorgeschwebt: ein Gedicht und unsterblich«, bekannte später Theodor Fontane. Die Balladendichtung Goethes und Schillers ist ohne Bürgers *Lenore* nicht zu denken.

Freilich: Geld brachte das seinem Verfasser nicht ein. Aber Ruhm war schließlich auch nicht zu verachten.

Bürger hatte Ende 1772 auf dem Gut Niedeck bei seinem Kollegen, dem Amtmann Johann Karl Leonhart, dessen Töchter kennengelernt, und die zweitälteste war ihm besonders aufgefallen: Dorothea Marianne, genannt Dorette, sechzehn Jahre alt. Sie verliebten und verlobten sich, sollten aber noch zwei Jahre auf ihre Eheschließung warten und fanden dies entschieden zu lang. Geheiratet wurde im November 1774, denn da war die Braut schon im dritten Monat schwanger. Das Kind, Antoinette, das am 31. Mai 1775 auf Niedeck zur Welt kam, starb im Alter von nur zwei Jahren. Als das Ehepaar im September 1775 nach Wöllmarshausen – es gehörte wie Gelliehausen zu Bürgers Amt Altengleichen – umzog, spürte Bürger das nahende Unglück: Er hatte sich längst in Dorettes um zwei Jahre jüngere Schwester Augusta, genannt Gustchen, verliebt und fand seine Liebe erwidert.

Die Trennung durch den Umzug nach Wöllmarshausen war nur kurz. Als der Vater der Schwestern im Juli 1777 starb, übersiedelte Gustchen in den Haushalt von Schwester und Schwager. Dort brachte Dorette ihr zweites Kind, Friederike Marianne, zur Welt. Es dauerte nicht lange, da wußte sie Bescheid und dank ihrer Briefe auch die entrüstete Familie. Gustchen wurde für ein Jahr zu ihrer Schwester Anna nach Bissendorf bei Hannover geschickt. Aber das dämpfte die Leidenschaft nicht, sondern entfachte sie nun erst recht. Bürger: »Wir haben mehr denn einmal beide gegen diese unglückliche Leidenschaft mit allen unsern Kräften gekämpft. Wir haben alles versucht, was sich erdenken läßt; wir haben beide uns anderwärts zu verlieben gestrebt, und Liebe mit Liebe zu vertreiben gesucht. Aber alles vergeblich! Wie ein Pferd oft desto tiefer nur in den Moor sinkt, je mehr es sich herausarbeiten wil, so ist es uns ergangen. Wir hoffen in diesem Leben keine Genesung mehr.«

Gustchen kehrte nach Appenrode, wo Schwester und Schwager inzwischen wohnten, zurück, und man einigte sich auf eine Ehe zu dritt, so Bürger später: »Was der Eigensinn der Gesetze nicht gestattet haben würde, das glaubten drey Personen sich selbst gestatten zu dürfen, da die Gesetze, die doch bloß ihr Glück befördern sollten, sie durch ihren Zwang so höchst unglücklich machten. Die Angetraute war und blieb nur Weib vor der Welt, die andere aber war es – nicht ohne jener Wissen und Genehmigung – wirklich ins Geheim. Ein schöner talentvoller Knabe, den ich unter meinen Kindern mit genannt habe, wiewohl vielleicht bis auf den heutigen Tag in dieser Gegend die meisten Menschen nichts, wenigstens nichts gewisses davon wissen, war die Folge jener Übereinkunft.«

Diesen schönen Knaben, August Emil, brachte Gustchen im Juni 1782 heimlich im Haus von Bürgers Schwester in Langendorf bei Weißenfels zur Welt. Zwei Jahre später wurde auch Dorette wieder schwanger, doch ihre Tochter Auguste Wilhelmine starb schon bald nach der Geburt wie auch ihre Mutter: Dorette erlag der Schwindsucht (Lungentuberkulose), mit der sie sich bei der Pflege ihres 1781 gestorbenen schwindsüchtigen Bruders Karl infiziert hatte.

Ein Jahr später heiratete Bürger die im dritten Monat schwangere Augusta in Bissendorf und zog mit ihr nach Göttingen. Er war die undankbare Tätigkeit als Amtmann von Altengleichen leid und wollte nun als außerordentlicher Professor eine neue Laufbahn beginnen. Doch der Neubeginn stand unter einem schwarzen Stern: Gustchen starb am 9. Januar 1786 bei der Geburt ihrer Tochter Auguste. Bürger zeigte den Tod der geliebten Frau mit diesen Worten an:

»Auch meine zweyte Gattinn, meine liebenswürdige Auguste Marie Wilhelmine Eva gebohrne Leonhart, Sie, die Ganzvermählte meiner Seele, Sie, in deren Leben mein Mut, meine Kraft, mein Alles verwebt war, hat gestern, am funfzehnten Tage nach ihrer anfangs glücklichen Entbindung von einer Tochter, ein grausames unüberwindliches Fieber getödtet. O des kurzen Besitzes meiner höchsten Lebensfreude! Ich kann weder meine unaussprechliche, ach! so unglückliche Liebe, noch den nahmenlosen Schmerz, worunter nun mein armes auf immer verwittwetes Herz erseufzt, in Worte fassen. Gott bewahre jedes fühlende Herz vor meinem Jammer!«

Beide Kinder Gustchens, die Bürger in seinen Gedichten »Molly« nannte, wuchsen in Pflegestellen auf, die älteste Tochter aus seiner Ehe mit Dorette, Friederike Marianne, blieb bei ihrem Vater.

Die gern dem Schicksal des Grafen von Gleichen verglichene Doppelehe Bürgers war in Deutschland ausgiebig beschwatzt worden, und natürlich wußte jeder, wer in Bürgers Versen mit »Molly« gemeint war, deren »Wonneschoß« der Dichter so ganz unverhüllt feierte. Daß es sich bei dieser *ménage à trois* um eine fast tragisch zu nennende Liebe zwischen drei Menschen handelte, die alle Beteiligten schwer belastet hat, am meisten die still duldende Dorette, erkannte offenbar niemand. Doch die lüsterne Phantasie des Spießbürgers wurde augenblicklich umgemünzt in verletzte bürgerliche Moral, und sie sollte Bürger noch sehr schaden.

3 Caroline Michaelis

VON ALLEN PROFESSOREN BESASS JOhann David Michaelis zweifellos das prächtigste Haus, nur wenige Schritte von Gatterers entfernt. Michaelis, Sohn eines Theologen in Halle, war 1745 als Dozent nach Göttingen gekommen und hatte dort rasch Karriere gemacht: 1746 außerordentlicher, dann 1750 ordentlicher Professor der Philosophie, von 1751 bis 1756 Sekretär der Societät der Wissenschaften, von 1761 bis 1770 Direktor der Societät, 1761 Ernennung zum Hofrat. Er lehrte orientalische Sprachen und Theologie, inspirierte 1761 König Friedrich V. von Dänemark zu einer Expedition in den Jemen, die er wissenschaftlich vorbereitete und die wichtige Erkenntnisse über die arabische Welt brachte, und er publizierte unermüdlich Buch um Buch, vornehmlich zu Problemen des Alten und Neuen Testaments. Die Pariser Akademie wählte ihn zum auswärtigen Mitglied, die Londoner folgte, und wer immer Göttingen besuchte, verfehlte nicht, dem berühmten Gelehrten seine Aufwartung zu machen. Denn eine Berühmtheit war er, und er wußte und genoß das auch.

Während der französischen Okkupation Göttingens starb Friederike, die Frau, mit der Michaelis zehn Jahre lang ehelich verbunden gewesen war und die ihm 1754 sein erstes Kind geboren hatte: Christian Friedrich, Fritz gerufen. Sieben Monate später ging der Witwer seine zweite Ehe ein. Die Wahl fiel auf die zwanzigjährige Louise Philippine Antoinette Schröder, Tochter des Göttinger Oberpostcommissarius; die Ehe wurde am 17. August 1759 geschlossen. Das erste Kind dieser Ehe – genauer: das erste Kind, das nicht schon wenige Wochen nach der Geburt starb – war die am 2. September 1763 geborene Caroline.

Michaelis stand damals auf der Höhe seines Ruhms. Im Juli 1763, der Friede nach den langen Kriegsjahren war gerade fünf Monate alt, erreichte ihn das Angebot König Friedrichs II. von Preußen, eine Professur in Berlin zu übernehmen. Michaelis lehnte ab, was ihn später herzlich reute, hatte er doch ganz versäumt, aus der Berufung »Vorteile« zu ziehen, sprich eine bessere Besoldung, und was das ärgste war: Die Regierung in Hannover hatte ihm die Ablehnung nicht im mindesten gedankt. Daß man ihn nicht gebührend würdigen könnte, scheint überhaupt eine der vornehmsten Sorgen dieses Mannes gewesen zu sein, der seinen internationalen Ruhm weit höher einschätzte, als dieser tatsächlich war. In seinem knappen Lebensabriß gedachte er denn auch zuvörderst aller ihm zuteil gewordenen Ehrungen und Auszeichnungen, worunter vor allem der ihm 1775 vom schwedischen König Gustav III. verliehene Nordsternorden zu nennen ist, der den Inhaber berechtigte, sich »Ritter« zu nennen. Michaelis konnte darauf wohl stolz sein, denn er bekam den Orden als erster Ausländer, zur Entschädigung dafür, daß Gustavs Vorgänger die Dogmatik von Michaelis hatte verbieten lassen – eine bezaubernde Geste, wie jene Zeit sie zu schätzen wußte.

Die Kollegen beäugten den Ritter Michaelis mit einem Gemisch aus Ärger, Spott und Bewunderung. Lichtenberg, der eine Episode Michaelisscher Überheblichkeit und grober Taktlosigkeit berichtet, kommentiert: »Er ist ein abscheulicher Mann.« Aber später gibt er doch zu: »Durch alle seine Possen schimmert immer, wie mich dünkt, der große Mann durch.«

Auch die Studenten waren im Zweifel. »Seine nähere Bekanntschaft mochte lohnender für den Gelehrten als für den Laien sein«, erinnerte sich später einer, der sich vor allem über die »Herzlosigkeit und Habgier, welche sich armen jungen Theologen gegenüber kundtat«, erregte. Ein anderer berichtet: »Der große Mann war doch wirklich so klein, daß ihn das aus vollem Halse ergossene Gelächter von hundert meist ungebildeten und das gefällige Lächeln von etwa fünfzehn gebildeten und weitersehenden Zuhörern, so vergnügen konnte, daß er nicht selten recht mühsam und mit sichtbarer Anstrengung es darauf anlegte, daß es gerade an das Ende der Stunde fallen mußte, wo er dann unter lautem Jubel, gleichsam im Triumphe, aus dem Auditorio wegzog und noch unter der Türe einen danksagenden, viel Wohlgefallen ausdrückenden Blick an die Auditores zurückwarf.«

Zu dieser effekthaschenden Attitüde paßt auch die Aufmachung, in der Michaelis zuweilen vor die Studenten getreten sein soll, »in Reithosen, gestiefelt und gespornt, den Degen an der Seite, die Bibel unterm Arm«. Ob das mit seiner »Liebe zum Krieg und Militär« zusammenhing, über die sich Alexander von Humboldt so verwunderte? »In der Preußischen Rangliste lebt er ganz.«

Jedenfalls war er – so einer seiner Schüler – »einer der vollkommensten Dozenten, die je, solange Universitäten sind und sein werden, gelebt haben. Im natürlichsten Konversationston, in fließender und hinreißender Sprache, durch eine außerordentliche Zungenfertigkeit, ein lebhaftes Mienen- und Gebärdenspiel, durch eine unerschöpfliche Mannigfaltigkeit in Wendungen, Bildern und Vorstellungsarten, freilich auch durch allerlei Abschweifungen, Anspielungen, Witzeleien und derbe Späße wußte er sein immer zahlreiches Auditorium anzuregen, zu fesseln und zu unterhalten. Seine Vorlesungen waren [...] eine wahre Erholung, da er seine Zuhörer mit großer Leichtigkeit zu einer Übersicht über das Ganze zu führen und dem Wesentlichen seines Vortrags eine Fülle von interessanten Nebenbetrachtungen einzuweben wußte. Freilich widerstand er auch nicht, zumal in seinen späteren Jahren, der in dieser Art des Vortrags liegenden Gefahr, alles mögliche herbeizuziehen, was mit dem Hauptgegenstand in sehr entfernter Beziehung stand.«

Das ist eine feine Umschreibung des pikanten Tatbestands, daß der Orientalist und Theologe seine Vorlesungen reichlich mit Zoten würzte, was seine Hörer ihm mit fröhlichem Jubel dankten. Zwar war man dergleichen damals gewöhnt, und nur empfindsamere Naturen – wie etwa der Freiherr vom Stein – nahmen Anstoß, aber Michaelis wurde nachgesagt, er bringe bei der Auslegung biblischer Stellen »soviel unanständiges Zeug« vor, daß sich darüber »alle Hochachtung gegen die Bibel« verliere. Dennoch: Seine Kompetenz in den orientalischen Sprachen und in der Bibelexegese war nahezu unumstritten.

Michaelis galt als äußerst sparsam, manche unterstellten ihm Habgier. Seine zweite Ehe bescherte ihm neun Kinder; das Haus an der Mühlenpforte (heute Prinzenstraße), das er 1764 für 4300 Taler kaufte und für weitere 3000 Taler gründlich renovieren ließ – es war 1737 als ein vornehmes Gasthaus (»Londonschänke«) erbaut worden und hatte den Franzosen während der Besatzungsjahre als Militärhospital gedient –, erforderte zur Unterhaltung ein Erkleckliches. Ein Teil wurde durch Mieteinnahmen abgedeckt, denn Michaelis hatte den Seitenflügel am Leinekanal für Studentenwohnungen eingerichtet, wo stets zehn bis zwölf junge Männer untergebracht waren, die 371 Taler Jahresmiete im voraus zu zahlen hatten. Der Vermieter ließ ihnen alle Freiheiten; für Kost und Aufwartung hatten sie selbst zu sorgen. So unabhängig lebte man in diesem Haus, daß es sogar zum Hauptquartier eines illegalen Studentenordens werden konnte, unter dessen Mitgliedern 1766 das einzige Duell mit tödlichem Ausgang stattfand, das man im 18. Jahrhundert in Göttingen registrierte. Daß es ausgerechnet im Hause des Professors Michaelis geschah, schuf diesem etliche Unannehmlichkeiten.

Der Ruhm des Professors brachte viele Besucher ins Haus, deren standesgemäße Bewirtung gleichfalls das Budget belastete, auch wenn nicht sonderlich üppig getafelt wurde. Im Sommer 1766 sprach zum Beispiel Lessing vor, außerdem der amerikanische Politiker Benjamin Franklin. Mit ihm unterhielt sich Michaelis, der übrigens fließend Englisch sprach (Frucht seines Englandaufenthalts 1742), über die Zukunft der amerikanischen Kolonien. Der Professor prophezeite seinem Gast, Amerika werde sich in nicht allzu ferner Zukunft für unabhängig erklären, aber Franklin widersprach: Die Liebe der Amerikaner zum britischen Mutterland würde das nicht zulassen.

Trotz des reichen Kindersegens – 1763 Caroline, 1766 Charlotte Wilhelmine, 1768 Gottfried Philipp, 1770 Louise (dazu noch weitere fünf Kinder, die schon bald nach der Geburt starben) – führte Vater Michaelis ein auf Distanz bedachtes Familienleben. Sein Schlaf- und Arbeitszimmer lag im ersten Stock, Mutter und Kinder bewohnten das Erdgeschoß. Das Frühstück nahm jeder für sich ein; Michaelis rauchte dabei eine Pfeife und präparierte sich für die anschließende Vorlesung, die auf neun Uhr angesetzt war. Abends wurde punkt acht Uhr gegessen, bis dahin mußten alle Gäste – sofern sie nicht ausdrücklich zur Mahlzeit eingeladen wurden – gegangen sein. Das Abendessen nahm die Familie gemeinsam ein. Alexander von Humboldt, der sich 1789 in Göttingen aufhielt und nicht eben gut auf Michaelis zu sprechen war, fand immerhin: »Sein Haus ist übrigens sehr angenehm. Es herrscht ein freier, ungenierter Ton darin. Ich bin oft da.«

Der Garten am Haus grenzte an den der Böhmers, wo zwölf Kinder aufwuchsen. Georg Ludewig Böhmer stammte wie der um zwei Jahre jüngere Michaelis aus Halle und lehrte an der Universität als Geheimer Justizrat. Seine Vorlesungen waren in allem das Gegenteil von denen seines nachbarlichen Kollegen. Er liebte die Juristerei, sie war ihm Beruf und Liebhaberei zugleich, und er besaß ein trockenes, aber liebenswertes Gemüt. Seine umständlichen Formulierungen in reinstem Amtsdeutsch trugen nicht wenig zur Erheiterung von Familie und Freunden bei. Die Böhmers führten ein offenes Haus, denn sie liebten die Geselligkeit, wozu am meisten Frau Böhmer beitrug, deren fröhliches Temperament dem der Kinder in nichts nachstand. Und darin war sie ganz das Gegenteil der eher unfrohen und humorlosen Frau Nachbarin Michaelis.

Die ersten uns erhaltenen Briefe Carolines gelten ihren Freundinnen Luise Stieler und Juliana von Studnitz. Die drei Jahre ältere Luise war die Tochter eines Gothaer Hofrats; Caroline lernte sie 1775 in einem Gothaer Internat kennen, das sie zwei bis drei Jahre besuchte, eine Zeit, über die wir nichts wissen. Luise blieb Caroline eine Freundin bis zum Tod. Juliana, ein Jahr älter als Caroline, die Tochter des Kanzlers Ernst August von Studnitz, stand nur bis 1784 mit Caroline in Verbindung, dann brach der ausschließlich in französischer Sprache geführte Briefwechsel ab.

Philippine Gatterer war natürlich im Michaelis-Haus bekannt, aber da sie sieben Jahre älter war als Caroline, blieb es bei respektvollen Begegnungen. Wenn man bedenkt, in welchen Ruf Caroline später durch ihre unkonventionellen Lebensstil geriet, überrascht es, wie spießig die Siebzehnjährige über Philippine Gatterer urteilte:

»Du kenst doch gewiß, Dank seys der Göttin des Ruhms! unsre göttingische Muse Mlle Gatterer, und ihre Gedichte«, schreibt sie am 8. September 1780 an ihre Freundin Luise, die jetzt nicht mehr Stieler, sondern Gotter heißt als Ehefrau des Dichters Friedrich Wilhelm Gotter. »Wie wahr ist doch das Sprichwort: Kein Prophet gilt in seinem Vaterlande, und wie sehr recht hat Miss G., wenn sie sagt, man weiß mich hier nicht zu schäzen. Hier redt man nicht von ihr, man bewundert sie nicht, ohngeachtet ihres lebhaften Verstands, ihres feurigen Wizes, der lezte hat im Gegentheil« (sic) »schon manchen Unannehmlichkeiten bloß gestellt, und kaum läst sie sich aufwärts blicken, so ist alles voll von ihr. Sie hat kürzlich eine Reise nach Caßel gemacht, und hat so viel Beyfall gefunden, daß man fürchtet, sie werde ganz betäubt davon werden. Tischbein hat sie gemahlt als Muse in einem himmelblauen Gewand, auf die Leyer gestüzt und einen Kranz von Lorbeern und Rosen im Haar. Ein Bild hat er ihr im schönen Rahmen hieher geschickt, das zweyte hat er behalten, das dritte ist in der Caßelschen Bilder Gallerie aufgestellt worden. Sie ist nichts wenger als schön, das Portrait soll ähnlich seyn und doch hübsch. Das ist das schöne der Kunst. Aber was würde nicht Tischbeins Pinsel verschönern? [...] Kurz ihr ist so viel Ehre wiederfahren, daß es kein Wunder ist, wenn ihr der Kopf schwindelt. Vor den Leipziger Almanach wird sie in Kupfer gestochen werden.

Zu diesem allen sezt nun noch die leidige Medisance« (üble Nachrede) »so sehr viel zu, waß sie alles von sich selbst bey diesen Gelegenheiten gesagt haben soll, daß ichs nicht wiederholen will, weil vermuthlich der größte Theil falsch ist. Wenn die Gatterer aber mehr Bescheidenheit hätte, so würde sie noch sehr viel liebenswürdiger. Ihr Herz ist gewiß gut, ihr Verstand untadelhaft, aber für ein Frauenzimmer hat sie zu viel Muth, denkt und redt zu frey, hat überhaupt so wenig vom sanften weiblichen Charakter, als daß sie aus dem Gesichtspunkt betrachtet gefallen würde. Ich habe Briefe von ihr, denn ich habe hier mit ihr correspondirt, die ihr immer Ehre machen.«

Philippine Gatterer zu unterstellen, sie denke und rede »zu frei« und habe »für ein Frauenzimmer zu viel Mut« ist schon etwas kurios, wenn man ihr Gedicht *An Deutschlands Mädchen* liest, das sie in ihren ersten Gedichtband von 1778 aufnahm und das Caroline eigentlich gekannt haben müßte. Von den zwölf Strophen die ersten fünf:

> Hat sie Verstand, bey gutem Herzen?
> Denket manche, frägt ein Freyer nicht.
> Ist nur zum Küssen und zum Scherzen
> Noch ganz erträglich ihr Gesicht.

> Doch die's empfindet, es beseele
> Sie Geist, der sich zum Denken schikt;
> Das liebe Mädchen, das erwähle
> Nur solches Wissen, das beglückt.

Sich mit der Grundtext-Sprache quälen;
Unübersezt Homern verstehn –
Das ziemt sich nicht für Weiberseelen!
Latein – sieht eben auch nicht schön.

Lernt – habt zu Sprachen Ihr Talente –
Der Franz' und Britten Sprachenklang;
Und die sanftschmelzenden Accente,
In denen einst Petrarcha sang.

In tiefgelehrten Schriften lesen,
Die man für ernste Männer schrieb –
Mein Trieb ist's mindstens nie gewesen;
Weil ich in meiner Sphäre blieb.

In dieser »Sphäre« ist Philippine Gatterer zeitlebens geblieben, während es Caroline war, die solche »Sphäre« später entschlossen verließ. Aber das hätte sie sich damals noch nicht entfernt vorstellen können.

Sonst aber bezeugen Carolines Briefe die gute Bildung einer Göttinger Professorentochter. Englisch und Französisch beherrschte sie, das Italienische lernte sie (Philippines Rat folgend), und schon 1778 wagte sie sich an die Übersetzung von Komödien Goldonis. Sie war eine passionierte Leserin; die Werke Shakespeares, Miltons, Popes, Humes und Youngs waren ihr – im englischen Original natürlich – vertraut. Ihr besonderes Interesse galt aber nicht den Klassikern, sondern der deutschen Literatur der Gegenwart, etwa *Menschenfreuden aus meinem Garten vor Z.* von Christian Friedrich Sintenis, *Der Graf von Walltron oder die Subordination,* ein Trauerspiel von Heinrich Ferdinand Möller, *Geschichte Karls von Burgheim und Emiliens von Rosenau,* ein vierbändiger Roman von Johann Martin Miller, von dem sie meinte, sie könne Millers Vorliebe für unglücklich Liebende nichts abgewinnen, da habe ihr sein *Siegwart* besser gefallen. Sein »ewig monotones ›Liebe unglücklich Liebende‹« finde sie »fade«. Sie sei überzeugt, daß ein Roman ohne Liebe interessanter wäre, schrieb die Fünfzehnjährige, jedenfalls sei *Sophiens Reise von Memel nach Sachsen* eher zu empfehlen. Dieser Roman von Johann Timotheus Hermes war zwischen 1769 und 1773 in fünf Bänden erschienen und gehörte sofort – wie Millers *Siegwart* – zu den Lieblingsbüchern jener Zeit; schon ein Jahr später mußte eine erweiterte Neuauflage gedruckt werden. Im Frühjahr 1780 las sie im *Teutschen Merkur* Wielands *Oberon* (»Wo ist der Mensch, der so schiefen Kopfs und harten Sinns gewesen wäre, nicht darüber entzückt zu sein?«), ein Jahr später den soeben erschienenen Roman *Alcibiades* von August Gottlieb Meissner. Caroline holte sich diese Bücher aus der gegenüberliegenden Universitätsbibliothek, die bis 1763 ihr Vater geleitet hatte.

Ihr Hauptvergnügen aber war – wie wohl für jedermann – das Theater, das sie schon während ihrer Gothaer Internatszeit fleißig frequentiert hatte. Göttingen besaß damals kein eigenes Theater, wurde aber oft von Wanderbühnen bespielt. In einer Zeit, in der es weder Funk, Fernsehen, Film noch eine Massenpresse gab und in der Zeitungen und Zeitschriften schon des hohen Preises wegen nur einem kleinen Kreis überhaupt zugänglich waren, bot das Theater die populärste Zerstreuung. Billige Possen, Klamaukstücke und zu Herzen gehende Schmachtfetzen wechselten mit Klassikeraufführungen, die oft auch für ein breites Publikum stark bearbeitet wurden; so kam jeder Geschmack auf seine Kosten. Zudem war das Theater ein Ort der Geselligkeit, wo man einander traf und das Neueste besprechen konnte, wo man sah und gesehen wurde:

> Man eilt zerstreut zu uns, wie zu den Maskenfesten,
> Und Neugier nur beflügelt jeden Schritt;
> Die Damen geben sich und ihren Putz zum besten
> Und spielen ohne Gage mit.

Und manchmal spielte sogar jemand aus der Gesellschaft auf der Bühne mit, so in Göttingen der Tausendsassa Meyer; er wird uns später noch gründlich beschäftigen. Meyer also, durchaus kein Berufsschauspieler, gab den Theseus in dem Melodram *Ariadne auf Naxos* von Johann Christian Brandes mit der Musik von Georg Benda, ein Zugstück jener Jahre. Dem Trauerspiel *Die Zwillinge* von Friedrich Maximilian Klinger, das in Göttingen im Sommer 1779 gegeben wurde, konnte Caroline gar nichts abgewinnen; man wisse meist gar nicht, was der Autor eigentlich wolle. Was sie damals auf der Bühne sah, traf ziemlich genau den deutschen Publikumsgeschmack, was nicht weiter überraschend ist: Ehe ein Stück in Göttingen aufgeführt wurde, hatte es längst seine Probe in den Großstädten bestanden. Die Theater wurden nicht subventioniert, sie mußten sich also wirtschaftlich allein tragen und mit jeder Aufführung Gewinn erzielen; drei nicht ausverkaufte Vorstellungen hintereinander konnten schon zur Pleite führen. Erfolgsstücke brauchte man also wie das liebe Brot, und fast nur solche sah Caroline damals. Etwa *Nicht mehr als sechs Schüsseln, Familiengemälde in fünf Aufzügen* von Gustav Friedrich Wilhelm Großmann (das Goethe besonders haßte); *Die Jagd*, ein Singspiel von Christian Felix Weiße; *Agnes Bernauerin*, ein Trauerspiel von Karl Martin Plümicke (sie sei hingegangen, obwohl sie das Stück nicht leiden könne, schrieb Caroline); *Die Liebe nach der Mode, oder der Eheprokurator*, ein Lustspiel von Christoph Friedrich Bretzner; *Johann von Schwaben* von Karl Martin Plümicke.

Aus Carolines Briefen geht hervor, daß sie zu dieser Zeit noch kein einziges Stück von Goethe oder Schiller auf der Bühne gesehen hatte; sie kannte *Stella* und *Die Geschwister* (letzteres aber nur in einem Extrakt; »schade, daß Goethe, der so ganz herrlich, so hinreißend schön schreibt, so sonderbare Gegenstände wählt«, schrieb die Achtzehnjährige), sie kannte *Die Räuber* und *Die Verschwörung des Fiesko zu Genua*, aber eben nur als Lektüre.

Gelegentlich besuchte sie auch Konzerte, jedoch mit geringerem Interesse. Sie erwähnt ein Konzert der berühmten Sängerin Elisabeth Mara, die mit ihrem Ehemann, einem Cellisten, auftrat, und ein Kammerkonzert des Gothaer

Cellisten Johann Konrad Schlick, von dem sie enttäuscht war und was sie zu der spitzen Bemerkung veranlaßte, jedermann habe sich für ihn interessiert, aber sie wisse nicht, ob seines Talents wegen oder seiner Romanze mit einem Fräulein von Rudolph, über die man in Göttingen sehr detailliert Bescheid wisse.

Im März 1780 hörte sie – zum wiederholten Male – das Oratorium *Der Tod Jesu* von Karl Heinrich Graun. Sie fand das Stück »ergreifend«, man höre es immer wieder »mit neuem Vergnügen«, aber sie sei freilich keine Kennerin. Caroline hat zeitlebens keine Beziehung zur Musik gefunden, diese blieb in ihrem Dasein ohne Belang.

»Nein, Luise, ich kan nie ganz unglüklich seyn, da Du meine Freündinn bist. Glaub es nur, ich bin keine Schwärmerinn, keine Enthousiastinn, meine Gedanken sind das Resultat von meiner, wens möglich ist, bei kaltem Blut angestellten Überlegung. Ich bin gar nicht mit mir zufrieden, mein Herz ist sich keinen Augenblick selbst gleich, es ist so unbeständig. Du must das selbst wißen, da Dir meine Briefe immer meine ganze Seele schildern. Ich habe wahres festes Vertrauen auf Gott, ich bitte ihn so sehnlich mich glüklich zu machen, aber ich habe so verschiedne Wünsche, wodurch ich das zu werden suchte, daß, wenn er sie alle nach meiner Phantasie erfüllen wollte, ich nothwendig unglüklich werden müste. Du mein Gott, der du mein Herz kenst, der du mich schufst, erfülle keinen Wunsch, der dir misfällig, ich verlaße mich auf dich!

Hätte ich nicht ein so muntres Temperament als ich wirklich besize, wie würds da um mich aussehen! Wie viele Ursachen zur Betrübniß habe ich nicht, und doch vergeße ich sie so leicht, tröste mich so gut ich kann und laße Gott für das Übrige sorgen. Daß mir meine Geschwister von meiner Mutter vorgezogen werden, ist das nicht schon Kränkung genug? Dazu komt eine so fehlgeschlagne Erwartung, und doch will ich die am leichtesten verschmerzen; aber, meinen guten Nahmen verlohren zu haben, doch so arg ists vielleicht nicht, meine Einbildungskraft vergrößert mir mein Unglük, aber doch bin ich wenigstens das Gespräche des schlechtern Theils unsrer Stadt, und das durch eine Ursache, an der ich so wahrhaftig unschuldig bin, bloß meine Unbesonnenheit hat mich da hieneingestürzt, ich darfs Dir nicht schreiben, weils meine Mutter verboten hat, Du weist noch gar nichts davon.«

Was vorgefallen war, wissen wir nicht; offenbar deuten die Sätze ihre erste Liebe an, die dem Heidelberger Juristen Wilhelm Link galt, der seit einem Jahr in Göttingen lebte und den Caroline 1777, also im Jahr zuvor, kennengelernt hatte. Da über diese Liebe außer spärlichen Äußerungen in ihren Briefen nichts Näheres bekannt ist, versagen wir uns Spekulationen darüber, welche »Unbesonnenheit« ihr soviel Kummer macht. Zum Glück bot ihr das Elternhaus mit seinen vielen interessanten Besuchern genügend Ablenkung, und eine andauernde, selbstquälerische Beschäftigung mit sich lag Carolines Temperament fern.

Anfang 1779 sprach Georg Forster im Michaelishaus vor. Der fünfundzwanzigjährige Gelehrte, berühmt geworden als Reisegefährte von James Cook auf dessen zweiter Weltumseglung, war im Begriff, eine Professur in Kassel zu übernehmen. Bewundert und beneidet, weil er die angeblich glücklichen Inseln der Südsee kennengelernt hatte – Cooks und Forsters Berichte öffneten den Deutschen ferne exotische Welten, Ziel so vieler Sehnsüchte –, wußte er, was er seinem Ruf als Weltreisender schuldig war: Er schenkte Caroline ein Tuch aus Otaheiti, wie man Tahiti damals nannte, und sie schneiderte sich daraus ein Ballkleid.

Inzwischen war der von Michaelis vorausgesagte Unabhängigkeitskampf der Amerikaner gegen ihre britischen Kolonialherren ausgebrochen, an dem die Familie besonderen Anteil nahm. Nicht nur, weil man sich in Göttingen aufgrund der engen Beziehungen zu England natürlich zur britischen Seite gehörend fühlte: Fritz, der Älteste, diente als Stabsarzt bei den hessischen Truppen, die im britischen

Sold gegen die Amerikaner kämpften, und ihm fühlte sich Caroline besonders verbunden. Sonst aber beschäftigte sie weniger der Kriegsschauplatz Amerika als ihr Verhältnis zu Wilhelm Link, den sie sich als »Freund, nicht als Geliebten« dachte, »ob er gleich das Gegentheil wohl wünschte«, schrieb sie ihrer Freundin Luise. Erst im Juli 1781 gestand sie ihr, sie habe sich nun »ganz von meiner Leidenschaft losgerißen«, eine Leidenschaft, die allerdings nie eine andere war denn die eines phantasierten Trivialromans, den Caroline beständig mit der Realität verwechselt hatte.

Andere Besucher im Michaelis-Haus lenken in die Wirklichkeit zurück. Da sprach etwa der dänische Ingenieurleutnant Karsten Niebuhr vor, der einzige Überlebende jener Jemen-Expedition, die nach den Empfehlungen von Michaelis organisiert worden war, um dem gelehrten Inspirator von den Erlebnissen und Erfahrungen zu berichten. Dann erlebte Göttingen den Besuch des Herzogs Carl Eugen von Württemberg, der mit seiner Mätresse, Franziska von Hohenheim, auftrat: »Seine Unterthanen wünschen, daß er sie heirathet, er traut aber selbst seiner Beständigkeit nicht genug das zu thun. Tugend und Religion ist jetzt sein drittes Wort, er, der Unterdrücker weiblicher Tugend, der Zerstörer der Ruhe so mancher Familie, der Verläugner seiner Religion, wenn sie aus Thaten besteht, wagts diese heiligen Nahmen zu misbrauchen. O er ist mir verhast!« So Carolines Kommentar.

Pittoresker wurde es beim Besuch der dreiunddreißigjährigen Fürstin Gallitzin im September 1781, Frau des russischen Gesandten in Den Haag, von dem sie seit fünf Jahren getrennt lebte. Von ihrem Auftreten hat Caroline in einem Brief an ihre Freundin Julie von Studnitz eine Beschreibung geliefert, die schon ganz die Brillanz ihres späteren Briefstils, vor allem den untrüglichen Blick für das Komische, Entlarvende bezeugt:

»Eine sehr gelehrte Dame, nach griechischer Art gekleidet, mit kurzen Haaren, flachen Schuhen, selten ohne Diener zu sehen, der ein Halbdutzend großer Foliobände trägt, wenn sie mit einem Gefolge von 6 bis 8 Herren am hellichten Tag in unserer Leine badet etc. Ihre Kinder sind sehr leicht angezogen, der Sohn trägt lange Hosen und ein Hemd anstatt anderer Kleidung, und die Tochter eine Art Nachthemd, im Rücken von oben bis unten offen, nur oben einmal zugebunden. Beide gehen barfuß, die Haare nicht abgeschnitten, aber abgeschoren. Sie sind schwarz wie die Neger. Die Fürstin ist sehr hübsch und von schönem Teint, obwohl sie ihn viel exponiert. Sie muß viel Geist und Wissen besitzen. Sie liest Homer im Original, und in Hofgeismar, wo sie sich aufgehalten hat, ließ sie sich jeden Morgen ins Bad tragen. Zur Erziehung ihrer Kinder scheint sie die Natur zum Vorbild nehmen zu wollen, ohne sich darum zu kümmern, daß die Natur manchmal ein wenig schmutzig ist. Sie will vielleicht Rousseau imitieren, aber ich glaube doch, daß Rousseau seinen Emile anders erzogen hat. Sie lebt in Münster von ihrem Gatten getrennt, um sich ganz ihren Kindern und der Philosophie zu widmen. Hier reizen sie die Bibliothek und die Vorlesungen unserer Professoren, und sie wird länger bleiben. Du siehst, liebe Julie, daß diese Dame zu unseren größten Genies gehört.«

Auch der Berliner Buchhändler und Autor Friedrich Nicolai kam nach Göttingen und machte seine Aufwartung bei Michaelis. Caroline imponierte zwar, daß seine Visitenkarte nichts anderes enthielt als den bloßen Namen, fand aber, sein Roman *Leben und Meinungen des Herrn M. Sebaldus Nothanker* gefalle ihr besser als der Autor. Wußte man eigentlich im Haus des Johann David Michaelis, daß der Gastgeber in diesem Roman ebenso verspottet wurde wie in *Sophies Reise*, zwar verschlüsselt, aber für den Leser jener Zeit durchaus erkennbar? Bemerkenswert von Nicolai, daß er trotzdem Michaelis besuchte, der vielleicht auch großmütig genug war, über derlei literarische Scherze hinwegzusehen.

Am 28. September 1783 kam der für Caroline wichtigste Besucher nach Göttingen: Goethe. »Ich habe mir vorgenommen«, schrieb er aus dem Universitätsstädtchen an Charlotte von Stein, »alle Professoren zu besuchen. Du kannst denken, was das zu laufen gibt. Um in ein paar Tagen herumzukommen.« Goethe, der als Student sehr viel lieber in Göttingen als in Leipzig studiert hätte, hielt Wort. Caroline, die besonders stolz war, eine Abschrift der noch nicht gedruckten *Iphigenie* zu besitzen, schrieb gleich am 30. September an Luise Gotter:

»Göthe war hier, und ich hab ihn nun gesehn. Er hielt sich zwey Tage hier auf. Am ersten waren wir mit seinem Anblick zufrieden, weil wir uns nicht träumen ließen, daß er so weitläuftige Besuche geben würde, der folgende Tag war zu einer kleinen Reise aufs Land bestimmt, die einige Herren veranstaltet hatten, uns junge Damen in die schönsten Gegenden vom ganzen Hannöverischen Land einzuführen. Wir fuhren mit schwerem Herzen weg, und die liebe Sonne am Himmel freute uns nicht. Alles Schöne, was wir sahen, konte ihn uns nicht vergeßen machen. Da ward denn ein bischen geschwärmt, aber nicht tragisch, versteht sich. Ich machte mir unter andern weis, wir wären hieher gegangen seine Gegenwart zu feyern, wir konten uns ihm nicht so ganz nahen: daß er uns lieb gewonnen hätte, wie Werther das Plätzchen am Brunnen, wollten ihm also entfernt huldigen, wie Werther Lotten, da er sich auf die Teraße warf, die Arme nach ihrem weißen Kleid ausstreckte – und es verschwand. Wie wir Abends zu Haus kamen, war er bey Böhmers und bey uns gewesen, und unsre Väter aßen bey Schlözer, wo Göthe war. Da ging ein Wehklagen an. – Jedermann ist zufrieden mit ihm. Und alle unsre schnurgerechten Herren Profeßoren sind dahin gebracht, den Verfaßer des Werther für einen soliden hochachtungswürdigen Mann zu halten.«

Goethes Roman *Die Leiden des jungen Werthers* war seit neun Jahren auf dem Markt; er hatte Selbstmorde bewirkt, die Mode beeinflußt, Scharen von Illustratoren beschäftigt, von den Rezensenten zu schweigen. Und selbst jetzt noch schwärmte die Jugend von diesem Buch und seinem jungen

Autor und vergegenwärtigte sich auf einem Ausflug Szenen des Romans, in dem übrigens gleichfalls des Professors Michaelis gedacht wurde.

Aber für Caroline ging die Zeit des Schwärmens zu Ende. Sie war nun zwanzig Jahre alt, Zeit also, sie endlich unter die Haube zu bringen. Die Wahl traf selbstverständlich nicht sie, sondern die Familie, und ausgewählt wurde der junge Johann Franz Wilhelm Böhmer aus der Nachbarschaft. Er wirkte als Bergarzt in Clausthal, war mit Carolines bewundertem Bruder Fritz befreundet, der die Eheschließung bereits aus der amerikanischen Ferne betrieben hatte und sie zum guten Ende führte, nachdem er wohlbehalten heimgekehrt war. War Caroline glücklich?

»Liebe Freundin«, schrieb sie an Luise, »hast Du mir wirklich die ganze Zeit über ruhig zugehört ohne mich zu unterbrechen? Kein Wörtchen Gegenrede? Ach Du schläfst! Nun so ruh sanft. Geschwind will ich Dich noch einmal küßen, und mich dann leise von Dir schleichen. Adieu, in der Thüre werf ich Dir noch einen Kuß zu.«

Offenbar war sie's. Und wäre sie's nicht gewesen: Ein anderes Schicksal hatte sie nicht zu erwarten.

»Ein Bündniß für Ewigkeiten ist doch der schönste Gedanke, den Menschen haben können.« Galt das auch für das Bündnis mit dem Dr. med. Böhmer?

»Ja, es ist ein großer Schritt. Ich könt ihn nicht thun, wenn ich nicht unumschränktes Vertrauen auf den Mann sezte, dem zu Lieb es geschieht, wenn ich mich nicht mit der vollsten Überzeugung ihm hingäbe, daß er alles thun wird, ihn mir zu versüßen. O daß keine seiner und meiner Hofnungen getäuscht werden möge. Der Plan zu ihrer Erfüllung beschäftigte mich lange. Helfe mir Gott das Ideal ausführen, das vor meiner Seele steht, um uns beyde glücklich und mich der Liebe meines Bruders und meiner ewig theuren Freunde immer würdiger zu machen.«

Am 1. November 1781 hatte sie ihrer Freundin Luise einen bemerkenswerten Satz geschrieben: »Ich würde, wenn ich ganz mein eigner Herr wäre, und außerdem in einer anständigen und angenehmen Lage leben könte, weit lieber gar nicht heyrathen, und auf andre Art der Welt zu nuzen suchen.« Damals war sie sicher: »Wirklich verlieben werde ich mich gewiß nie.«

Aber jene Zeit fragte nicht nach Liebe, wenn es um den Ehestand ging. Am 15. Juni 1784 heiratete die zwanzigjährige Caroline Michaelis den um zehn Jahre älteren Arzt Johann Franz Wilhelm Böhmer.

4 Therese Heyne

WENN MAN VON DER FRONTSEITE DES Michaelis-Hauses aus dem Fenster sah, erblickte man gegenüber das Gebäude der Universitätsbibliothek und am Anfang der Straße Papendiek auf der rechten Seite ein bescheidenes Fachwerkhaus. Hier in Nr. 16 wohnte sei 1775 Professor Heyne mit seiner Frau Therese und den Kindern Karl, Therese und Marianne.

Christian Gottlob Heyne, 1729 als Sohn eines aus Schlesien zugewanderten armen Leinewebers in Chemnitz geboren, war von einem Chemnitzer Pfarrer gefördert worden, der ihm den Besuch einer höheren Schule und den Zugang zur Universität ermöglicht hatte. Erste Einnahmen machte der junge Heyne mit Übersetzungen aus dem Griechischen, dann wurde er Kopist in der Bibliothek des sächsischen Premierministers Graf Brühl in Dresden, der mit 60 000 Bänden eine der größten Privatbibliotheken jener Zeit besaß. Als 1760 die Preußen Dresden in Brand schossen, verlor Heyne seine ganze Habe. Doch unverdrossen setzte er seine gerade begonnene wissenschaftliche Arbeit fort. Die philologisch exakten Editionen der Elegien des römischen Dichters Tibull und des *Enchiridion* des griechischen Stoikers Epiktet erregten die Aufmerksamkeit des Kurators der Universität Göttingen, Münchhausen, der Heyne im Dezember 1762 nach Göttingen berief: Heyne sollte die seit dem Tod von Johann Matthias Gesner vakant gewordene Professur für Beredsamkeit übernehmen. So kam Heyne 1763 nach Göttingen und übernahm noch im selben Jahr die Leitung der Universitätsbibliothek, zunächst noch gemeinsam mit Michaelis, dann als alleiniger Direktor. Dank seiner Systematik, seines Organisationstalents und seines unermüdlichen Fleißes schuf er aus dieser Bibliothek ein ganz einzigartiges Instrument wissenschaftlicher Forschungstätigkeit, beschaffte neben deutschen Neuerscheinungen auch über Korrespondenten englische, amerikanische, arabische und orientalische Literatur, organisierte die Fernleihe für auswärtige Gelehrte und schuf diesem Haus seinen weit über Deutschland hinausreichenden Ruhm. Bei seinem Amtsantritt fand er einen Bestand von 60000 Bänden vor (die preußische Universität Halle zählte 1780 nur 12000 Bände); als Heyne 1812 starb, hatte er den Bücherschatz auf 200000 Bände vergrößert.

Die Göttinger Societät der Wissenschaften berief ihn 1770 zu ihrem Sekretär, für deren *Göttingische Anzeigen von Gelehrten Sachen* er im Lauf seines Lebens sieben- bis achttausend Rezensionen verfaßte.

Sein eigentlicher Tätigkeitsbereich aber blieb die Klassische Philologie. Zum Schlüsselerlebnis war dem jungen Mann das Werk Tibulls geworden. Diesen früh verstorbenen römischen Lyriker, von dessen Werk nur sechzehn Liebeselegien überliefert sind, liebte Heyne zeitlebens; er hat die Gedichte dreimal ediert und in der dritten Edition von 1797 bekannt, einzig Tibull habe ihn Philologe werden lassen, ja er schrieb ihm sogar die Veredelung seines Charakters zu. Für Heyne schlossen persönliche Geständnisse dieser Art und die tiefe Liebe zur Poesie die gründliche wissenschaftliche Untersuchung niemals aus. Das bewährte sich auch in seiner philologisch maßgeblichen Edition der Werke Vergils in vier Bänden (1767 bis 1775), der Oden Pidnars (1773) und der *Ilias* Homers in acht Bänden (1802). Auch wenn Heyne bekannte, das Werk Homers stehe seinem Herzen näher als das Vergils, hat er den römischen Dichter, den geringzuschätzen in Deutschland damals Mode wurde, mit großem Einfühlungsvermögen ediert, interpretiert und kommentiert und mit seiner Pindar-Ausgabe der deutschen Poesie – etwa Hölderlin – wichtige Anregungen vermittelt.

Heynes Ruhm verbreitete sich schnell. Die Bibliotheken in Kassel (1767) und Dresden (1787) machten ihm ebenso Angebote wie 1769 der preußische König, die neue Erziehungsanstalt Kloster Berge zu leiten. Heyne lehnte alle drei Offerten ab, zuletzt 1789 auch die Stelle eines Prokanzlers in Kopenhagen. Gerlach Adolph von Münchhausen, Premierminister und Universitätskurator, schrieb zehn Tage vor seinem Tod (1770) an Heyne im Hinblick auf dessen Absage in Kassel: »Ich muß Ihnen aber bezeugen, wie ich Sie nicht missen, noch mir vorstellen könne, daß Sie mich noch in meinen letzten Tagen in eine der größten Verlegenheiten setzen werden. Sie selber denken vielmehr hierunter so rechtschaffen, da Sie nur den Fall annehmen, da Ihre Stelle durch einen anderen tüchtigen Mann ersetzt werden könnte. Aber den Mann kenne ich nicht; und Sie werden ihn mir wohl auch nicht anzeigen.«

Der schon zitierte Piter Poel, Student aus Hamburg, charakterisierte Heyne mit den Worten: »Seine äußere Erscheinung machte beim ersten Anblicke einen fast komischen Eindruck. Man vergaß aber bald in seiner Nähe das Caricaturmäßige dieser kleinen beweglichen Figur mit schielenden Augen, eine fast von der Nasenwurzel grade aufsteigenden Perücke, die den sonst gut geformten Oberkopf bedeckte, und verweilte nur bei dem Ausdrucke des Wohlwollens und des denkenden Geistes, der sich in seinen Mienen und Zügen verrieth. Am possirlichsten erschien er, wenn er auf der Bibliothek die Leiter mit der Behendigkeit eines Affen hinanstieg, und auf einer der obersten Sprossen angelangt, unentschlossen stehen blieb, weil sich das gesuchte Buch nicht an der bestimmten Stelle befand, oder er den Titel vergessen hatte, und er nun mit einer schnellen Bewegung des Kopfes hin und her, ein im feinsten Diskant kurz ausgestoßenes, oft wiederholtes ›Hm, Hm!‹ hören ließ.«

So erfolgreich er auch als Wissenschaftler wirkte: Die privaten Lebensumstände schienen ein wenig getrübt zu sein. Er hatte 1760 die bereits dreißigjährige Therese Weiß geheiratet, deren Vater der bedeutendste Lautenist des 18. Jahrhunderts war: Leopold Sylvius Weiß. Sie gebar ihrem Mann drei Kinder, die das Erwachsenenalter erreichten: Karl (geb. 1763), Therese (geb. am 7.5.1764) und Marianne (geb. 1768).

Über die häuslichen Verhältnisse besitzen wir nur Thereses ausführlichen, aber Fragment gebliebenen Bericht, den sie 1803 für ihre Kinder niederschrieb und der von tiefer Abneigung gegenüber ihrer Mutter bestimmt ist, weshalb man ihn mit einiger Vorsicht lesen sollte:

»Ich war meiner Mutter Liebling gar nicht, ich war häßlich, heftig und wahrscheinlich nie brillant. Bis in mein dreizehntes Jahr erinnere ich mich nicht, daß jemals wer gesagt hat, ich habe Verstand oder ich sei drollig. Ein Jahr nach Mariannes Geburt, auf den Tag, gebar meine Mutter ihr letztes Kind, ein Mädchen; dieses war ihr Liebling, bis es im zweiten Jahr starb; dann war's Marianne, weil sie hübsch und die jüngste, mein Bruder, weil er ein Sohn war; ich fiel durch. Ich erinnere mich keiner einzigen Ergießung von Liebe zwischen meinen Eltern und mir, solange ich lebe; gegen meine Mutter hatte ich nie Zärtlichkeit, bald beleidigte sie meine Sinne, bald meinen Verstand, mein Gefühl. Sie soll Verstand und Kenntnisse gehabt haben, sie muß schöne Seiten des Charakters gehabt haben, denn einige Menschen aus allen Ständen lieben sie und loben sie noch fünfundzwanzig Jahre nach ihrem Tode. Ich konnte diese Seiten nicht schätzen, die entgegengesetzten trafen mich. Sie war gar keine Hausfrau, wir wurden in Schmutz und Unordnung erzogen, in so einem Grade, daß Ungeziefer uns plagte, und wir weder ganze Hemden noch Schuhe hatten. Sie hatte höchst unelegante Sitten, sie war unschamhaft mit ihrer Person. Ich erinnere mich noch, daß sie in die Hände spuckte, um mir die Haare hinauf zu streichen, wobei ich schauderte, und daß sie durch die Indelikatesse, womit sie unvermeidliche Unannehmlichkeiten unseres Geschlechts behandelte, mich empörte. Woher kam bei so früher Gewohnheit an diese Fehler mein mit meiner frühesten Erinnerung verbundener Abscheu dagegen? – meine schmutzige Kleidung, die Unordnung unseres Hauses kränkte mich von meinen ersten Jahren an unaussprechlich. [...] In diesem sechsten Jahr konnte ich nun schon schreiben, und erinnere mich deutlich der Jahreszahl 1770, die ich über ein Tagebuch setzte, das ich von einer Reise nach Kassel hielt, bei der wir unsere Eltern alle drei begleiteten; sie ward vorgenommen, um meine Mutter nach dem Tod der letzten Tochter, die an den Blattern gestorben war, zu zerstreuen.

Bei unserer Rückkehr brachte ein Bruder meiner Mutter, der einzige ihrer Verwandten, den ich je sah, ein schlechter, unangenehmer Mensch und sehr guter Lautenspieler von Profession, durch Musikliebhaberei einen armen Studenten aus dem koburgischen Dorfe, Namens Forkel, ins Haus. Der widrige Onkel ging, der H. F. blieb aber, und ward nach und nach entschiedener Liebhaber und blieb es bis zu ihrem Tod. Welchen bittern Verdruß dieses niedere Verhältnis meinem wackern Vater und welche frühe Galle es mir gemacht, ist unglaublich. Diese Galle brütete mich groß. Sie machte meinen Bruder zum Vertrauten – doch wohl nicht im schändlichsten Sinn – überhaupt halte ich sie davon frei; sie war schon schwindsüchtig, und starb so, auch zu alt; aber sie war müßig, hatte keinen Hang zur Gesellschaft, mochte nicht mit Weibern umgehen, und war Schwärmerin in jedem Gefühl, das ihr vorkam. – Aber er wußte um die Rendezvous, z.B. wenn ein weißes Band aus dem Fenster hing, war der Vater nicht zu Hause – die Sache ward öffentlich, es gab abscheuliche Auftritte, in welchen dem jungen Menschen das Haus verboten wurde, aber meines Vaters Weichheit und ihre Verzweiflung, oder was sonst? und des Menschen Unverschämtheit – er war häßlich, plump, unwissend in allem außer der Musik – brachte ihn wieder an seinen alten Fleck im Hause, und das sieben Jahre lang. Mein Vater muß unendlich gelitten haben, und am mehrsten durch die Demütigung, daß so ein Mensch ihn beschimpfe, und daß seiner Frauen Alter sie noch mehr lächerlich machen mußte. Unter solchen Umständen konnte ich diese Mutter weder lieben, noch ehren, und wenn man dazu rechnet, daß sie mich nicht mochte, mir zu Gunsten meiner Schwester sehr viel Unrecht that, so versteh' ich selbst nicht, warum ich sie nicht haßte. Ich habe aber nie gehaßt, niemanden. Meinen Vater sah ich nun als Kind fast nie als bei Tisch; dennoch liebte ich ihn, er hat sich auch von Zeit zu Zeit mit uns beschäftigen gesucht. Ich erinnere mich, daß er ein paarmal mit uns Papier ausgeschnitzelt hat – ich hatte als kleines Kinde Geschicklichkeit darin. Ich erinnere mich noch der Figuren, die der gute Vater schnitzelte, sie waren linkisch, und ich machte meine schlechter, damit er nicht sollte unzufrieden werden über seine Ungeschicklichkeit. [...]

Bis zu meiner Mutter Tod verfloß meine Kindheit also sehr trübe, und so, daß ich keinen einzigen frohen Eindruck behalten habe, kein besonders heiterer Tag, kein Fleckchen, das mir durch ein Lieblingsspiel heilig wäre, keinen Jugendbekannten, den ich geliebt hätte. Wir liefen in der Irre herum, erhielten von armen Studenten schlendrianmäßigen, schlechten Unterricht, mein Selbstgefühl ward durch den meinen Geschwistern gegebenen Vorzug erbittert, mein Stolz durch die Unordnung, den Schmutz, die Ärmlichkeit unseres Hauses gedemütigt. – Ich war zwölfeinhalb Jahr, als sie starb. Leß [Gottfried Less, Professor der Theologie] und ein gewöhnlicher Beichtvater bereiteten sie zum Tode und waren ungemein von ihr erbaut. – Sie starb an der Schwindsucht, aber so unbeschreiblich beschränkt, unfein waren unsere häuslichen Verhältnisse, daß wir Kinder, der Knabe von vierzehneinhalb Jahren und wir beiden Mädchen, noch immer mit unseren beiden Eltern in einem Zimmer schliefen, und das bis in der Todesnacht unserer Mutter; man weckte uns eine halbe Stunde vor ihrem Tode nur auf. Ja man konnte meine Mutter, die schon seit drei bis vier Jahren kränkelte, erst ganz spät bereden, sich von meinem Vater abzubetten. Wie diese unfeine Unvorsichtigkeit unser aller Gesundheit nicht geschadet hat, begreif' ich nicht, so wenig wie es mein Vater aushielt.«

Damit endet das Fragment. War es wirklich so? Johann Nikolaus Forkel – er wird uns noch ausführlicher begegnen – sei sieben Jahre der Geliebte der Mutter gewesen? Vielleicht. Aber warum existieren über dieses angeblich »öffentliche« Verhältnis gar keine anderen Zeugnisse im doch sonst so klatschfrohen Göttingen?

Die eingangs aufgestellte Behauptung, es hätte keine »Liebe zwischen meinen Eltern und mir« gegeben, widerlegt Therese, wenn es um den Vater geht, selber einige Sätze später. Heyne nannte sein lebhaftes Töchterchen sein »Ruschelhänschen«, nahm sie mit in die Bibliothek, wo sie Kupferstiche besehen durfte, und als sie lesen gelernt hatte, las sie dem verwitweten Mann Gedichte vor. »Den Vater«, schrieb sie 1824 in einem Brief, »sahen wir nur bey Tische, was ich mich von ihm erinnere, ist wohlthätig, moralisch wirkend gewesen. – So sah ich in ihm besiegten Zorn, bemeisterten Schmerz, Züchtigkeit, Reinlichkeit, Ordnungsliebe. Ganz das Gegentheil der Mutter. Ich sah ihn täglich sich waschen, sah ihn seine Strümpfe flicken, sich Knöpfe annehen, den Staub von seinen Tischen kehren – in seinem Zimmer war mir wohl. [...] Meinen Vater liebte ich herzlich, wehmüthig, aber nicht vertraulich.«

Von diesem Vater kam sie zeitlebens nicht los. Er habe sie über »*alles* schwazen« lassen, und in einem Brief an Luise Mejer gestand sie 1782, er habe ihr sogar erlaubt, eine Rezension über Friedrich Wilhelm von Ramdohrs Tragödie *Kaiser Otto der Dritte* zu verfassen: »Papa traut meinem Urtheil genug zu, sich ganz danach zu richten. Es hat schöne Stellen, aber ich habe ihn gerathen drei Acte halb durchzustreichen. Man wird mich dabei nicht nennen, sondern Mama ihren Nahmen drüber sezen – ums Verdienst bin ich, aber es ist herrliche Übung, und meines Vaters Zutraun schmeichelhaft; daß ich das Urtheil gemacht darf keiner wißen.«

Therese Heyne

Mit »Mama« war Georgine Brandes gemeint, die Heyne nach dem Tod seiner ersten Frau 1777 geheiratet hatte, die Tochter des Hofrats Georg Friedrich Brandes, schon lange mit Heyne befreundet, und sie füllte das Haus mit Leben, indem sie vier Töchter und zwei Söhne zur Welt brachte. Sie war nur zwölf Jahre älter als ihre Stieftochter Therese, mit der sie sich gut verstand. Umgang mit den Töchtern der anderen Professoren wünschte Heyne nicht, so suchte sich Therese ihre eigenen Bekanntschaften, wie sie sich 1824 erinnerte: »Ein Betteljude [arme Gumprecht], unser Nachbar, sah mich stundenlang täglich in seinem Hause, der Scharfrichter Göbel, der hinter uns wohnte, war mir ein werter Bekannter. Sein Sohn studierte, hatte Sammlungen, lehrte mich Knochen und Gerippe kennen; der Vater war ein blasser, freundlicher Mann, erzählte mir von Tieren: wie sie krank, aus Mitleid getötet wurden, und dadurch ihre Felle für die Handwerke oft erhalten, zeigte mir das Richtschwert, sprach ernst und fromm von dem schweren Amte, das er führe. Weder Vater noch Mutter fragten: wo bist du gewesen?«

Ehe Heyne seine zweite Ehe schloß, schien es ihm geraten, der ihm wohl etwas verwildert erscheinenden Erziehung seines Ruschelhänschens aufzuhelfen, und er gab sie nach Hannover in ein französisches Pensionat. Viel gebracht hatte ihr das nicht, und 1816 klagte sie in einem Brief an Karl August Böttiger über ihre unzulängliche Bildung:

»Was mich betrifft, ich lernte als Kind fast gar nichts. Von unterthänigen Studenten armseelige Lexionen in welchen ich mit großer Lebendigkeit etwas anders als das Vorgesezte trieb. Das war mein *Unterricht*. Aber *hören* that ich bloß Wißenschaftliches, so daß ich in einen eignen Kindischen Ideengang mir bildete in welchem *kein* christliches dogma und *keine* Mädcheneitelkeit, aber auch keine Mädchen Geschicklichkeit und keine Mädchen Ordnung war. Im 14 Jahr in eine fr. Pension und dem großen Welts Zirkel in meines Großvater Brandes hause versezt, bemächtigte sich mein Verstand der Formen des gesellschaftlichen Lebens und entdeckte nun warum ihm die Unordnung, Unzartheit, Uneleganz in den Umgebungen meiner Kindheit so verlezend gewesen war. Von meinem 5ten Jahre bis zu meiner Mutter Tod an führte mich Voltairs Charles XII in die neuern Geschichtsschreiber – ich las, las, las und schwazte mit meinem Vater, der mich über spekulative Gegenstände *alles* schwazen ließ, las alles was mir im Lesen vorgeführt wurde nur *nichts als klaßisches*. Das langweilte mich. Nie ward ich einem Modegötzen unterthan, nicht dem Werther, nicht Siegwart, nicht Götz von Berlichingen, nicht Roußeau, nicht den Räubern – ich sah die Menschen thörigt drum werden, las es, fand die Nachtheilige Seite und blieb unbethört: genoß aber auch die Schönheiten dieser dinge nicht. Ich las freigeisterische Schriften, ich als dogmatische, ohne Gewißenszweifel, ohne Kirchenglauben, Gott, Unsterblichkeit, Pflichterfüllung fand ich überall wo gebildete Menschheit war; Leßens Höllenstrafen und jede *Gottlosigkeit* war mir gleich fatal und erregte meine Geringschätzung. Ich las leichtfertige Bücher und belustigte mich am Wiz ohne je einen leichtfertigen Gedanken zu haben – [...] Ich hörte Archäologie von meinem Vater sprechen, Naturgeschichte von Blmbach [= Johann Friedrich Blumenbach, Professor der Medizin], Anatomie u Medezin von meinem Bruder, Politik Staatengeschichte von meinem Onkel Brandes – mit dem saß ich spät in der Nacht und ersannen Reden die wir auf dem Schaffot halten wollten wenn wir wie Algemoor sterben dürften –«

Besser als das französische Pensionat bekam Therese eine Reise, die sie vom April bis zum Oktober 1783 mit dem Ehepaar Blumenbach in die Schweiz führte. Da die Reise über Weimar ging, bot sich die Gelegenheit, hier Goethe, Herder und Wieland und später in der Schweiz Lavater und Pestalozzi kennenzulernen. »Blumenbachs und Therese kommen den 15. nach Göttingen zurück«, schrieb am 7. Oktober Luise Mejer an Boie. »Therese nicht glücklicher. Sie hat sich an alle verkehrten Köpfe adressiert, ist halb gelehrt und halb Freigeist geworden. Ein unnützes Geschöpf für die Welt, das ich aber dennoch herzlich liebe.«

Das Nachbarskind Caroline Michaelis, das mit Therese keinen Umgang haben sollte, ihn natürlich dennoch hatte, machte in ihren Briefen über Therese Bemerkungen, die schon die sich früh abzeichnende Freund-Feindschaft erkennen lassen. So schrieb sie 1781 ihrer Freundin Luise Gotter:

»Man verzeiht ihr nur ihr sehr freyes Wesen eher, weil es in ihrem Temperament zu liegen scheint. Sie spricht unaufhörlich und immer wizig, daher wird sie einigen unerträglich und blendet manche. Im Ganzen ist man ihr nicht gut, aber sie hat verschiedne declarirte Anbeter. Heimliche Schritte wird man ihr aber nicht Schuld geben können, doch würde ihr Ruf auch nicht sich so erhalten haben, wenn sie das Ansehn ihrer Mutter nicht schüzte, da diese die Tochter eines Mannes ist, von dem beynah die Universität abhängt, in Hannover viel Freunde hat und überdem eine würdige Frau ist. Mit Damens hat die Heynen so wenig wie die Blumenbach Umgang, aber sie sind bey allen möglichen öffentlichen Belustigungen und versäumen sie nie, Heynens sind jedesmal die ersten, die dabey genant werden. Sie haben also blos mit Herren Umgang, die auch meistentheils in ihr Haus freyen Zutritt haben. Das verleitet, fürchte ich, Theresen Schritte zu thun, die sich nicht mit ihren ehemaligen Reden reimen. Aber bey allen ihren guten Grundsäzen, hat sie viel Falschheit und – ich will nicht so streng seyn zu sagen, ein böses Herz, aber doch auch nicht die geringste Gutherzigkeit. Da ich noch so vertraut mit ihr war, warnte mich mancher vor sie, man bat mich so oft ihr nicht zu trauen, aber Du weist, wie ich bin, ich vertheidigte sie immer mit dem grösten Feuer, man konte mich nicht bittrer kränken, als wenn man mir übel von ihr redte. Hätte ich nur gefolgt. Sie hat mich nunmehr Mistrauen gelehrt, aber die Erfahrung ist mir sehr sehr theuer zu stehn gekommen. Sie brach mit mir plözlich unter dem unbedeutendsten Vorwand, ich war untröstlich, und ob ich gleich auf meine Unschuld hätte stolz seyn können, so gab ich ihr doch die besten Worte. Umsonst, sie antwortete mir mit der bittersten Verachtung! Da erhob sich das Gefühl meiner selbst, ich ward aufgebracht. Und nun lockte sie mich wieder durch Freundlichkeit, um mich wieder zurückzustoßen. Das geschah vor einem Jahr. Seitdem kamen wir gar nicht zusammen, sie wählte sich eine andere Vertraute.«

Anfang 1779 kam Georg Forster nach Göttingen. Trotz liebenswürdiger Unterhaltung mit Caroline blieb der Kontakt zum Michaelis-Haus eher distanziert; Forster hielt sich lieber bei seinem Freund Georg Christoph Lichtenberg auf, bei dem er auch wohnte, oder bei Heynes, weil er ein Auge auf Therese geworfen hatte, deren Vater ihm ein väterlicher Freund wurde. »Therese forschte gleich, wie mir Forster gefiele, und es schien ihr sehr lieb, daß er mir gefiel«, berichtete Heinrich Christian Boie, der im Mai 1779 nach längerer Zeit wieder einmal Göttingen besuchte und dabei auch Caroline wiedersah, was er mit dem Satz kommentierte: »Mamsell Michaelis ist – ein wenig wild.«

Ostern 1784 fand die Verlobung Thereses mit Georg Forster statt; am 4. September 1785 ihre Hochzeit. Sie folgte ihrem Mann nach Wilna, wo Forster eine Professur bekommen hatte. Diese Ehe, von Caroline »immer gewünscht« (so Forsters Tagebuch 1784), wurde zwar nicht ganz so sehr aus konventionellen Gründen geschlossen wie die Carolines mit Böhmer, aber auch nicht aus Liebe. Therese wollte endlich unabhängig werden vom Elternhaus, und die Wahl fiel auf Forster, weil der eine europäische Berühmtheit war, mit der man den biederen Göttingern imponierte. Übrigens bekam auch Therese von Forster ein Tuch aus Otaheiti geschenkt.

Meta Wedekind

RUDOLF WEDEKIND, DER 1716 GEBORENE Sohn eines Gutsbesitzers aus Horst bei Hannover, hatte Theologie und Philosophie studiert. Als Professor für Philosophie wurde er 1750 an die Universität berufen, gleichzeitig versah er das Pfarramt an der Liebfrauenkirche. Als drittes Kind gebar ihm seine Ehefrau Sophia Magdalena (die einzige Tochter des Göttinger Bürgermeisters Georg Friedrich Morrien) am 22. Februar 1765 nach zwei Söhnen die Tochter Sophie Margarethe Dorothea, die in der Familie zwar »Gretgen« gerufen wurde, sich selber aber »Meta« nannte. Sie galt als »ungewöhnlich frühreif begabtes Kind« und bekannte nach dem Tod ihres Vaters, der 1778 starb, in einem Brief: »Es thut mir zuweilen leid, daß ich nach dem Tode meines Vaters Alles liegen gelassen, was ich bei ihm so mühsam erlernt. In der That mühsam, denn die Sache ward mir durch die Regeln, welche ich durchwaten sollte, durch krumme und gerade Linien, Quadrate, rechte und schiefe Winkel so verleidet, daß mich ein Schauder überlief, wenn ich Zirkel und Reißfeder ansahe.« Und sie klagte: »Ach ich bin oft unsanft, sehr unsanft angefaßt!« Später schrieb sie: »Mein Vater wollte mir eine wissenschaftliche Bildung geben; ich mußte Sprachen, Musik und Zeichnen lernen und ich lernte das Erstere leicht.«

Am 10. Juni 1781, mit sechzehn Jahren, heiratete Meta den Musikdirektor Johann Nikolaus Forkel; es scheint eine Liebesheirat gewesen zu sein, auch wenn die näheren Umstände ihrer Bekanntschaft nicht überliefert sind. Die Hochzeit fand im ehemaligen Frauenkloster Mariengarten südlich von Göttingen statt.

Forkel, 1749 als Sohn eines Schuhmachers in Meeder bei Coburg geboren, hatte 1767 als Präfekt des Domchors in Schwerin gewirkt, ehe er 1769 sein Studium in Göttingen aufnahm, wo er juristische, philosophische, altphilologische und mathematische Vorlesungen hörte. Ein Jahr später wurde er Universitäts-Organist und 1772 Privatdozent. Mit dreißig Jahren avancierte er zum Universitäts-Musikdirektor und gab bis 1815 wöchentliche Winter-Konzerte. Er hatte sich also, als er mit 32 Jahren die erst sechzehnjährige Meta heiratete, fest in Göttingen etabliert und es zu einem bescheidenen Ansehen gebracht. Sein Jahresgehalt betrug nur 80 Taler, die Haupteinnahmen brachten Musikunterricht und die Kolleggelder.

In seinem musikalischen Geschmack war Forkel an seinen Leitbildern Johann Sebastian Bach und Georg Friedrich Händel orientiert, und er bewunderte die älteren Bach-Söhne, vor allem den seit 1768 in Hamburg wirkenden Carl Philipp Emanuel Bach. Sonst blieb ihm die Musik seiner Zeitgenossen fremd. Christoph Willibald Gluck verabscheute er, Haydn, Mozart und Beethoven blieben ihm zeitlebens fremd. Kein Wunder, daß er selber als Komponist nicht wahrgenommen wurde, nur als Pianisten und Dirigenten ließ man ihn gelten. Seinen eigentlichen Ruf gewann er später mit seinen musikwissenschaftlichen Schriften.

Das einzige Kind dieser Ehe, der Sohn Carl Gottlieb, kam im April 1782 zur Welt. Schon bald nach seiner Geburt verließ Meta Göttingen und zog mit dem Kind für einige Zeit zu Verwandten nach Einbeck. Die Gründe für ihre Trennung von Forkel sind nicht bekannt. In der ländlichen Abgeschiedenheit des kleinen Städtchens schrieb sie einen zweibändigen Roman *Maria. Eine Geschichte in Briefen*, ohne ihren Namen veröffentlicht in einem Leipziger Verlag 1784. Die Kritik hat diesen Roman zu Recht nicht beachtet, denn ihn zeichnete weder Originalität noch künstlerische Gestaltungskraft aus, vielmehr war er aus den unerläßlichen Ingredienzien eines Durchschnittromans jener Zeit gemischt:

viele Tränen, viel Erröten, viel Edelmut mit Trivialitäten versetzt, altkluge Lebensweisheiten, und eine richtige Räuberpistole kam auch darin vor. Als Erstling einer ja noch sehr jungen Autorin betrachtet, war es eine durchaus solide Arbeit und hätte besser gelingen können, wäre Meta Forkel nicht von dem Ehrgeiz erfüllt gewesen, die schlichten Erkenntnisse ihrer 19 Jahre darin unterzubringen. »Die mir so oft von Ihnen gepriesne Wahrheit: daß der Ehestand unser Beruf sey, macht jetzt doppelten Eindruck auf mich, da ich einen so niedlichen Gefährten finde. Wahrhaftig, es würde eine allerliebste Ehe werden! Nein, Marie. Freyheit ist das edelste Gut, und ich will dessen genießen, so lange ich kann.«

Auch das beliebte Thema, ob zu viel »Gelehrsamkeit« der Frau in den Augen des Mannes schade, wird erörtert: »Den meisten Männern ist die so genannte Gelehrsamkeit an uns verhaßt, weil sie glauben, daß unser Verstand nicht dazu bestimmt ist, um über schwere tiefsinnige Materien nachzudenken, und eine Halbgelehrte, voll Stolz und Einbildung auf ihr Bißchen Wissen, ist ihnen mit Recht ein unausstehliches Geschöpf. Die ernsthafte Miene des Philosophen paßt nicht zu der angenehmen Grazie, die sie so gern immer bey uns finden möchten. Sie suchen in einer Gattinn keine starke Denkerinn, sondern ein holdes Geschöpf, das ihnen die lästigen Sorgen der Haushaltung abnimmt, und durch gefälligen Scherz ihren Geist aufheitert, wenn er vom Nachdenken ermüdet ist. [...] Wenn ein Frauenzimmer Zeit und Anlage hat, so wird es für sie in vielem Betracht gut seyn, ihren Geist mit Kenntnissen zu bereichern. Nur wünschte ich nicht, daß sie Dinge wählte, die bloß für Männer sind, und weiter gar keinen Nutzen für sie haben. Naturgeschichte, das Interessanteste der Historie, Musik, Malerey, Lektüre von solchen Büchern, die den Geist und das Nachdenken schärfen, und unsern moralischen Charakter bilden; sehen Sie, das sind meiner Meynung nach Dinge, die auch für unser Geschlecht von großem Nutzen sind, und ihm Gelegenheit geben, die Zeit, die ihm von weiblichen Geschäften übrig bleibt, angenehm und nützlich anzuwenden. Nur muß ein Frauenzimmer diese Dinge nicht gegen jedermann auskramen, und sich nicht berechtigt glauben, Wettstreite mit Männern einzugehen, am wenigsten mit ihrem eignen Gatten. Er wird diese Vorzüge zeitig genug an ihr entdecken, und die Bescheidenheit seiner Gattinn wird ihren Werth verdoppeln. Die Mannspersonen haben einmal eine höhere Meynung von ihren Geisteskräften, als von den unsrigen. Sie sehen es also lieber, daß wir von ihnen zu lernen scheinen, als daß wir Miene machen, sie belehren zu wollen.«

So unterweist in diesem Roman eine Ehefrau die andere, und Philippine Gatterer, Caroline Michaelis und Therese Heyne haben in diesem Alter keinen anderen Standpunkt vertreten. Wie sollten sie auch? Die hier kundgetane Meinung entsprach so ganz dem Erziehungsideal der Mädchenbildung.

Daß Göttingen, obwohl nie genannt, in diesem literarischen Debüt den Hintergrund darstellt, sprach sich dort schnell herum, zumal die Verfasserin des anonym erschienenen Romans rasch identifiziert wurde. Abraham Gotthelf Kästner, Professor für Mathematik, meinte in einem Brief vom 26. April 1784: »Seine [Forkels] Frau soll in E. [Einbeck] einen Roman geschrieben haben darinn sie viel dasige Damen geschildert. Es ist für eine Dame gefährlicher Romane zu schreiben als zu spielen. Denn im ersten Falle können ja die meisten ihrer Colleginnen Steine wieder sie aufheben.«

Lichtenberg reagierte etwas unwirsch, denn er fühlte sich durch eine Bemerkung im Roman angesprochen. Dabei ging es um einen Gelehrtenstreit. Johann Heinrich Voß, mit seiner Homer-Übersetzung beschäftigt, hatte 1780 behauptet, das griechische Eta müsse – im Gegensatz zum Epsilon – als »ä« ausgesprochen werden. Daraufhin hatte Heyne in den *Göttingenschen Anzeigen von Gelehrten Sachen* erwidert, dann »müßte ja auch Homär, Häsiod, Härodot s. w. geschrieben werden«. Voß, ein notorischer Rechthaber und Polemiker, reagierte prompt. Lichtenberg, der in solchem Gelehrtendisput sofort das unfreiwillig Komische entdeckte, kommentierte im *Göttingenschen Magazin* mit dem Beitrag *To bäh or not to bäh, that is the question*. Dazu die sich sehr überlegen dünkende Meta: »Es ist sehr lustig, diesen gelehrten Streitigkeiten beyzuwohnen, und zu sehen, wie sich diese Leute mit den wichtigsten Mienen von der Welt über Kleinigkeiten zanken, die andern nicht einmal der Rede werth scheinen. Ich vergleiche sie mit unsern Gelehrten, die über ein beh und bäh, und oft über noch geringfügigere Sachen ganze Stöße von Streitschriften schreiben, die zuweiter nichts dienen, als dem Verleger Absatz zu verschaffen, wenn nämlich recht grobe persönliche Anzüglichkeiten darinn stehen.«

Worauf nun Lichtenberg am 20. März 1785 an Friedrich Nicolai schrieb: »Eine Gans unserer Stadt, die Frau Music Director Forkel, hat einen Roman in Leipzig drucken lassen, worin sie ebenfalls die Sache so vorstellt, als hätte ich *so* für *e* wie Voß für *ä* gestritten.« Doch es mußte Lichtenberg nicht weiter verdrießen; der Roman *Maria* war längst vergessen.

Meta, zurück in Göttingen, begann 1787 eine Affäre mit dem seit einem Jahr verwitweten Gottfried August Bürger. Es blieb eine kurze und offensichtlich primär sexuelle Beziehung, die dem Dichter das Recht zu geben schien, Meta dafür öffentlich zu verachten. In seinen Briefen an Friedrich Ludwig Wilhelm Meyer und August Wilhelm Schlegel erscheint sie unter dem seltsamen Namen *Furciferaria*. Dieses von Bürger erdachte lateinische Kunstwort setzt sich zusammen aus *furca* (= Forke = Forkel) und *furcifer*, die Bezeichnung für Gabelkreuzträger, eine Sklavenstrafe im antiken Rom, wobei der Bestrafte mit den Händen an eine Gabel gefesselt wurde, deren V für Bürger eine Anspielung auf das weibliche Delta bedeutete; *furcifer* kann im obszönen Sinn auch die Bedeutung von Phallus haben. Der phantasievolle Dichter wollte damit deutlich machen, worum es in seinem Verhältnis zu Meta ging. Als er ihrer nach einem Jahr überdrüssig geworden war, bedachte er sie mit Spottversen. Die Liaison war stadtbekannt, so daß es Meta schließlich vorzog, nach Berlin zu gehen, gefolgt von ihrem neuen Liebhaber, Carl Günther Friedrich Seidel, der seit 1783 in Göttingen Theologie studierte.

In Berlin stand sie in Verbindung mit dem Schriftsteller Johann Jacob Engel, der ihr offenbar Übersetzungsaufträge vermittelte, mit deren Honoraren sie ihren Lebensunterhalt finanzierte, denn sie beherrschte sowohl die englische wie die französische Sprache. So übertrug sie aus dem Englischen eine *Skizze der Regierung Georgs III.* von Horace Walpole und das *Leben der Königin Elisabeth von England* von Louise Félicité Kéralio aus dem Französischen. Von einer achtbändigen *Histoire d' Elisabeth, Reine d'Angleterre, tirée des écrits originaux anglois* scheint sie die ersten vier Bände übersetzt zu haben.

Im Sommer 1789 verließ sie Berlin wieder und ging mit ihrem Sohn und ihrer Mutter nach Mainz, wo sie bei ihrem Bruder Georg Wedekind, Professor der Medizin an der Universität Mainz, wohnte.

6. Dorothea Schlözer

IN DER PAULINERSTRASSE, NUR WENIGE Schritte von Michaelis und Heyne entfernt, lebte der Professor Schlözer mit den Seinen. August Ludwig Schlözer, 1735 im hohenlohischen Gaggstadt als Sohn eines Landpfarrers geboren, hatte Theologie in Wittenberg und Göttingen (u. a. bei Michaelis) studiert und war mit 26 Jahren als Assistent des russischen Reichshistoriographen Gerhard Müller nach Petersburg gekommen. Hier blieb er bis 1765, erarbeitete statistische Tabellen über zahlreiche Gebiete des russischen Lebens, verfaßte eine russische Grammatik (es soll die erste wissenschaftliche gewesen sein) und fand Aufmerksamkeit und Wohlwollen der Zarin Katharina II., die ihn in das Kollegium der auswärtigen Angelegenheiten aufnehmen wollte. Schlözer lehnte ab und folgte 1769 einer Berufung an die Universität Göttingen, wo man durch seine ersten Publikationen über Rußland auf ihn aufmerksam geworden war. Noch im selben Jahr heiratete er Caroline Friederike Roederer, die sechzehnjährige Tochter des Anatomen Johann Georg Roederer, der seit 1757 auch als Direktor der Göttinger Entbindungsanstalt, der ersten Lehranstalt für Geburtshilfe, fungierte.

Schlözer wirkte nicht nur als Professor für Geschichte und Staatswissenschaft in Göttingen, sondern nicht minder als politischer Publizist. Als erstes Journal veröffentlichte er 1775 einen *Briefwechsel meist statistischen Inhalts*, dem ein Jahr später der bis 1782 herausgegebene *Briefwechsel, meist politischen und historischen Inhalts* folgte, den beiden Bänden schlossen sich 1782 die *Stats-Anzeigen* an, die 1795 nach dreizehn Jahren ihr Erscheinen einstellten. Diese drei Journale wurden nicht als Zeitungen, sondern als Buch veröffentlicht, was Schlözer auch betonte: »Uebrigens ist dieses Buch keine Zeitung, sondern ein Buch, wie alle Bücher, die Universitäts-Docenten, für welche alles Bücher schreiben nur Neben, nicht HauptSache ist, liefern können.« Über seine eigene Tätigkeit als Redakteur ließ er die Leser 1782 bei Erscheinen der *Stats-Anzeigen* wissen: »Anfänglich war diese periodische Schrift *mein Werk*. [...] Auf freiwillige Beiträge Anderer rechnete ich nicht. [...] Aber schon seit merern Jaren ist sie nicht mein Werk mer: ich bin blos *Sammler, Herausgeber, Handlanger* bei Anderer ihren Dienstleistungen.«

Das war freilich allzu bescheiden formuliert, wenngleich Bescheidenheit nicht die herausragende Eigenschaft dieses energischen, selbstbewußten und zuweilen recht cholerischen Mannes war. Denn selbstverständlich veröffentlichte er in den Jahrgängen der *Stats-Anzeigen* nichts, was seinen Ansichten zuwider gewesen wäre, und bei fremden Beiträgen hielt er sich mit seinen eigenen Meinungen in Fußnoten und Kommentaren auch nicht zurück. Er war ein Aufklärer, der die von ihm und seinen Journalen mitgeteilten wissenschaftlichen Erkenntnisse verstanden wissen wollte; er publizierte für eine intellektuelle Leserschaft, aber nicht für Gelehrte. Themen waren die von ihm so überaus geschätzte Statistik, politische, wirtschaftliche und kirchliche Beiträge sowie der Abdruck von Dokumenten aller Art. Dabei kam ihm zugute, daß nirgendwo in Deutschland eine solche Pressefreiheit bestand wie im Kurfürstentum Hannover, das von dem Umstand profitierte, ein Teil Großbritanniens zu sein, wo die liberalste Presse zu finden war. Auch wenn keine genauen Angaben über die jeweilige Auflagenhöhe von Schlözers Publikationen zu finden sind: Man schätzt sie auf über viertausend Exemplare, eine für jene Zeit enorme Zahl.

Mit diesen drei hochangesehenen Journalen sicherte sich Schlözer zwanzig Jahre lang den Ruf einer reichsweiten moralischen Instanz erster Ordnung. In einer Kabinettssitzung soll Kaiserin Maria Theresia einmal interveniert haben: »Das geht nicht! Was würde Schlözer dazu sagen?« Und die achtzehnjährige Caroline Michaelis bemerkte altklug: »Il meriteroit bien le titre de erster Cabinetsprediger de tous les princes de l'Allemagne.« Zwar werde er durch seine Journale berühmt und reich, doch habe er sich auch zahllose Feinde gemacht, schrieb sie einer Freundin 1781. Schlözer plante 1777 auch Vorlesungen zur Geschichte und Gegenwart des Zeitungswesens *(Entwurf eines Zeitungs-Colegii)*, daraus scheint offenbar nichts geworden zu sein.

Der bienenfleißige Schlözer fand neben seinen vielfältigen Aufgaben als Wissenschaftler und Redakteur noch die Zeit, acht Kinder zu zeugen, von denen das älteste die am 10. August 1770 geborene Tochter Dorothea war, »Dortgen« gerufen.

Über die Entwicklung seiner Ältesten wurde der befreundete Historiker Johannes von Müller informiert. »Mein Dortgen«, schrieb Vater Schlözer, als das Kind gerade fünfzehn Monate alt war, »hat nun 87 Wörter und 192 Ideen, falls ich richtig gezählet habe.« Drei Monate später: »Mein Dortgen spricht nun alles und lernt das ABC nach einer neuen Methode, die, wenn sie glückt, ich in einem eigenen gelehrten Werke beschreiben will. Wenn nur das Aufschreiben der Observationen nicht so mühsam wäre!« Über die Zweijährige: »Dortgen geht manchmal mit mir auf dem Wall spazieren. Es sieht schnackisch aus, ein Kind von fünfundzwanzig Monaten, kleinlich wie eines von fünfzehn Monaten, und diskutierend, als wäre sie sechs Jahre alt.«

Mit vier Jahren lernte Dortgen lesen, mit fünf Jahren bekam sie Unterricht in Mathematik und Geometrie bei Abraham Gotthelf Kästner, Professor der Mathematik, den Vater Schlözer eigentlich gar nicht ausstehen konnte, der aber damals in Göttingen als die allseits anerkannte Autorität in seinem Fach galt. Plattdeutsch lernte sie im Alter von 32 Monaten geläufig sprechen, das war damals die Umgangssprache in Göttingen und dürfte ihr gewiß vom Dienstpersonal der Schlözers vermittelt worden sein.

Vater Schlözer hielt gerade die Beherrschung des Plattdeutschen für eine gute Übung zum Erlernen anderer Sprachen, von denen Dortgen das Französische fast gleichzeitig aufnahm, denn sie bekam es vermittelt durch Catharine Margarethe de Bras, Tochter eines hugenottischen Strumpfwirkers, die bis 1775 Magd bei den Schlözers war, so daß Dorothea das Französische schon in ihren ersten fünf Lebensjahren geläufig sprechen lernte. Dem schlossen sich das Englische, Italienische, Schwedische und Holländische an; Sprachen, die das Kind sich offenbar völlig mühelos aneignete. Mit dem elften Lebensjahr kam das Lateinische, mit dem fünfzehnten das Griechische dazu. Deutsch, Geschichte, Religion und Mineralogie gehörten zu den Grundkenntnissen, und daß sich das Mädchen sein Geschichtswissen auch in den Vorlesungen des Vaters erwarb, versteht sich von selbst. Nur einen Bereich schloß die Pädagogik Schlözers kategorisch aus: die *belles lettres*, wie man damals die schöne Literatur nannte. Lyrik und Romane zu lesen, hielt Schlözer für schädlich; Vergils *Aeneis*, als ein Meisterwerk der Poesie eigentlich verboten, wurde nur wegen ihres historischen Gehalts zugelassen, das galt auch für Voltaires sich an Vergils *Aeneis* anlehnendes Versepos *La Henriade*.

Während sonst nach den Idealen weiblicher Erziehung die Wissenschaften verpönt blieben und heranwachsende Mädchen die schöne Literatur, mit Maßen freilich, lasen oder gar selber Verse schmiedeten wie Philippine Gatterer, galt bei Schlözers eher das Umgekehrte. Allerdings wurden die sogenannten weiblichen Tugenden nicht völlig vernachlässigt. Natürlich lernte Dorothea auch Nähen, Stricken, Tanzen, Kartenspielen, Hauswirtschaft und – stets ganz unerläßlich – Zeichnen und Musizieren. Die Musik bedeutete Dorothea weit mehr, als die Konvention verlangte. Mit unverhohlenem Stolz schrieb Schlözer 1780 an den Historiker Johannes von Müller: »Mir streicht von meinem Universitätsleben ein Jährchen nach dem anderen dahin, ich bin gesunder wie jemals und vergnügter wie jemals; jenes hängt von diesem ab. Und zu diesem tragen meine drei Kinder vieles bei. Mein Dortgen spielte schon 1778 öffentlich auf dem Klavier in einem Konzert; voriges Jahr sang sie öffentlich zu unserem Universitätskonzert.«

Schlözer reiste gern, und schon 1774 nahm er die vierjährige Tochter mit auf eine Fahrt in seine hohenlohische Heimat. Eine solch lange Reise – bei den damaligen schauerlichen Straßenverhältnissen und wenig komfortablen Wagen nur sehr bedingt ein Vergnügen – gehörte zu des Professors pädagogischem Programm, denn Dortgen sollte neben der Abwechslung auch durch Anschauung lernen und sich alles Gesehene und Erlebte gut einprägen, weswegen die Kleine, die gerade erst Lesen und Schreiben gelernt hatte, auch ein Tagebuch führen mußte. Natürlich spürt man darin die redigierende Hand des Vaters, der das Reisejournal mit der Überschrift versah: *Dortgens Reise von Göttingen nach Franken und wieder zurück. Zum Lesen und Lernen für Dortgen.*

Die erste Reisestation war Hannoversch Münden: »Hier ist die Werra, und die Fulda: die fließen hier zusammen, und heißen alsdann die Weser. Auf der Weser gehen Schiffe, bis nach Bremen hinunter.« Am dritten Tag zwischen Wabern und Gießen: »Unterwegs lehrte mich mein Papa von zwanzig bis dreißig zählen: das können viele große Leute in Amerika nicht.« Zwischen Friedberg (»Hier aßen wir Lerchen zu Mittag, und frische Milchbrode«) und Hanau kamen die Reisenden in ein Gewitter: »Es donnerte, es blitzte, es regnete gewaltig. Aber das Blitzen sah charmant aus, und das Donnern klang prächtig. Das mögen ja wunderliche Leute sein, die sich fürchten, wenn es so prächtig donnert, und so charmant blitzt!«

»Bei Ernspach war eine Decke über das Wasser. Mein Papa sagte mir, das heiße eine Brücke.« Am 28. Reisetag war man zurück in Göttingen: »Da bin ich nun wieder! Und muß nun wieder *stricken*!«

Die ungewöhnliche Intelligenz des Mädchens beeindruckte auch den Mathematiker Kästner: »Ein Kind von sieben Jahren, dessen Hand noch zu schwach ist, den Zirkel zu führen, sein Verstand aber gelernt hat, von den Lehrsätzen und Beweisen der beiden ersten Lehrbücher des Euklid Rechenschaft zu geben!« Und doch beeindruckte alle, die Dorothea kennenlernten, deren fröhliche Natürlichkeit, fern von jedem vorlauten, altklugen Wesen und eher darauf bedacht ihre Kenntnisse zu verbergen, als damit zu brillieren und sich wichtig zu machen.

Als Dorothea elf Jahre alt war, beschloß Schlözer, nach Rom zu reisen, wozu ihn die Regierung in Hannover großzügig für ein halbes Jahr beurlaubte, ja ihm sogar sein Grundgehalt von 500 Talern weiterzahlte. Schon das war ungewöhnlich, aber worüber sich ganz Göttingen aufregte: Dortgen sollte mit! Die allgemeine Entrüstung artikulierte Caroline Michaelis in einem Brief an ihre Freundin Luise Gotter:

»Du hast Schlözer und seine Tochter kennen gelernt. Was sagst Du zu dieser Reise, und zu der sonderbaren Erziehung? Ich wundre mich, daß ein Mann mit so viel feinen, durchdringenden, umfaßenden Verstand, zuweilen mit so wenig Vernunft handelt. Es ist wahr, Dortchen hat unendlich viel Talent und Geist, aber zu ihren Unglück, denn mit diesen Anlagen und den bizarren Projecten des Vaters, die sie zu der höchsten Eitelkeit reizen werden, kan sie weder wahres Glück noch Achtung erwarten. Man schäzt ein Frauenzimmer nur nach dem, was sie als Frauenzimmer ist. Ein redendes Beispiel davon habe ich an der Prinzeßin von Gallizin, die hier war, gesehen, sie war eine Fürstinn, hatte viel Gelehrsamkeit und Kentniße, und war mit alledem der Gegenstand des Spotts, und nichts weniger wie geehrt. Dortchen wird eine andre Gallizin werden. Zumal da der Vater sehr reich ist, und alle seine Absichten durchsezen kan. Und nun diese Reise, die Vater und Tochter den dringendsten Gefahren aussezt; nach einem Lande, wie Italien ist, ein junges Mädchen, sollte sie auch noch ein Kind seyn, ohne weibliche Aufsicht! Und der Vater, da die Reise durch Länder geht, wo er von der Rache der Jesuiten, denen er durch sein Journal wesentlichen Schaden gethan hat, alles befürchten muß, wenn ich alles andre nicht rechnen will; und durch die Schweiz darf er gar nicht einmal reisen, das weis er auch wohl. Er hat im lezten Heft von Lichtenbergs Magazin etwas eingerückt von Wasers Todt, das eine Revolte in der Schweiz hervorbringen kan, und unsre hiesigen Schweizer sind so wüthend aufgebracht gegen ihn, daß ich froh bin, daß er schon weg war, wie der Aufsaz erst erschien. Alle seine Freunde, und vorzüglich mein Vater, thun ihm oft genug Vorstellungen, aber er ist taub, sein Wiz, sein beißender treffender Wiz verleitet ihn, er kan keinen satyrischen Gedanken unterdrücken, und wär er noch so bitter. Und doch hat er gewiß einen guten Charakter.«

Wäre Schlözer dieser Brief bekannt gewesen, er hätte seine pädagogische Weisheit bestätigt gefunden, Dorothea keine Romane lesen zu lassen, denn Caroline las deren offensichtlich zu viele. Die Jesuiten, seit Gründung ihres Ordens gewöhnt, für alle Übel in der Welt verantwortlich gemacht zu werden, wären überfordert gewesen, jeden ihrer zahlreichen Kritiker umzubringen. Und wie immer der einzelne Schweizer auch zur 1780 in Zürich wegen Verrats vollzogenen Hinrichtung des ehemaligen Pfarrers Johann Heinrich Waser stehen mochte: Schlözer, der sich gegen das Todesurteil ausgesprochen hatte, konnte das schon deswegen gleichgültig sein, weil er gar nicht geplant hatte, durch die Schweiz nach Italien zu reisen, sondern die Strecke über Innsbruck wählte.

Vater und Tochter reisten nicht allein, sondern in Begleitung. Da muß zuerst der treue Diener Johann Jacob Schminke genannt werden (um 1750 im hessischen Elbersberg geboren), der seit 1776 mit seiner Frau zum Schlözerschen Dienstpersonal gehörte. Dann saßen mit in der Kutsche ein junger Livländer, Melchior von Wiedau, mit seinem

Hofmeister Louis Droz aus Neufchâtel, und der aus dem Westfälischen stammende Jurastudent Ignaz Schweling. Der sparsame Schlözer hatte sie mitgenommen, damit sie ihm Dreiviertel der Reisekosten bezahlten. Das Glück wollte, daß diese kleine Gesellschaft bestens miteinander harmonierte, wie Schlözer, fast euphorisch, am 23. Oktober 1781 aus Nürnberg seiner Frau zu berichten wußte:

»Dank sey dem himmlischen Vater gebracht. Bisher waren wir wie im Himmelreich, lauter Wonne und noch zur Zeit kein Unglück, nicht einmal ein Hauptverdruß. Meine 3 Compagnons sind unbeschreiblich artig, Schweling besonders ist ein herrlicher Mensch; alle würden mich aus- und ankleiden, wenn ich es litte. So waren sie von Anfang schon, und mit jedem Tage wächst ihr Attachement, weil sie sehen, daß ihnen meine Gesellschaft mehr nutzt, als sie gehofft haben; denn wo ich invitiert werde, da werden sie auch invitiert. Schminke übertrifft sich selbst, so allert war er noch auf keiner Reise, dafür bekommt er auch manche Bouteille Rheinwein. Mit der Dortchen bin ich auch zufrieden. Sie hat nur einen schweren Stand, daß sie nicht zur Närrin wird, denn was ihr die Leute schmeicheln, ist unaussprechlich, wegen ihrer Schönheit (davon wußte ich, weiß Gott, in Göttingen nichts); 2. wegen ihres gesunden Aussehens und dreisten (aber doch nicht frechen) Wesens; 3. wegen ihrer Kenntnisse; 4. weil sie fein Deutsch spricht.

Und nun ich vollends! allmächtiger Gott, was bin ich nun schon für ein andrer Mensch! Ganz aus der Gelehrsamkeit heraus gesund wie ein Fisch, zerstreut wie ein Hofmann; eine Stunde zu arbeiten, wird mir schon entsetzlich sauer. Schon am 4ten Tag der Reise ward ich von meiner Hypochondrie frei, die mich seit Pfingsten gequält hatte, und seitdem lacht mir die ganze Natur, und alle Menschen freuen sich über mich, und ich freue mich über alle Menschen. Aber alle Freude wäre doch nur halb, wenn nicht die 4 ½ Menschen immer bei wären. […] Wir versagen uns nichts, sind *genereux*, haben eben den Miethwagen, den der

Kaiser hatte, und – die Beutel werden doch nicht merklich leichter! Gescheidte Oekonomie, und alles in vier Theile vertheilt, macht die Reise zum Miracle wohlfeil. Drei Mal ist schon gepunscht worden; Kramsvögel, Repphühner, Schnepfen sind wir bald überdrüssig; fränkische Bratwürste, Burgunder und Tokayer aber munden noch ganz gut.«

In Augsburg gefiel es ihm besonders. Das Essen war »noch deliciöser« als in Nürnberg, man überschüttete ihn mit Komplimenten und Einladungen, »das neueste hiesige Intelligenzblatt« nannte seinen Namen. »Was ich überhaupt in Augsburg von Kunst und Gemälden sehe!« Fazit: »Über Reisen geht doch nichts, und alle andre Lust ist Quark dagegen!« Die gute Laune machte ihn sogar galant: »Herr von Halder [Augsburger Bankier] sagte mir, nun sehe er das erste Exempel, daß Gelehrte auch hübsche Kinder zeugen könnten. Ein Anderer in Anspach fragte mich, ob ich auch gewiß wüßte, daß es meine Tochter sey? Sie sey viel schöner wie ich. Ja! dachte ich, du solltest ihre Mutter sehen!«

Die Fahrt ging über Innsbruck, Brixen, Bozen und Trient nach Verona, von wo aus er seiner Frau am Abend des 29. November schrieb: »Da sitz ich ganz allein: alle sind seit ½7 in die *Opera buffa*, die wird bis 11 Uhr dauern. Meine Leute bettelten seit 2 Stunden, daß die Dortchen mit sollte. Mittlerweile nahm sie, indem wir alle um den Kamin herumsaßen, NB. zum *ersten*mal auf der ganzen Reise, ihr Mathematik-Heft vor, und *studirte ganz gewaltig!* Also – ließ ich sie hin, mit der Ordre und Bitte, daß Schminke, der Mieth-Lakai und Schweling sie gegen 10 Uhr, falls die Musik nicht göttlich wäre, zurückschaffen sollten. Dem allmächtigen Gott werde ich danken, wenn ich Dir sie wieder zum *Hüten* überliefern kann.«

Die italienische Landschaft interessierte ihn nicht. »Ich mache mir nichts aus Gegenden, aber die Menschen sind so charmant!« Und immerzu gab es Musik: »Vorgestern Mittag nach Tische kamen 3 Kerle mit Cythern und Violinen und einem ausgedienten Freuden-Mädchen von Venedig, frisirt und geputzt wie ein Fräulein, und machten uns Tafelmusik auf der Stube. Gestern Abend holten wir frische Citronen aus des Herrn Giusti Garten; auch bekamen wir Abendmusik auf der Straße, bezahlten aber nichts, sonst wäre des Dings kein Ende worden. (Dortchen meinte wohl, es wäre eine Serenade für sie.)«

Das nasse Wetter in Venedig bescherte Dortchen eine Erkältung, die mit dem Verzehr von viel Honig kuriert wurde. Hier wurde sie bei dem aus Nürnberg stammenden Bankier Reck einlogiert, was dem Vater nicht so recht gefallen wollte: »In Rom werd' ich sie bei mir behalten, damit sie auch was lernt. Gestern, wie ich zu Madame Reck kam, trug Dortchen ihr 5 Wochen-Kind in der Stube herum; damit recommandirt sich freilich das schlaue Ding.« Dem Vater schickte sie kleine Botschaften: »Lieber Vater, Guten Morgen. Ich bin diese [Nacht] nicht allzuwohl gewesen, ich hab nicht recht geschlafen und habe gekackt diese Nacht.« Aber sie war schon bald wiederhergestellt.

Am 15. Januar traf die Gesellschaft nach einer beschwerlichen Reise in Rom ein und mietete Zimmer an der Piazza di Spagna. Nach den vielen Klagen über das schlechte Essen war die Freude groß, hier einen deutschen Gastwirt zu finden, »der auch auf deutsche Art kocht, und sogar, wenn mans verlangt, mit Sauerkohl dient«, wie Dortchen zufrieden festhält.

Zu den ersten Bekanntschaften in Rom gehörte der Schriftsteller und Übersetzer Wilhelm Heinse. »Dieser war schon einige Monate hier und war ein gelehrter Antiquar von Haus aus, besser wie alle andre vornehme und geringe Ciceroni und Abbati in Rom.« Der führte nun die kleine Gesellschaft täglich durch Rom, sprach bestens Italienisch und war ein Kunstkenner außerordentlichen Ranges, wie man ihn besser gar nicht hätte finden können. Natürlich sprach man mit Heinse Deutsch, wie denn offenbar die Piazza di Spagna überwiegend von Deutschen bewohnt wurde. Und Dortchen sollte doch Italienisch lernen und sprechen! Zunächst gab Schlözer sie in eine Nähschule, wo sie jeden Vormittag gemeinsam mit 25 Mädchen werkeln mußte: »Aber anfänglich konnte ich aus den Gänsen kein Wort, weder deutsch noch italiänisch, heraus bringen. Desto mehr gab sich die Meisterin mit mir ab: ich mußte Manschetten für sie machen und lernte den Kreuzstich.«

Das berichtete sie am 29. Januar 1782 in einem ausführlichen, munter plaudernden Brief an ihre Tante in Jena, die Frau des Anatomen Justus Christian Loder, ein Vertrauter Goethes:

»Dieses Leben hätte mir nun ganz gut gefallen, und ich hätte immer so ein paar Monate in Rom ausgehalten. Aber hören Sie, liebe Tante, was ich für ein Glückskind bin! Auch in Rom, in Rom, so ein Glükskind, wie vorhin in Augsburg und Venedig. – Unser Banquier, hr. Barazzi, einer der größten Banquiers in Rom und zugleich Königlich-Dänischer Legationsrath, ein ehrwürdiger Mann über 70 Jahre, lernte mich kennen; und dessen Frau, eine Dame von etwa 30 Jahren, die gar keine Kinder hatte, war so gütig, und erbot sich, mich zu sich in ihr Haus zu nehmen, so lange wir in Rom seyn würden. Das wurde freilich mit Kußhand angenommen. Also heute vor acht Tagen, Dienstag den 22. Januar, zog ich mit Sak und Pak von unsrer Gesellschaft aus, und quartierte mich bey Madame Barazzi ein. Den Abend nahm sie mich in die Oper mit; auch die andern Tage ward fast immer ausgefahren, bald auf ihre Villa außen vor Rom, bald anders wohin. Des Mittags ist beständig Gesellschaft bei uns, von Fremden und von vornehmen hiesigen Geistlichen; aber selten sind Damen dabey. Den Abend ist gewöhnlich Conversazione (Assemblée) hier, da wird gespielt. Weil so spät gegessen wird, so schleiche ich mich weg, und bestelle mir ein Abendessen beym Koch, mit dem ich sehr gut Freund bin, nach meinem Gout. Ich habe eine Art von Kammerjungfer, und dann sind noch zwei andre Mädchen zum aufpassen da: mit allen denen muß ich in einem weg italiänisch plaudern. Die guten Dinger haben mich herzlich lieb, und wollen mich gerne katholisch machen: aber da wird nichts aus. Wenn einer von unsrer Gesellschaft kommt und mich besucht, so ordinir ich Chocolade oder Punsch. Kurz, ich habe ein fürstliches Leben: Gott segne meine liebe römische Mama Barazzi!«

Vater Schlözer, dessen Stimmung sich sehr aufgehellt hatte, als er hier – seit Brixen – endlich wieder »eine Menge Leute« traf, die seinen Namen kannten und seine Berühmtheit gehörig zu würdigen wußten, schilderte seiner Frau den Aufenthalt Dortchens bei den Barazzis aus seiner Sicht:

»Vor allen Dingen höre mein bestes Abenteuer auf der ganzen Reise mit Dortchen. In Wiedaus Brief an seinen Banquier Barazzi stand auch mein Name. Bei diesem horchte der Alte (ich weiß bis diese Stunde nicht, woher er mich kennt) und ließ mich zu Mittag invitiren. Dortchen insinuirte sich gleich bei dem Alten, weil sie französisch, englisch und italiänisch plauderte, und bei seiner sehr galanten 30jährigen Frau, weil sie feuerrote Backen hatte. Nach Tische brachten sie ihre Bitten an, das Mädchen sollte gleich da bleiben, und Vater und Mutter da finden. Ich war verblüfft, weil ich das Haus noch nicht kannte, und nahm einen protext, ich wollte sie erst übermorgen (den 22.) schicken. Indeß zog ich Kundschaft ein, und schickte sie in Gottes Namen Dienstag Abends durch alle meine Reisegefährten hin (ich selbst hatte just Besuch). Da lebt nun das glückliche Geschöpf wie eine Fürstin! Madame wäscht ihr selbst den Hals, wenn sie es nicht recht gemacht hat. Die Mägde bedienen sie wie eine Kronprinzessin. Dem Alten muß sie eingelaufene deutsche Briefe übersetzen, dann frißt – er sie mit Küssen auf; er hebt ihr ihre Schopfhaare von der Stirne und jauchzt, daß sie so ein schönes Mädchen sey; und lacht, daß sie auf der Stirne weiß, und im übrigen Gesicht braun sey; sie sagt italiänisch, hier (um die Nase herum) sey Italien und oben Deutschland; nun wird der Alte noch mehr entzückt u. s. w. Gott! welches Glück, wenn das noch drei Wochen so dauert! Das beste ist, das Geschöpf spricht schon flinker italiänisch wie englisch; ich kann sie schon ordentlich wie Dolmetscherin brauchen.«

Auch der »sehr hübsche Herr Heinse« (Schlözer) konnte sich dem Charme des Mädchens nicht entziehen. »Nach diesen habe ich einen Monat mit dem eher trockenen Schlötzer durchhistorisiert«, schrieb er im März an seinen Freund Fritz Jacobi in Düsseldorf, »wofür mich manche Nachricht und seine reizende elfjährige Tochter schadlos gehalten hat, ein Kind, das ganz artig Italiänisch spricht, lateinisch, französisch und spanisch zu lesen angefangen hat, das Klavier spielt, Bravourarien singt und voll Lebhaftigkeit ist. Ich bin manchen Morgen und Nachmittag mit ihr in dem weiten Rom herumgezogen und sie war fast besser zu Fuß als der Seeheld Klinger.« Womit der Dichter Friedrich Maximilian Klinger gemeint war, der sich ebenfalls gerade in Rom aufhielt.

Von einem so eminenten Kenner wie Heinse die Kunstwerke der Antike vermittelt zu bekommen hätte Schlözer eigentlich freuen müssen, statt dessen nörgelte er: »Dem Statüenbegucken bin ich gram geworden; es ist so viel Unzüchtiges dabei. Auch Dortchen gewöhnt sich die Kunstsprache an: sie schwatzt von *weichem Fleisch* an marmornen Statüen.«

Wichtiger waren ihm die tägliche Schmauserei und der Umgang mit Zelebritäten, meist Kardinälen und Diplomaten (»ob ich zum Papst gehe, weiß ich wirklich noch nicht«), und wenn ihn der Maler Johann Philipp Hackert einlud, der auch an der Piazza di Spagna wohnte, dann wurde er von Schlözer im Brief als »der größte Maler hier« apostrophiert, und damit Mutter Schlözer auch dessen Größe richtig zu würdigen wüßte, folgt als Erklärung: »Eine Landschaft von ihm kostet 50 Dukaten.« Und eines mußte der Daheimgebliebenen unbedingt mitgeteilt werden: »In dem großen Rom ziehen doch schon eine Menge Menschen den Hut vor mir ab.« Glückes genug! In sein Dortchen zeigte er sich richtig vernarrt:

»Diesen Morgen«, so schrieb er am 30. Januar, »lief ich mit Dortchen und Heinse herum und sah köstliche Antiquitäten. Mittags speiste ich bei Barazzi, Abends Heinse bei mir. Ei, ei! beinahe hätte ich mit Madame Barazzi gezankt. Ich fragte nach einem Sänger, der Dortchen Stunden geben sollte. Madame fuhr auf: man brächte das Mädchen um durch übermäßiges Arbeiten; sie lernte schon italiänisch, schriebe soviel, und nun gar noch Musik! Bloß weil sie vier Sprachen lallt, das macht sie schon zum Mirakel. Das Ende vom halben Zanken war: wenn sie sich krank arbeiten, eine gelehrte Dame werden, und nicht täglich mit ihr ausfahren sollte, könnte sie es thun; aber dann sollte sie nicht sagen, daß sie in Rom bei Madame Barazzi gewohnt, und doch Rom nicht gesehen habe. Nachher beichtete mir Dortchen, es wären schon mehrere Spitzen von gelehrter Dame vorgefallen; die Mägde dürften sie nie aufwecken, ›weil sie sonst krank würde‹, wenn sie ihr Journal schriebe, kriege sie immer scheele Gesichter. Also ist kein anderer Rath, als daß ich das glückliche Geschöpf schlummern lasse; sie wird's wohl künftig wieder einbringen. Überhaupt bin ich auf der ganzen Reise nie so extra zufrieden mit ihr gewesen wie hier. Sie behält alles, was sie sieht, und spricht gescheidt davon. Diesen Morgen lief sie wieder wie eine Erwachsene und ward nicht so müde wie ich. Sie hatte sich sehr beschmutzt bei den kothigen Wegen und mußte sich ganz umkleiden, aber einmal war die Abrede schon gestern mit Heinse genommen, ehe ich wußte, daß es regnen würde. Am meisten kiff Madame mit mir, daß ich das Mädchen des Morgens aus dem Bette gerissen, da sie gestern erst um 12 Uhr aus der Oper gekommen. Allein sie war um halb neun von selbst aufgestanden, und ich hatte dem Bedienten, der sie abholen sollte, expreß gesagt, wenn sie nicht schon auf wäre, sollte er wieder weg gehen. Diese Bagatellen schreibe ich Dir, damit Du siehst, daß Deine Tochter in Rom ein so gutes und dabei so nützliches Leben hat, als Du und kein Menschen in Göttingen sich je hätte träumen lassen.«

Nun wollte auch der in Rom lebende Bildhauer Alexander Trippel das liebliche Kind modellieren, »der größte Bildhauer in Rom, folglich in der Welt«, versteht sich. Zur gleichen Zeit malte der seit 1777 in Rom lebende Friedrich Rehberg Dortchens Porträt. Von Trippels Büste zeigte sich Schlözer ganz begeistert, sie sei »göttlich schön, wie antik«.

Als Ende Februar 1782 die Heimreise angetreten werden mußte, nahm Dortchen tränenreichen Abschied von den Barazzis; sie würde sie nie wiedersehen. Zurück ging es über Florenz, Mailand, Turin und den verschneiten Mont Cenis in die Schweiz, wo übrigens niemand darauf wartete, den Herrn Professor Schlözer aus Göttingen zu lynchen, wie Caroline Michaelis vermutet hatte. Am 2. April erreichte die Reisegesellschaft Kassel. Hier wünschte sich Schlözer einen Empfang durch seine Frau, die Familie Michaelis und einige Studenten, »je mehr, desto besser«. Über diesen Empfang schrieb die von Frau Schlözer mitgenommene Caroline Michaelis:

»Schlözer kam mitten in der Nacht. Diese Zusammenkunft zwischen Mann und Frau, Eltern und Kindern nach so langer und gefährlicher Trennung war ein schöner Auftritt, den gesehn zu haben ich um nichts hingeben möchte. [...] Es war nichts als Lachen und Jauchzen, Postillons, Bedienten, und alles theilte die Freude. Wir hatten auch verschiedne lächerliche Abentheuer. Wir zogen endlich gar prächtig in Göttingen ein: 3 zu Pferde vorauf, dann unser Wagen mit 4, die römische Reisegesellschaft mit 6 Pferden, und ein Cabriolet machte den Beschloß. Unser Gefolge vermehrte sich so, daß beym Absteigen vor dem Schlözerischen Hause über 100 Menschen versammelt, Schlözer fast ins Haus getragen wurde und wir uns mit Mühe durchdrängen musten, und hier erscholl ein freudiges Willkommen! überall.«

Der Hamburger Piter Poel erlebte Dorothea bald nach ihrer Rückkehr aus Italien und gibt diese Charakteristik in seinen Erinnerungen:

»Nach seiner [Schlözers] Rückkehr von Italien [...] sah ich die Tochter Dorothea [...] einige Male in den Assemblées, die Sonntags alle 14 Tage abwechselnd bei Pütter und [dem Justizrat] Böhmer gegeben wurden. Obgleich sie kaum 12 Jahre alt war, spielte sie doch schon eine Rolle in der Gesellschaft; sie beantwortete die Fragen der älteren Leute verständig und unverlegen, verläugnete aber auch ihr Alter bei den jüngeren nicht, mit denen sie sich gern ihrem kindlichen Frohsinn überließ. [...] Die damals ihren Nerven angethane Gewalt [= die Schulung durch den Vater] ist nicht ohne nachtheilige Folgen für sie geblieben. Sie hat davon eine Reizbarkeit behalten, die oft bei geringen Veranlassungen ihr heftige körperliche Schmerzen verursachte, oder sie in eine trübe Stimmung versetzte, auch eine gewisse Derbheit in ihren Bewegungen und Ausdrücken angenommen, die sich ebenso wenig, als die, der größten Reinlichkeit unbeschadete Vernachlässigung in ihrem Äußeren, mit zarter Weiblichkeit vertrug; wie denn überhaupt aus den früheren Verhältnissen in dem elterlichen Hause sich so manches erklären ließe, was von den Eindrücken der Jugend in das reifere Alter getragen, störend für die Gesundheit und den inneren Frieden dieses so treugesinnten, wahrheitsliebenden, von der Natur zu eigenem Glück und wohlthätiger Wirksamkeit so reich ausgestalteten weiblichen Wesens geworden ist.«

Natürlich konnte von Muße nach so vielen Reisemonaten nicht die Rede sein. Das Dortchen mußte wieder fleißig lernen, wobei ihr Vater die Sonne seiner guten Laune über ihr scheinen ließ, denn gleich nach der Rückkehr hatte man ihn zum Hofrat ernannt und sein Grundgehalt von 500 auf 700 Taler erhöht. Ja, in Hannovers Regierung wußte man, wer er war und was ihm gebührte!

Dortchen – Müßiggang ist aller Laster Anfang – wurde an ihre Sprachstudien verwiesen. Denn soviel sie auch sprach und verstand: Es galt, bei jeder Sprache für ein solides Fundament in der Grammatik zu sorgen, wozu neben dem Englischen, Französischen und Italienischen ganz besonders noch das Lateinische und Hebräische gehörten. Doch als die Sechzehnjährige sich vom Griechischen ermüdet zeigte – bei nunmehr zehn Sprachen vielleicht verzeihlich –, reiste Schlözer (Piter Poel tadelt ihn als einen »argen Despoten«) mit seiner Ältesten in den Harz und ließ sie zur Abwechslung Bergwerke besichtigen. Das war nicht ungefährlich, denn es bedeutete, an zusammengebundenen Steigleitern bei trüber Beleuchtung fast tausend Meter in die Tiefe zu klettern, was Dorothea mit Bravour und zur Bewunderung aller meisterte. So ganz nebenbei lernte sie auch noch Reiten und entkam dabei glücklich einem Unfall, als ihr Pferd plötzlich durchging, ohne daß sie, natürlich im unpraktischen Damensattel sitzend, abgeworfen worden wäre. »Daß mein kleiner Sohn Karl an den Blattern erkrankte«, meldete Schlözer im September 1787 seinem Korrespondenzpartner, dem dänischen Diplomaten Woldemar Graf von Schmettow, und daß es einer halben Stunde bedurfte, bis das von einem Hund erschreckte Pferd wieder eingefangen werden konnte. Dabei habe er »zuletzt desperate Dinge vorgenommen, wie eine Seebärin vom Nordpol tun soll, um ihr Junges zu retten«.

Wie es in ihrem Inneren aussah, schrieb Dorothea in einem Bekenntnisbrief an ihre Freundin Luise Michaelis, die jüngere Schwester Carolines, am 19. Juni:

»Deine Frage habe ich nun recht wohl verstanden. Meinst Du denn, daß Kochen und Spinnen angenehmer ist, als wenn ich ein historisches Collegium bei meinem Vater höre? Freilich wenn ich Latein oder einen schweren Satz im Euklides auszuarbeiten habe, so vergeht mir wohl zuweilen die Geduld, aber da denke ich denn, wenn ich diesen Satz und Latein fix verstehe, so lerne ich dadurch, wie eine Brille beschaffen sein muß, und das ist doch wohl angenehmer, als bei Hitze und Frost in der Küche zu stehen. Und wird es mir manchmal ein wenig sauer, so werde ich jetzt schon genug dafür belohnt, weil mir mein Vater so manches Extra Vergnügen dafür erlaubt.

Du mußt Dir aber ja nicht einbilden, daß ich nichts von weiblichen Arbeiten verstehe: im Kochen nehme ich es doch wohl mit Dir auf, und meine Mutter macht mir oft Schmeicheleien über mein flinkes Stricken. Ich kann spinnen, nähen, mit Wein umgehen, denn ich besorge größtentheils den Keller allein; nur im Putzmachen fehlt's mir noch ein wenig, da möchtest Du wohl schon mein Meister sein, und meiner Mutter vollends komme ich in diesem Capitel all meine Tage nicht bei. Nicht einmal, sondern wohl zehnmal hat es mir mein Vater freigestellt, ich sollte keine Lernstunde mer haben, sondern nur weibliche Sachen treiben – aber ich hielt es noch nicht für rathsam, warhaftig nicht bloß weil ich fürchtete, meinen Vater bös zu machen.

Liebes Mädchen, ich will Dir Vieles beichten, was wir 15jährigen Mädchen sonst in der Welt nie so früh erfahren, und auch in keinem Buche steht, was ich aber schon seit mehreren Jahren unter vier Augen von guter Hand habe: Weiber sind nicht in der Welt, blos um Männer zu amüsiren. Weiber sind Menschen wie Männer: eines soll das andere glücklich machen. Wer blos amüsirt sein will, ist ein Schlingel, oder verdient nur ein Weib von schönem Gesicht, das er in vier Wochen satt ist.

Nun macht ein Weib einen Mann blos dadurch glücklich, daß sie seine Köchinn, Näherinn und Spinnerinn ist? Ey so wollt' ich mich doch lieber als Köchinn, Näherinn und Spinnerinn vermiethen, so könnt' ich ja von dem Teufel, wenn's ein Teufel ist, wieder loskommen. – Aber meinst Du denn nicht, daß ein Mädchen durch das, was ich lerne, einen Mann wirklich amüsiren könne? Meinst Du, daß ich durch mein Lernen dem Stande, dem ich gewidmet bin, ganz entgehe? Wie, wenn ich nun einen Kaufmann oder Fabrikanten kriegte, der nach Spanien, Frankreich, Holland, Italien, England, Schweden u. s. w. handelt, und ich verstehe die Sprache dieser Länder und könnte ihm gar seine Correspondenz führen? Wieviel Kaufmanns Weiber giebt es denn, die so ein halb Dutzend Sprachen verstehen; und müßte mein – will's Gott! – Künftiger denn nicht ein Flegel sein, wenn er mir nicht eine Köchinn bezahlte, weil ich ihm einen Buchhalter ersparte?

Freilich wählen können wir Mädchen nicht, weder ich noch Du; wenn ich also einen Gelehrten kriegte, so wäre mein bischen Lernen verloren, aber Schaden thät's mir doch auch nicht. Gesetzt ich müßte, der Haushaltung wegen, Clavier, Singen, Mathematik und Latein niederlegen, meine Sprachen spräche ich doch noch immerfort, und mein Mann hätte doch sein Vergnügen dabey, und ich läse doch immer so was nebenher von Rom. Denn immer vor dem Heerd zu stehn, wäre meine Sache auch nicht, denn armes Schofel Zeug nehme ich nicht, und dazu zwingt mich mein Vater auch nicht. Ich laure nicht auf einen Mann, der so viel Einnahme hat wie Dein Vater und meiner. Aber hungern und darben will ich auch nicht, sonst bleibe ich lieber allein. Wenn mein Temperament so bleibt wie bisher, so heirathe ich nicht anders als aus Vernunft.«

Die Universität Göttingen bereitete sich auf ein festliches Jubiläum vor: Am 17. September 1787 würde die »Georgia Augusta« 50 Jahre alt werden, und um dem Festakt eine ganz besondere Note zu geben, sollte Dorothea zur Doktorin der Philosophie promoviert werden. Eine ungewöhnliche Auszeichnung, denn Frauen waren zum Studium gar nicht zugelassen, und die Doktorwürde war in Deutschland bislang nur einmal einer Frau zugesprochen worden: Dorothea Erxleben, die am 12. Juni 1754 von der Universität Halle zum Doktor der Medizin promoviert wurde. Sie war die Tochter eines Quedlinburger Arztes, bei ihrer Promotion 39 Jahre alt, Frau eines Pfarrers und Mutter von vier Kindern. Sie erhielt nicht nur die Doktorwürde, sondern bekam auch die Approbation. Als erste deutsche Ärztin hat sie bis zu ihrem Tode 1762 in Quedlinburg praktiziert und galt als »gesucht«. Sie hatte schon 1742 mit einer Schrift Aufsehen erregt, die den so barocken wie herausfordernden Titel trug: *Gründliche Untersuchung der Ursachen, die das weibliche*

Geschlecht vom Studium abhalten, darin deren Unerheblichkeit gezeiget, und wie nötig und nützlich es sei, daß dieses Geschlecht der Gelahrtheit sich befleiße, verständlich dargelegt wird.

Die Idee, Dorothea Schlözer zu promovieren, stammte von Johann David Michaelis, der die Tochter seines einstigen Schülers zu einem mittäglichen Imbiß einlud und sie mit dieser Eröffnung überraschte. Vater Schlözer erkundigte sich daraufhin bei Michaelis, ob der Vorschlag als seriös anzusehen sei. In diesem Falle dürfe es keine Ehrendoktorwürde sein, sondern die Promotion nach stattgehabtem Examen durch die Fakultät und zwar in deutscher (nicht wie üblich in lateinischer) Sprache und ohne öffentliches Disputieren. Dem stimmten alle Professoren zu.

Am 25. August wurde Dorothea für den Nachmittag in das Michaelis-Haus gebeten und dort dreieinhalb Stunden lang von acht Professoren gründlich examiniert, darunter Gatterer, Heyne, Kästner und Michaelis. Die Kandidatin – gekleidet in weißes Musselin und mit Perlen und Rosen im Haar, »mein Vater hatte es so haben wollen« – mußte Fragen aus der Mathematik und der Architektur beantworten, Horaz interpretieren, ihre Kenntnisse in Bergbau, Mineralogie und Geschichte nachweisen, und sie beantwortete alles mit Bravour und ihrer Sache sicher, erstaunlich angesichts der so verschiedenartigen wissenschaftlichen Disziplinen, die eine Siebzehnjährige souverän beherrschte. Es überraschte deshalb nicht, daß die Prüfungskommission, die es der Kandidatin nicht leichtgemacht hatte, einstimmig zu dem Ergebnis kam, der Demoiselle Dorothea Schlözer den Titel eines Doktors der Philosophie zuzuerkennen.

Als am 17. September 1787 der Festakt zum Universitäts-Jubiläum in der Pauliner-Kirche begangen wurde, läuteten morgens in ganz Göttingen die Glocken, und ein riesiger Festzug bewegte sich durch die Straßen, bestehend aus Professoren, Studenten, Ministern, Diplomaten, auswärtigen Prinzen und unterstrichen von feierlicher Musik. Michaelis gab in lateinischer Sprache die Promotionen bekannt und nannte an erster Stelle »die gelehrte Jungfrau Dorothea Schlözer, deren Gelehrsamkeit, hauptsächlich in Mathematik und Mineralogie, wir wirklich durch das Examen festgestellt haben«.

Aber wo war die Gelehrte? Als Frau blieb sie von vornherein ausgeschlossen. Durch einen mit der Kirche verbundenen Anbau sah sie durch ein zerbrochenes Fenster hinunter in das vollbesetzte Kirchenschiff und konnte von dort die Feier und ihre Ehrung verfolgen. Die Musik spielte ein Stück aus dem *Tedeum* von Carl Heinrich Graun. Bei der Feier wurde auch Gottfried August Bürger und Johann Nikolaus Forkel die Doktorwürde verliehen.

Eine ehrende Urkunde verlieh der jungen Doktorin auch die Universität Straßburg, und die Jenaische Lateinische Gesellschaft ernannte sie zum Mitglied. Journale im In- und Ausland berichteten über das ungewöhnliche Ereignis, Kupferstiche mit Dorotheas Porträt kursierten. Caroline Böhmer, geborene Michaelis, kommentierte aus dem fernen Clausthal in einem Brief an ihre Schwester: »Wenn er [Schlözer] nur wüste, daß Dortchen so gar nicht das Mädchen ist, das er zu erziehn wähnt – nur *vis à vis de lui* ein Geschöpf des blinden Gehorsams, und deren Wesen gar nichts mit dieser Subordination weiter gemein, als wie das militärische *Exercitium* mit dem Menschen. Es freut mich denn doch, daß es so gut abgegangen ist.«

So wie Caroline werden es manche gesehen haben, aber diese Sicht wurde Dorotheas Wesen nicht gerecht, wie ihr Brief an Luise Michaelis beweist. Sie ist nie ein dressiertes Geschöpf gewesen und würde es bis zum Ende ihres Lebens nicht sein. Ihr Engagement in Sprachen und Wissenschaften war ihr ein Bedürfnis, Schlözers Erziehung hätte sonst scheitern müssen. Das zu erkennen blieb der um sieben Jahre älteren Caroline, die eine ganz andere Erziehung genossen hatte, versagt.

Ihre wissenschaftliche Beschäftigung setzte Dorothea fort. Sie befaßte sich mit Algebra, dem Naturrecht, vervollkommnete ihr Französisch und trieb Vergil-Studien. An ihres Vaters *Münz-, Geld- und Bergwerksgeschichte des Russischen Kaisertums vom Jahre 1700–1789* hat sie maßgeblich mitgearbeitet, was Schlözer in seiner Vorrede auch betont.

Im April 1791 unternahmen Vater und Tochter eine Reise nach Hamburg, Kiel und Lübeck. Hier lernte sie den Senator Matthäus Rodde kennen, der sie zum Essen einlud, 36 Jahre alt, verwitwet, Vater von drei Kindern. Ein literarisch gebildeter, kunstliebender, vielgereister und mit einem beträchtlichen Vermögen ausgestatteter Mann, der sich sofort in Dorothea verliebte. Kaum waren Vater und Tochter von Lübeck zurück nach Hamburg gefahren, da ließ Rodde schon durch einen Beauftragten seinen Heiratswunsch vorbringen und erschien dann auch persönlich in Hamburg. Schlözer wollte zuerst von einer Heirat nichts wissen. Als Rodde dann Dorothea einen Korb mit (damals noch seltenen) frischen Apfelsinen schickte, wollte Schlözer den Korb leer zurücksenden, was als klare Absage zu verstehen gewesen wäre. Aber Dorothea rief: »Nein, den leeren Korb, das schickt sich nicht«, und legte einen Kupferstich hinein, den zwei Jahre zuvor Heinrich Schwenterley nach einem Porträt von Johann Dominicus Fiorillo von ihr gemacht hatte. Mit dieser Geste gab sie Rodde ihr Jawort.

Am 14. Mai waren Vater und Tochter wieder daheim. Erst nach langen und schwierigen Verhandlungen zwischen Schlözer und dem nach Göttingen gekommenen Rodde, bei denen es um die finanzielle Absicherung Dorotheas ging und die einmal fast schon zu scheitern drohten, kam endlich eine Einigung zustande. Schlözer glaubte dabei weitsichtig gehandelt zu haben, doch wie unwirksam die gewählte Konstruktion sein würde, hat er nicht mehr erleben müssen. Am 28. Mai 1792 fand im Hause Schlözers die Trauung und die von Rodde bezahlte und mit ungeheurem Pomp inszenierte Hochzeitsfeier statt. Unmittelbar danach verließen Matthäus Rodde und seine Frau Dorothea Göttingen und fuhren nach Lübeck.

7. Meyer, Forster, Bürgers Ende

IM SOMMER 1785 KAM EIN JUNGER MANN nach Göttingen, der hier nicht ganz unbekannt war: Friedrich Ludwig Wilhelm Meyer. Er hatte in Göttingen studiert, und mancher erinnerte sich, ihn als Theseus oder Graf Essex auf der Bühne gesehen zu haben, denn er trat gern als Amateurschauspieler auf, und man sagte ihm Talent nach. Sein Vater war Oberpostmeister in Harburg gewesen, das damals zum Kurfürstentum Hannover gehörte, und ziemlich früh gestorben, doch hatte er seiner Frau und den elf Kindern ein kleines Vermögen hinterlassen. Davon hätte die Familie gut leben können, doch leider war man auf einen vermeintlichen Freund hereingefallen, der das Geld treuhänderisch verwalten wollte, es tatsächlich aber weitgehend durchbrachte. Als die Sache ruchbar wurde, ließ sich nur noch ein Viertel der Hinterlassenschaft retten, alles andere war unwiederbringlich dahin. So ging der 1759 geborene Meyer wieder zurück nach Göttingen und hoffte, man würde sich seiner günstig erinnern und irgendwo und irgendwie beschäftigen. Als sein Wohltäter erwies sich Heyne, der ihn aus seiner Studentenzeit kannte. Er verschaffte dem Sechsundzwanzigjährigen die Stelle des 3. Bibliothekars an der Universitätsbibliothek mit freier Wohnung und 300 Talern Jahresgehalt. Als Privatdozent las Meyer über Philosophie und deutsche Literatur, was ein geringes an Kolleggeldern einbrachte.

Lichtenberg war von ihm recht angetan. Er nannte ihn seinen »sehr guten Freund« und meinte, Meyer sei ein »wahrer Weltmann, nur bei sehr viel mehr Kenntnissen, als Weltmänner gemeiniglich besitzen«. Das war gewiß richtig, und Lichtenbergs Meinung wurde von vielen prominenten

Zeitgenossen geteilt. Meyer hatte Europa bereist und wußte sich weltmännisch zu benehmen; als charmanter und gescheiter Unterhalter war der gutaussehende junge Mann in jeder Gesellschaft gern gesehen. Er war eminent belesen, schrieb Aufsätze zur Literatur, viele Rezensionen und verstand es auch, gefällige Verse zu machen, zwar keineswegs bedeutende Lyrik, aber man druckte sie und hielt sie beim ersten Lesen für diskutabel. Nur zu einem ist dieser reichbegabte Mann in seinem langen Leben – er wurde 81 Jahre alt – nie imstande gewesen: ein Werk zu hinterlassen, das ihn überdauerte. Zwar war er begabt wie wenige, verstand die Menschen für sich einzunehmen, aber weil ihm alles leichtfiel, ihm alles zuflog, ihn jeder feierte und für bedeutend hielt, wurde nichts aus ihm.

Dreizehn Bücher hat er geschrieben: Davon enthalten zehn Bände Theaterstücke (zwischen 1782 und 1818), allerdings bei Lebzeiten vergessen, wie alles, was er veröffentlicht hat. Seine schillernden Charakterqualitäten könnte man unerheblich finden, paßten sie nicht so ganz zum Bild dieses eloquenten, flinken, mit seinen stupenden Kenntnissen jedermann beeindruckenden Literaten, der so ganz Esprit zu sein schien, hätte dieser Esprit nicht etwas von der Ubiquität einer schönen Seifenblase gehabt.

Therese Heynes Ehe stand von Anbeginn unter einem Unstern: Meyer. Zwischen ihrer Verlobung (April 1784) und Hochzeit (September 1785) erlebte sie mit ihm eine stürmische Affäre, die offenbar nur das, was man früher »das Letzte« nannte, ausschloß. »Ist denn unsere Verbindung ein so alltägliches Ding, daß sie jedermann begreifen könnte?« fragte Meyer, der hier wohlweislich nüchtern von »Verbindung« sprach und nicht von »Liebe«, denn er, so bekannte er später kühl, habe sich »nicht entschließen können, um einer einzigen willen dem ganzen Geschlecht untreu zu werden.«

Tatsächlich fürchtete der eher reservierte und bindungsscheue Mann wohl nichts so sehr wie wirkliche Liebe, wahrscheinlich schreckte ihn schon der Gedanke an sexuelle Hingabe. Er unterhielt nicht nur ein Leidenschaft vortäuschendes Verhältnis mit Therese Heyne, sondern auch eines mit deren Stiefmutter, und fast gleichzeitig verdrehte er Lotte Michaelis, der Schwester Carolines, den Kopf.

Seinem Freund Gottfried August Bürger, der gerade sein erotisches Abenteuer mit Meta Forkel (»Furciferaria«) beendete, schrieb Meyer am 14. April 1789:

»Über die Furciferaria, die ich freylich nicht mag, weil sie mir immer zu schmuzig war, auch nicht verstand sich zu kleiden, kan ich dennoch nicht urtheilen wie ihr. Daß sie mehrere zugleich geliebt und genoßen hat, harmonirt sehr mit meinen Grundsäzen; ich thue das nemliche so gut ich kan und weiß, und gestehe euch ich finde ein solches Behagen daran, daß ich ordentlich seitdem ich dieses erfahren eine Art Estime für sie gefaßt habe. Das einzige ungrosmüthige ihres Verfahrens liegt darin, daß sie diese ihre Seelengröße vor euch verbarg und euch nicht zu ähnlichen Exertionen aufforderte, damit ihr euch von Zeit zu Zeit als Sieger begegnen, und der betrognen einseitigen Liebe andrer spotten köntet.«

Da spielte nun einer den abgebrühten Roué, man könnte auch etwas unfreundlicher von provinzieller Maulhurerei sprechen. Denn verglichen mit dem großen Giacomo Casanova, der es nicht bei Ankündigungen und Ideologie bewenden ließ und überdies ein einfühlsamer Liebhaber gewesen ist, dürfte Meyer vor allem Erotischen eher Angst gehabt und es bei verbalen Emanationen belassen haben.

Das Zeitalter gab sich ja gern erotisch freizügig und litt dennoch an einer Sexualität, die nur selten ausgelebt und befriedigend war. In der bürgerlichen Welt wurden alle Beziehungen intimer Natur zwischen jungen Männern und Frauen von der Gesellschaft argwöhnisch beobachtet und überwacht. Sexualität konnte nur in der Ehe ausgelebt werden. Außerhalb der Ehe blieb dem Mann noch die Beziehung zu Frauen niederer Stände mit dem Risiko, sich dabei uneheliche Kinder einzuhandeln, oder er besuchte ein Bordell. Empfängnisverhütung, für Casanova ganz selbstverständlich, war in Deutschland kaum bekannt und darum auch nur sehr selten praktiziert; selbst Prostituierte benutzten keine Kondome, obwohl diese unschwer zu erwerben, allerdings nicht eben billig waren. Für die Kunden eines Bordells bedeutete angesichts der enormen Verbreitung venerischer Krankheiten (vor allem der damals unheilbaren Syphilis) jeder Besuch ein hohes Gesundheitsrisiko. Die Universität Göttingen verfolgte das außereheliche Sexualleben ihrer Studenten mit äußerster Strenge. Allerdings waren außereheliche Schwangerschaften im Haushalt von Professoren nicht ganz selten.

Als Georg Forster nach Göttingen kam, schwärmte man in Europa von einem in der Südsee gelegenen erotischen Paradies namens Tahiti, damals meist Otaheiti genannt. Die Insel war erst 1767 entdeckt worden, doch durch den 1771 gedruckten – schon ein Jahr später ins Deutsche übersetzten – Bericht des französischen Kapitäns Louis-Antoine de Bougainville (der 1768 Tahiti angelaufen hatte) weltberühmt geworden. In seiner Schrift *Reise um die Welt, welche mit der Fregatte La Boudeuse und dem Fleutschiff L'Etoile in den Jahren 1766, 1767, 1768 und 1769 gemacht worden* beschrieb Bougainville ein wahres irdisches Paradies, wo alle Menschen in Frieden lebten, genug zu essen hatten, ohne dafür sonderlich viel arbeiten zu müssen, wo ewiger Sommer herrschte, vor allem aber: wo ein völlig tabufreies erotisches Dasein geführt wurde. Ein einzigartiges Liebesparadies also, wo alle ohne Hemmungen ihrer Lust lebten. Daß es dieses Utopia der sexuellen Freizügigkeit auch auf Tahiti nicht gab, hätte jeder wissen können, der Forsters *Reise um die Welt* aufmerksam las. Auch die Tahitianer führten Kriege, auch dort gab es eine ausgeprägte Klassengesellschaft mit allen bekannten Formen der Unterdrückung, die Sexualität war ganz und gar nicht frei von vielfältigen Repressionen, und die vermeintlich so unbefangenen Insulanerinnen, die sich den Europäern anboten, waren Prostituierte. Aber: Wer wollte das überhaupt wissen? Wenigstens hatte der Tahiti-Traum fruchtbare Folgen für die Literatur, etwa in Wilhelm Heinses vielbeachtetem, aber auch als unsittlich gerügtem Roman *Ardinghello und die glückseeligen Inseln* (1787), der zwar in der Ägäis spielt, aber ohne die Inspiration durch die Tahiti-Legende nicht zu denken ist.

Das Bild vom glücklichen Otaheiti bedeutete jedoch weit mehr als nur die Vorstellungen von einer schrankenlosen Erotik. Die Menschen jener Jahre begannen gerade, die Natur zu entdecken und über die Rolle des Menschen in der Natur nachzudenken. War es wirklich richtig und dem Menschen gemäß, sich einer Unzahl von gesellschaftlichen Regeln und übertriebenen Formen zu unterwerfen, seinen Körper in unzweckmäßige Kleidung einzuzwängen, sein Haar zu pudern oder unter Perücken zu verstecken, statt es frei wallen zu lassen?

Der Tahiti-Traum wurde geboren, weil sich jeder ein solches Gemeinwesen in grenzenloser Freiheit ersehnte, weil man in einem Zeitalter der Kriege dort zu leben wünschte, wo ewiger Friede die Menschen formte zu glücklichen, friedfertigen und harmonischen Wesen. Ein Leben in Liebe, Lust und schrankenloser Freiheit! Für einen Augenblick träumten im Herbst 1777 einige norddeutsche Dichter sogar davon, gemeinsam nach Tahiti auszuwandern: Heinrich Wilhelm von Gerstenberg und Adolf Overbeck gewannen für ihren kühnen Plan Matthias Claudius, Friedrich Gottlieb Klopstock, Friedrich von Stolberg, Johann Heinrich Voß und Christoph Martin Wieland. Natürlich wurde aus dem Unternehmen nichts, denn keiner von ihnen hätte das gewohnte Leben missen mögen, und sie alle hätten sich auf Tahiti kaum glücklich gefühlt, zumal dort niemand ihre Verse verstehen konnte. Dennoch war der Plan keineswegs einer Weinlaune entsprungen, sondern offenbarte, wie sehr diese Dichter unter den Verhältnissen litten, die ihnen aufgezwungen waren.

Zu diesen Träumern gehörte Georg Forster nicht, er hatte die Wirklichkeit Tahitis kennengelernt und sehr nüchtern beschrieben. Zurück aus den Weiten der Weltmeere, die er mit James Cook im doppelten Wortsinn erfahren hatte, holte ihn die Realität des geistig und räumlich begrenzten Europas ein, und mit ihr fand er sich ohne Illusionen ab. Im Dezember 1778 übernahm er in Kassel eine Professur für Naturkunde mit einem Jahresgehalt von 570 Talern; dort blieb er für die nächsten sieben Jahre. Dann bot ihm die polnische Krone eine Professur in Wilna an, anzutreten am 1. Oktober 1785, freilich mit der Verpflichtung, wenigstens für acht Jahre zu bleiben. Jahresgehalt 1200 Taler bei freier Wohnung und Tilgung seiner Kassler Schulden von 1590 Talern. Forster nahm an. Am 18. November traf er in Wilna ein. Er mußte sich erst einmal einrichten und mit seinen neuen Aufgaben vertraut machen, ehe er seine Frau Therese würde nachholen können.

Sie hat ihren Mann Jahrzehnte später mit den Worten beschrieben: »Seine ursprünglich regelmäßigen Züge waren durch die Kinderblattern eingeschrumpft und mit Narben bedeckt, der heftige Skorbut, den er auf seiner Seereise erlitten und von dem die Masse seiner Säfte auf immer angesteckt war, hatte das Weiße seiner Augen gefärbt und seine Zähne gänzlich verdorben; aber sobald er durch das Gespräch belebt ward, erhielten seine Züge den mannigfachsten Ausdruck und kaum sah ich je ein Gesicht, das durch den Geist und die Empfindung einer größeren Verschönerung und eben auch des Gegenteils fähig gewesen wäre.«

Was sie nicht sagte: Forster war ein Mensch von wenig ausgeprägtem Selbstvertrauen, trotz seines europaweiten Ruhms, weich, nachgiebig, hilfsbereit, entgegenkommend. Aber für eine Kämpfernatur durfte er nicht gelten, ihm fehlte überhaupt das Durchsetzungsvermögen, er hatte nicht gelernt, energisch nein zu sagen. Statt Meyer, den Liebhaber seiner Frau, sofort hinauszuwerfen, bot er ihm gleich das Du an und ließ es zu, daß Meyer sogar den Ehekontrakt, den Forster mit Therese schloß, mitunterzeichnete. Die beiden nannten ihn Assad, nach einer Figur in Lessings *Nathan*, und Meyer wurde somit gleichsam der unsichtbare Dritte in diesem Ehebund.

Auf andere Weise erfuhr das auch Gottfried August Bürger. Am 8. September 1789 erschien in der Stuttgarter Wochenschrift *Beobachter* ein zwölf Strophen langes Gedicht mit der Überschrift: *An den Dichter Bürger. Nach einem scherzhaften Gespräch bei Lesung seiner Gedichte.* Die letzten beiden Strophen lauteten:

> Denn kämen tausend Freier her,
> Und trügen Säcke Goldes schwer,
> Und Bürger zeigte sich,
> So gäb' ich sittsam ihm die Hand,
> Und tauschte mit dem Vaterland,
> Geliebter, Dich!
>
> Drum kommt Dir mal das Freien an,
> So lass's ein Schwabenmädchen seyn,
> Und wähle immer mich!
> Mit ächter Schwaben-Redlichkeit,
> Mit deutschem Sinn und Offenheit
> Liebt ferner Dich
> Die Verfasserin
> .. Y ..

Wahrscheinlich wäre Bürger dieses Gedicht nie zu Gesicht gekommen, hätte es ihm das Herausgeber-Ehepaar Theophil und Marianne Ehrmann nicht zugeschickt. Zustande gekommen waren die Verse in einer privaten Gesellschaft bei einem der damals so beliebten Pfänderspiele, und die Ehrmanns hatten es ohne Wissen der Autorin in ihrem Blatt gedruckt.

Bürger reagierte zunächst amüsiert und schrieb seinem

Freund Boie: »Ist aber die ganze Geschichte nicht drollig? Es ist doch wenigstens eine artige Anecdote in der Geschichte der deutschen Litteratur.« Doch dann nahm das Verhängnis seinen Lauf. Nachdem er sich immer mehr in eine Verliebtheit hineinphantasiert hatte und die Ehrmanns mit Fragen nach der Unbekannten – die gerade erst zwanzigjährige Elise Hahn – bestürmte, schickte er dem »theuren Mädchen«, das er nie gesehen hatte, die umfangreiche *Beichte eines Mannes, der ein edles Mädchen nicht hintergehen will*.

Die präsentierte sich als ein vorzüglich formuliertes, sorgfältig stilisiertes Geständnis des 42 Jahre alten Dichters, der eingangs davor warnt, den Poeten edler Verse mit dem Mann des Alltags zu verwechseln. Er charakterisiert sich als »ziemlich unordentlich, nachlässig, träge und leichtsinnig«, der unter jämmerlichen finanziellen Umständen lebe und überdies noch für drei Kinder zu sorgen habe. Auch verschweigt er nicht die Umstände seiner beiden Ehen und daß man ihn »für einen ziemlichen Libertin hält, und leider! nicht ganz Unrecht hat«. Alles in allem ist dieses umfangreiche Bekenntnis zwar aufrichtig, aber als Heiratsantrag nicht eben verlockend.

Da sollte nun eine Zwanzigjährige ohne Lebenserfahrung plötzlich die Verantwortung für einen Haushalt mit Mann und drei Kindern übernehmen bei völlig ungesicherten wirtschaftlichen Verhältnissen, und alles, was sie von dem ihr persönlich gänzlich unbekannten Bewerber wußte, war nur dessen Dichterruhm. Elise handelte vernünftig, lehnte den Antrag ab, versicherte, ihr Gedicht sei doch nur ein Scherz gewesen, und bot ihm ihre Freundschaft an. Auch ihre Mutter hatte mit guten Gründen abgeraten. Zu spät. Als der Brief in Göttingen eintraf, hatte sich Bürger gerade tags zuvor auf die Reise nach Stuttgart begeben, weil ihm das Warten zu lang geworden war, wobei alle Bedenken beiseite gewischt worden waren, die ihm seine Schwester, sein Schwager Leonhart und Freund Meyer vorgetragen hatten, die das sich anbahnende Unglück klar voraussahen.

Nachdem nun einmal Bürger vor der Tür stand, mochte man ihn auch nicht wieder zurückschicken, und nach kurzer Verlobungszeit heirateten der Dichter und sein »Schwabenmädchen«, wie er Elise nannte, am 29. September 1790 in Stuttgart. Ihr gemeinsamer Sohn Agathon kam am 1. August 1791 in Göttingen zur Welt, ein von Geburt an schwächliches, kränkliches und offenbar auch geistig behindertes Kind.

Zu dieser Zeit wurde dem Dichter ein schwerer, ganz unerwarteter Schlag versetzt. In der Jenaer *Allgemeinen Litteratur-Zeitung* war im Januar 1791 eine umfangreiche (anonyme) Rezension über Bürgers zweibändige Gedichtausgabe erschienen, die mit Bürgers Lyrik gnadenlos abrechnete und dabei den Autor selbst nicht schonte. Der Kern der Kritik: »Eine der ersten Erfordernisse des Dichters ist Idealisierung, Veredlung, ohne welche er aufhört, seinen Namen zu verdienen. [...] Diese Idealisierkunst vermissen wir bei Hn. Bürger.« Es ging gar nicht um die Qualität von Bürgers Lyrik, die eben eine »Idealisierkunst« nicht sein wollte, also überhaupt nicht um das, was Bürger gewollt hatte: Dem Anonymus paßte die ganze Richtung nicht. Doch statt auf die Anwürfe souverän zu schweigen, reagierte der Gescholtene im April 1791 mit einer *Antikritik*: »Zu unserer nicht geringen Verwunderung erfahren wir samt und sonders, was bisher weder ich selbst mir, noch vollends mein ganzes verblendetes Publikum sich träumen ließ, daß ich nicht bloß – ein unreifer unvollendeter Dichter? – o wenn es das nur wäre! – nein, daß ich ganz und gar kein Dichter bin, daß ich diesen Namen gar nicht verdiene.« Und er fragte: »Gestrenge und vermutlich eben so tapfere Maske, ich bitte dich, wer bist du?«

Es war Friedrich Schiller. Bürger wollte es zuerst nicht glauben. Er hatte Schiller im Frühjahr 1789 besucht, man hatte dabei über ein gemeinsames Projekt gesprochen, nämlich Teile aus Vergils Werk in verschiedene Versmaße zu übertragen, und Bürger hatte damals auch die nun so grausam abgeurteilte Gedichtausgabe an Schiller geschickt: »Die Beilage biete ich Schillern dem Manne, der meiner Seele neue Flügel und einen kühnern Taumel schafft, zum Zeichen meines Dankes und meiner unbegrenzten Hoffnungen von Ihm, mit der wärmsten Hochachtung an.«

Und nun diese öffentliche Hinrichtung, die nicht einmal Bürgers Charakter schonte. Schiller habe ihn »um alle menschliche Ehre recennsirt«, urteilte zutreffend Caroline Böhmer, geb. Michaelis. Georg Forster hingegen fand Schillers Kritik »uns aus der Seele geschrieben«. Schillers unbarmherziges Urteil galt dabei letztlich seiner eigenen, überwundenen Frühzeit; Bürger lieferte nur den Vorwand, weil er Schillers Weg vom Sturm und Drang zu einer neuen Klassizität nicht mitgegangen war.

Diese Exekution traf Bürger gerade zu der Zeit, als seine junge Ehe schon am Ende war. Elise konnte nicht haushalten und war verschwenderisch (ganz wie ihr Ehemann also), sie überließ drei »liederlichen Mägden das Hausregiment«, war vergnügungssüchtig, stand morgens spät auf, weil sie mit jungen Leuten bis in die Nacht hinein feierte, ja Bürger machte sie sogar dafür verantwortlich, daß der kleine Agathon sich weder körperlich noch geistig entwickelte. Ihre ungehemmte Vergnügungssucht sei schuld, daß sie das Kind wegen frühzeitig versiegter Milch nicht lange genug habe stillen können. Schließlich redeten die Eheleute überhaupt nicht mehr miteinander, sondern verständigten sich nur noch schriftlich.

Elise suchte Trost bei anderen, vor allem jungen Männern. Philipp Michaelis, Carolines Bruder, gehörte dazu; ein holländischer Student der Philosophie, Baron Emanuel de Nerifsche, wurde vom eifersüchtigen Ehemann im Schlafzimmer Elises überrascht und mit Fußtritten aus dem Haus gejagt. Dabei entriß er seiner Frau, die er mit Faustschlägen zu Boden gestreckt hatte und dann mit Ohrfeigen traktierte, eine Brieftasche, die kompromittierende Briefe des Grafen Friedrich August von Hardenberg enthielt. Solche Szenen einer Ehe, vom Personal fleißig gestreut, bedienten die Klatschsucht der Göttinger aufs trefflichste.

Ähnlich dem Bekenntnisbrief an Elise, erhielt nun deren Mutter von Bürger im Februar 1792 ein nicht enden wollendes Sündenregister der verderbten Tochter, ein unsagbar peinliches Dokument. Darin ist zu lesen, wie Bürger in die Türen Löcher bohrt, um seine Frau heimlich in flagranti beobachten zu können: »Der junge Herr schob unter fortgesetzten Küssen seine *eine* Hand in den Busen der Schändlichen. Ich hielt Contenance. Er schob die andere in den Rockschlitz, und operierte da einige Minuten fort. Ich hielt Contenance. Madame dehnte und streckte sich wohllüstig, und es schien, daß die Hand nicht recht bequem auf den Fleck der Wohllust gelangen könne. Ich hielt Contenance, und dachte: Dabei bleibt's noch nicht! Mein junger Herr zog die Hand aus dem Schlitze, erhob sich, hob Röcke und Hemd auf, und wälzte sich zwischen die blanken Lenden, die sich ihm mit wohllüstiger Willigkeit öffneten. Mit dem Munde hing man schon immer die ganze Zeit über wohllusttrunken zusammen; jetzt suchte man auch wohl die Hauptheile zusammen zu fügen, und hatte es entweder schon gethan, oder war nahe daran.«

Empört ließ er die Schwiegermutter wissen, ihre Tochter habe seine Manneskraft in Zweifel gezogen: »Nicht etwa vertrauten Freundinnen, sondern jungen Kerlen hatte sie mich als einen widerwärtigen, an Geist und Leib abgeschwächten Ehemann dargestellet, bey welchem ein junges Weib, wie sie, zu solchen Mitteln genöthigt wäre.« Das saß! Dabei habe er es doch »trotz meiner Jahre« vermocht, es ihr »zwei, ja drei Mahl des Tages« ausgiebig (»ohne Ermüdung«) zu besorgen, das habe sie selber der Frau seines Arztes Althof erzählt.

Bürger reichte unmittelbar nach der Prügelszene die Scheidung ein, die dann am 31. März vom Universitätsgericht ausgesprochen wurde. Elise bekannte sich des Ehebruchs schuldig, zumal die von ihr verwahrten Briefe Hardenbergs eindeutig waren. Sie räumte alle Verfehlungen ein, um so einem öffentlichen Verfahren zu entgehen, das nicht nur sie, sondern auch die Karriere Hardenbergs desavouiert hätte. Das Gericht untersagte ihr, jemals wieder eine Ehe einzugehen, und verurteilte sie zum Verlust ihrer gesamten Mitgift im Wert von 1177 Talern (mit Ausnahme ihrer persönlichen Kleidungsstücke) und zur Zahlung »sämtlicher verursachten Kosten«.

Bürger blieben noch zwei Jahre zu leben; er ging sehr schnell seinem Ende entgegen. »Weißt Du, daß Bürger sterben wird – im Elend, in Hunger und Kummer?« schrieb Caroline Böhmer am 10. Mai 1794 an Meyer. »Er hat die Auszehrung – wenn ihm der alte Dietrich nicht zu eßen gäbe, er hätte nichts, und dazu Schulden und unversorgte Kinder. Armer Mann! Wär ich dort, ich ging täglich hin, und suchte ihm diese lezten Tage zu versüßen, damit er doch nicht fluchend von der Erde schiede.«

Am 8. Juni 1794 erlag Bürger der Tuberkulose. Eine Leberentzündung war hinzugekommen, und die Schwindsucht hatte ihn schließlich seiner Stimme beraubt, so daß er keine Vorlesungen mehr halten konnte, womit die Kollegiengelder des ohne ein festes Jahresgehalt lebenden Privatdozenten auch noch entfielen. Bei seiner Beisetzung auf dem Bartholomäusfriedhof folgten dem Sarg nur drei Menschen: der zwölfjährige Sohn Emil und die Ärzte Ludwig Christoph Althof und Johann Heinrich Jäger. Lichtenberg schrieb an Heyne: »Ich habe sein Begräbnis durch das Perspektiv mit angesehen. Als ich den Leichenwagen mit einer Art von Anlauf durch das Kirchhof-Tor rollen sah: so hätte nicht viel gefehlt, ich hätte *laut* ausgeweint. Das Abnehmen vom Wagen konnte ich unmöglich mit ansehen, und ich mußte mich entfernen.« Kein Professor der Universität erwies Bürger die letzte Ehre, nicht einmal sein Verleger Dieterich, der doch immer gut an ihm verdient hatte.

Acht Jahre zuvor hatte ihm Bürger, um sich für Dieterichs wiederholte Zuwendungen zu bedanken, ein Manuskript gratis überlassen, dessen künftigen Erfolg weder Dichter noch Verleger auch nur erahnen konnte. Sein barock ausschweifender Titel lautet: *Wunderbare Reisen zu Wasser und Lande, Feldzüge und lustige Abentheuer des Freyherrn von Münchhausen, wie er dieselben bey der Flasche im Cirkel seiner Freunde selbst zu erzählen pflegt.* Dieterich veröffentlichte das Buch im Herbst 1786 als »aus dem Englischen nach der neuesten Ausgabe übersetzt« mit dem fingierten Druckort London. Ein Verfasser oder Übersetzer waren nicht genannt. Dieses Buch, eines der populärsten und auflagenstärksten deutscher Sprache, hatte eine ungewöhnliche Vorgeschichte.

Bei dem im Titel genannten Münchhausen handelte es sich um den 1720 geborenen Hieronymus Carl Friedrich Freiherrn von Münchhausen, der auf seinem Landgut Bodenwerder an der Weser lebte. Der Freiherr soll ein glänzender Erzähler gewesen sein, der seine Freunde mit kräftigem Jägerlatein zu unterhalten wußte. Schon mit achtzehn Jahren war er als Kornett in die russische Armee eingetreten, hatte an mehreren Feldzügen teilgenommen. Als kaiserlich-russischer Rittmeister nahm er 1750 seinen Abschied und kehrte nach Bodenwerder zurück, wo er 1797 starb.

Anonym erschien 1781 in einer Berliner Zeitschrift eine Sammlung von sechzehn *M-h-s-nsche Geschichten*. Diese übersetzte und veröffentlichte 1786 in englischer Sprache Rudolf Erich Raspe, ein Bibliothekar aus Kassel, der wegen einer Unterschlagung nach England geflohen war. Die englische Ausgabe erlebte mehrere Auflagen (von Raspe noch erweitert) und kam schon im Erscheinungsjahr in Bürgers Hand. Der wiederum übertrug Raspes Übersetzungen und fügte ihnen sechs Schnurren eigener Erfindung hinzu; und in der 2. Auflage 1788 noch weitere sieben. Bürger übersetzte nicht nur, er gab den Geschichten überhaupt erst eine Fassung und ihren unverwechselbaren Erzählton. Unter den dreizehn eigenen Erfindungen befinden sich die besten Münchhausiaden, etwa der Ritt auf der Kanonenkugel oder die Begebenheit, in der sich Münchhausen am eigenen Zopf aus dem Sumpf zieht.

Bürger zog es vor, anonym zu bleiben. Er war als Privatdozent darauf bedacht, durch dergleichen literarische Allotria seinen Ruf als Gelehrter nicht zu gefährden. Auch der Verleger wollte sich nicht bekennen, vielleicht weil er politischen Verdruß fürchtete. Das Vorbild, Freiherr Hieronymus in Bodenwerder, fand die Sammlung allerdings überhaupt nicht witzig. Die Geschichten, zum Teil alten literarischen Vorbildern nachempfunden, stammten gar nicht von ihm, und als »Lügenbaron« mochte der Rittmeister a. D. und Gutsbesitzer mit seinen 66 Jahren auch nicht in die Geschichte eingehen. Es spricht für seine Intelligenz, daß er sofort Bürger oder Lichtenberg hinter dem anonymen Autor vermutete, womit er ja der Wahrheit ziemlich nahe kam. Der Freiherr starb 1797, nachdem er noch im vorgerückten Alter – ähnlich Bürger – eine elende Ehe mit einer Achtzehnjährigen eingegangen war, die sein Geld verschwendete und ihn fleißig betrog, ehe er endlich die Scheidung durchsetzen konnte.

Die *Wunderbaren Reisen* in der von Bürger geschaffenen Gestalt sind das einzige Werk, das den Dichter überdauert hat und zum Welterfolg wurde. Als Lyriker ist Gottfried August Bürger nahezu vergessen, auch wenn seine Gedichte in keiner Anthologie fehlen.

Sein Leben und sein Scheitern sind von der moralisierenden Nachwelt fast immer nur naserümpfend kommentiert worden. Helmut Scherer, sein jüngster Biograph (1995) befindet zutreffend: »Bürgers Leben war zuallererst ein Kampf mit sich selbst. Seine Lebensgeschichte eine Geschichte von ungenutzten Talenten und von Träumen, die sich an Leidenschaft und Leichtsinn verloren, von Widersprüchen zwischen Selbstüberschätzung und Selbstaufgabe, Stärke und Schwäche.« Die deutsche Sprache, so Scherer, habe Bürger um drei Wörter bereichert: »querfeldein«, »sattelfest« und »Lausejunge«.

Schon 1799 wurde auf Betreiben von Bürgers Arzt Dr. Althof dem Andenken des Dichters ein Denkmal errichtet, mit dessen Gestaltung die Brüder Ludwig Daniel und Johann Wolfgang Heyd aus Kassel beauftragt wurden. Als man zur Finanzierung um Spenden bat, stiftete Friedrich Schiller großmütig einen Taler und zwölf Groschen. Die Stadt Göttingen hat dieses Denkmal 1956 abreißen und vernichten lassen.

DRITTES KAPITEL

Medicinischer Universitets Garten.
1. Theatrum Anatomicum.
2. Hr. Hofr und Leib Medici Hallers Wohnung.
3. Königl. Universitets Reithaus oder Marstall.
4. Universitets Kirche.
5. Johan-Kirche.
6. in Gasthiel
7. das Wehnder Thor
8. der Wall

Der medizinische Universitätsgarten

Eheleben

CLAUSTHAL IM HARZ WURDE DIE NEUE Heimat Carolines. Das Städtchen, mit achttausend Einwohnern nicht viel kleiner als Göttingen, zwischen bewaldeten Bergen gelegen, stand in engen Beziehungen zu der Universitätsstadt. Nicht nur, daß die jungen Leute aus den verschiedenen Harzer Bergstädtchen im nahe gelegenen Göttingen (von Clausthal aus 60 km) studierten, man unternahm auch von der Stadt aus Exkursionen in den Harz, und während des Siebenjährigen Krieges, als der Universitätsbetrieb durch die französische Besatzung schwer gestört war, erwog man ernsthaft, die Universität nach Clausthal zu verlegen. Angeblich soll Johann David Michaelis diesen Vorschlag gemacht haben, der aber verworfen wurde.

Für Caroline war der Umzug nach Clausthal hart. Aus einer weltoffenen, geistige Anregungen in Fülle bietenden Universitätsstadt geriet sie in ein verspießertes Nest, unter ein dumpfes Völkchen, das in ihren Briefen erbarmungslos zu kritisieren und zu verspotten sie nicht müde wurde. »Die Gesellschaften hier sind in 4 Abscheerungen geteilt, eine hölzerne Wand zwischen jedes Part nach den 4 Himmelswinden zu; die Weiber, die Männer, die Mädchen, die Junggesellen. Die ersten West und Nord – das ist der Wetter und Regenwind, wie die Ehe bey ihnen oft solch Fähnlein wehen mag, die lezten Süd und Ost – da brent die Sonne am stärksten und es giebt Ungewitter – ob die reine Sonne brennt, das himlische Feuer, das erwärmt, erhellt, Wachsen und Gedeihn giebt, und das in tiefer Andacht so viel Völker anbeteten, oder eine Aftersonne, die ooo treibt statt Ananas, weiß ich nicht«, schrieb sie ihrer Schwester Lotte.

In der Hierarchie dieser Kleinbürgerwelt stand der »Berg- und Stadt-Medicus« Dr. Böhmer an vierter Stelle. Die erste gebührte dem General-Superintendenten, die zweite dem Berg-Syndikus und die dritte kam dem Oberbergmeister zu. Böhmer, der uns als ein »stiller, frommer, nicht ungeschickter Arzt« beschrieben wird, hatte 1777 in Göttingen promoviert, war in England gewesen und hatte 1780 eine Privatdozentur erhalten. Erst seit 1784 lebte er als Arzt in Clausthal, Inhaber einer gutgehenden Praxis. Die Ehe mit Caroline hatte er auf Drängen ihres Bruders Fritz geschlossen, zwei gutnachbarliche Familien verbanden sich miteinander, man achtete und schätzte sich, und damit genug.

»Von meinem Glück schweig ich noch«, schrieb Caroline vielsagend am 9. Juli 1784 an ihre Freundin Luise Gotter. »Wer würde die Schilderung nicht auf die ersten 6 Wochen des Ehestands rechnen? Und doch glaub ich, es wird bleibend seyn, weils nicht übertrieben ist. Böhmer mus ein guter Ehemann seyn, so lang ich ihn liebe, und meine Zärtlichkeit für ihn trägt nicht das Gepräge auflodernder Empfindungen.«

Und ironisch meldete sie ihrer Schwester Lotte zwei Monate später: »Böhmer kommt eben herunter – ist von 7 Uhr an mit lauter alten Weibern umringt gewesen – wollte sich wie er sagt am Anblick einer jungen Frau erholen, schwazt von Herzenswonne und dergleichen, wahrscheinlich alles im Gegensaz verstanden.«

Geradezu erbittert notierte sie ein Jahr später, am 15. Juni: »als an der Jahresfeyer des Tages, der mich heut zwischen 4 Wände, bey einem geheizten Ofen, wie eine Mistbeetpflanze, die Sonne und Luft nur durch Glas geniest, verbant.«

Böhmer spürte, daß seine Frau unglücklich war. Im Juli 1784 besuchten sie Böhmers Verwandte, den Amtsschreiber Mejer in Osterode, und dessen Schwester berichtete: »Der Dr. Böhmer war mit seiner Caroline am Montag hier. Der Mann ist unbeschreiblich vergnügt, sie nicht; sie klagte über die Harz-Nation. Er bat mich so dringend, auf acht Tage ihn zu besuchen, um seine Frau zu trösten, daß es mir leid ist, es abzusagen. Am Sonntag fahren wir nach Clausthal, den Abend wieder zurück.« Zwei Tage später: »Sonnabend kommen Böhmers wieder zu uns. Sie sind einfach, aber sehr hübsch eingerichtet, und ich hoffe, die junge Frau stimmt sich herab und macht den Mann glücklich.« Heinrich Christian Boie, an den diese Mitteilungen gingen, antwortete nur: »Caroline wird noch Mühe haben, die Göttingische Natur abzulegen, und ehe sie das nicht tut, macht und wird auch sie nicht glücklich.«

Ein wohlfeiler Rat: Als läge es nur an der »Göttingischen Natur«, wenn sich eine geistig so wache und anspruchsvolle junge Frau in der Clausthaler Einöde verlassen und unglücklich fühlt. Luise Mejer glaubte, Boie beschwichtigen zu müssen: Caroline würde ihn gewiß interessieren, »die Kunst in ihrem Charakter ist sehr fein«. Sie lasse ihn um die Abschrift von Goethes *Geschwister* bitten.

Die Harzlandschaft war ihr kein Trost. Man hatte die besondere Schönheit dieser Gegend noch nicht lange entdeckt; 1769 hatte Klopstock in der *Hermannschlacht* den »hohen Cheruskerwald« mit dem Harz identifiziert, 1774 war im Göttinger *Musenalmanach* das elfstrophige Gedicht *Der Harz* von Friedrich Leopold Graf zu Stolberg gedruckt worden, ein Jahr später folgte Goethes *Harzreise im Winter*. Aber Caroline hatte – wie für die Musik – keinerlei Gespür für Landschaft oder Naturschönheit.

Der Winter, der durch hohen Schneefall oft die Ortschaften von der Außenwelt isolierte, war ihr besonders zuwider: »Wo liegt außer Grönland so viel Schnee?« Oder: »Mit Trauer seh ich den Schnee, die Scheidewand zwischen mir und der Welt; es ist so ganz wieder das Gefühl vom vorigen Winter; so entblätterten sich die Bäume, so schwärzten sich die Tannen, und der Wind rauschte an meinem einsamen Zimmer, die Wolken wallten in tausend Gestalten über uns hin – ich lebte nicht in der Gegenwart, sondern in der Hofnung des Frühlings und deßen, waß er bringen würde – das war der einzige Unterschied«, klagte sie im zweiten Clausthaler Winter ihrer Schwester Lotte.

Dies bezog sich auf ihr erstes Kind, das sie am 28. April 1785 zur Welt gebracht hatte, kein »Gustav« wie erwünscht, sondern eben »nur« ein Mädchen: Philippine Augusta. »Aus dem Gustav ist nun eine Auguste geworden, und das liebe Geschöpf bittet durch ihre Güte und Schönheit stillschweigend, mit ihr doch zufrieden zu seyn; auch ist mir für mich eine Tochter, bey der das Mutter Herz gewiß sympathetischer schlägt und mit der ich mich früher beschäftigen kann, lieber, und der Vater? – ach er vergaß gern die Wahl.«

Der »Tag, der mich in tausend langwierigen Schmerzen und Angst selbst zur Mutter machte«, wurde qualvoll; man hatte Grund, um das Leben von Frau und Kind besorgt zu sein. Der Geburt folgte ein schwerer Anfall von Ruhr, der zwei Wochen anhielt und bei dem »ich für meinen Verstand fürchtete, deßen Zerrüttung ich mir in äußerster Traurigkeit bewust war«.

Aus Göttingen waren die Eltern und Lotte gekommen, auch Böhmers Schwester mit ihrem Mann sprachen vor, und dankbar gedachte Caroline der Pflege ihres Mannes, »für den sich bey dieser Gelegenheit meine Achtung und Zärtlichkeit durch die vielfachen Beweise der seinigen und die Standhaftigkeit, die er nie verläugnete, selbst in der dringendsten Gefahr nicht, noch verdoppelt hat«, wie sie Luise Gotter gestand. Und sie meinte: »Es hat der armen Kranken nicht an Aerzten jeder Art gefehlt, und könnte Liebe heilen, hätt ich bald, wie durch ein Wunder erschüttert, wieder umher gehen und wandeln müßen.«

Es war nicht die Depression, wie sie Wöchnerinnen häufig erleben, Erschöpfung durch die Geburt und durch die nachfolgende Ruhr: Die Geburt des Kindes schuf eine unwiderrufliche Situation, denn von nun an würde Caroline noch stärker ans Haus gefesselt sein, ihre ohnehin schon durch Ort und Umgebung reduzierte Mobilität wurde noch mehr gebunden. Für Böhmer empfand sie Achtung und Zuneigung, aber eben doch keine Liebe, und ein geistig anregender Partner konnte ihr der vielbeschäftigte Arzt, der ganz in seinem Beruf aufging, nicht sein. Sie fühlte sich eingesperrt, und »Scheidewand zwischen mir und der Welt« war nicht nur der Schnee.

Die eigentliche Welt begann außerhalb Clausthals, Carolines Welt, und nur die unermüdliche Botenfrau aus Göttingen brachte »Welt« ins Clausthaler Haus in Gestalt von Büchern und Zeitschriften. Zu Lotte entwickelte sich ein lebhafter Briefwechsel; sie mußte aus Schneiders Leihbibliothek und dem Lesezirkel der Frau Professor Vollborth nach Clausthal schicken, was immer es an wichtigen und interessanten Neuerscheinungen gab, und Caroline, die sich durch den kleinen Haushalt in keiner Weise ausgelastet, geschweige denn befriedigt fühlte, las in jenen Jahren im Harz unendlich viel. Jetzt waren es nicht mehr ausschließlich Romane wie in den Göttinger Jahren, sondern auch Bücher, die »Welt« vermittelten: *Patriotische Phantasien* von Justus Möser, *Reisen durch England und Italien* von Johann Wilhelm von Archenholz, *Über die Lehre des Spinoza in Briefen an den Herrn Moses Mendelssohn* von Friedrich Heinrich Jacobi, *Reisen eines Deutschen in England im Jahre 1782* von Karl Philipp Moritz, *Gott! Einige Gespräche* von Johann Gottfried Herder, *Camille oder Briefe zweier Mädchen aus unserm Zeitalter* von Johann Friedrich Jünger, *Über Krytokatholizismus, Proselytenmacherei, Jesuitismus, geheime Gesellschaften und besonders die ihm von den Verfassern der Berlinischen Monatsschrift gemachten Beschuldigungen, mit Aktenstücken belegt* von Johann August Stark, *Briefwechsel der Familie des Kinderfreunds* von Christian Felix Weiße. Aber auch Schillers *Don Carlos*-Fragment aus der *Rheinischen Thalia* ist dabei, von dem Caroline meinte, das Stück könne »gut werden, wenn er seine Sprache nur ein wenig vom Schwabenland reinigte«.

Neben dieser recht zusammengewürfelten Lektüre – genannt sind hier nur einige Beispiele – kam das Leben nicht zu kurz. Als sich endlich die Möglichkeit zu einem Ausflug ins Göttinger Elternhaus bot, war sie überglücklich. Doch von diesem Ausflug abgesehen blieb ihr fast nur die Korrespondenz: Briefe an Gotters, die in einem Jahr zwei ihrer Kinder im zartesten Alter verloren, kein seltenes Schicksal in einer Zeit außerordentlich hoher Kindersterblichkeit; vor allem aber die Briefe an ihre Schwester Lotte. Nicht nur hielt diese die Verbindung zu den Eltern, mit denen es keinen eigenen Briefwechsel gab, sie beschaffte auch unermüdlich die ersehnte Lektüre.

Zu Neujahr 1786 gehen an Lotte einige Sätze, die offenbaren, mit welcher Kraft die ältere Schwester jetzt versuchte, sich in ihr Schicksal zu finden und sich nicht länger einem nutzlosen Erdulden und sinnlosen Klagen zu überlassen: »Lotte, wir wären elend – wenn nicht aus Kleinigkeiten unsre Glückseeligkeit zusammen gesezt wäre, deren Summe eitel ist, aber die einzelnen doch fähig sind uns ganz zu beschäftigen. Denn aus jener Stimmung, wo die Seele in sich zurück kehren zu wollen und im Begriff schien, ihre Tiefen und unser Wesen zu ergründen – ruft uns doch so leicht das mindeste zurück, eine Stimme, ein schneller Blick, der auf ein Band fällt, auf ein etwas – und das leitet uns wie ein Blitz zurück auf die Gegenwart, auf Annehmlichkeit und Abwechslung des Lebens. Geschmack und Freude daran leben auf. Es ist so – weiter weis ich nichts davon. Gestern hab ich tracktirt, und da war mir der Braten wichtiger wie Himmel und Erde.«

Dieser Hakenschlag ins Witzige ist typisch. Carolines Humor hat viel von dem, was man als ein gewisses Gottvertrauen bezeichnen könnte, wiewohl sie niemals im kirchlichen Sinne religiös genannt werden darf. Aber in den vielen Krisensituationen ihres Lebens rettet sie diese Naturbegabung: sich distanziert sehen zu können, selbstironisch, humorvoll. Und wie sich ihr seelisches Gleichgewicht stabilisiert, beschreibt sie so (28. Mai 1786):

»Was Meyer übrigens einst sagte, ist thöricht. Ich bin nicht unglücklich, wenigstens nicht durch meine Lage, ja was sag ich wenigstens? Bin ichs denn überall? Nennt ers ein Unglück, eine Seele zu haben? So scheints mir beynah. Es war eine Zeit, wo Therese sich alle die unglücklich dachte, die sie liebte, daher schreibt sich das. Sie ist von dieser Grille zurückgekommen. Sie glaubt an Glückseeligkeit. Die meinige ist nicht überspannt, aber ich bin ihre Schöpferin, fiel mir auch in den ersten Zeiten wohl der Gedanke ein – warum must Du hier Deine Jugend verleben, warum *Du hier* vor so vielen andern; und vor manchen doch fähig eine größre Rolle zu spielen, zu höhern Hofnungen berechtigt? Das war aber Eitelkeit. Jetzt sagt mir mein Stolz, was ich habe ist mir gegeben, diese Situation zu tragen, mich selbst zu tragen. Ich bin sehr zufrieden. Ich leugne es nicht, es im Anfang nicht gewesen zu seyn. Das klagte ich freylich Theresen. Viel kam mit daher, daß ich nicht gesund war, nie so sehr wie jetzt, und das schwächt meinen Kopf, und Schwäche erzeugt bey mir immer glühende Phantasien. Die können nicht anders wie sich zur Traurigkeit neigen mit meinen sonstigen von entzückter Schwärmerey entfernten Gefühlen. Wie wenig Gegenstände giebts, wo die halbwegs vernünftige Einbildungskraft sich an Freuden übt. Ich bin nicht mehr Mädchen, die Liebe giebt mir nichts zu thun als in leichten häuslichen Pflichten – ich erwarte nichts mehr von einer rosenfarbnen Zukunft – mein Loos ist geworfen. Auch bin ich keine mystische Religions Enthousiastin – das sind doch die beyden Sphären, in denen sich der Weiber Leidenschaften drehn. Da ich also nichts nahes fand, was mich beschäftigte, so blieb die weite Welt mir offen – und die – machte *mich* weinen. Da ist immer die Rede von schwachen Stunden. Weh mir, wenn in guten es mir an Freuden mangelte. So eingeschränkt bin ich nicht. Durch Intereße an Dingen außer mir, durch Betrachtung, durch Mutterschaft, durch alles waß ich thu, genieß ich mein Daseyn.«

Eine Schutzbehauptung? Vielleicht. Dennoch gehört Caroline zu den seltenen Menschen, die in Extremsituationen ihres Lebens immensen seelischen Schutz aus sich selbst herausziehen, die instinktiv richtig handeln, weil sie sich und ihr Lebensgesetz bejahen und sich selbst nicht entgegenstehen.

Am 23. April 1787 gebar sie ihr zweites Kind: Therese. Fünf Tage später wurde Auguste zwei Jahre alt, ihre Mutter findet sie »reizend lieblich, ich bete sie an«. Mit den beiden Kindern gestaltete sich der Haushalt – der »in der That keinen geringen Einfluß auf das Leben hat« – mühseliger und reizloser. »Von meinem übrigen Leben ist wenig zu sagen; es ist von außen so einförmig, daß man sich nur beym erzählen wiederholen würde«, schrieb sie der Freundin Luise im Dezember: »Die Innre Geschichte ist um desto mannichfaltiger, und zu weitläuftig.« Bei dieser Andeutung ließ sie es bewenden.

Zwei Monate später war sie Witwe. Böhmer starb plötzlich am 4. Februar 1788 an einer nicht näher bezeichneten Krankheit, die er sich in seiner Praxis zugezogen hatte. Bis zum Herbst blieb Caroline in Clausthal, dann siedelte sie nach Göttingen um, erneut schwanger. Das dritte Kind Böhmers, ein Sohn namens Wilhelm, kam in Göttingen zur Welt, starb aber schon kurz nach der Geburt.

Caroline sorgte sich jetzt um den alt gewordenen Vater. »Ich glaube, er würde es schwer ertragen, mich und die Kinder nicht mehr zu haben – es ist vielleicht seine einzige Aufmunterung für diesen Winter, denn seine Collegia werden vermuthlich gar nicht zu stande kommen. Das ist mir unbeschreiblich traurig – er leidet sehr dabey – es kränkt ihn, und er hat nun nicht die mindeste Abwechslung in seiner Arbeit. Was ist doch das ein elendes Leben, das ein Gelehrter führt – o suche ja bis ans Ende Deiner Tage Sinn für die weite offne Welt zu behalten, das ist unser bestes Glück«, schrieb sie an ihren zwanzigjährigen Bruder Philipp, der in Marburg studierte.

Sie selbst schloß sich etwas enger an Georg Tatter, Legationssekretär und Begleiter von drei englischen Prinzen, die er in Geographie und Geschichte unterwies; Tatter war Sohn eines Gärtners aus Hannover und etwa sieben Jahre älter als Caroline. Sie scheint ihm mehr als nur freundschaftliche Gefühle entgegengebracht zu haben, schon darum, weil er sich ihrer annahm, während Meyer sich fast demonstrativ von ihr zurückzog. Caroline ignorierte das merkwürdige Verhalten dieses so bindungsscheuen Mannes; sie schrieb ihm im März 1789 ein schönes Bekenntnis, das zeigt, wie sie sich in ihr neues Schicksal zu finden wußte:

»Ich weiß nicht, ob ich je ganz glücklich seyn werde; Sie haben mich in einer Lage gekant, wo ich, von allen Seiten eingeschränkt, durch den Druck meines eignen Gewichts niedersank – grausam bin ich herausgerißen, doch fühle ich, daß ich es bin, denn es ist so hell um mich geworden, als wenn ich zum erstenmal lebte, wie der Kranke, der ins Leben zurückkehrt und eine Kraft nach der andern wieder erlangt und neue reine Frühlingsluft athmet, und in nie empfundenem Bewußtseyn schwelgt. Ein Schleier fällt nach dem andern, es ist mir nichts mehr sehr wichtig – Erfahrung mindert den Werth der Dinge, denn es nimmt ihnen die Neuheit – ich schätze nichts mehr als was mir mein Herz giebt, und erwerbe nichts als was ich mir selbst bereite. Sie prahlen ein wenig mit Ihrer Armuth, und meine kränkt mich wenigstens nicht, mir ists, als hätte ich die Menschen nie weniger bedurft und höher herabgeschaut, als seit sie wohl gar meinten, ich würde mich fester an sie anschließen. – Wir sind stolze Bettler, lieber Meyer, und ich kenne noch einige von der Art, laßen Sie uns lieber einmal eine Bande zusammen machen, einen geheimen Orden, der die Ordnung der Dinge umkehrt, und wie die Illuminaten die Klugen an die Stelle der Thoren setzen wollten, so möchten denn die Reichen abtreten und die Armen die Welt regieren.«

Zwischen Ostern und Pfingsten 1789 zog Caroline nach Marburg zu ihrem Bruder Fritz, der dort als Professor für Medizin lehrte. Sie wohnte in einem schönen alten Fachwerkhaus in der Reitgasse 14, von dem aus man die ganze Stadt überblickte. Lotte war mitgekommen, »denn sie möchte Göttingen nicht mehr«. Über Marburg und ihr künftiges Dasein schrieb Caroline an Meyer:

»Marburg hat wenig – aber doch nicht die tödtende Einförmigkeit und den reichsstädtischen Dünkel. Die Menschen nicht so cultivirt und geschwäziger, allein doch toleranter. Man liebt mich sehr, weil mein Herz ein Gewand über die Vorzüge des Kopfs wirft, daß mir beides Aeußerungen als Verdienst anrechnen läßt. Daß ich gehen kann wann ich will, macht, daß ich alles Ungemachs zum Troz bleibe – das ist die Art von Trägheit, welche der hat, der den Tod fürchtet.

Ich habe mir ein Ziel meines Bleibens gesezt – dann weiter, wohin mein Genie reicht – denn ich fürchte, das Geschick und ich haben keinen Einfluß mehr auf einander – seine gütigen Anerbietungen kan ich nicht brauchen – seine bösen Streiche will ich nicht achten. Wünsche hören auf bescheiden zu seyn, wenn in ihrer Erfüllung unsre höchste und süßte Glückseeligkeit läge – auf Wunder rechnet man nicht, wenn man sich fähig fühlt Wunder zu thun, und ein wiedersstrebendes Schicksaal durch ein glühendes, überfülltes, in Schmerz wie in Freuden schwelgendes Herz zu bezwingen.«

Gleich in ihrem ersten Marburger Jahr lernte Caroline die berühmte Sophie von La Roche kennen, die ihren Sohn Franz in Marburg besuchte. Die beiden Frauen – die vielgelesene Schriftstellerin und die berühmte Arztwitwe – verstanden sich sofort, aber die La Roche hatte wenig Zeit: In Marburg bestürmten sie die Verehrer.

»Von Morgen bis an den Abend waren die nichtsnuzigsten unbedeutendsten Menschen in ihrer Stube – sie sagte jedem etwas«, entrüstete sich Caroline gegenüber Lotte, die inzwischen wieder in Göttingen war, und sie sagte der Berühmtheit sehr unverblümt die Meinung. Sie finde »das ganze Benehmen lächerlich und läppisch« und meinte unumwunden: »Sie tragen den Fluch der Celebrität.« Auch versäumte sie nicht, in ihrem Bericht an die Schwester den

Kontrast eigener Bescheidenheit zum Aufwand um die Celebrität kräftig abzumalen:

»Bey der Nacht denk ich an die Schlafkammer; auch die hätte La Roche sehn dürfen. Es steht mein und meiner Kinder Betten und ein Nachttisch darinn, und alle Silhouetten – mit dem Schatten meiner Geliebten umringt – über meinem Ruhbett hängt die meines Vaters mit dem Kranz verwelkter Blumen und Lotte bey Werthers Grab, weil das in die Stube nicht gut genug war.« Und: »Ich habe einen Lorbeerstrauch, den ich für einen Dichter groß ziehe, sag das Schlegeln – und ein himlisches Reseda Sträuchelchen – eine Errinrung – sag das Tattern – die Nelken sind meine Lieblingsblumen. Hab ich mich nicht ganz in den Ton der La Roche geworfen?« Nicht nur Tatter, auch August Wilhelm Schlegel machte ihr jetzt den Hof. Aber das wußte sie genau: »Schlegel und ich! ich lache, indem ich schreibe! Nein, das ist sicher – aus uns wird nichts.«

Aus dieser gelösten Stimmung riß sie im Dezember 1789 die Erkrankung der zweieinhalbjährigen Therese, genannt Röschen. Das Kind hatte gerade die Masern überstanden, da stieg plötzlich das Fieber, schwere Verdauungsstörungen kamen hinzu, und die Medizin stand der Krankheit hilflos gegenüber. Am 16. Dezember – Caroline hatte selbst mit Kopf- und Zahnschmerzen und Gallenbeschwerden eine Woche zu Bett liegen müssen – schien die Gefahr gebannt. Das Kind erholte sich, Lotte war aus Göttingen herbeigeeilt, und Caroline faßte Hoffnung. Vierundzwanzig Stunden später war Röschen tot.

In Marburg erging es ihr jetzt ähnlich wie in Clausthal. »Jede Mittheilung, welche mir Freude machte und meinen Kopf beschäftigen könte, habe ich nur durch Briefe«, gestand sie Meyer im März 1791. Sie blieb dort ohne rechte Aufgaben; die Sorge um den Junggesellenhaushalt von Bruder Fritz und die Erziehung von Auguste füllten sie nicht recht aus; auch die Marburger Gesellschaft bot ihr keine Anregung. So grübelte sie mehr und mehr ihrer Bestimmung nach: »Meine Zukunft ist auch dunkel, in so fern ich Wechsel zum Beßern davon erwarten möchte – keine Aussicht als die – nie weniger besitzen zu können als jetzt, von dem, womit der Zufall Menschen beglückt – doch auch nie weniger in mir, wodurch Mangel ersetzt wird. [...] Immer ist es nur eine künstliche Existenz, der ich mich indeßen in vielen Stunden des Tags entziehn kan. Es ist ein trauriges Schauspiel, solche Anlagen in Stumpfheit ausarten zu sehn.«

Zurück nach Göttingen? Zurück in diese Familie? »Unsre Familie ist zerrüttet durch Verdorbenheit, Unverstand, Schwäche und Heftigkeit der einzelnen Mitglieder. Der eine betet, der andre klagt das Schicksal an, der Grund des Uebels liegt aber nicht jenseits der Wolken.« Aber sie weiß: »Ich seh im Gang *meines* Lebens Ursache und Folge genau mit einander verflochten, und will mich nicht gegen die Nothwendigkeit auflehnen. Es giebt gesammelte Stunden, wo der tief – allem zum Grunde liegende – Schmerz über ein Daseyn voll Wiederspruch herrschend wird – er löst sich sanft auf, in jedes Geschäft, an welches die Gegenwart mich heftet, in den geringsten Genuß, den sie mir darbietet. – Dies ist auch der Wiederspruch – aber wir müßen den Göttern danken nicht consequent zu seyn.«

Das an Spannungen zunehmende Verhältnis zu ihrem früher so geliebten Bruder Fritz – die Ursachen für den Konflikt kennen wir nicht – vergällt ihr Marburg. Am 11. Juli 1791 geht an Meyer dieses Bekenntnis:

»Göttern und Menschen zum Troz will ich glücklich seyn – also keiner Bitterkeit Raum geben, die mich quält – ich will nur meine Gewalt in ihr fühlen. Wenn es gelingt, dann ergreift sich das kindische Herz wohl noch auf einer süßen Regung des Danks gegen die Mächte, denen es Troz bot. Das ist eine täglich wiederkehrende Geschichte. [...] Meine Weltkentniß reicht nur hin, mich über nichts erstaunen zu laßen, und in alles mich zu finden – nicht um vorherzusehn. – Meine Menschenkentniß betrügt mich noch oft – und leider um so öfter, je näher mir der Gegenstand meines Urtheils steht – ich bin allein – ohne schüzende forthelfende Verbindungen – meine Freunde fordern Rath von mir – es fällt ihnen nicht ein, mir welchen zu geben – dem sich selbstüberlaßnen Weibe. Sie haben in so fern recht, daß ich mich von jeher gewöhnt habe, nicht auf Hülfsmittel zu bauen, die ich nicht in mir selbst fand.«

Im Herbst 1791 war sie wieder in Göttingen. Über Gotters hatte der frischverwitwete Gothaer Generalsuperintendent Löffler sondieren lassen, ob Caroline sich bereit finden könnte, ihn zu ehelichen, doch sie winkte entschieden ab. Sie wollte keine neue Ehe eingehen, sondern frei und unabhängig sein. Aber hinter der Abneigung gegen die Ehe, zumal die mit einem Theologen, stand nicht nur der Drang nach Freiheit; Caroline hatte sich nämlich in Tatter verliebt, und das offenbar stärker, als sie sich eingestehen mochte. Und in Tatter wird man wohl auch das Motiv für die Rückkehr nach Göttingen suchen müssen. Die Zurückweisung von Löfflers Bewerbung war ihr Anlaß, Meyer wieder einmal etwas Grundsätzliches zu übermitteln; denn Caroline muß immer wieder auf verschiedene Art gefordert werden, um sich des eigenen Standpunkts klarzuwerden; und ist er ihr klar, muß sie ihn schriftlich fixieren – so wird sie es bis an ihr Lebensende halten:

»Im Ernst, mein lieber Meyer, die gottlose kleine Frau – die cokette junge Witwe – denn es giebt doch dergleichen Lesearten über mich – feßelte durch ihre unscheinbare Hülle – ihn – Du weißt seinen Nahmen – und ich stand an – das ganze Lebensgewirr kreuzte sich in meinem Kopf – so oder so! 3 Tage lang wars mir ein Räthsel – es lößte sich zuletzt in die Frage auf: willst Du gebunden seyn, und gemächlich leben, und in weltlichem Ansehn stehn bis ans Ende Deiner Tage – oder frey, müßtest Du es auch mit *Sorgen* erkaufen. [...] Wer sicher ist, die Folge nie zu bejammern, darf thun was ihm gut dünkt. Ich hätte mich freylich noch sehr nüzlich für den Staat machen können, wenn ich ihm eine Haushaltung besorgt, und ein halb Duzend Kinder mehr erzogen hätte, wie mein einziges liebes Mädchen – aber es geschieht eben so gut ohne mich, und keine Glückseeligkeit wird dann dabey zerstückt – für des lieben Gottes Staat ists also beßer. Wer wollte sich aufopfern, wenn mehr am Opfer ist als der Nahme – das geschieht nur von dem, der Lücken zu füllen – Leere zu verbergen hat. Ich glaube an keine Opfer – und an keine *Ausnahmen*. – Das erste wird mich hindern nicht ohne Noth unglücklich zu seyn, und mich nicht dafür zu halten – das zweyte, in meinen Erwartungen nicht getäuscht zu werden.«

Was Meyer dazu meinte, wissen wir nicht, wohl aber kennen wir die Reaktion der Gotters, denen es nicht gegeben war, Carolines Gedankengang auch nur annähernd zu begreifen. Eine junge Witwe mit Kind lehnt es aus grundsätzlichen Erwägungen ab, einen gestandenen Mann, einen (gutbesoldeten) Generalsuperintendenten zu heiraten, ohne ihn überhaupt gesehen oder gesprochen zu haben. »Ewig schade«, fand das Luise, denn der Gottesmann habe sogar »seine ehrwürdige Perücke abgelegt, seit einigen Tagen trägt er sein eigenes Haar, er ist ordentlich adonisirt, um 10 Jahre hat er sich verjüngt« – und trotzdem will die Freundin nicht. Und warum? Weil sie sich nicht binden will, weil sie nicht mehr bevormundet werden möchte, weil sie keine Kinder mehr gebären will. Das geht über den Horizont der guten Gotters, die sich als ehrliche Heiratsmakler und Brautwerber freilich auch ein wenig düpiert vorkommen mußten. Aber es spricht für den biederen Schriftsteller und seine Frau, daß sie es Caroline nicht nachtragen, »unsern Lieblingswünschen mit aller Macht entgegen zu streben«.

Auf Wunsch der Mutter blieb sie noch etwas in Göttingen; Caroline sollte sich um die beiden jüngeren Schwestern kümmern, die seit dem Tod des Vaters – Michaelis war am 22. August 1791 gestorben – ohne rechte Aufsicht waren. Das galt natürlich vornehmlich für Lotte, zwar immerhin schon 25 Jahre alt, aber doch voll unter elterlicher Gewalt. Sie hielt die Familie mit ihren wechselnden Amouren in

Atem, zuletzt waren es der Theaterdichter August von Kotzebue und dann der Anatom Samuel Thomas Sömmering gewesen. Im Frühjahr 1791 war sie ins Elternhaus zurückgekehrt und fand wenige Monate später die Liebe ihres Lebens: Heinrich Dieterich, den ältesten Sohn des Verlegers und Buchhändlers Johann Christian Dieterich. Die auf baldige Heirat bedachten jungen Leute stießen jedoch auf Widerstand: Vater Dieterich fand nämlich, Lotte habe »zuviel Belesenheit und Verstand und zu wenig wirtschaftliche Kenntnisse«, wie Elise Bürger erfahren haben wollte. Über diese Argumentation, die ihr hinterbracht wurde, geriet Mutter Michaelis in hellen Zorn, und sie verbot dem jungen Dieterich im Gegenzug jegliche Beziehung zu ihrer Tochter. »Dennoch bleiben sie sich treu«, berichtete Elise Bürger über die Romanze zwischen dem Einunddreißigjährigen und der um sechs Jahre Jüngeren: »Ich wünsche dem guten Kind von Herzen, daß sich sein Vater erweichen läßt und sie ihren Geliebten bekommt.« Und Caroline sagte über ihre Schwester: »Ihr Schicksal wird schrecklich sein, wenn der liebe Gott des alten Dieterichs Herz nicht lenkt.« Gott hatte ein Einsehen, nahm die Verstocktheit vom alten Dieterich, und am 3. Juni 1792 wurde Hochzeit gefeiert.

Inzwischen waren die jungverheirateten Forsters in Wilna eingetroffen. Am 7. September 1785 hatten sie Göttingen verlassen und sich gemächlich gegen Osten bewegt. Über Kassel fuhren sie nach Gotha, wo Therese ihre Freundin Auguste Schneider, die Geliebte des Herzogs Ernst II., besuchte, um Abschied zu nehmen, denn die Freundin war das Opfer einer in Gotha grassierenden Influenza-Epidemie geworden, die damals oft genug tödlich verlief. Anschließend besuchte man in Weimar Goethe, der an Charlotte von Stein schrieb: »Der jüngere Forster war hier mit seinem jungen Weibgen, einer gebohrenen Heyne von Göttingen, sie asen Abends bey mir mit Herders, Wieland und Amelie Seidler, die von Gotha aus einer Vertraute der ietzigen Forster ist. Sie waren beyde viel um die sterbende Schneider.«

Weiter reisten sie über Halle (dort lebten Forsters Eltern) und Leipzig nach Berlin, wo sie vom 29. September bis 6. Oktober blieben und bei Forsters Verleger Spener wohnten. Kurz vor Posen geschah das in der Postkutschenzeit so häufige Unglück: Durch die Ungeschicklichkeit des Kutschers wurde der vollgepackte Wagen umgeworfen, »mitten in einer Regenpfütze«, wie Forster Meyer berichtete: »Die Geschichte, welche hätte tragisch werden können, fiel zum Glück nur komisch aus. Der Wagen fiel auf die Seite, wo Therese saß, und es ging damit so sanft, daß der Fall sie gar nicht drückte, und ehe ich mir's versah, war sie ohne alle Hülfe zur Öffnung heraus und spazierte auf der lackierten Seite des Wagens herum; ich eilte herzu und holte sie ans trockne Land, eben da sie schwindlig werden wollte. Endlich trat auch Marie, die, wie wir fanden, ihrer Frau zum Fußtritt gedient hatte, aus dem verunglückten Kasten hervor. Unsere vier polnischen Pferde, die nicht viel größer als vier große Hunde waren, vermochten's nicht, den Wagen mit unserer Hülfe aufzurichten, und so schickte ich den Postillon ins nächste Dorf nach Hülfe. Unterdessen hatte Marie, wie Robinson aus seinem Wracke, einen Pack nach dem andern aus dem Wagen gefischt, teils nasse, teils trockne, und unsere Freundin stand, mit der besten Laune von der Welt, in meinem Mantel gehüllt und trotzte dem Wetter und dem Schicksal. Zum Glück war nichts zerbrochen, aber unsere Pferde konnten nicht mehr fort, so daß es Nacht ward, ehe wir ankamen und uns an einem Kaminfeuer von unserem schreckhaften Abenteuer erholen konnten. Wir trösteten uns, daß uns kein Leid widerfahren, die Koffer nicht gelitten und die ganze Geschichte sich bei Tage zugetragen, und so lachten wir über unsere erste Bewillkommnung im lieben Polen.«

Marie, auf die Therese so günstig zu liegen kam, hatten sie sich als Magd aus Göttingen mitgenommen, da Forster schon bei seinem ersten Aufenthalt in Wilna festgestellt hatte, daß das polnische Dienstpersonal kaum ihren Ansprüchen genügen würde, abgesehen von den Verständigungsschwierigkeiten, was das Ehepaar aber dann doch nicht daran hinderte, noch zwei polnische Mägde zusätzlich anzustellen. Selbstzufrieden konstatierte Therese: »Ich mache meine polnischen Bedienten zu guten Menschen, ich gewöhne sie vielleicht völlig zur Ordnung.«

Forster schwelgte im ersten Eheglück. »Ich sterbe nachgerade der Welt ab und lebe nur noch meinem Weibe«, schrieb er am 1. Dezember seinem Freund, dem Anatomen Sömmering. »Sie ist mir alles und ersetzt mir alles. Ich entdecke täglich Seiten an ihr, die unschätzbar sind; und solange wir verheiratet sind, habe ich oft zwar mit mir selbst, aber nie einen Augenblick mit ihr mißvergnügt zu sein Gelegenheit gehabt. Mein bester Bruder! ich wünsche Dir ein solches Weib. Wir leben miteinander wie die Kinder und freuen uns wie Kinder; wir genießen unsere Liebe und wissen, daß alles übrige nichts wert ist – und hoffen, daß wir den Augenblick nicht erleben werden, wo wir zu lange gelebt hätten, wo wir fühlen müßten, daß wir unsern Genuß überlebt hätten.«

Und Therese versicherte Sömmering zwei Monate später: »Mein lieber Freund, Sie wissen nicht ganz, wie sehr wir für einander leben. Ich habe schon viele Freuden meines Lebens verloren, und sie waren meist Täuschung und wurden wieder ersetzt; das Glück, das ich durch Forster genieße, ist nicht Täuschung, es kann mir nie mehr ersetzt werden, und doch würde ich suchen, der Welt noch nützlich zu sein nach seinem Tode und das Leben zu ertragen.«

Auch Georgine Heyne, Thereses Stiefmutter, bekam von Forster eine Skizze der Eheidylle: »Sie sollten uns sehen, wenn wir beiden Leuten bei Tische sitzen, es kommt uns so lächerlich vor, daß wir zuweilen laut losplatzen, denn es ist, als ob ein paar Kinder sich ein Fest machten, einander zu traktieren und etwas zu naschen. Zuweilen ist es uns so rührend, daß wir einander alles sind, daß wir uns umhalsen und Freudentränen weinen. Ich stehe um 6 Uhr auf, auch wieder zuweilen etwas später, und gehe an meine Arbeit, bis unsre Marie den Kaffee fertiggemacht hat. Dann trinken wir zusammen, lesen dann etwas polnisch, wobei sich Therese oft stellt, als ob sie es durchaus nicht aussprechen könnte, und es hernach doch noch ganz erträglich ausspricht, und hierauf gehe ich wieder in mein Schreibzimmerchen. Zuweilen besucht mich Therese und bringt mir, wenn ich etwa hungrig bin, ein Butterbrot, wo nicht, so warte ich bis zu unserm Mittagessen um 1 Uhr. Nachmittages schreibe ich wieder oder verrichte sonst ein Amtsgeschäfte, abends nach 7 Uhr gehen wir zu Langmeyers, essen eine Suppe dort und kommen vor zehn Uhr zurück, ich lese dann gemeiniglich Therese noch etwas vor, und um 11 Uhr gehen wir zu Bett.«

Der Arzt Josua Langmeyer war der einzige in Wilna, dem sich die Forsters freundschaftlich verbunden fühlten. Er war Jude, und Forster erwähnt in einem Brief an seinen Schwiegervater Heyne ausdrücklich: »Die Toleranz ist hier doch, dem Himmel sei's gedankt, so groß, daß wir neulich, in Gesellschaft vier anderer Professoren bei diesem Manne, ohne die mindeste Gefahr, irgendeinem Schwachen Anstoß zu geben, soupieren konnten.« In Deutschland wäre das auch eher außergewöhnlich gewesen, denn gesellschaftliche Beziehungen zwischen Christen und Juden waren 1786 noch selten. Aber auch Forster war von den gängigen Vorurteilen befangen, wenn er fortsetzt: »Er hat auch eine vernünftige Frau, und in ihrem Hause herrscht Wohlstand, mit Ordnung und beinahe holländischer Reinlichkeit verbunden, die bei Juden so selten zu sein pflegt.«

Sein Lehrauftrag an der Universität Wilna war eine Enttäuschung. Man verlangte von Forster, seine Vorlesungen in lateinischer Sprache zu halten. »Das wenige Latein, welches ich weiß, verdanke ich bloß meiner Lektüre; allein Lektüre ist zum Schreiben nicht hinreichend, zudem ist es lange her, daß ich nicht lateinische Autoren las, und jetzt gebricht es mir an Zeit dazu«, gestand er im März 1786 Heyne. »Für

Wilna ist mein Latein sachte gut genug, aber für das Publikum nicht. Ich habe mich geschämt, gerade Ihnen so einen Mangel zu bekennen, bis ich mir recht deutlich vordemonstriert hatte, daß diese Scheu nur *mauvaise honte* [falsche Scham] sei, die zu nichts hilft und eher schadet, da Sie durch Ihren Rat mir hier vielleicht Anleitung geben, wie am sichersten dem Dinge abzuhelfen sei.«

Das nötigte ihn, seine Vorlesungen Satz für Satz schriftlich auszuarbeiten, aber das wäre ihm beim Gebrauch des Deutschen kaum anders ergangen, denn Forster mangelte es an rhetorischer Begabung, im freien Sprechen wurde er hilflos und ungeschickt, das wußte er selbst nur zu gut. Sein unzulängliches Latein erschwerte ihm auch die Abfassung einer Dissertation; der Professor für Naturkunde besaß immer noch keinen Doktortitel. Freund Langmeyer drängte auf ein medizinisches Thema, aber Forster besaß von Medizin nur oberflächliche Kenntnisse und entschied sich schließlich für ein botanisches Sujet: *G. F. de plantis esculentis insularum oceani australis commentatio botanica*, lautete der Titel seiner Arbeit über die Pflanzenwelt, die er auf der Reise mit Cook selbst entdeckt hatte.

Sonst entstanden in Wilna nur wenige Arbeiten, so die Abhandlungen *Noch etwas über die Menschenraßen* und *Neuholland und die brittische Colonie in Botany-Bay*, sowie der Essay *Cook, der Entdecker. Versuch eines Denkmals*, verfaßt als Einleitung zu der von ihm aus dem Englischen übersetzten *Des Capitain Jacob Cook's dritte Entdeckungs-Reise*. Die euphorischen Briefe über sein junges Eheglück waren das eine, das andere aber war seine Hypochondrie, die ihn immer neue Leiden an sich entdecken ließ und eine Erkältung in Permanenz. Diese morose Befindlichkeit resultierte aus der tiefen Unzufriedenheit mit seiner Wilnaer Professur, die so gar nicht den ursprünglichen Erwartungen entsprach, und seiner notorisch schlechten wirtschaftlichen Lage. Als ihn sein Verleger Spener an die Begleichung einer Restschuld von 56 Dukaten erinnerte, brach es bei deren Bezahlung aus ihm heraus:

»Ich habe in diesem verfluchten Lande voriges Jahr meine eigene Wohnung bauen lassen, um doch nur nicht im Schweinstall zu wohnen. Kostet mich die Ausgabe 5 [=Dukaten], ich habe einen Stall bauen müssen 10, ich habe ein Köchin müssen aus Göttingen kommen lassen 20. Ich habe mit einem Worte 110 mehr ausgegeben als eingenommen, und das macht mir den Kopf warm! – Alles ist hier unbeschreiblich teuer, und zwei nacheinander mißratene Ernten haben beinah Hungersnot verursacht. – Bücher und Korrespondenz kosteten mich dies Jahr über 100, und ich kann sie doch, ohne ganz zu versauern, nicht entbehren. – Ich rede nicht von Büchern der N. G. [Natur-Geschichte], sondern, wie Sie wissen, Büchern, die ein Gelehrter heutzutage lesen muß, wenn er *au courant* bleiben will, also Büchern, die ich nicht für die Akademie ankaufe.

Ich habe mir noch keinen Rock gezähmt, meiner Frau nur ein Stück Atlas, welches hier unentbehrl. war, durch Sie kaufen lassen und ihr so um ⅓ dessen, was es mich hier gekostet hätte, ein Kleid mehr verschafft; ich esse einmal des Tags, und das *zwei* einfache Gerichte, nie mehr. Ich trinke keinen Wein, sondern *smallbeer*, ich halte schlechterdings keine Gesellschaft bei mir, gebe keinem Menschen eine Tasse Tee oder Kaffee, geschweige Essen, gehe so selten als möglich und nie ungebeten und ungenötigt in Gesellschaft; kurz ich und mein Weib, wir genießen außer einander, keine Freude, kein Vergnügen, keine Gemächlichkeit – in einem unwirtbaren und so häßlichen Lande, – und da muß es mich drei- und zehnfach schmerzen, daß ich nicht einmal auskomme.

Nehmen Sie dazu, daß mein ewiger Schnupfen und Husten unüberwindlich fortdauert, daß ich mit meinem Kopf nichts vermag, daß meine Arbeiten sich häufen statt sich zu mindern – und wundern Sie sich, wenn Sie können, daß mich ein paar As, die Sie oder sonst jemand noch in die Schale wirft, nun ganz über den Haufen werfen; die paar As waren es nicht, aber sie gaben den Ausschlag.«

Es mangelte wie stets bei ihm an Geld, mit dem vernünftig umzugehen er nie gelernt hatte. Den Auftrag des Hamburger Verlegers Joachim Heinrich Campe, ein Handbuch der Naturgeschichte für den Schulgebrauch zu verfassen, nahm er einzig wegen des zu erwartenden Honorars an, was dann zur Verstimmung mit Spener führte.

Ein wahrer Lichtblick war die Geburt des ersten Kindes, das Therese am 10. August 1786 zur Welt brachte. Es erhielt den Namen der Mutter. Vergnügt schrieb er an Lichtenberg: »Jedermann gratuliert gewöhnlich zu einer Tochter so, als wenn er kondolierte, daß es kein Junge ist. Es muß etwas an der Sache sein, weil sie so allgemein ist, und weil sogar die Weiber einen Jungen lieber haben. Vielleicht ist es indessen mehr nicht als ein Erbstück aus barbarischen Zeiten, wo unser Geschlecht sich einen großen Vorzug anmaßte über das andere und es folglich eine Ehre mehr war, als Junge auf die Welt zu kommen. Das Mädchen ist auf der Reise fabriziert und verdankt mutmaßlich seine Existenz einem sehr schlechten Nachtlager.«

Das »kleine Teufelchen« werde sogar von seiner Mutter gestillt, was in Wilna ungewöhnlich sei, dabei verdankten die Kinder dort den Ammen die Infektion mit Syphilis oder Skorbut.

Die Geburt seines ersten Kindes vermochte Forsters zunehmend morose Stimmung nicht wirklich aufzuhellen. Die geistige Öde Wilnas (»diese Dreckstadt«) und die Aussicht, hier noch Jahre verbringen zu müssen, lähmte den geistigen Schwung, und er und Therese hungerten nach Büchern aus der großen Welt, mit der man sich kaum noch im Gespräch befand – wenn man ihn am Ende vergäße?

Auch mit dem so wortreich beschriebenen Eheglück schien es nicht weit her zu sein. Thereses Interesse galt mehr dem Kind als dem Ehemann, dem sie sich, nachdem sie nun ihre Mutterpflicht erfüllt hatte, offenbar verweigerte. Denn sosehr sie sich auch sonst verstehen mochten und ihre geistigen Gemeinsamkeiten beteuerten: Sexuell verstanden sie sich nicht, und im Bett herrschte absolute Disharmonie, wenn wir dem Bekenntnis glauben wollen, das Therese 1794 ihrer Freundin Caroline anvertraute:

»Wie ich heyrathete, war ich unschuldiger als ein Kind. Ich ward erst vier Wochen nach meiner Hochzeit Frau, weil die Natur uns nicht zu Mann und Frau bestimmt hatte. Ich weinte in seinen Armen und fluchte der Natur, die diese Qual zur Wollust geschaffen hatte – endlich gewöhnte ich mich daran.«

Anfang Juni 1787 erschien bei Forsters ein Marineoffizier und überbrachte ein Schreiben des russischen Botschafters in Polen, Graf Stackelbergs, in dem dieser etwas kryptisch andeutete, »Ihre Fähigkeiten und Ihr Ansehen berechtigen Sie zu allen Vorteilen einer größeren Karriere«. Ebendies fand Forster auch und teilte den Wortlaut dieses Briefes sogleich Heyne und Sömmering mit, zumal ihm auch versichert wurde: »Ich werde immer unendlichen Anteil nehmen an allem, was jetzt oder künftig dazu beitragen kann, Sie auf Ihren rechten Platz zu bringen.«

Was damit gemeint war, eröffnete ihm Stackelbergs Emissär, Gregorij Ivanowitsch Mulovskij, Kapitän der russischen Kriegsmarine. Es ging um eine auf Befehl der Zarin Katharina II. großangelegte Forschungsexpedition, die auf vier Jahre veranschlagt wurde und – so Forster an Sömmering – von England aus »Lissabon, Madeira, Brasilien, Vorgebirge der guten Hoffnung, Neuholland [Australien], Neuseeland, Freundschafts-, Sozietäts-, Sandwichinseln, Küste von Amerika, Kurilische Inseln, Japan und China besuchen« sollte. Forster würde die wissenschaftliche Leitung dieses anspruchsvollen Unternehmens anvertraut werden, und ihm würde freie Hand gewährt bei der Ausrüstung und Bestellung qualifizierter Mitarbeiter. Sömmering war natürlich der erste, dem eine Stelle als »naturforschendem Medicus« angeboten wurde. Die Expeditionsflotte unter dem Kommando von Kapitän Mulovskij sollte fünf Schiffe umfassen, »das größte von 26 Kanonen«.

Doch damit nicht genug. Das russische Admiralitätskollegium garantierte Forster ein Jahresgehalt von 2000 Rubel, zahlbar vom 1. Oktober 1787 an, und seiner Frau für die Zeit der Abwesenheit 1000 Rubel. Im Fall seines Todes würden Frau und Tochter auf Lebenszeit 1500 Rubel erhalten. Diese Summe würde man ihm aber auch nach seiner Rückkehr zeitlebens als Rente zahlen. Selbstverständlich tilgte die Admiralität sämtliche Schulden Forsters und gab ihm überdies noch 4000 Rubel zur Auflösung seines Haushalts und für den Transport der gesamten Habe nach Göttingen. Daß Forster sofort von allen Verpflichtungen der Universität Wilna freigestellt wurde, verstand sich von selbst. »Ach wer hätte sobald Erlösung gehofft, und auf diese Art!« schrieb er überglücklich an Heyne. Und an seinen Vater: »Ich bin froh über diese Gelegenheit, die sich anbietet, um mich aus diesem unglücklichen Lande zu ziehen, und aus der unangenehmen Lage, in der jeder Gelehrte sich hier befinden muß, wenn er in seinem Fache tätig sein will.«

Die Russen zeigten sich nicht kleinlich und hielten Wort. Am 20./21. August setzte sich die Kutsche mit Frau und Kind und Dienstpersonal gen Göttingen in Bewegung. Pünktlich zur Fünfzigjahrfeier der Universität, bei der Dorothea Schlözer promoviert wurde, trafen sie dort ein. Erst gegen Jahresende kam ein Brief von Kapitän Mulovskij, der mitteilte, daß die geplante Expedition nicht stattfinden werde. Rußland war – wieder einmal – in einer Allianz mit Österreich in einen Krieg gegen die Türkei verwickelt, deshalb wurden alle Mittel und Schiffe anderweitig gebraucht. Immerhin aber zeigte sich die Regierung der Zarin großzügig in der finanziellen Regulierung, denn unterm Strich blieb Forster ein Reingewinn von 8000 Talern, vor allem aber war er nicht mehr in Wilna.

Therese hatte sich gleich nach ihrer Rückkehr wieder ganz Meyer zugewendet und sich keine Mühe gegeben, ihre erneut angefachte Leidenschaft geheimzuhalten. Sie hoffte, nach der Scheidung von Forster würde Meyer sie heiraten, worüber der bindungsscheue Mann dermaßen erschrak, daß er sich augenblicks nach England absetzte. Die Ehe blieb zerrüttet und nur äußerlich gekittet. Forster wußte nun, daß Therese ihn nie geliebt hatte, was ihn freilich nicht hinderte, auf die Erfüllung dessen zu bestehen, was man »eheliche Pflichten« nannte.

»Meyer hätte mich unbedingt besizen können«, schrieb Therese in ihrem Bekenntnisbrief an Caroline, »aber diesen Räthselhaften Menschen mochte nichts daran liegen, er wollte mich verderben, er gab mir elende Bücher zu lesen, er suchte mein Gefühl zu vernichten – und verließ uns. Forster hatte damals meine Seele empört – er wuste, ich liebe einen Andern – er war der Vertraute meiner Unklugheit – er hätte mich einen stillen Lebensweg führen können und bestürmte mich mit Sinnlichkeit. Nun fiel ich in Verzweiflung. Ich war allen Gefühl abgestorben, und verfolgte jede Spur desselben mit fanatischer Bitterkeit. Nur Forsters Wohlstand, sein Hauswesen war meine Absicht – ihn muste ich immer, immer gut sein – er war mir theuer und werth in jeder Rücksicht, wo ich nicht sein Weib war, aber wo ich seine Sinne berührte, muste ich mit den Zähnen knirschen. Ich sah mich endlich vor eine Hündinn an, die das Männchen niederwirft – ich sah es wie die Erniedrigung der Menschheit an – ich hatte einen Grad menschenhaßender, alles Gefühl verabscheuender Bitterkeit, die seinen guten Herzen wohl meistens entging.«

Forster, der sich zunächst in Berlin nach einer neuen Aufgabe ergebnislos umgesehen hatte, fuhr nach Mainz, wo der Kurfürst und Erzbischof Freiherr von Erthal die Universität gründlich zu erneuern gedachte, deren Oberbibliothekar Forster werden sollte. Man wurde sich bald einig – Forster bezog ein Gehalt von 1130 Talern, Wohngeld und Reise- und Frachtkosten für den Umzug, und im Oktober 1788 übersiedelte die Familie nach Mainz.

Mainz und die Folgen

MAINZ, DIE STADT ZÄHLTE ETWA 25 000 Einwohner, war die Hauptstadt des Kurfürstentums Mainz, eines Staats, dessen Struktur ihn zu einem der merkwürdigsten staatlichen Gebilde des an Merkwürdigkeiten nicht armen Heiligen Römischen Reiches Deutscher Nation machte. In seiner territorialen Zerrissenheit war dieser Staat ein getreues Abbild der buntgescheckten deutschen Landkarte mit ihren mehr als dreihundert souveränen Territorien, von denen allein etwa vierzig am Mittelrhein lagen. Zum Kurfürstentum Mainz gehörten etwa fünfzig Städte und Landstriche, die nicht unmittelbar an das Mainzer Gebiet grenzten wie etwa Bischofsheim, Starkenburg, Fritzlar, Amöneburg, vor allem aber Erfurt und fast das ganze Eichsfeld mit Heiligenstadt, Treffurt, Duderstadt und Worbis. Der regierende Kurfürst, Friedrich Karl Joseph von Erthal, seit 1774 im Amt, führte den Vorsitz im deutschen Kurfürstenkollegium, das den Kaiser zu wählen hatte, und war zugleich auch erster Erzbischof. Und ihm als Erzbischof unterstanden außerdem noch Worms, Speyer, Würzburg, Konstanz und Fulda.

Mit seinen 320 000 Einwohnern gehörte das Kurfürstentum zwar zu den Kleinstaaten, wirtschaftlich aber war es dank seiner Lage am Rhein eine Macht. Denn von den 29 Zollgrenzen zwischen Straßburg und Holland waren vier kurmainzisch, und bei der starken Rheinschiffahrt fiel an vier Grenzen einiges an Zöllen ab. Die größte Einnahme brachte das Stapelrecht: Die Waren mußten hier ausgeladen und verzollt werden und drei Tage lagern, ehe sie umgeladen und weitertransportiert werden durften. Große Unternehmen gab es in Mainz nicht, keine Großkaufleute, nicht einmal Bankhäuser. Die Organisation des »Handelsstands« war eine Vereinigung von Grossisten, Kommissionshändlern und Spediteuren. Wer Mitglied werden wollte, mußte ein Mindestvermögen von fünftausend Gulden nachweisen, und Mitglieder waren immerhin 97 Geschäftsleute. Exportiert wurden Wein, Getreide und Holz, aber dieses Geschäft blieb angesichts der Einnahmen aus dem Transithandel zweitrangig.

Die Einwohnerschaft des Kurfürstentums brachte jährlich 400 000 Gulden direkte und 900 000 Gulden indirekte Steuern auf, bei nur 320 000 Seelen eine gewaltige Summe, zumal drei Viertel der Bevölkerung Bauern waren. Von den Jahressteuern von insgesamt 1,3 Millionen Gulden kassierte zwei Drittel der Kurfürst (Hof- und Staatsbudget waren identisch); der Rest deckte nicht einmal die Ausgaben der Stadt Mainz. »Die Geistlichen in Mainz schöpfen das Fett vom Lande. Die geheiligten Vorurteile ersticken alle Keime zum Großen und Schönen«, schrieb 1780 der Schriftsteller Wilhelm Heinse, was ihn aber nicht hinderte, sechs Jahre später erst Vorleser des Kurfürsten und dann Hofrat und Bibliothekar zu werden.

Die Bewohner von Mainz waren wirtschaftlich überwiegend vom Hof abhängig, vor allem die Handwerker, die in 36 Zünften organisiert waren und sich fest unter Regierungskontrolle befanden; so mußte schon die Aufnahme eines Lehrlings vom Vizedomamt genehmigt werden. Ein stehendes Heer von 3000 Soldaten, das von zwölf Generalen kommandiert wurde, schützte die äußere und innere Sicherheit des Staates. Der Hofstaat des Kurfürsten zählte 466 Personen.

Die am 14. Juli 1789 in Frankreich ausgebrochene Revolution hatte Mainz bisher nur insofern berührt, als zahlreiche emigrierte französische Aristokraten sich in der Gegend ansiedelten, deren Kaufkraft zwar zunächst die Wirtschaft florieren ließ, aber sehr bald preistreibend wirkte. Unruhen hatte es im September 1790 gegeben, als sich die fortgesetzten Provokationen der Studenten gegenüber der Bevölkerung in einem Sturm der Handwerksburschen auf die Universität entlud, der den Studenten, aber auch einigen Professoren, blutige Köpfe eintrug und alle Fenster der Universität zu Bruch gehen ließ. Da wegen eines Aufstands in Lüttich die Mainzer Armee auswärts weilte, mußte die Regierung zähneknirschend einige Forderungen der Zünfte akzeptieren und studentische Rädelsführer festsetzen. Die drei Tage währenden Unruhen hatten das Staatsgefüge erschüttert, aber dann rückte Darmstädter und Nassauer Militär zu brüderlicher Hilfe in die Stadt. Zusagen an die Handwerker wurden für nicht gegeben erklärt und einige hundert Menschen verhaftet. Blutiger Gewalt bedurfte es nicht: Da alles vom Hof abhängig war, konnte dieser nach Laune mißliebigen Handwerkern den Geldhahn zudrehen, um sie schnell gefügig zu machen. »Mit einem Wort, man hat wieder Mut, und man wird den Deutschen wohl zeigen, daß sie keine Franzosen sind«, kommentierte bissig Georg Forster.

Hatte der Vorgänger Erthals im Amt als Kurfürst und Erzbischof, Emmerich Joseph von Breitbach-Bürresheim, von 1763 bis 1774 das Land recht maßvoll regiert und vor allem durch eine gute Schulpolitik sich bemüht, die Früchte der Aufklärung möglichst allen Bevölkerungsschichten zugute kommen zu lassen, so verkehrte das sein Nachfolger ins Gegenteil. Mit- und nachdenkende Untertanen sind bald keine Untertanen mehr – insofern handelte der neue Herr konsequent; andererseits gehörte es aber doch zum guten Ton, wollte man nicht als grober Klotz gelten, auch dem Geist eine schöne (aber politisch ungefährliche) repräsentative Stellung einzuräumen. Um dem Ruf eines aufgeklärten Landesvaters zu genügen, berief Kurfürst Erthal prominente deutsche Gelehrte an die Universität, darunter, zum Mißvergnügen seiner Geistlichen, auch etliche Protestanten wie den Historiker Johannes von Müller, den Anatomen Sömmering, den Schriftsteller Heinse und eben Forster, dem er die Universitätsbibliothek anvertraute. Daß der hohe Herr sich einen liberalen Anstrich zu geben wußte, demonstrierte er gegenüber Wilhelm Heinse, dessen 1787 erschienener Roman *Ardinghello* die Zeitgenossen gern das Epitheton »wollüstig« verliehen. »Sie haben Sauereien geschrieben, Heinse«, sagte der Kurfürst leutselig zu seinem Vorleser, »aber recht schön, recht artig!«

Caroline Böhmer hatte im Frühjahr 1790 Therese Forster besucht, als Forster gerade seine große Reise in die Niederlande angetreten hatte. Und Therese forderte sie auf, doch ganz nach Mainz zu ziehen. Im Dezember 1791 schrieb Caroline an Meyer:

»Ich wage mich mit getrostem Muth dahin, denn eine kleine Neigung hab ich doch zu Unternehmungen, die wie eine Aufgabe aussehn, und wenn ich nicht viel ausrichtete, wenn ich nichts besonders zum Fortgang brachte, so bewirkte ich doch wohl einen kleinen Stillstand, und blieb selbst ganz unverändert. Vielleicht werd ich Theresen nüzlich und das wird mir viel Freude machen, denn ich weiß sehr gewiß, daß ich ihr nur edle Dienste leisten werde, und die Unabhängigkeit, welche ein Bedürfniß für mich geworden ist – nicht als Meubel des Luxus, sondern des Gebrauchs – nicht dabey leiden kan. Ihre Gesundheit leidet, das ist nur zu wahr – Forster ist unerträglich – das ists nicht minder. Sie haben ihr jüngstes Kind an den inokulirten Blattern verlohren. – F. sorgt indeß für Ersatz, und das ist zehnfach ärger – und wenn Sie das nicht für ein Leiden halten, wenn Sie F. billigen können, der doch wißen muß, daß er seines Weibes Herz nicht besizt – und so sind Sie ungerecht – wie die Männer alle. Aber was streite ich noch mit Ihnen darüber – ist es nicht einerley, was Sie glauben, wenn Ihr Herz sich wohl dabey befindet? Ich will Ihnen nicht einmal verhehlen, daß ich von Ihrem Glauben genommen, was mir dienen konnte, und der lezte Götze, den ich mir nicht freywillig dazu erkor, gestürzt ist. Auf ihre Freundschaft hab ich nie gerechnet – es giebt keine unter Weibern

– ich zweifle selbst daran, daß sie mir aufrichtig gut ist – doch muß sie mich achten, und das thut das nehmliche – ich bin eine Art von Nebenbuhlerin, ohne meine Rechte geltend zu machen – das ist heilsam – und *ich* liebe *sie*, weil sie mir merkwürdig ist, und es bleiben wird, wenn sie mir auch nicht mehr neu ist. Außerdem ist Mainz eine Stadt, wo ich unbekant leben, und neben einer gewißen Einsamkeit Vergnügungen des Geistes und der Sinne genießen kan.«

Die Forsters wohnten seit 1788 in der (heutigen) Neuen Universitätsstraße, wo der Kurfürst den Professoren hatte Wohnungen bauen lassen. Caroline fand mit ihrer Tochter Auguste im Februar 1792 ein Domizil in der Welschnonnengasse, nur wenige Minuten von Forsters entfernt.

Seit November wohnte bei Forsters der sächsische Legationsrat Ludwig Ferdinand Huber, mit dem sie seit Dezember 1788 bekannt waren. Der 1764 geborene Huber wäre vielleicht ein ganz passabler Diplomat geworden, hätte ihm nicht ein böser Geist eingeredet, er sei zum Dichter berufen. Selbst Schiller, mit dem er anfangs befreundet war, konnte ihn davon nicht abbringen. Seit Jahren werkelte er an dem Trauerspiel, *Das heimliche Gericht*, für das ihm Forster aus Göttingen Bücher kommen ließ, aber die deutschen Theater verkannten Hubers Genie und schickten es ihm zurück. Es ergrimmte Forster, »daß unser deutsches Publikum oder vielmehr alle unsere mannigfaltigen deutschen *Publika* für Werke von diesem Kaliber keinen Sinn haben«. Der fast schon entmutigte Dichter ließ sein Werk 1790 in Leipzig drucken. Dann entschloß sich Mannheim, das Schmerzenskind aufzuführen, sogar mit dem berühmten August Wilhelm Iffland in der Hauptrolle. Aber nicht einmal dieser hochgeschätzte Mime konnte retten, was nicht zu retten war. Die Premiere geriet zum Desaster und begrub für immer alle hochfliegenden Theaterprojekte des unglücklichen Autors. Huber durfte vorerst Forster bei dessen Übersetzungsarbeiten helfen, die zunehmend Forsters Zeit beanspruchten, weil er dringend Geld brauchte, und mit dem Übersetzen von Büchern ließ sich leichter und vor allem weitaus schneller Geld verdienen als mit dem Abfassen zeitraubender wissenschaftlicher Arbeiten. Es haperte wieder einmal mit den Finanzen bei den Forsters, zumal sich die Familie mit der Geburt der Tochter Klara (Claire) am 21. November 1789 vergrößert hatte.

Die Übersetzungsarbeit führte eine alte Göttinger Bekannte ins Haus: Meta Forkel. Sie war im Sommer 1789 mit ihrem Sohn Carl Gottlieb und ihrer Mutter im Haus ihres Bruders Georg in Mainz abgestiegen. Georg Wedekind war mit den Forsters befreundet, zugleich ihr Hausarzt, und so wurde rasch der Kontakt zu Meta geknüpft, deren Geschick als Übersetzerin Forster sehr zupaß kam, denn er schaffte es nicht mehr, die vielen Aufträge zu bewältigen. Schon im Sommer 1789 übersetzte sie für ihn aus dem Französischen *Geschichte des Schiffsbruchs und der Gefangenschaft des Herrn von Brisson*, das 1790 in Frankfurt veröffentlich wurde.

Um ihren zurückgelassenen Besitz und vor allem die Finanzen zu ordnen, kehrte Meta Forkel im September 1789 nach Göttingen zurück, im Gepäck einen neuen Übersetzungsauftrag: *Bemerkungen auf einer Reise durch Frankreich, Italien und Deutschland* von Esther Lynch Piozzi, eine Übertragung aus dem Englischen. Daran schloß sich unmittelbar *Benjowsky's Reise durch Sibirien und Kamschatka* an, mit einer Vorrede von Forster. Auch diese beiden Bücher kamen 1790 auf den Markt. Forster bat seinen Schwiegervater um Unterstützung von Meta Forkels Arbeit, worauf Heyne im Oktober antwortete: »Der Mde. Forkel will ich gern mit den nöthigen Büchern helfen. Die gute Frau! wenn das Übersetzen sie nur zu einer guten Haußfrau machte! Von daher kam doch der erste Quell des Übels! Daß Forkel nicht weniger Schuld haben mag, zweifle ich gar nicht; daß sie auch selbst mehr zu bedauern als anzuklagen ist, gebe ich zu. Sie konnte auch ihre Intriguen spielen. Aber sie sollte doch den äußerlichen Wohlstand beobachten, und nicht den Tag zehenmal als eine Schlumpe und Bacchante über die Straße laufen.«

Heynes Vorstellungen vom Idealbild der Frau (einen »glänzenden Verstand« bei einer Frau »sehe ich nie für ein Glück an«) entsprachen denen seiner Zeit, nach denen eine Frau zuerst einmal eine vorbildliche Hausfrau und Mutter zu sein und sich korrekt zu kleiden hatte; geistige Leistungen waren weniger gefragt, da eine besondere Intelligenz eher als »unweiblich« galt. In ihren jungen Jahren sahen das Caroline und Therese kaum anders.

Was Metas Finanzen betraf, so erlebte sie bei ihrer Rückkehr nach Göttingen eine unangenehme Überraschung. Johann Nikolaus Forkel, der nach Carl Philipp Emanuel Bachs Tod 1788 gern dessen Nachfolger als *Director musices* in Hamburg geworden wäre, es aber nicht geworden war, hatte ungefragt Metas Mitgift geplündert. Eine Mitgift sollte damals aber vornehmlich den Lebensunterhalt einer Frau sichern, falls sie Witwe würde.

Forkel sammelte Komponisten-Bildnisse und Noten im großen Stil, und da für diese kostspielige Liebhaberei sein Gehalt bei weitem nicht reichte, bediente er sich nicht nur Metas Mitgift, sondern unterschlug auch noch ihre Übersetzungshonorare. Als Forster davon erfuhr, schickte er das Geld an Heyne mit der Bitte, es Meta in bar auszuzahlen. Um ihre gesellschaftliche Reputation nicht vollends einzubüßen, verzichtete sie vorerst auf eine Scheidung, die nicht nur ihren, sondern auch Forkels Ruf beschädigt hätte.

Sie kehrte im Mai 1791 nach Mainz zurück. Mit der Übersetzung des ersten Bandes von *David Ramsays Geschichte der Amerikanischen Revolution* hatte sie noch in Göttingen angefangen, es folgten dann in unfaßlicher Geschwindigkeit die sechs Bände von *Anburys Reisen in das Innere von Nordamerika* (gedruckt 1791), die *Euphemia* von Mrs. Lennox, *Volney' Ruinen oder Betrachtungen über die Revolutionen der Reiche* von Constantin François Chassebœuf, der Lady Carlisle *Für junge Frauenzimmer sich und ihre künftigen Männer glücklich zu machen* und der vierbändige Roman *Honorie Sommerville*, die alle ebenfalls 1791 gedruckt wurden.

Vielleicht war es als Belohnung für diese Plackerei gedacht, daß Forster im Juni 1791 »eine kleine Erholungsreise nach Karlsruhe« unternahm, schreibt Meta Forkels Biographin Monika Siegel und ergänzt: »Überhaupt intensivierte sich ihre Beziehung in diesem Sommer, wurde noch enger und freundschaftlicher.« Dennoch hält Monika Siegel »ein erotisches Abenteuer zwischen Meta und Forster« für unwahrscheinlich; es gibt dafür keinerlei Indizien, zumal Therese ihre Freundin nie als Rivalin angesehen hat.

Einen Einblick in die häusliche Stimmung bei den Forsters gewährt uns ein Brief, den der Medizinstudent Justus Erich Bollmann am 26. Oktober 1791 aus Karlsruhe an seinen Vater richtete: »Seine [Forsters] Frau ist eine Tochter von Hofrath Heyne in Göttingen – das erste aller Weiber, die ich noch gekannt habe bis jetzt, und nicht nach meinem Urtheil allein, nach dem Urtheil jedes Mannes von Kopf und Herz, der sie kennt. – Eine unbegrenzte Fülle von Witz und niemals versagender guter Laune mit immer durchscheinender Güte des Herzens, eine Menge von Kenntnissen, eine unglaubliche Fertigkeit, durchaus jeden Gegenstand gleich von einer angenehmen und interessanten Seite zu fassen, eine liebenswürdige Naivetät in Allem, was sie thut und spricht, die *vollkommenste Abwesenheit von Prätension und Eitelkeit*, die zärtlichste Anhänglichkeit an ihren Mann und an ihre Kinder – dies sind die Eigenschaften, die sie, und ohne alle Übertreibung, charakterisiren. Überdies wohnt noch im Hause ein gewisser Legationssekretair Huber von Dresden, ein Busenfreund von Schiller, der Verfasser eines Trauerspiels *Das heimliche Gericht*, ein rechtschaffener Mann, auch Mann von vielem und originellem Witz, und von durchaus männlichem Charakter. Diese drei und eine gewisse Madam Forkel von Göttingen, ein Frauenzimmer, von dem ich nichts sagen will, als daß man sie überall, außer in Göttingen, wo sie einige schlechte Menschen zu unerbittlichen Feinden hat, hochschätzt, eine Frau, die außerordentlich schief beurtheilt wird, weil sie niemand beurtheilen kann, außer der ganz genau ihre Geschichte kennt, die jene *drei* Menschen *lieben*, und deren hervorstechendes Talent eine vorzügliche Behendigkeit im Umgang mit Menschen ist – wären die Menschen, in deren Gesellschaft ich jeden Abend zubrachte. Man versammelte sich nemlich um sieben Uhr, nach geschehener Arbeit, um eine Theemaschine, nach englischer Sitte, und blieb nun bis gegen neun Uhr beisammen. – Nehmen Sie noch hinzu, daß fast täglich durchreisende Gelehrte diesen Zirkel noch brillanter machten – und Sie werden mir die Versicherung glauben, daß man nicht leicht in interessanterer Gesellschaft sein kann. Aber auch nie in einer besseren Schule bin ich gewesen.«

Als Bollmann diesen Brief schrieb, war Meta Forkel schon wieder in Göttingen; sie hatte Mainz am 14. Oktober verlassen, nicht ohne zwei Übersetzungen abzuliefern: *Eine einfache Geschichte* von Elizabeth Inchbald und Thomas Paines *The Right of Man*, die beide 1792 erschienen.

Doch mit dem Werk von Paine gab es Schwierigkeiten. Es handelte sich dabei um eine Streitschrift, die gegen die im Jahr zuvor veröffentlichten *Reflections on the Revolution in France* des britischen Parlamentsabgeordneten Edmund Burke Stellung bezog. Burke verwarf alle revolutionären Veränderungen und setzte auf die Kraft von Reformen; der Publizist Paine verteidigte die Revolution, ging auf ihre Ursachen ein, beschrieb die neue französische Verfassung und forderte, die politischen Strukturen Englands entsprechend zu verändern, wozu auch die Abschaffung einer erblichen Monarchie gehörte. (Wie diese Umgestaltung praktisch zu verwirklichen sei, erläuterte Paine in einem 1792 erschienenen zweiten Teil.) Schon der Londoner Verleger, der den ersten Teil im März 1791 ausgeliefert hatte, war sich der politischen Brisanz dieser Streitschrift bewußt, die in England großes Aufsehen erregte und auf Zustimmung, aber auch auf heftige Empörung stieß.

Forsters Verleger, Christian Friedrich Voß in Berlin, bekam Bedenken, weil man in den deutschen Staaten mit

Schriften dieses Inhalts weit restriktiver verfuhr als in England. Meta Forkel indes war »von dem Paine ganz bezaubert«, so Forster an Voß, und die Übersetzerin selbst ließ den zaudernden Verleger wissen: »An der Übersetzung selbst wird man, wie ich mir schmeichle, und wie auch HE. Forster mir schmeichelt, keine Spuren von Eile finden: denn bei einem Stük, das als Urkunde der Menschheit anzusehn ist, habe ich es mir zur Pflicht gemacht, jeden Ausdruck sorgfältig zu wiegen.«

Wieviel ihr Paines Schrift bedeutete, machte sie Voß auch in der Frage ihrer Honorierung deutlich: »Sie haben Herrn Forster sehr gütig geschrieben, ich möchte das Honorar für den Bogen bestimmen, allein Sie werden mir verzeihn, wenn ich das nicht thue. Ich schrieb Ihnen gleich anfangs, daß ich das Schiksal dieser Übersetzung, unter allen Bedingungen, gern Ihnen überlassen wollte: der vorzügliche Fleiß den ich darauf gewandt habe, hat mir zum eignen Vergnügen gereicht, und mir durch die Erfüllung meines Wunsches, es unter Ihren Auspicien erscheinen zu sehn, wäre mir sehr angenehm belohnt. Wäre ich nicht in der Lage, wo es mir Pflicht ist, meine Zeit auch in anderer Hinsicht einträglich zu benutzen, so würd ich ein ganz eignes Vergnügen drein setzen, diese Arbeit ohne jede Vergütung als die meines eignen Wohlgefallens daran gemacht zu haben, so aber überlasse ich es ganz und gar Ihnen selbst, was sie an jenem Ersatz mir bestimmen.« Nach langem Zögern druckte Voß schließlich Metas Übertragung, die mit einer – Paines Standpunkt vertretenden – Vorrede Forsters erschien.

Bei Meta Forkels erneuter Rückkehr nach Göttingen schrieb Forster an Heyne: »Die arme Forkeln reiset morgen nach Göttingen zurück. Ich empfehle sie Ihrem Wohlwollen; es ist so viel wert, Wohlwollen von *einem* Menschen zu erhalten, wo alles umher nur mit Pharisäerstolze spricht: ich danke dir Gott, daß ich nicht bin wie diese Sünderin.«

Zurück in Göttingen, im Herbst 1791, begegnete die Sünderin ihrer großen Liebe: Johann Heinrich Liebeskind.

Auch er, 1768 in Bayreuth geboren, war Sohn und Enkel von Musikern und hatte im Oktober 1790 in Göttingen das Studium der Rechtswissenschaften fortgesetzt, das er zuerst 1787 in Erlangen begonnen, wegen einer Hofmeisterstelle aber unterbrochen hatte. Im Januar 1793 wurde er in Göttingen zum Dr. iuris promoviert.

Wann und unter welchen Umständen sich Liebeskind und Meta Forkel kennengelernt haben, ist nicht bekannt. Schon Anfang 1792 war sie von dem Studenten schwanger und zog sich nach Frensdorf bei Bamberg zurück, wo sie am 2. Oktober ihren Sohn Adalbert zur Welt brachte. Ihrer Übersetzertätigkeit ging sie gewohnt zuverlässig und emsig nach und übertrug einen Roman der vielgelesenen Ann Radcliffe, einer englischen, auf Schauerromane spezialisierten Engländerin: *Die nächtlichen Erscheinungen im Schlosse Mazzini* (gedruckt noch 1792) und zwei Romane von Charlotte Smith, nämlich *Celestine* (1792) und *Desmond* (1793 erschienen). Charlotte Smith, die der Konkurs ihres Mannes, eines Kaufmanns, gezwungen hatte, ihren Lebensunterhalt mit dem Verfassen von Romanen zu verdienen, gehörte damals zu den populären englischen Autoren.

Schon am 19. Oktober 1792 traf Meta Forkel mit dem erst 17 Tage alten Söhnchen in Mainz ein, wo sie diesmal bei Caroline Böhmer in der Welschnonnengasse Quartier nahm:

»Ich habe eine Hausgenoßin, lieber M., seit 8 Tagen – eine Landsmännin – die Forkel«, schrieb Caroline am 27. Oktober an Meyer. »Man hat sie mir nicht aufgedrungen – ich habe selbst die erste Idee gehabt. Sie wißen vielleicht, daß sie unter Protektion des Forsterschen Hauses steht. Ich kante sie beynah gar nicht – habe aber keinen Haß gegen Sünder, und keine Furcht für mich. Was sagen *Sie* dazu? Sie hat sich hier immer gut aufgeführt – hat sie je ganz ein solches Urtheil verdient wie in Bürgers Brief stand? [...] – Die Frau gefällt mir bis jetzt – ich bin gut mit ihr – da man das seyn kan, ohne sich hinzugeben, so seh ich

Mainz und die Folgen

nicht, warum ich damit nicht den Anfang machen sollte. Sie kennen sie, und können mir mehr Licht geben.«

Ob er das tat, wissen wir nicht, wir hätten seine Antwort gern kennengelernt, aber Meyers Briefe an Caroline sind nicht erhalten geblieben. Die Existenz des kleinen Adalbert wird nicht erwähnt, wohl aus Diskretion und um erneutem Klatsch in Göttingen vorzubeugen.

Als Caroline diesen Brief schrieb, hatten sich die Verhältnisse in Mainz von Grund auf verändert. Forsters Ehe befand sich in Auflösung. Während seiner Reise, die er vom 25. März bis 20. Oktober 1790 mit Alexander von Humboldt unternommen hatte und die ihn durch die Niederlande, Belgien, England und Frankreich führte, waren sich Therese und Huber nähergekommen – und die am 4. Juni 1791 geborene Tochter Luise (die bereits am 15. November starb) darf als erste Frucht ihrer Leidenschaft gelten, wahrscheinlich auch der am 21. April 1792 geborene Sohn Georg, dessen kurzes Leben am 24. Juli endete.

Forster nahm das Ende seiner Ehe sehenden Auges hin. So wie er widerstandslos, ja geradezu erbötig, die Affäre seiner Frau mit Meyer erduldet hatte, so akzeptierte er nun den Hausfreund Huber als neuen Liebhaber seiner Frau und Vater ihrer Kinder. Er verhielt sich so, als wäre nichts vorgefallen, und Bollmanns oben zitierter Brief belegt, wie leicht es dieser Hausgemeinschaft fiel, dem ahnungslosen Besucher Harmonie vorzutäuschen. Die ständigen Erkrankungen, von denen in Forsters Briefen die Rede ist, offenbaren aber zur Genüge, wie sehr er litt. »Ich bade im Rhein und leiere mein Lebens so hin«, schrieb er an Freund Jacobi, den Schriftsteller und Philosophen in Düsseldorf. »Es kommt mir vor, daß ich älter werde, ohne eben glücklicher zu werden, außer etwa, nach Kants Definition, in der inneren Würdigkeit glücklich zu sein, im Selbstbewußtsein.«

Und ergänzte ein Vierteljahr später: »Ich habe mich vielleicht in meinem Leben in keiner drückenderen Lage befunden als jetzt. Das ganze Jahr hindurch habe ich unablässig mit eisernem Fleiß und großer Anstrengung des Geistes gearbeitet. Meine Kräfte sind erschöpft, mein Körper ist keiner Anstrengung mehr fähig, mein Geist ist erlahmt, und ich habe die betrübteste Aussicht auf den Winter und auf das künftige Jahr vor mir. Es ist, als ob mir alles zu Wasser werden müßte, nichts gedeiht mir, je mehr ich arbeite, je mehr ich hoffe zu gewinnen, desto ärger zerrinnt mir's unter den Händen, und ich stehe jetzt mir leeren Händen da, unfähig, wie bisher zu arbeiten, und doch nicht imstande, ohne die Fortsetzung der bisherigen Anstrengung mit meinem Haushalt auszukommen.«

Die politischen und militärischen Ereignisse brachten in das Leben der Forsters und ihrer Freunde eine unerwartete Wende, mit der niemand hatte rechnen können: Am 20. April 1792 erklärte die Französische Republik Österreich den Krieg. Noch lag Mainz fernab, wie es schien, aber Caroline meinte in einem Brief, der am selben Tag geschrieben wurde, als sie also von der Kriegserklärung noch nichts wissen konnte: »Wir können noch sehr lebhafte Sceenen herbekommen, wenn der Krieg ausbrechen sollte – ich ginge ums Leben nicht von hier – denk nur, wenn ich meinen Enkeln erzähle, wie ich eine Belagerung erlebt habe, wie man einem alten geistlichen Herrn die lange Nase abgeschnitten und die Demokraten sie auf öffentlichem Markt gebraten haben – wir sind doch in einem höchst intereßanten politischen Zeitpunkt, und das giebt mir außer den klugen Sachen, die ich Abends beym Theetisch höre, gewaltig viel zu denken, wenn ich allein, in meinem recht hübschen Zimmerchen in dem engen Gäßchen sitze, und Halstücher ausnähe, wie ich eben thue.«

Sie las jetzt, um sich auf die Situation einzustimmen, die *Lettres originales de Mirabeau, écrites du donjon de Vincennes*, von denen sie fand, sie redeten »so unaufhaltsam aus der Quelle strömend, zu der Seele, zu dem Herzen, zu den Sinnen«, ganz anders als Goethes *Groß-Kophta* (»ein bloßes Gelegenheitsstück«): »Göthe ist ein übermüthiger Mensch, der sich

Mainz und die Folgen

aus dem Publikum nichts macht, und ihm giebt was ihm bequem ist.« Noch drei Monate später bekräftigte sie ihr Urteil: »Göthens Gros-Cophta ist im Schlafe gemacht, sein Genius hat wenigstens nicht Wache dabey gehalten.«

Auch Forster zeigte sich enttäuscht: »Wir haben in diesen Tagen den ›Gros-Cophta‹, ein Lustspiel von Goethe, erhalten; allein hier ist leider alles dahin, was uns sonst an seinen Arbeiten freute; kein Funke Geist, Einbildungskraft, ästhetischen Gefühls; alles ist so platt wie ›Der Schamane‹ der Kaiserin von Rußland. Ist es möglich, auch dieser Mann hat sich so überleben können? Oder ist das eine Art, über die dumme Vergötterung, die manche ihm zollen, und über die Unempfänglichkeit des Publikums für die Schönheiten seines ›Egmont‹, seines ›Tasso‹ und seiner ›Iphigenie‹ seinen Spott und seine Verachtung auszulassen? Ich weiß nicht, welches von beiden ich wählen soll. Schade um Druck und Papier!«

Die Wortwahl in beiden Briefen zeigt, daß man sich im Freundeskreis darüber ausgetauscht haben muß. Dieser Kreis war Carolines einziger Umgang in Mainz, wie sie Meyer schrieb: »Sie genießen ihr Leben, in dieser schönen Gegend – sie arbeiten und gehn spazieren und ich theile das alles mit ihnen. Jeden Abend bin ich dort um Thee mit ihnen zu trinken, die interreßantesten Zeitungen zu lesen, die seit Anbeginn der Welt erschienen sind – raisonniren zu hören, selbst ein bischen zu schwazen – Fremde zu sehn u. s. w. Außer Forsters hab ich gar keinen Umgang. – Darinn hab ich vielleicht unrecht – aber ich mag keinen andern. F. ist mein Freund, wie Sie mirs voraussagten – ich erkenne alle seine Schwächen, und kan die nicht von mir werfen, ihm gut zu seyn – ich thue alles, was ihm Freude machen kan. Im Anfang drückte es mich, mich theilen zu sollen, zwischen der Neigung für ihn und meinem Gefühl für Therese, aber, nachdem ich klar eingesehen habe, daß alles grade so seyn muß, wie es ist, und nicht anders seyn kan, vereinige ich es recht gut, und bin gegen keinen mehr ungerecht. Zwar gegen Th. würde ich es nie seyn – ob ich gleich noch immer behaupte, daß sie mich nicht liebt – mich deucht, darinn hat *sie* unrecht – sie kan es in mehreren Dingen haben – aber Sie, mein bester Freund, haben doch auch nicht recht, und es ist vieles anders, als Sie es sich vorstellen.«

Von der Krise im Haus Forster kein Wort; gerade Meyer brauchte davon nichts zu wissen.

Die Kriegserklärung Frankreichs war mittlerweile fast drei Monate her, ohne daß ein Schuß gefallen wäre, denn noch waren beide Seiten vollauf beschäftigt, ihre Armeen zu organisieren und zusammenzuziehen. Auf alliierter Seite – Österreich war mit Preußen verbunden, dazu kamen einige deutsche Kleinstaaten – interessierte man sich zuvörderst für die Kaiserkrönung in Frankfurt am Main. Dort wurde Franz II. am 14. Juli 1792 zum Deutschen Kaiser gekrönt, exakt am dritten Jahrestag des Bastillesturms. Aber daran dachte von den gekrönten Häuptern niemand, warum auch, würde doch der kommende Krieg nicht mehr werden als eine kleine Strafexpedition nach Paris, abgetan in wenigen Wochen.

Als Reichskanzler mußte Kurfürst Erthal natürlich entsprechend repräsentieren. Mit 800 Personen, 23 Wagen und 60 berittenen Pagen begab er sich nach Frankfurt, und seine Untertanen finanzierten diesen Aufwand aus einer halben Million Steuergelder. Damit nicht genug: Der Kurfürst lud die Fürstlichkeiten anschließend zur Nachfeier nach Mainz. Drei Tage lang waren Kaiser Franz II., König Friedrich Wilhelm II. von Preußen, die Kurfürsten von Köln und Trier, der Herzog von Braunschweig und andere Potentaten Gäste verschwenderischer Festlichkeiten. Zwar hatte schon im Mai der preußische Gesandte in Mainz sorgenvoll nach Berlin berichtet, die Festungsanlagen seien in einem so desolaten Zustand, daß sich niemand wundern würde, wenn eines Morgens die französische Nationalgarde auf dem Schloßhof stehe. Aber derlei auch nur zu denken schien ganz absurd, denn man fühlte sich sehr stark.

Mainz und die Folgen

Wie stark, zeigte das Manifest, das der Oberkommandierende der Koalitionsarmee, der Herzog von Braunschweig, am 25. Juli veröffentlichte und dessen Inhalt der Fürstenkongreß beschlossen haben soll. Der kommende Krieg, so stand da zu lesen, diene dem »Heil Frankreichs« und bezwecke nicht, »sich in die innere Regierung Frankreichs zu mischen«; die geplante Wiederherstellung vorrevolutionärer Zustände verstand man offenbar nicht als Einmischung. Französische Nationalgardisten, die gegen die Alliierten kämpfen sollten, würden »als Feinde und Aufrührer gegen ihren König und gegen die öffentliche Ordnung behandelt« (was Todesstrafe bedeutete). Die Stadt Paris aber sollte »einer militärischen Exekution und einer gräßlichen Ruine« preisgegeben werden, falls »die mindeste Beleidigung dem Könige, der Königin und der ganzen königlichen Familie zugefügt« würde.

Eine ungeheure Empörung ging als Antwort auf dieses anmaßende Manifest durch Frankreich. Was keine noch so eindringliche Beschwörung bisher bewirkt hatte, diese beleidigende Herausforderung einer ganzen Nation brachte es zuwege: Frankreich eilte zu den Fahnen, Frankreich einte sich zum Volkskrieg gegen ausländische Arroganz, unverschämte Großsprecherei und unerträgliche Einmischung.

Ende August kam Goethe, der im Gefolge seines Herzogs am Feldzug teilnahm, nach Mainz und besuchte die Forsters. Caroline sah ihn bei dieser Gelegenheit wieder, aber wir kennen Goethes Gespräche mit ihr und Forsters nicht, die er an »zwei munteren Abenden« führte. Goethe erinnerte sich dreißig Jahre später: »Von politischen Dingen war die Rede nicht, man fühlte, daß man sich wechselseitig zu schonen habe: denn wenn sie republikanische Gesinnungen nicht ganz verleugneten, so eilte ich offenbar mit einer Armee zu ziehen, die eben diesen Gesinnungen und ihrer Wirkung ein entscheidendes Ende machen sollte.«

Zu diesem Zeitpunkt hatte sich der Krieg für die Alliierten bereits vielversprechend angelassen: Am 23. August kapitulierte die Festung Longwy, am 2. September fiel Verdun; der Weg nach Paris schien frei. Wie auch nicht? Die französische Revolutionsarmee mochte kaum als ebenbürtiger Gegner anzusehen sein: Es mangelte ihr an Waffen und Ausrüstung, an Uniformen, an strafferer Organisation, an Offizieren, denn viele von ihnen – Adlige – waren zum Feind übergelaufen. Auf alliierter Seite hingegen stand eine streng gedrillte, wohlausgerüstete und farbenprächtig uniformierte Armee, der es an nichts zu fehlen schien. Aber dann brachte die französische Artillerie am 20. September bei Valmy den Vormarsch zum Stehen; der Herzog von Braunschweig befahl den Rückzug. Die Franzosen verfügten über eine geradezu unschlagbare Waffe: die Begeisterung für die revolutionäre Idee. Nicht die Bewaffnung entschied; es siegte die hohe Kampfmoral und der Wille zum Widerstand gegen ein unmotiviertes, kampfunlustiges Berufsheer. So schnell wie die alliierten Truppen in Frankreich eingedrungen waren, so schnell mußten sie das Land wieder räumen, und zwei Wochen später schon standen die Franzosen am Rhein.

Die Eroberer verhielten sich maßvoll und zeigten sich bereit, die Bevölkerung zu schonen, so gut es ging, denn schließlich führten sie den Krieg gegen die Herrschenden, nicht gegen die Untertanen, die zu befreien man gekommen war. Als bei der Einnahme von Worms und Speyer kurmainzische Soldaten in Gefangenschaft geraten waren, entließen die Franzosen 28 Männer, meist verheiratete, als Zeichen des guten Willens. Als diese nach Mainz zurückkehrten und die ihnen widerfahrene gute Behandlung rühmten (»erzählen Wunderdinge«, schrieb Caroline), wurden sie zur Strafe in der Festung Königstein eingekerkert. Aber solche Willkürakte nützten nichts mehr. Am 4. Oktober floh der Kurfürst, und Caroline berichtete zwei Tage später: »Seit 6 Tagen erwarten wir täglich einen Einfall der Franzosen – alle Adlichen sind geflüchtet und der Alte [der Kurfürst] auch in einem Wagen, wo er das Wappen auskrazen ließ.«

Mainz und die Folgen

In Mainz sah man schon Kokarden mit den französischen Farben. Caroline steckte sich keine an und würde es auch künftig nicht tun. »Das rohte Jacobiner Käppchen, das Sie mir aufsezen, werf ich Ihnen an den Kopf«, hatte sie am 12. August an Meyer geschrieben, der sie offenbar revolutionärer Ideen verdächtigte.

Die Vorhut des kommandierenden französischen Generals Custine erschien erst am 18. Oktober vor den Wällen von Mainz. An ernsthaften Widerstand war gar nicht zu denken. Die Stadt wurde von 1200 Soldaten aus fünf Fürstentümern bewacht; für die 120 Kanonen standen nur 50 Kanoniere zur Verfügung, junge Handwerker wurden gar als Hilfsartilleristen verpflichtet. Bei dieser Aussichtslosigkeit übergab General Gymnich, Kommandant von Mainz, die Festung kampflos am 21. Oktober den Franzosen, die noch am selben Abend die Stadt besetzten. General Custine bezog sein Hauptquartier im kurfürstlichen Schloß, und der kurmainzische Ingenieur-Oberstleutnant und Festungsbaumeister Rudolf Heinrich Eickemeyer, auf dessen Warnungen und Ratschläge vorher niemand hatte hören wollen, stellte sich jetzt Custine zur Verfügung, der ihn daraufhin zum Obersten und Generaladjutanten ernannte. Am 22. Oktober nahmen die Franzosen auch Frankfurt.

Caroline war von den eingerückten Feinden – »wenn wir unsre höflichen wackren Gäste anders Feinde nennen können« – sehr angetan. »Die Adlichen sind alle geflohn – der Bürger wird aufs äußerste geschont.« Und sie teilte Meyer mit: »Ich kan Ihnen Forsters Betragen nicht genug rühmen – noch ist er bey keinem der Institute – er macht seinen bisherigen Gesinnungen Ehre, und wird vielleicht mit der Zeit den Ausschlag zu ihrem Vortheil geben. Der Mittelstand wünscht freilich das Joch abzuschütteln – dem Bürger ist nicht wohl, wenn ers nicht auf dem Nacken fühlt. Wie weit hat er noch bis zu dem Grad von Kentniß und Selbstgefühl des geringsten *sansculotte* draußen im Lager. Der Erwerb stockt eine Weile, und das ist ihm alles – er regrettirt [bedauert] die sogenannten« Herrschaften, »so viel darunter sind, die in Concurs stehn und die Handwerker unbezahlt ließen. Aber nur eine Stimme ist über den Priester [den Kurfürsten] – *er* sieht gewiß sein schönes Mainz nicht wieder, wenn es auch, wies wahrlich sehr zweifelhaft ist, seine Thore dem Nachfolger öffnete. Custine bevestigt sich, und schwört den Schlüßel zu Deutschland nicht aus den Händen zu laßen, wenn ihn kein Friede zwingt. Kaum 4 Monate sinds, wie sich das *Concert des puissances* [das Treffen der Mächtigen] versammelte, um Frankreichs Untergang zu beschließen hier – wo nun auf dem Comödienzettel steht: mit Erlaubniß des Bürgers Custine.«

Zu den Mainzern, die jetzt besonders eng mit den Franzosen zusammenarbeiteten, gehörte auch ihr Schwager Georg Wilhelm Böhmer, »der seine Profeßur in Worms aufgegeben hat, und so was von Secretair bey Custine ist. Mir sank das Herz, wie ich den Menschen sah – o weh – wolt und könt Ihr den brauchen? aber wen kan man nicht *brauchen?* Die sich bey solchen Gelegenheiten vordrängen, sind nie die besten.«

Custine nutzte den Anfangselan seiner Eroberungen, um in Mainz sofort republikanische Zustände zu etablieren, wobei ihn seine deutschen Adjutanten tatkräftig unterstützten. Zusammen mit dem eifrigen Böhmer trafen sie alle erforderlichen Vorbereitungen zur Gründung der *Gesellschaft der Freunde der Freiheit und Gleichheit,* die am 23. Oktober im Großen Saal (Akademiesaal) des kurfürstlichen Schlosses vollzogen wurde. Zu ihren Mitgliedern zählten Professoren der Universität (wie z. B. der Mediziner Georg Wedekind), Studenten, ein Kanonikus, ein Holzhändler, ein Gastwirt, ein Buchbinder. Wöchentlich wurden vier Sitzungen in deutscher und eine in französischer Sprache abgehalten. Unter Verzicht auf bürgerliche Titulaturen redete man sich nur mit dem Familiennamen und mit Du an. Diese »Gesellschaft«, ganz an der Verfassung französischer Jakobiner-Clubs orientiert (weshalb sie auch im folgenden als »Club«

bezeichnet wird), sollte gleichsam Custines verlängerter Arm sein, sie sollte eine demokratische Mainzer Republik schaffen helfen und für die Verbreitung revolutionären Gedankenguts sorgen. Dazu bedurfte der Club des entschiedenen Handelns der französischen Exekutive, und ebendaran gebrach es.

Obwohl ihm die feindselige Gesinnung der Zünfte und Bauern bekannt sein mußte, zeigte Custine eine ungewöhnliche Nachsicht. Ja, er fragte sogar noch die Vertreter der Zünfte höflich, welche Verfassung sie wählen möchten. Die aber erklärten, es müßte alles so bleiben wie unter dem Kurfürsten. Auch der »Handelsstand« lehnte eine republikanische Verfassung ab. Bei soviel Milde vermochte der Club dann freilich wenig auszurichten.

Am 3. November errichteten die Franzosen auf dem Markt einen Freiheitsbaum, Symbol der Revolution. Eine glattgehobelte Tanne wurde in den Revolutionsfarben Blau-Weiß-Rot bemalt und mit einer roten Jakobinermütze bekrönt. Blauweißrote Bänder flatterten von der Spitze. Rechts und links vom Baum wurden zwei blauweißrote Piken aufgepflanzt und gleichfalls mit der roten phrygischen Mütze geziert. Eine am Baum angebrachte Tafel verkündete: »Vorübergehende! Dieses Land ist frei! Tod demjenigen, der es anzugreifen wagt!«

Georg Forster, der sich abwartend verhalten hatte, trat am 7. November dem Club bei. Er tat es ohne rechte Begeisterung, aber nicht aus Opportunismus. Sein Verhältnis zu Custine war glänzend, was nicht nur der Universität zugute kam, sondern der ganzen Stadt, und da Pläne bestanden, ihn in eine neuzubildende Administration zu berufen, bedurfte es der Mitgliedschaft, um auch von den Demokraten unbedingte Unterstützung zu bekommen. Die »Allgemeine Administration« übernahm die Verwaltung am 19. November, ihr gehörte Forster an. Bis zu diesem Zeitpunkt amtierte tatsächlich noch die »Kurfürstliche Landesregierung«. Den Gemeinden ging in deutscher Übersetzung ein Auszug aus der neuen französischen Verfassung zu. Für Mainz wurde ein Bürgermeister berufen, den es bisher nicht gegeben hatte, denn das vom Klerus verwaltete Vizedomamt hatte die Kommunalgewalt innegehabt.

Der Gegner rüstete sich unterdessen zum Gegenschlag. Am 2. Dezember wurde Frankfurt von preußischen und hessischen Truppen zurückerobert. Am 7. Dezember verließ Therese mit den beiden Kindern Mainz und Forster. Nur scheinbar war es ihr darum zu tun, die Kinder vor den näher kommenden Kriegswirren in Sicherheit zu bringen. Der Anlaß war günstig, sich endlich unter schicklichem Vorwand von Forster zu trennen und Huber zu folgen, der die Stadt bereits verlassen hatte und auf Therese wartete. Therese ging mit den Kindern zunächst nach Straßburg, womit sie auf französischem Staatsgebiet blieb.

»Menschlichem Ansehn nach, ist es der falscheste Schritt, den sie je gethan hat«, meinte Caroline, »und der erste Schritt, den ich ohne Rückhalt misbillige. Sie, die über jeden Flüchtling mit Heftigkeit geschimpft hat, die sich für die Sache mit Feuereifer intereßirte, geht in einem Augenblick, wo jede Sicherheitsmaasregel Eindruck macht, und die jämmerliche Unentschiedenheit der Menge vermehrt – wo sie ihn mit Geschäften überhäuft zurückläßt – obendrein beladen mit der Sorge für die Wirtschaft – zwey Haushaltungen ihn bestreiten läßt, zu der Zeit, wo alle Besoldungen zurückgehalten werden. Das fällt in die Augen. Er wollte auch nicht – ich weiß weder, welche geheime Gründe sie hat, noch welche sie ihm geltend machte – sie hats aber durchgesezt. Ich müste mich sehr irren, wenn nicht diesmal weniger verzeihliche Antriebe als leidenschaftliche sie bestimmten, vielleicht die Begierde nach Wechsel, und eine Rolle dort zu spielen, wie sies hier nicht konte.«

Dennoch glaubte sie nicht an »Trennungspläne«, jedenfalls behauptete sie das gegenüber Meyer, aber das klang wenig überzeugend, denn Caroline wußte nur zu gut, wie es um Forsters Ehe bestellt war. Sie führte jetzt für Forster den Haushalt; daß das Anlaß zu Gerede gab, trug sie gelassen, anderes als Freundschaft und Mitgefühl für den Verlassenen war nicht im Spiel. Über das Verhältnis Forsters zu Therese urteilte sie:

»Er ist der wunderbarste Mann – ich hab nie jemanden so geliebt, so bewundert und dann wieder so gering geschäzt. Er ging seinen politischen Weg durchaus allein und that wohl daran – Ihr Geist ist nicht für die Sphäre, mehr thätig als würkend darinn. Er geht mit einem Adel – einer Intelligenz – einer Bescheidenheit – einer Uneigennüzigkeit – wär es nur das! aber im Hinterhalt lauscht Schwäche, Bedürfniß ihres Beyfalls, elende Unterdrückung gerechter Forderungen – auffahrendes Durchsezen geringeres. Er lebt von Attentionen und schmachtet nach Liebe, und kan diesen ewigen Kampf ertragen – und hat nicht die Stärke sich loszureißen, die man auch da, wo man Superiorität anerkennt, haben müßte, wenn es uns mit uns selbst entzweite. [...] Dieses Mannes unglückliche Empfänglichkeit, und ihr ungrosmüthiger Eigennuz verdammen ihn zu ewiger Qual. Ich habe wohl gedacht, ob man ihm die Augen öfnen könte – es versteht sich, daß ich nicht mittelbar noch unmittelbar dazu beitragen darf und werde – ich habe gefunden, man würde seine Liebe tödten können, aber seine Anhänglichkeit nicht. Spricht ihm das nicht sein Urtheil? Sie beschäftigt, sie amüsirt ihn – das kan ihm kein Wesen ersezen – darum ist sie einzig – sie reizt seine Eitelkeit, weil er sieht, daß sie auch andre beschäftigt, und daher nie erfährt, wie nachtheilig die Urtheile sind, die selbst diese von ihr fällen. Wer sie nicht mag, flieht sie – ein neuer Triumph! So hält sie ihn – geht hin, und nuzt seinen Nahmen, und führt ihn mit Stolz. Das ist nicht billig – ach und doch verdient ers. Guter Forster, geh und klag die Götter an.«

Forsters alter Freund, der Anatom Sömmering, weiß aus der Ferne genau, wie die Schuldfrage zu bewerten ist: »Mde. Böhmer, die Witwe, ist an Forsters Unglück nebst Huber am meisten Schuld«, schrieb er an Thereses Vater. Beweise für seine Behauptung hatte Sömmering nicht. Sie selbst, so schrieb Caroline an Meyer, werde in Mainz bleiben: »Man gewöhnt sich an alles, auch an die tägliche Aussicht einer Belagerung.«

Für das, was in Mainz vorging, hatte der kluge Meyer nur Spott und Verachtung. Zwar sind seine Briefe nicht überliefert, aber ihren Tenor kann man aus Carolines Antworten erschließen. Sie wußte dem eitlen, egozentrischen, zu echtem Engagement unfähigen Literaten sicher zu parieren. Daß er Abscheu hegt, nun gut: »Wer giebt aber Dir Pillgrim im Jammerthale das Recht zu spotten? *Sie* sind unter jedem Himmelsstrich frey, unter keinem glücklich. Allein können Sie im Ernst darüber lachen, wenn der arme Bauer, der drey Tage von vieren für seine Herrschaften den Schweiß seines Angesichts vergießt, und es am Abend mit Unwillen trocknet, fühlt, ihm könte, ihm sollte beßer seyn? Von diesem einfachen Gesichtspunkt gehen wir aus; der führt auf Abwege – Sie dürfen deswegen aber nicht glauben, daß wir toll sind und andre Propheten hörten, als die wir immer gehört haben, worunter W[edekind] und B[öhmer] nicht gehören.«

Diese Sätze demonstrieren ihren angeborenen Sinn für Gerechtigkeit und soziales Empfinden; politische Theorien zu diskutieren war ihre Sache nicht. »So möchten denn die Reichen abtreten und die Armen die Welt regieren«, hatte sie drei Jahre zuvor an Meyer geschrieben. Nein, mit politischen Theorien konnte sie nichts anfangen, aber sie war empfänglich für alles, was die Revolution an sozialer Gerechtigkeit brachte oder doch wenigstens zu bringen versprach.

Am 13. Dezember wurde in Mainz der Kriegszustand proklamiert. Das bedeutete nicht nur eine zunehmende Isolierung nach außen, es bedeutete auch eine Verschärfung der innenpolitischen Auseinandersetzung, denn revolutionsfeindliche Umtriebe konnten nicht länger geduldet werden. Zur Warnung ließ Custine vier Galgen errichten. Helle Empörung unter den Feinden der Revolution, die sich noch

Jahre später darüber entrüsten sollten. Indes: Die Galgen sind nie benutzt worden.

Am 15. Dezember dekretierte der Nationalkonvent in Paris die Abschaffung aller Privilegien, der Leibeigenschaft und des Zehnten. Drei Kommissare wurden nach Mainz entsandt, um die Ausführung der Bestimmungen zu überwachen. Daß hier an der Verwirklichung des Dekrets nicht gerüttelt wurde, verbürgte die Tatsache, daß Georg Forster am 31. Dezember Präsident des Clubs wurde, eine Rangerhöhung, die ihn nun vollends zur Zielscheibe der Reaktion machte. Durfte diese bislang noch vermuten, Forster habe nur aus opportunistischen Gründen den Anschluß an die Jakobiner gesucht, so wurde jetzt deutlich, daß er fest hinter der revolutionären Idee stand.

»Es ist eine der entscheidenden Weltepochen, in welcher wir leben. Seit der Erscheinung des Christentums hat die Geschichte nichts Ähnliches aufzuweisen. Dem Enthusiasmus, dem Freiheitseifer kann nichts widerstehen – als etwa die in Stupidität versunkenen Verfassungen Asiens. Das ist alles so sonnenklar, daß es Tollheit und Blindheit wäre, noch daran zu zweifeln. Zwingt die Franken noch zu einem Feldzuge, und die ganze europäische Welt wird in einem Jahr frei!«

So schrieb er an seinen Berliner Verleger Voß, der ihn beschworen hatte, sich als »guter Preuße« zu zeigen. »Wenn ich so glücklich sein könnte, zum Frieden mit Preußen mitzuwirken und die natürliche Allianz zwischen Preußen und Frankreich wiederherzustellen, so würde ich mich außerordentlich freuen; das wäre meines Erachtens die einzige Hinsicht, in welcher ich ein guter Preuße sein und dieses Interesse mit jenem des freien Volks, dem ich angehöre, vereinbaren könnte.« Und an Huber schrieb er: »Ich bin überzeugt, die Pforten der Hölle überwältigen die neue Freiheit nicht.«

Die drei nach Mainz entsandten französischen Kommissare waren entsetzt. Nicht nur, daß sie die viel zu nachgiebige und unentschlossene Haltung Custines erkannten, die längst zu einer provokativen Obstruktion von Handwerkern und Kaufleuten geführt hatte, sie erkannten auch fassungslos den katastrophalen Zustand der französischen Armee. Es fehlte an Waffen, Kleidung, Geld und ganz besonders an Lebensmitteln. Die Kommissare begriffen, in welchem Maße die französischen Truppen, die als Befreier gekommen waren, das Land aussogen und damit gerade jene Schichten gegen sich aufbringen mußten, denen man doch helfen wollte.

Am 23. Januar mußte der Belagerungszustand proklamiert werden. Jetzt endlich, in dieser Notsituation, entschloß man sich zu längst überfälligen Maßnahmen. Die Klöster, die an der Ausbeutung mehr als genug profitiert hatten, wurden finanziell zur Ader gelassen: So mußte das Mainzer Petersstift 12 000 Gulden zahlen, das Kloster Eberbach gar 53 000 Gulden. Dieses Geld wurde für den dringenden Ausbau der Befestigungsanlagen gebraucht. Dabei kam auch des Kurfürsten gerade neuerbautes Lustschloß Favorite unter die Spitzhacke, weil es im Verteidigungsring lag. Das prächtige Schlößchen, wo sich die Potentaten nach der letzten Kaiserkrönung getroffen hatten und wo der Herzog von Braunschweig sein berüchtigtes Manifest verfaßt hatte, wurde zum Schutthaufen, der die neue Mainzer Freiheit sichern sollte.

Um Mainz eine Volksvertretung zu geben, die künftig Verhandlungspartner für Paris sein würde und in deren Hände alle Verwaltungsprobleme übergehen sollten, wurde am 16. Februar eine allgemeine Wahl ausgeschrieben. Stimmfähig war jeder Bürger, der den Eid auf die Grundsätze von Freiheit und Gleichheit leistete und dabei zugleich dem Kurfürsten und dem Kaiser abschwor. Außerdem mußten jetzt Klerus, Adel und Beamtenschaft auf ihre Privilegien verzichten.

Daraufhin erklärten die Zünfte und die Kaufmannschaft, sie würden den Eid verweigern. Bei der Wahl am

24. Februar zeigte sich die offene Obstruktion erfolgreich. Von den zwischen zehn- und vierzehntausend wahlberechtigten Mainzern gaben nur dreihundert ihre Stimme für einen neuen Bürgermeister und sechs Abgeordnete ab, die dem neuen gesetzgebenden »Rheinisch-deutschen National-Convent« angehören sollten. Unter den Gewählten war Forster.

Durch diesen Erfolg übermütig geworden, beschlossen die Zünfte, alle aus ihren Reihen auszuschließen, die den neuen Eid leisteten. Das hatte zur Folge, daß alle Zünfte verboten wurden. Da selbst Mitglieder des Clubs zu den Eidverweigerern gehörten, wurde der Club aufgelöst, ein neuer gegründet, dem wieder Forster präsidierte. Nur noch ausgewiesene Demokraten sollten aufgenommen werden.

»Man ist entweder für absolute Freiheit oder für absolute Tyrannei. Ein Mittelding gibt es nicht, denn die bedingte Freiheit läuft immer wieder auf Despotie hinaus und ist daher, weil sie Mäßigung affichiert, gefährlicher und echten Freiheitsfreunden verhaßter als Royalismus, der wenigstens gerade heraussagt, ihr sollt gehorchen«, schrieb Forster im Februar 1793 an Therese, die sich inzwischen in die Schweiz zurückgezogen hatte. Dieses Bekenntnis klingt zwar sympathisch, aber in der damaligen Situation auch weltfremd. Denn in Mainz nutzten die Feinde absoluter Freiheit ihre Möglichkeiten, sie unter Mißbrauch der Freiheit zu vernichten, um wieder die absolute Tyrannei zu inthronisieren. »Ich bin ruhig, weil ich entschieden bin«, fuhr Forster fort. »Meine Unentschlossenheit, ob ich weggehen oder hierbleiben sollte, ist nun vorüber. Komme, was kommen mag, ich bleibe nun bis auf den letzten Mann. Es ist meiner würdig, und am Ende riskiere ich nichts, als was ich doch auf jeden Fall riskieren muß, meinen elenden Rest von Habseligkeiten. Von allen Seiten höre und finde ich, daß das Publikum gegen mich noch wie zuvor gesinnt ist, ich kann also noch nützen – und ich hoffe, bald greifen wir gegen unsere Schurken zu vigoureusen [energischen] Maßregeln.«

Diese Maßregeln blieben halbherzig. Nun gut, man wies die Feinde aus, aber wie wenig das traf, sieht man daran, daß sich den Ausgewiesenen viele freiwillig anschlossen. Allein im Februar 1793 verließen tausend Mainzer Bürger ihre Stadt.

Am 17. März wurde der *Rheinisch-deutsche National-Convent* eröffnet, der vier Tage später den Anschluß an Frankreich beschloß. Forster, der Pächter Adam Lux und der Kaufmann Potocki wurden gewählt, als Deputierte dem Pariser Nationalkonvent den Antrag auf Eingliederung zu überbringen. Am 25. März reisten sie ab.

Die redlichen Gotters in Gotha hatten längst schon Caroline angeboten, sie angesichts der bedrohlichen Situation von Mainz bei sich aufzunehmen. Caroline folgte diesem Angebot, weil sie wußte, Forster würde die Stadt verlassen, der die Einschließung durch preußische Truppen drohte. Es fiel ihr schwer, sich »von den hiesigen Gegenden zu trennen«, aber sie wußte auch: »Mein Nahme ist proscribirt – das weiß ich – gut, daß ich nicht selbst den Fluch über ihn gebracht, denn ein Fluch ist nicht so ehrenvoll wie der andre.«

Am 30. März – es war der Tag, an dem Forster im Pariser Konvent den Antrag auf Annexion verlas und der Konvent ihm zustimmte – verließ sie die Stadt in Richtung Frankfurt. In Carolines Wagen saßen die vierundsechzigjährige Sophia Magdalena Wedekind und deren Schwiegertochter Maria, Meta Forkel, dazu vier Kinder. Sömmering meldete an ebendiesem Tag seinem Freund Heyne: »Madame Böhmer will nach Göttingen zurückkehren, wie ich ganz sicher weiß – sie hat viel Böses bei uns angerichtet und sich sehr garstig betragen.« Gründe nannte er nicht.

Die Fahrt der Frauen endete am gleichen Tag nur wenige Kilometer hinter Oppenheim. Hier wurden sie von preußischen Vorposten – Mainz war inzwischen eingeschlossen – visitiert und, da sie aus Mainz kamen, zunächst inhaftiert, trug eine von ihnen doch den odiosen Namen Böhmer. Sie wurden in Frankfurt verhört, wobei sie Sömmering trafen.

Mainz und die Folgen 195

Caroline habe sich »sehr unweiblich betragen«, meldete der sogleich nach Göttingen. Die Unweiblichkeit bestand darin, daß Caroline dem preußischen General-Auditeur auf dessen läppisches Verhör hin bedeutete (so Sömmering), »er wäre ein trefflicher Redakteur, indem er alles so schön kurz zu fassen gewußt hätte«. Diese Ironie ärgerte den Preußen zwar, aber er konnte vorerst die Frauen nur bitten, sich in Frankfurt zur Verfügung zu halten. Sömmering behauptete nun, er hätte den »superklugen Göttingerinnen« geraten, »sich nach dem Verhöre wegzumachen, weil ihre Namen hier zu gehässig wären«.

Caroline wußte hingegen von keiner Schuld, wurde aber dennoch mit den anderen zwei Tage später festgenommen und auf die Festung Königstein verbracht. »Was will man uns denn tun, was haben wir denn getan?« fragten die verstörten Frauen Sömmering, der meinte: »Sie sind weder verhört, noch ist ihnen auf sonst eine Art die Ursache ihres Arrestes und ihres nunmehrigen Gefängnisses zu Königstein bis jetzt gesagt worden – ich konnte den Anblick dieser Unglücklichen nicht ertragen, um mich bis zum Sprechen ihnen zu nähern, sondern wandte mich weg und kehrte heim.« Für die Frauen zu intervenieren, fiel ihm nicht ein.

Kein Gesetz verlangte, diese Frauen zu verhaften, kein Gesetz erlaubte, sie einzusperren, aber in solchen Zeiten fragte niemand nach Gesetzen. Die Frauen trugen die Namen verhaßter Demokraten (Böhmer und Wedekind), das war genug. Und sie konnten sogar noch froh sein, einigermaßen glimpflich davongekommen zu sein, denn auf den Straßen um Mainz herrschte Lynchjustiz. Verhaftete Demokraten wurden ausgepeitscht, mit Steinen beworfen, zusammengeschlagen und von Soldaten mit Gewehrkolben mißhandelt. Selbst Sömmering war entsetzt: »Die Erbitterung des Publikums gegen die Clubisten ist grenzenlos. Gerechter Himmel, was mußte ich in diesen Tagen für grausame Wünsche anhören von Leuten, von denen ich's nie erwartet hätte, daß sie ihren Mund mit solchen Worten besudeln könnten. Männer und Weiber, die Religion affektieren, denken doch auch nicht an Schonung, ich will nicht sagen: Liebe der Feinde.«

Worauf ihm Heyne antwortete: »O! wie unedel handeln die Deutschen, die sich nun dem fränkischen Gesindel gleichsetzen und ähnliche Barbareien und Grausamkeiten ausüben. Wieviel Schande machen ihnen die Prügeleien an den Unglücklichen und welch Recht hatten die Preußen dazu! Alles, was sie tun konnten, war, sie an den Kurfürsten von Mainz auszuliefern, und dieser konnte gerichtlich gegen sie verfahren lassen. Ich habe es immer gesagt: Alle Greuel der Sansculotten werden von den Siegern und Aristokraten noch übertroffen werden.«

Ähnliche Grausamkeiten? Greuel der Sansculotten? In Mainz und Umgebung sind sie nicht nachweisbar. Für Caroline fand Heyne kein Wort des Mitgefühls: »Das schändlichste von allen Geschöpfen«, »der Teufel von einem Weibe«, »das verworfene Geschöpf«, »ein so ganz elendes, aller Achtung unwürdiges Weib«, mit diesen Epitheta schmähte er sie in seinen Briefen das ganze Jahr hindurch. Warum? Weil sie in seinen Augen am Scheitern der Forsterschen Ehe schuld war; sein geliebtes »Ruschelhänschen« kam dafür nicht in Betracht.

Von der Festung Königstein aus kämpfte Caroline – »an Mut fehlt es mir nie« – in Briefen an Gotters um ihre Befreiung, um die sich inzwischen auch Wilhelm von Humboldt bemühte. Caroline und ihre Tochter, die siebenjährige Auguste, waren mit fünf anderen Frauen in einem Raum eingesperrt; gelegentlich erlaubte ihnen der gutmütige Festungskommandant, sich im »verwüsteten Stück Garten« aufzuhalten, und dort drang der Donner der schweren preußischen Belagerungsgeschütze zu ihnen herüber.

Um freizukommen wandten sich Caroline und ihre Mitgefangenen Forkel und Wedekind sogar an die Regierung in Hannover, da ihnen eingefallen war, daß sie alle drei ja kurhannoversche Untertanen waren. Sie hätten sich »bloß als gleichgültige Zuschauerinnen zum Familienbesuch in Mainz« aufgehalten, beteuerten sie; ein wenig naiv, bedenkt man, daß Frau Wedekind immerhin die Ehefrau eines der führenden Mainzer Republikaner war. Hannover lehnte die Eingabe denn auch rundweg ab.

In der Haft erreichte Caroline die Nachricht, daß ihre Schwester Lotte bei der Geburt ihres ersten Kindes gestorben war: »Sie hätte noch viel Unheil erfahren können, wenn sie länger gelebt hätte.« Sie erfuhr aber auch, selbst Frankreichs Staatszeitung, der *Moniteur*, habe ihre Inhaftierung gemeldet, freilich mit dem Zusatz, sie sei die *amie du Citoyen Forster*. Caroline fand das »tröstlich, ich *bin* seine Freundinn, aber nicht im französischen Sinn des Worts«. Was hätte sie sich vorwerfen sollen? »Allein meine Verbindung mit Forster in Abwesenheit seiner Frau, die eigentlich nur das Amt einer moralischen Krankenwärterin zum Grunde hatte, konte von der sittlichen und politischen Seite allerdings ein verdächtiges Licht auf mich werfen, um das ich mich zu wenig bekümmerte, weil ich selten frage, wie kan das andern erscheinen? wenn ich vor mir selbst unbefangen oder gerechtfertigt dastehe. – Der Himmel weis, welche treue Sorge ich für F. trug. [...] Forsters Stimmung war so schwankend, daß es alle unermüdliche Geduld weiblicher schwesterlicher Freundschaft erforderte ihn zu ertragen.« Daß sie in Mainz Forsters Geliebte gewesen sei, verbreitete allerdings auch Therese, offenbar um den eigenen Leumund besorgt.

Was Caroline nicht wußte und offenbar auch nie erfahren hat: Es kursierte ein gedrucktes Schandstückchen, ein Einakter von 28 Seiten, mit dem Titel *Die Mainzer Klubbisten zu Königstein oder Die Weiber decken einander die Schanden auf*, eine Schmutzerei, wie sie damals nicht eben selten war. Das Stück, das der (anonyme) Autor »tragikomisch« nennt, läßt zehn eingekerkte Mainzer auftreten, darunter auch Caroline, »eine viel versprechende und wenig haltende Witwe«.

Da der Autor nicht politisch argumentieren kann, zielt er unter die Gürtellinie. Die Mainzer Republik erscheint hier als ein Konglomerat eitler, feiger und – vor allem – geiler Schwätzer, angeführt von liederlichen Weibern, die darüber sprechen, wer es denn nun wirklich mit wem getrieben habe. »War ein Mädchen, ein Weib vor deiner Geilheit sicher?« fragt der Clubist Reit seinen Mitgefangenen Martin Arensberger (hier »Arnsperger«). »Zum *Farren*, nicht zum *Pfarrer* hätte man dich in Bingen machen sollen.«

Demgegenüber kommt Caroline noch glimpflich davon. Ihr wird unterstellt, sie habe Therese zur Abreise bewogen und Forster über das Verhältnis seiner Frau mit Huber aufgeklärt, um selbst mit Forster das Bett teilen zu können. Der Autor war also – trotz dieser Verleumdung – über die Verhältnisse im Forsterschen Freundes- und Familienkreis erstaunlich gut informiert, wenngleich die Behauptung, Caroline sei Forsters Geliebte gewesen, so unbeweisbar wie unwahrscheinlich ist. Hätte der Anonymus die Wahrheit gewußt, er hätte seine Niederträchtigkeit um eine Pointe bereichern können.

Die Wahrheit: Caroline war schwanger. Sie entdeckte ihren Zustand in der Haft und durchlebte jetzt – in Angst vor der Entdeckung – die qualvollsten Wochen. Eine erste Andeutung ging am 1. Mai an Gotter: »Sie haben mehr Wahrheit gesagt, als Sie glaubten – daß mein Leben durch eine lange Gefangenschaft in Gefahr kömt – obgleich in andern Sinn – wie Sie auf jeden Fall von mir erfahren sollen. Theilen Sie dies *niemand* mit.«

Aber nicht Forster war der Vater des Kindes, sondern ein neunzehnjähriger französischer Leutnant: Jean-Baptiste Dubois-Crancé, Neffe und Adjutant des Generals d'Oyré, der Custines Nachfolger in Mainz geworden war. In einer Ballnacht im Februar – Therese, die nicht dabei war, wird sie später »eine Orgie« nennen, bei der Caroline mit den Franzosen die Carmagnole getanzt habe – hatte sie sich ihm hingegeben.

Daß Caroline nichts mehr zu fürchten hatte als die Entdeckung ihrer Schwangerschaft, ist leicht zu erklären. Ihr Zustand wäre Beweis gewesen für eine ehebrecherische Beziehung zu Forster, und die Tatsache, daß der Vater ein Besatzungsoffizier war, wäre um keinen Deut besser gewesen. Übrigens hatte man sie auch schon als Mätresse Custines verdächtigt. Wegen »unmoralischen Lebenswandels« hätte man ihr nicht nur die Witwenpension gestrichen und sie damit der Existenzgrundlage beraubt, sondern ihr auch Auguste genommen, weil sich die Mutter »unwürdig« benommen hatte.

Wenn Caroline jeder Tag Haft zunehmend zur Qual wurde – denn sie sah den Zeitpunkt der Entdeckung sich nähern –, wenn sie von Selbstmordgedanken heimgesucht wurde, wenn sie verzweifelt um Rettung flehte: Sie litt, wie sie noch nie gelitten hatte. Und plötzlich kam die Rettung. Nicht durch Tatter, nicht durch Meyer – durch ihren Bruder Philipp. Der hatte sich an den preußischen König gewandt, den er kannte, und Friedrich Wilhelm II. antwortete ihm am 4. Juli: »Wohlgelahrter, besonders Lieber. Es ist ganz und gar nicht Mein Wille, daß schuldlose Personen das verdiente Schicksal der Verbrecher teilen sollen, die sich die Gefangenschaft auf dem Königstein zugezogen haben. Da Ich nun Eurer Versicherung, daß Eure daselbst befindliche Schwester, die Witwe des Bergmedikus Böhmer, nichts verschuldet habe, allen Glauben beilege, so habe Ich dem Major von Lucadow befohlen, dieselbe, nebst ihrem Kinde, auf freien Fuß zu stellen.«

Seit dem 14. Juni war Caroline in Kronberg, wohin sie vom nahe gelegenen Königstein verlegt wurde; am 5. Juli kam sie frei. Vorher hatte sie an Gotter geschrieben:

»Gehen Sie hin, lieber Gotter, und sehn Sie dem schrecklichen Aufenthalt, den ich gestern verlaßen habe – athmen Sie die schneidende Luft ein, die dort herrscht – laßen Sie sich von den, durch die schädlichsten Dünste verpesteten Zugwind durchwehn – sehn Sie die traurigen Gestalten, die

Stundenweis in das Freye getrieben werden, um das Ungeziefer abzuschütteln, vor dem Sie dann Mühe haben sich selbst zu hüten – denken Sie sich in einem Zimmer mit 7 andern Menschen, ohne einen Augenblick von Ruhe und Stille, und genöthigt, sich stündlich mit der Reinigung deßen, was Sie umgiebt, zu beschäftigen, damit Sie im Staube nicht vergehn – und dann ein Herz voll der tiefsten Indignation gegen die gepriesne Gerechtigkeit, die mit jeden Tag durch die Klagen Unglücklicher vermehrt wird, welche ohne Untersuchung dort schmachten, wie sie von ohngefähr aufgegriffen wurden – muß ich nicht über Euch lachen? Sie scheinen den Aufenthalt in Königstein für einen kühlen Sommertraum zu nehmen, und ich habe Tage da gelebt, wo die Schrecken und Angst und Beschwerden eines einzigen hinreichen würden, ein lebhaftes Gemüth zur Raserey zu bringen. Und doch war das Ungemach der Gegenwart nichts gegen die übrigen Folgen meines barbarischen Verhaftes.

Meine Gesundheit ist sehr geschwächt – aber wahrlich die innre Heiterkeit meiner Seele so wenig, daß ich heute den Muth habe mich in einem eignen Zimmer, wo es Stühle giebt (seit dem 8ten April sah ich nur hohe hölzerne Bänke), und an einem Ort, wo ich keine Gefangenenwärter und Wache mehr zu sehn brauche, glücklich zu fühlen, so heftig mein Kopf schmerzt und ein unaufhörlicher Husten, der ganz anhaltend geworden ist, mich plagt. [...]

Sie sprechen von Formalitäten, die sezen Anklage, Vertheidigung, Untersuchung voraus – wo fand dergleichen Statt? Räuberformalitäten übt man an uns – und Sie thun nicht wohl im deutschen Eifer eine Nation ausschließend das Räuberhandwerk zuzueignen. Mir müßen Sie es wenigstens nicht sagen, die ich 160 Gefangne sah, welche durch deutsche Hände gingen, geplündert, bis auf den Tod geprügelt worden waren, und ohngeachtet die wenigsten von ihnen den Franken wirklich angehangen hatten, jetzt der deutschen Grosmuth fluchen musten. Königstein bildet eifrige Freyheitssöhne – alles, was sich von Kraft in diesen Armen regt, lehnt sich gegen dies Verfahren auf. Ich kan es begreifen, daß man scharf straft, aber daß ganz Unschuldige ohne alles Verhör so lange jammern müßen, da die Mainzer Regierung M. nicht wieder einzunehmen, sondern Muße genug für die Uebung der Gerechtigkeit hat – das ist unverantwortlich und sehr unpolitisch.«

Aber nun war sie frei, und den Untergang von Mainz erlebte sie aus der Ferne. Am 14. April hatte sich der Belagerungsring um die Stadt vollends geschlossen. Unter dem Kommando von General d'Oyré verteidigten 23 000 französische Soldaten Mainz gegen 43 000 Alliierte, aber erst am 19. Juni, morgens um sechs Uhr, begannen die Preußen mit dem rücksichtslosen Bombardement der Stadt. »Diese Nacht habe ich den Wiederschein der Flammen in Mainz gesehn«, schrieb Caroline elf Tage später aus Kronberg, »– ich habe keine Ruhe mehr – der Laut des Geschüzes macht hier die Fenster zittern, ob Mainz gleich 3 starke Meilen davon ist. O dies unaussprechliche Elend!«

Nach dem Bericht einer Berliner Zeitung wurde das Mainz vorgelagerte Dorf Kostheim, das in die Befestigungswerke einbezogen war, in nur 105 Minuten von 15 000 Granaten komplett umgepflügt. Die Stadt selbst war ein einziges Feuermeer. Der Dom und die meisten Kirchen brannten; in der Franziskanerkirche kamen 40 französische Verwundete, die sich aus eigener Kraft nicht mehr retten konnten, in den Flammen ums Leben. Vier Wochen lang hielten die Franzosen stand, dann kapitulierten sie. Sechstausend französische Soldaten waren gefallen. Für die übrigen 17 000 erreichte General d'Oyré freien Abzug mit dem Versprechen, daß diese Truppen ein Jahr lang nicht gegen die Alliierten kämpfen würden, ein damals gebräuchliches *Gentlemen's Agreement*. Diese Soldaten wurden nach ihrer Rückkehr nach Frankreich in die Vendée verlegt, wo man Truppen gegen die königstreuen Bauern brauchte. Aber d'Oyré dachte auch an die deutschen Demokraten; er ahnte, was sie erwarten würde. Die Alliierten lehnten ab, die Volkswut sollte endlich ihre Opfer haben.

Acht Tage lang wüteten Plünderung und Raub in Mainz. Opfer waren die Demokraten. Brutal angetrieben mußten Clubisten mit stumpfen Äxten den Freiheitsbaum fällen; man sperrte sie in ihre Wohnungen ein und vernagelte ihnen die Fenster; sie durften weder lesen noch schreiben, noch musizieren, sie durften angespuckt werden, ja selbst ihre Kinder wurden schwer mißhandelt. Ihre Frauen wurden gezwungen, mit bloßen Händen die Abtritte zu reinigen. »Dabei werden dann auch beträchtliche Prügel ausgeteilt«, höhnte der *Revolutions-Almanach*, ein trotz seines Namens reaktionäres Organ des Gothaer Bibliothekars Heinrich August Ottokar Reichard. »Man hat einen komischen [sic!] Kupferstich, der die ganze Sache vorstellt.« Eine Neunzehnjährige, die im Mainzer Theater bei der Aufführung jakobinischer Dramen mitgewirkt hatte, wurde derart mit Gewehrkolben zusammengeschlagen, daß sie zwei Tage später ihren Verletzungen erlag; ihre beiden jüngeren Schwestern überlebten gleichfalls die an ihnen verübten Mißhandlungen nicht.

Auch Goethe wurde Zeuge der Mainzer Lynchjustiz. Vor seinen Augen wurde ein »Erzklubist« aus dem Wagen herausgerissen. Man schleppte ihn »auf den nächsten Acker, zerstößt und zerprügelt ihn fürchterlich; alle Glieder seines Leibes sind zerschlagen, sein Gesicht unkenntlich. Eine Wache nimmt sich endlich seiner an, man bringt ihn in ein Bauernhaus, wo er auf Stroh liegend zwar vor Tätlichkeiten seiner Stadtfeinde, aber nicht vor Schimpf, Schadenfreude und Schmähungen geschützt war. Doch auch damit ging es am Ende so weit, daß der Offizier niemand mehr hineinließ; auch mich, dem er es als einem Bekannten nicht abgeschlagen hätte, dringend bat, ich möchte diesem traurigsten und ekelhaftesten aller Schauspiele entsagen.«

Als dann aber vor dem Quartier des Herzogs von Weimar ein Mann gelyncht werden sollte, wurde es Goethe zuviel: »Ihr Unglück und ihr Haß gebe ihnen hier kein Recht«, will er nach eigenem Bericht die Menge angedonnert haben, »und ich litte ein für allemal an dieser Stelle keine Gewalttätigkeit.« Er hatte Erfolg, wenngleich ihm später versichert wurde, er hätte sich »in einen Handel eingelassen, der übel ablaufen konnte«, aber Goethe wies den Mahner »zuletzt ungeduldig« zurecht: »Es liegt nun einmal in meiner Natur, ich will lieber eine Ungerechtigkeit begehen als Unordnung ertragen.«

Goethe hatte gut reden, er war der Protegé eines Herzogs und dürfte auch Soldaten zu seinem Schutz in der Nähe gehabt haben. Ob er an Forster dachte? Er traf Sömmering in Forsters Nachbarwohnung wieder: »Es waren dieselbigen Zimmer, wo wir vorm Jahr so heiter und traulich zu wechselseitigem Scherz und Belehrung freundschaftlich beisammen gesessen. Indes war bei diesem Unheil doch auch noch etwas Tröstliches zu zeigen; Sömmering hatte seinen Keller uneröffnet und seine dahin geflüchteten Präparate durchaus unbeschädigt gefunden.«

So war es. Denn die jetzt so verfolgten Demokraten waren es gewesen, die dafür gesorgt hatten, daß das Eigentum ihrer Feinde nicht angetastet worden war, was Sömmering bestätigte: »Außer entsetzlicher Unreinlichkeit in meiner Wohnung, worüber sich Mad. Böhmer so sehr gefreut hatte« – was Sömmering wieder einmal frei erfand – »fand ich nichts weggekommen, ja mein kleiner Vorrat von Lebensmitteln war noch unversehrt.« Forsters Wohnung und sein ganzer Besitz wäre jetzt zweifellos vom Mob verwüstet worden, aber der junge Prinz Louis Ferdinand von Preußen, der selbst verwundet in Mannheim darniederlag, hatte eine Schutzwache vor dessen Haus stellen lassen. Nicht, daß er Forsters politische Haltung billigte, dem Gelehrten und Schriftsteller galt sein Respekt.

Ein Legationsrat Johann Philipp Riese veröffentlichte im August 1793 das Pamphlet *Die alten Franzosen in Deutschland, hinter der neufränkischen Maske verschlimmert* (natürlich anonym). Für ihn wie für viele stellte sich die Französische Revolution als ein Komplott von Freimaurern und Illuminaten dar: »Gelehrte sind es, welche vorzüglich Mainz ins neufränkische Unglück stürzten; Gelehrte sind es, welche in Wien und Berlin, in Frankfurt und anderswo die rote Galeerenmissetäter-Jakobinerkappe zum Zeichen des Aufruhrs aufstecken wollen.« Der in Deutschland schon damals grassierende Intellektuellenhaß fand in Georg Forster sein bestes Ziel: »... dieses aus dem Kotteige der Selbstsucht geformte und an der brennenden Lohe des ausschweifendsten Dünkels gebackene Menschenkind«.

Der so Geschmähte hatte in Paris – gemeinsam mit seinen Kollegen Lux und Potocki – im Konvent das offizielle Gesuch der Rheinisch-Deutschen Nationalversammlung vorgetragen, wonach 84 Städte und Gemeinden in Rheinhessen und der Pfalz von nun Teile der Französischen Republik sein sollten. Der Konvent stimmte – wie anders – diesem Antrag mit Jubel zu. Aber ebendiese neuen Departements waren inzwischen wieder in alliierter Hand, das schloß eine Rückkehr für die drei aus, und Forster mußte sehen, wie er sich in Paris durchschlagen konnte. Frankreich durchlebte eine schwere Krise, der revolutionäre Elan des Aufbruchs war dahin, die außenpolitische Situation verschlechterte sich, ebenso die wirtschaftliche Lage, der innenpolitische Terror nahm zu. Forster, für den es keine Aufgabe mehr gab, fühlte sich verlassen, ja verloren.

»Nach so vieljähriger, angestrengter Arbeit ist mir nunmehr alles, was ich zu meinem Fortkommen unternommen hatte, fehlgeschlagen, und ich fange die Welt gleichsam von neuem an, ohne zu wissen, wie und womit, da ich von ganz Europa abgeschnitten, mit Schulden überhäuft, hier ohne alle Mittel, ohne alle Unterstützung und fast ohne Aussicht bin. Ich habe mich anheischig gemacht, alles anzunehmen, was man mir anbieten würde, wäre es auch eine Sendung nach St. Domingo oder Ostindien; allein in diesem ungeheuern Strudel wird jetzt das Individuum verschlungen, das keinen Rückhalt hat, um sich geltend zu machen und vor allem keine Unverschämtheit und Zudringlichkeit. Gelehrtes Verdienst und selbst die Talente des Geschäftsmannes gelten jetzt nichts. Wer obenauf schwimmt, sitzt am Ruder, bis ihn der nächste, der für den Augenblick am stärksten ist, verdrängt. Wenn man nicht verfolgen, denunzieren und guillotinieren lassen kann, ist man nichts. Kurz, zum ersten Mal in meinem Leben helfen mir alle meine Hilfsmittel nichts, und ich stehe so verlassen da wie ein Kind, das keine Kräfte hat, sich selbst zu ernähren«, schrieb er am 27. April 1793 an Therese, von der er hoffte, sie würde zu ihm kommen. Erst im Herbst begrub er endlich seine Illusion von einer Fortsetzung ihrer Ehe und sprach nun selber auch von Scheidung. Im August reiste er heimlich nach Travers nahe der französischen Grenze zur Schweiz, wo er drei Tage mit Therese und Huber verbrachte.

Anfang Dezember erkrankte er. Gegen seine zunehmenden Schmerzen in Brust und Rücken gaben ihm die Ärzte Opium. Am Abend des 10. Januar 1794 erlosch ein Leben, das vierzig Jahre gewährt hatte, in einer ärmlichen Kammer in der Rue des Moulins. In Deutschland galt der Gelehrte und große Schriftsteller nichts mehr, denn man hatte ihn als Vaterlandsverräter gebrandmarkt. Doch Christian Gottlob Heyne in Göttingen schrieb an Sömmering, als er die Nachricht vom Tod des Schwiegersohns erfahren hatte: »Mein Forster ist mir unablässig vor den Augen und im Sinn! er war mir der Gegenstand des Kummers seit so vielen Jahren, da ich sah, was er durch seine unglücklichen Verhältnisse mit Therese litt; die Liebe gegen ihn erhält dadurch etwas weit theilnehmenderes, weicheres und rührenderes. Noch schmilzt mir das Herz, wenn ich an ihn denke. Er war hier nicht zum Glück bestimmt.«

Frau Senatorin Rodde

UNMITTELBAR NACH IHRER HOCHZEIT am 28. Mai 1792 waren Dorothea und Matthäus Rodde nach Lübeck gefahren, in das neue Domizil in der Breiten Straße Nr. 649, das zum Kirchspiel von St. Jacobi gehörte.

Lübeck zählte damals 24000 Einwohner. Im Mittelalter galt die Kaufmannsstadt als das Haupt der Hanse, und seine stattlichen Kirchen, Tore und Bürgerhäuser bezeugten den einstigen Wohlstand, der 1792 bereits ziemlich verblaßt war. Schon im 16. Jahrhundert hatte Hamburg der Schwesterstadt den Rang abgelaufen, als sich der Handel immer stärker in die Nordsee und zum neuentdeckten amerikanischen Kontinent verlagerte. Dennoch war Lübeck 1792 keineswegs verarmt. Der Transithandel in den Osten ging nach wie vor über die Stadt an der Trave, die immer noch einen beträchtlichen Teil auf eigenen Schiffen befördern konnte, und Lübeck versorgte im Landhandel Schleswig-Holstein, Mecklenburg und Niedersachsen, nur daß damit das ganz große Geld wie im Mittelalter nicht mehr zu holen war. In der Stadt selbst gab es zahlreiche florierende Manufakturen (Leder, Textilien, Metall- und Papierwaren), die für Wohlstand sorgten.

Daß man in Lübeck nicht zu darben brauchte, wenn man sich aufs Geschäft verstand, bewies Matthäus Rodde. Neben seinem prachtvollen Wohnhaus gehörten ihm zahlreiche Häuser in der Stadt (allein in der Breiten Straße elf), und wie alle reichen Kaufleute besaß er natürlich auch ein Sommerhaus, wo die Familie in der heißen Jahreszeit lebte und das heute noch existiert, in der Eschenburgstraße 37. Darüber hinaus hatte er großen Landbesitz vor den Toren und ein Gut in Mecklenburg. Die jährlichen Einkünfte Roddes veranschlagte man 1805 auf über 70000 Gulden. »Wo ist der hohenlohesche Fürst, der so viel hat!« rief Vater Schlözer, der aus dem Hohenlohischen stammte.

Aber Rodde verstand seinen Reichtum auch als Verpflichtung. Vornehmlich unterstützte er mit seinem Geld Bildungseinrichtungen, so die freie Zeichenschule, die Lehr- und Arbeitsschule für bedürftige Mädchen (auch »Industrie-Schule« genannt) oder die Jenischsche Freischule, in der Mädchen Lehr- und Arbeitsunterricht erhielten in Religion, Schreiben, Rechnen, Singen, Nähen, Stopfen, Stricken und Spinnen; sie wurde 1802 im rückwärtigen Flügel seines Hauses eingerichtet. Auch die Künste liebte er und förderte die Maler Jacob Asmus Carstens und Friedrich Carl Gröger. Seine Wohnräume in der Breiten Straße Nr. 649 (heute Nr. 13) zierte eine große Sammlung erlesener Gemälde, darunter viele Landschaften und Stilleben niederländischer Maler des 17. und 18. Jahrhunderts. Gewiß war er kein Kunstkenner von Rang; sein Haus mit alten Niederländern zu schmücken galt in Lübeck und Hamburg als Statussymbol. Und schließlich gehörte Rodde zu den 25 Gründungsmitgliedern der Lübecker *Gesellschaft zur Beförderung gemeinnütziger Tätigkeit*, die ursprünglich einmal 1789 als eine literarische Gesellschaft gegründet worden war, sich inzwischen aber mehr und mehr sozialen Aufgaben widmete.

Mehr als jeder andere lübeckische Kaufmann verstand Matthäus Rodde zu repräsentieren, und Dorothea, die junge Doktorin, war ein Stück seines repräsentativen Aufwands. Angeblich soll ihre Promotionsurkunde in Roddes Kontor gehangen haben. In Dorotheas Salon trafen sich emigrierte französische Aristokraten mit Kaufleuten, Diplomaten und Schriftstellern wie Christian Adolf Overbeck, Friedrich Heinrich Jacobi, Friedrich Leopold Graf zu Stolberg und Johann Heinrich Voß. Auch der junge Wilhelm von Humboldt sprach vor und die berühmt-berüchtigte Fürstin Galitzin.

Dorothea gebar ihrem Mann drei Kinder: Augusta (1794), Dorothea (1796) und August Ludwig (1798). Außer von ihrer Mutter wurden sie von der Kinderfrau Mine Behrens und dem Hauslehrer Friedrich Schack Adolf Trendelenburg (Subkonrektor des Gymnasiums und der Bürgerschule zu St. Katharinen) erzogen. So schien es äußerlich an nichts zu fehlen, und doch war Dorothea Rodde alles andere als glücklich. Gewiß, es mangelte ihr nicht an geistigen Anregungen. So besuchte sie regelmäßig das Theater in der Beckergrube und sehr wahrscheinlich auch die einst von Dieterich Buxtehude ins Leben gerufenen sonntäglichen Abendmusiken, die dreißigmal im Jahr abwechselnd in St. Marien, St. Jacobi, St. Petri, St. Ägidien und im Dom stattfanden. Dank ihres großzügig geführten Salons gebrach es ihr auch sonst nicht an vielfältigen Inspirationen. Aber ihre Ehe war als Vernunftehe geschlossen worden, und die Liebe, von der man früher gern sagte, sie würde sich dann schon von allein einstellen, hatte sich nicht einstellen wollen, im Gegenteil.

Der von Rodde betriebene aufwendige, ja verschwenderische Lebensstil war ihr zuwider. Sie hat später gegenüber den Kindern aus Roddes erster Ehe eingeräumt, es habe deshalb von Anfang an täglich Streit mit Rodde gegeben. Jeder lebte in einer Sphäre, die der andere nicht verstand. Man begegnete einander korrekt, aber innerlich eiskalt. Außenstehende bemerkten das nicht, das verlangte die bürgerliche Konvention. Doch Dorotheas Bruder Karl, der seit 1797 bei dem lübischen Kaufmann Jacob Behrens (einst Buchhalter bei Rodde) seine Ausbildung zum Kaufmann machte, entging die wachsende Disharmonie zwischen Schwester und Schwager nicht. Er war ein begabter Klavierspieler, und da es bei Roddes zwei englische Pianos gab, konnte er dort auch vortragen. Außerdem spielte er auf der Orgel von St. Marien. Bei der Durchreise nach Petersburg hörte ihn im Juni 1803 der damals gefeierte Opernkomponist Adrien Boieldieu (*Le Calife de Bagdad* u. a.), er kam als Gast zu Roddes. »Boieldieu war ein schöner, junger Mann mit schöner Stimme, der die ganze Gesellschaft ergötzte. Man sah ihm die Melodien an, die er in sich trug«, erinnerte sich Karl später. Karl ließ sich 1806 als selbständiger Kaufmann in Lübeck nieder. Ihm war rasch klar geworden, auf welch tönernen Füßen die Firma seines Schwagers stand; der schöne Schein konnte ihn nicht täuschen.

Als Dorothea nach der Geburt ihres ersten Kindes 1794 die Eltern in Göttingen besuchte, lernte sie einen jungen Franzosen kennen, der dort studierte und bei Schlözers ein und aus ging. Auch bei späteren Besuchen 1796 und 1797 sah sie ihn wieder: Charles de Villers.

Charles-François-Dominique Villers (das Adelsprädikat hatte er sich selber verliehen) war am 4. November 1765 im lothringischen Bolchen geboren. Nach seiner Schulzeit bei den Benediktinern von St. Jacob in Metz besuchte er die dortige Artillerieschule, wechselte im Rang eines Leutnants zur weiteren Ausbildung nach Toul und Straßburg und war bei Ausbruch der Revolution Hauptmann der Artillerie. Weil er die Ideologie der Revolution verabscheute, schloß er sich dem 14 000 Soldaten zählenden Emigrantenkorps unter der Führung des Prinzen von Condé an, das im Kampf gegen die französische Revolutionsarmee eine eher klägliche Rolle spielte. Villers, verwundet, fand Aufnahme in Westfalen und veröffentlichte über seine Zeit dort 1797 die *Lettres Westphaliennes*.

Im Juli 1797 kam er nach Lübeck und zog gleich für vierzehn Jahre in das Haus der Roddes ein, auf dessen Empfängen der hochgebildete und eloquente Mann Eindruck machte. Von nun an gehörte er als ein treuer und zuverlässiger Hausfreund zur Familie. Charles Villers liebte die deutsche Kultur und besonders ihre Literatur und Philosophie; in Deutschland sah er seine Wahlheimat, nicht sein Exil. Villers war ganz die Persönlichkeit, die sich Dorothea ersehnt hatte: ein Mann von Kultur, Geschmack und großem Einfühlungsvermögen, sensibel, so reich im Geben wie im Nehmen. Er vervollkommnete das Französisch Dorotheas und vermittelte ihr die französische Literatur, und zwar gerade jenen Teil, der ihr vom Vater sorgfältig vorenthalten worden war, die Belletristik. Jetzt erst lernte sie die Komödien Molières kennen, die Villers so hinreißend vorzutragen verstand, und sie diskutierte mit ihm über die Dramen Voltaires. Villers wiederum lernte durch Dorothea die deutsche Kultur genauer kennen. Manche der neugewonnenen Einsichten vermittelte er als Mitarbeiter der in Hamburg erscheinenden Emigrantenzeitschrift *Spectateur du Nord*, für die er 1798/99 allein 67 Artikel schrieb.

Gemeinsam reisten Dorothea und Villers wiederholt nach Eutin, wo sie den geistigen Austausch mit dem dortigen Freundeskreis genossen: den Schriftstellern Friedrich Heinrich Jacobi, Friedrich Leopold Graf zu Stolberg und Johann Heinrich Voß. Dessen Frau Ernestine, Schwester von Heinrich Christian Boie, schrieb ihrem Bruder am 25. Mai 1800: »Diese Woche haben wir in großer, aber angenehmer Zerstreuung zugebracht. Vorigen Freytag kam Gerstenberg, und blieb bis vorgestern hier, er wohnte bey Jacobi, ist aber sehr viel hier gewesen. [...] Auch Madam Rodde aus Lübeck, die gelehrte Mamsell Schlözer aus Göttingen war mit mehreren Lübeckern hier, die hat aller Herzen gestohlen, was Liebenswürdigeres kann man nicht sehen und hören als wenn sie über ihre Gelehrsamkeit spricht, sie ist nicht allein schön, sondern angenehm im höchsten Grade, sie hat uns recht Lust gemacht, einmal wieder nach Lübeck zu reisen.«

Von Eutin aus unternahm man Ausflüge nach Plön, Malente und Gremsmühlen, und man ging an den Ufern von Keller- und Ukleisee spazieren. In Eutin traf man nicht nur auf Schriftsteller; zu ihnen gesellten sich der junge dänische Diplomat Johann Georg Rist (ein Urenkel des Dichters Johann Rist) und französische Emigranten wie die Gräfin Adrinne Cathérine Tessé, Tochter des von den Jakobinern guillotinierten Marschalls Noailles, oder die Marquise de Montagu, eine Schwägerin des Marquis de La Fayette; beide hatte ihr beträchtliches Vermögen beizeiten retten können, und sie unterstützten damit großzügig bedürftige französische Emigranten. Bei Roddes war auch der greise Marschall Herzog Victor-François de Broglie zu Gast gewesen, als er 1797 in Lübeck eintraf, um sich von hier nach Rußland einzuschiffen. Er hatte während des Siebenjährigen Krieges Teile der französischen Armee in Deutschland kommandiert und war der letzte Oberbefehlshaber der französischen Armee vor dem Ausbruch der Revolution gewesen. Mit 79 Jahren suchte er eine neue Heimat.

Hatte Rodde geschäftlich in Hamburg zu tun, reisten Dorothea und Villers mit und besuchten den großen Freundeskreis des Kaufmanns Georg Heinrich Sieveking, der sich auf dessen Landsitz in Neumühlen vor den Toren der Stadt traf. Wie es dort zuging, hat Karl August Böttiger aus Weimar, der 1795 Hamburg besuchte, beschrieben:

»Gegen 2 Uhr nachmittags kommen aus allen Gegenden Kutschen und Fußgänger. Die Salons, der Garten, alles füllt sich mit Menschen, die sich einander nicht kennen, einander nicht vorgestellt werden, oft selbst der Dame des Hauses nicht bekannt sind. Ich habe zwei Sonntage da gespeist. [...] Für den Fremden mag dies ein ganz angenehmes Schauspiel sein. Es ist eine Congregatio gentium [Versammlung der Völker] wie am Jüngsten Gericht und eine Zungenvermischung wie in der Pfingstepistel. Da war beide mal der letzte Sprößling aus dem Hause Gonzaga, ein Prinz ohne Land, aber mit vielem Verstand und ein erklärter Demokrat, gegenwärtig. Da waren ein paar reiche Holländerinnen, die vor Juwelen glänzten. Da saß ein Engländer aus Liverpool neben einem Republikaner aus Bordeaux, neben ihnen eine Dlle. Feraud, die an Dumouriez' Seite focht und mit ihm emigrierte, und neben ihr in scherzhaftem Gespräche Barthélémy, ein Bruder des Baseler und Agent der Republik. Weiter oben ein schwedischer Konsul, der aus Marokko zurückgekehrt war, in Unterredung mit einem paar englischer Juden aus St. Domingo und einem Amerikaner aus New Jersey. Der Bankier Küstner aus Leipzig saß dem herrlichen

Büsch gegenüber. Mir hatte mein Glücksstern den wackeren [Komponisten] Reichardt zum Nachbarn und Exegeten der Tischgesellschaft gegeben.«

Abends wurde es ein wenig ruhiger und besinnlicher, wie Dorothea schrieb: »Ein himmlischer Abend bei dem lieben Hannchen [Johanna Margareta Sieveking, geb. Reimarus] in Neumühlen. Klopstock war auf seinem Hengst gekommen und blieb. Beim Nachtmahl hatten wir viel Spaß miteinander und göttliches Lachen. Hernach gingen wir hinaus und saßen lange schweigend im Mondschein. Plötzlich sprach Klopstock:

> Willkommen, o silberner Mond,
> Schöner, stiller Gefährt der Nacht!
> Du entfliehst? Eile nicht, bleib, Gedankenfreund!
> Sehet, er bleibt, das Gewölk wallte nur hin.

Denke ich in Gegenwart von Klopstock an Voltaire, so glaube ich ein Verbrechen zu begehen.«

Mon Docteur nannte Villers Dorothea, und so wurde sie auch oft in der Korrespondenz des Freundeskreises genannt. Es existiert ein seltsamer Brief, den Dorothea ihrer Mutter im November 1797 geschrieben hat und der nur fragmentarisch überliefert worden ist, er betraf Villers und ihre Ehe: »Muß ich nicht herzliche Neigung empfinden zu dem Mann, teuerste Mutter, mit dem mich so viel geistige Fäden verbinden? – Die zügellosen Weiber, die nicht imstande sind, außerhalb der Ehe geistigen Austausch zu pflegen, ohne daß ein Feuer sich entzündet! Dank der angeborenen Natur! Dank den Eltern! – Auf den Wegen von Caroline wird man mich nicht sehen. Es ist ein heilig Ding um die eheliche Treue, nur frivoler Leichtsinn wirft die Fesseln leicht ab. Oder ist es ein Geschöpf mit kindlichem Instinkt, ob auch die geistige Begabung noch so reich ist. – Wir beide schätzen unseren Freund als Ehrenmann. Hilfloser Flüchtling, der nicht untergehen darf. Eine Pflicht, die mir liebe Pflicht ist. Welch Leben führt manch vagabundierender Dichter!«

Warum plötzlich diese heftige moralische Rechtfertigung? Warum der Hinweis auf die verleumdete Caroline, der Dorothea offensichtlich Ehebruch mit Forster unterstellt? Wir wissen es nicht, auch nicht, was sie überhaupt bewogen hatte, das ihrer Mutter zu schreiben. Und noch rätselhafter ist ein Brief, den Villers Ende November 1797 an seinen Bruder schickte: »Ich erhalte gerade wieder einen langen Brief von 4 Seiten von der exzellenten Mme Schlözer, die überhaupt nicht möchte, daß ich ihre Tochter verlasse. Sie würde dann sterben, sagt sie; sie beschwört mich erneut, daß mir nichts fehlen würde, wenn ich Geduld hätte.«

Auch hier kann es nur Spekulationen, aber keine eindeutige Erklärung geben. Jedenfalls gab Villers seinen Plan, nach Rußland zu gehen, auf und blieb im Haus Roddes. Germaine de Staël und Benjamin Constant sprechen in ihren Briefen offen davon, Villers lebe mit Dorothea, und unmißverständlich war die Charakteristik des Diplomaten Karl Friedrich Reinhard, Schwager Sievekings, der 1809 Goethe wissen ließ: »Villers kommt nicht, denn er darf nicht kommen; Rinaldo bleibt in den Armen seiner Armida.«

Deutlicher konnte man es nicht sagen, denn Rinaldo und Armida (aus Torquato Tassos *Befreitem Jerusalem*, 1581) galten im 18. Jahrhundert als Inbegriff des Liebespaars, auch wenn ihre Liebe ein gewaltsames Ende fand; als Opernsujet damals überaus beliebt.

Nach außen blieb die Trias Dorothea–Rodde–Villers unverändert, aber es gab Anzeichen, die auf ein besonderes Verhältnis zwischen Dorothea und Villers schließen lassen konnten. Die Stadt Lübeck schickte den Senator Matthäus Rodde in diplomatischer Mission nach Paris, wo er sich von Juni bis Oktober 1801 aufhielt. Dorothea begleitete jedoch nicht ihren Ehemann, sie fuhr schon am 7. Mai mit Villers und ihren Kindern voraus und kehrte erst im Dezember zurück. Die Erlaubnis für Villers, nach Frankreich zurückzukehren, hatte K. F. Reinhard bewirkt (er arbeitete im französischen Außenministerium und war gerade zum Gesandten bei der Helvetischen Republik ernannt worden).

Auf dem Hinweg besuchte das Paar Villers' Eltern in Saargemünd und fuhr dann über Metz nach Paris. Hier regierte seit seinem Staatsstreich vom 9. November 1799 der General Napoleon Bonaparte als Erster Konsul. Das politisch, wirtschaftlich, sozial und kulturell zerrüttete Land hatte in den anderthalb Jahren seiner Diktatur beträchtlich an Solidität gewonnen und auf allen Gebieten zu blühen begonnen.

Bonaparte sahen sie am 12. Juli im Theater, wo das von der Revolution verbotene Drama *Cinna* von Pierre Corneille gegeben wurde (Corneille war Napoleons Lieblingsautor), und zwei Tage später bei der Feier des 14. Juli. Darüber schrieb Dorothea: »Ein feierlicher Augenblick, als der Erste Konsul den Truppen die Fahnen übergab mit den Worten: ›Schwört, daß dieses Zeichen nie in feindliche Hände fallen wird, daß ihr zu seinem Schutz zu sterben bereit seid! *Nous jurons!*‹ Das Ganze war gut in Szene gesetzt; nach dem Geschmack der Pariser, die dem Konsul auf Schritt und Tritt zujubelten. Man hat die Revolution herzlich satt. Nachher war in den Champs Elysées, auf der Place de la Concorde und du Carrousel bis spät Nachts ein solches Treiben, Theater, Musik, Spiele, Ringelstechen, Tanz, Luftballons stiegen, zum Schluß Feuerwerk, daß man sich mit Mühe vorstellte: Vor sieben Jahren herrschte hier der Mord, schwamm der Revolutionsplatz im Blut. O diese Menschen! O diese Franzosen!«

Der Ehemann weilte inzwischen zwar auch in Paris, aber Dorothea und Villers verbrachten ihre Zeit weniger mit ihm als mit Villers' Schwester und dem Hamburger Domherren Friedrich Johann Lorenz Meyer, der nach seiner Rückkehr ein sehr anregendes Buch veröffentlichte *(Briefe aus der Hauptstadt und dem Innern Frankreichs,* 1803*),* in dem auch Dorotheas gedacht wird. Vor allem suchte und machte sie die Bekanntschaft von Wissenschaftlern wie dem Naturforscher

Bernard-Germain-Etienne Lacépède, der auch Direktor des botanischen Gartens war, dem Mineralogen Déodor-Guy-Sylvain Tancrède Gratet de Dolomien und dem Literaturhistoriker Claude Fauriel. Frankreichs Wissenschaftler nahmen jedoch auch sie, »Le Docteur«, zur Kenntnis und zeichneten sie besonders aus: Sie wurde vom Nationalinstitut eingeladen, an einer Sitzung der ersten Klasse teilzunehmen, obwohl Frauen davon ausgeschlossen waren. In der ersten Zeit seiner Regierung hatte der Erste Konsul dieser Versammlung wissenschaftlicher Koryphäen präsidiert, jetzt aber, wo er zumeist in Malmaison vor den Toren der Hauptstadt residierte, blieb er aus, und den ihm reservierten Platz durfte Dorothea einnehmen, zwischen Lacépède sitzend, in Anwesenheit von Gelehrten wie Dolomien und dem Zoologen Georges Cuvier.

Sie suchte nicht nur das Gespräch mit den Wissenschaftlern, sie besuchte auch die großen Kunstsammlungen von Paris, die von Bonapartes Beutezügen in Italien bereichert worden waren, und machte die persönliche Bekanntschaft der Maler Jacques Louis David und Jean-Baptiste Isabey, zweier Favoriten des Diktators, dessen Bildnis, ihn auf dem St. Bernhard darstellend, sie in Davids Atelier studierte. Sie wurde auch selber porträtiert: Gabriel Lemonier malte ihr Bildnis, Jean-Antoine Houdon modellierte ihre Büste.

Am 22. August erlebte das *Théâtre de la République et des Arts* die französische Erstaufführung von Mozarts *Zauberflöte*; besser: deren völlige Verhunzung unter dem Titel *Les Mystères d'Isis*, ein prachtvolles Ausstattungsspektakel, das bis 1827 auf dem Spielplan blieb und 130mal aufgeführt wurde. Wie genau Dorothea die Musik Mozarts und besonders *Die Zauberflöte* kannte, beweist eine Rezension, die sie damals spontan und wohl nicht mit der Absicht, sie zu veröffentlichen, geschrieben hat. Und doch fand sie Aufnahme in Frankreichs Staatszeitung, dem *Moniteur*, unter der Überschrift *Sur les Mystères d'Isis et la Flûte enchantée, traduit d'une lettre d'une dame allemande*, übrigens Dorotheas einzige Publikation, natürlich (wie meist) ohne den Namen der Verfasserin gedruckt. Wir lesen:

»Die Zauberflöte ist eine sogenannte komische Oper, eine mit kleinen Arien gemischte Komödie. Der Dialog wird abwechselnd gesprochen und gesungen. Auf dieses Thema sezte Mozart eine köstliche Musik, deren süßer Zauber, von Anfang bis zum Schluß, unbeschreiblich ist. – Dieses Werk des Deutschen in eine große Oper umzuschaffen, heißt ganz offenbar, seine Natur entstellen. Man hat zu diesem Zwek das ganze Gedicht mit ihm fremden Recitativen durchflochten, hat Arien und Gesänge einschalten müßen, welche, wenn sie auch von einem Verfaßer wären, weder zu demselben Stük noch zu derselben Bildung dieses Ganzen gehören. Dann hat man dem Stük auch noch sehr viele heterogene Gegenstände beifügen müßen, um daraus die prächtigen Ballette zu formiren. Aus diesem Allen ist ein Ganzes entstanden, welches nicht mehr Mozart's Stük ist; gestört ist seine musikalische Einheit, verwischt sind Plan und Zweck, kaum erkennt man noch einige zerstreute Züge des deutschen Tonsetzers. – Hätte man uns nur noch Mozarts Musik, wie er sie lieferte, gegeben; aber viele der allerausgezeichnetsten Arien haben in der Parodie ihren Karakter, ihre natürliche Physiognomie eingebüßt. Tackt, Ton, Ausdruck, alles ist verfälscht.«

Der Arrangeur, der hier Mozarts Opernkompositionen zu einem Ragout verkochte, hatte zweifellos von Mozart nichts begriffen, kannte aber wohl genau den Geschmack des Pariser Publikums. Papageno (hier »Bochoris«) singt Bravourarien, andere werden gekürzt und in andere Tonarten versetzt, dazwischen die »Champagner-Arie« aus *Don Giovanni* oder Stücke aus *Titus*, mit Mozart hatte dieses Konglomerat aus bunten Knalleffekten gar nichts mehr zu tun.

Noch ein weiteres Mal schickte Lübeck Senator Rodde nach Paris, das war im Juni 1804. Nachdem 1803 erneut der Krieg zwischen England und Frankreich ausgebrochen war, besetzten die Franzosen das Kurfürstentum Hannover und übten auf die norddeutschen Hansestädte Druck aus, ihre Häfen britischen Schiffen zu verschließen. Es galt nun, da die militärische Besetzung auch den Hansestädten drohte, den aufgebrachten Alleinherrscher zu beschwichtigen, der sich gerade anschickte, sich zum Kaiser der Franzosen zu machen.

Und wieder fuhren Dorothea und Villers mit den Kindern getrennt von Rodde. Sie waren schon im August 1803 aufgebrochen. Im Oktober trafen sie sich mit Germaine de Staël und Benjamin Constant in Metz. Ursprünglich hatte man an zwei Tage gedacht, es wurden aber zwei Wochen. Dann ging es weiter nach Paris, wo am 18. Mai 1804 der Senat den Ersten Konsul zum Kaiser der Franzosen proklamierte.

Beim diplomatischen Empfang in den Tuilerien am 29. Oktober erschien Dorothea an der Seite ihres Ehemanns und noch einmal am 5. November vor dem Kaiserpaar. Über diese zweite Vorstellung berichtete der *Hamburgische Correspondent*: »Die neuliche Präsentation der Frau Senatorin Rodde-Schlözer aus Lübeck bei der Kaiserin zeichnete sich vor den gewöhnlichen Präsentationen der Damen aus. Madame Rodde befand sich im Saal zu St. Cloud unter vielen anderen Damen, die der Kaiserin präsentiert werden sollten. Diese trat ein, ging gerade auf Madame Rodde zu, nannte sie, ohne sie doch vorher gesehen zu haben, bei ihrem Namen, fragte sie nach ihren Kindern, nach anderen sie betreffenden Angelegenheiten und setzte so die Unterredung lange fort, welche von dieser mit der ihr eigenen geistvollen Lebhaftigkeit, welche die Kaiserin und alle Gegenwärtige bezauberte, unterhalten ward.«

Dorothea selbst beschrieb die Begegnung so: »Ein liebenswürdiges, gutes Geschöpf aus einem anderen Erdteil«, womit sie darauf anspielte, daß Joséphine, 1763 auf Martinique geboren, aus einer Familie stammte, die schon seit fünfzig Jahren auf den Antillen ansässig war, also als Kreolin galt, »das mich noch neugieriger anguckte als ich sie.

Was für Mühe muß es jeden Tag kosten, ihre dunkle Farbe mit Schminke zu bedecken! Sie macht den Mund nicht auf, weil sie schlechte Zähne hat. Trotzdem haben wir uns viel Freundliches gesagt, und alles horchte auf. Sie sagte mir, ihre Tante habe von mir gesprochen.«

Damit war Marie-Anne-Françoise Comtesse de Beauharnais gemeint, in deren Salon Dorothea und Villers verkehrten und sich mit der Gastgeberin über Literatur und Wissenschaft unterhielten. Die Comtesse dichtete auch und gab sich dann den Vornamen Fanny. In Paris lebten von 1802 bis 1804 auch Friedrich und Dorothea Schlegel, die gern Gäste zum Tee einluden. Hier sprachen die beiden ebenfalls vor. Sie unternahmen einen Ausflug in das Tal von Montmorency, wo einst Jean-Jacques Rousseau gewohnt hatte. In seinem Haus lebte nun einer der populärsten Komponisten Frankreichs, André-Ernest-Modeste Grétry, dessen Opern in ganz Europa gespielt wurden. Er hatte das Haus des Schriftstellers und Philosophen zwanzig Jahre nach dessen Tod gekauft und wies seine Besucher darauf hin, Rousseaus Schlaf- und Arbeitszimmer seien unberührt geblieben.

Dorothea übte Kritik an den Franzosen: »Ein eigen Ding, hier auf der Stätte zu stehen, wo alle Greuel der Revolution – dieser einst von vielen so freudig begrüßten, dann verabscheuten Revolution – entsprungen sind: Guillotine, teuflische Vernichtung der Mitmenschen, blinde Wut zu quälen und zu morden. Alles im Namen der Freiheit! Welch ein angesammelter Haß, der hier zum Ausdruck kam! [...] Und jetzt herrscht der militärische Despotisme – auch im Namen der Freiheit. Wie schnell sind die Rollenspieler der Revolution vergessen! Man glaubt hier an der Pforte der Hölle zu sein, stellt man sich vor Augen, was in den letzten Jahren sich in Jaris begeben hat. Wie täuscht das elegante, liebenswürdige Wesen des Franzosen, sein Witz, sein Unterhaltungs- und künstlerisches Talent, die graziöse Musik, dazu die Pariser Küche! Was wird aber aus ihm, wenn er dieses Kleid fallen läßt? Der Italiener ist von Herzen gebildet und verliert sich darum nie in solche Grausamkeiten. Er bleibt der Vertreter einer alten Kultur, er bleibt Mensch, wo der Franzose zum Tiger wird.«

Villers stimmte ihr in dieser Beurteilung seiner Landsleute zu. »Er betrachtet sie schmerzlich wie einen mißratenen Bruder. Sein Vaterland ist ihm entfremdet, wo die Wahrheit mit Füßen getreten wird. Bei anderen Revolutionen, wie in der Schweiz, Holland, Amerika, galt es die berechtigte Befreiung von Gewalt. Hier aber wollte man mit dem Sturz der Gewalt zugleich die Tugend, die Moralität, die Religion zum Tempel hinausjagen und die Gemeinheit sollte herrschen. Ein hundertköpfiger Despotisme verdrängte den einköpfigen und wollte die Welt bereden, das heiße Freiheit und Gleichheit.«

Rodde verließ im Februar 1805 Paris, kehrte zuerst nach Lübeck zurück und begab sich dann für mehrere Monate auf den Reichstag nach Regensburg als Deputierter Lübecks. Dorothea und Villers blieben noch bis zum Frühsommer und machten im Juli in Göttingen Station, um Schlözers 70. Geburtstag zu feiern. Erst im Oktober waren sie wieder in Lübeck.

4 Die Romantik

ANDERS ALS CAROLINE, DIE AM 5. JULI 1793 aus der Haft entlassen worden war, kam Meta Forkel erst zwei Wochen später frei. Johann Heinrich Liebeskind war nach Königstein gekommen und brachte die Geliebte zurück nach Göttingen. Sie blieben dort nur kurz und reisten dann nach Lübeck, wo sie ein Schiff bestiegen, das sie nach Dünamünde nahe Riga brachte. In Riga hatte Liebeskind das Amt eines Konsulenten beim Stadtgericht und beim Gouvernementsmagistrat angenommen. Allerdings nicht für lange, denn schon im Februar 1794 wurde er unter dem Verdacht, ein Jakobiner zu sein, aus Rußland ausgewiesen. Zunächst gingen er, Meta und Adalbert (der ältere Sohn war bei seinem Vater in Göttingen geblieben) ins kurländische Mitau. Hier brachte Meta ihre Tochter Antonia Lucilla Friederike zur Welt, die ihren ersten Vornamen Antonia Forster zu danken hatte, der Schwester Georgs. Diese lebte seit 1791 auf Schloß Würzau bei Mitau, dem Sitz von Herzog Peter Biron von Kurland. Meta suchte sie auf. In einem Brief an ihre Freundin Elise Reimarus in Hamburg schrieb Antonia Forster: »Dennoch ist der Schmerz über seinen [Georgs] Verlust für mich nicht so bitter als das Gefühl des Jammers der ihn niederdrückte, des Grams der von seiner Seele nagte. Ja liebe Elise, er hat unaussprechlich gelitten; ich weiß dieses jetzt beßer als ich vorher wußte durch eben die Forkeln, von deren Reise nach Petersburg mit ihrem Geliebten, wie sie sagten, sie einmal in einem ihrer Briefe erwähnten, und die jetzt hier ist. Sie war bloß nach Riga mit ihrem jetzigen Manne Liebeskind gegangen, wo sie auch schon seit 5 Monaten wohnten und er als Advokat praktizierte, als ein Vornehmer dort, der sich gern wichtig machen wollte, durch seine Vorstellungen am P. Hofe einen Befehl auswirkte, der sie beide des Jakobinismus verdächtigt, über die Grenze zu bringen, so kamen sie nach Mitau von wo sie an mich schrieb, und mich zu sprechen wünschte. [...] Ich habe sie jetzt zweymahl gesehen, und ihr sanftes Wesen, ihr höchst gebildeter Ausdruck, ihr richtiger Verstand aber mehr als alles ihre Freundschaft für meinen Bruder nehmen mich für sie ein. Sie hat mir Briefe von ihm geschickt, aus denen ich gesehen, daß ein geschwisterliches Verhältnis zwischen ihnen war.«

Über Therese waren sich die beiden Frauen offenbar einig: »Der Charakter dieses Weibes ist mir jetzt fürchterlich geworden, die größten Anlagen des Geistes ganz ohne Herz. Denn so beurteilt die Forkeln selbst, die milden Sinnes ist, und nicht Freundschaft für sie fühlte. Vielleicht wißen Sie mehr aus den Lebensumständen dieser Frau, die vielleicht auch Fehler begangen haben mag, aber die gewiß unter die Klaße der edlern und beßern Menschen gehört.«

Metas Ehe mit Forkel wurde am 11. Februar 1794 in Göttingen geschieden; eine neue Ehe einzugehen wurde ihr zunächst verboten, dieses Verbot aber ein halbes Jahr später aufgehoben. Wann sie und Liebeskind geheiratet haben, ist nicht bekannt, wahrscheinlich 1794. Meta hatte offenbar Forkel von ihren Problemen in Riga berichtet, die aus der politischen Verdächtigung erwachsen waren. Forkel wandte sich daraufhin in einem Brief an einen unbekannten Adressaten mit der Bitte um Fürsprache für seine geschiedene Frau: »Allein das nämliche Ungemach, was sie schon in Deutschland um ihres Bruders [Georg Wedekind] Willen ausstehen mußte, wartete ihrer auch dort, weil die dasige Regierung, welche erfuhr, daß sie die Schwester jenes unglücklichen Menschen sey, glaubt, sie habe an seinen Handlungen Theil genommen und versichert, daß sie wirklich an den Handlungen ihres Bruders nicht nur keinen Theil genommen, sondern sie viel mehr verabscheut habe.«

Zurecht nennt Monika Siegel, Metas Biographin, das Verhalten Forkels »unglaublich großzügig«. Forkel fährt fort: »Sowol die wirkliche Achtung, die ich, ungeachtet der häuslichen Unbil, welche mir von ihr verursacht worden, doch stets, ihrer sonst äußerst schätzbaren Eigenschaften wegen für diese Frau haben muß macht es mir zur Pflicht sie aus einer so unverdienten Verlegenheit zu retten. Dieß weiß ich nicht anders zu bewerkstelligen, als daß ich Ew Exzellenz unterthänigst ersuche, mir gnädigst ein ministerielles Attestat ausfertigen zu lassen, daß die ehemalige Doctorin Forkel, jetzige Doctorin Liebeskind, ob sie gleich Wedekinds Schwester sey, nicht der mindesten Theilnahme an seinen Handlungen schuldig befunden, und als vollkommen unschuldig ihres Arrestes entlassen worden sey. Ich bin überzeugt, gnädiger Herr, daß dieselben mir gewiß gerne diese Gnade, der armen gedrückten Frau aber diese Wohlthat erzeigen werden.«

Meta und ihr Mann blieben nicht lange in Mitau, denn Liebeskind bekam im Mai 1794 im ostpreußischen Königsberg eine Anstellung als Kriminalrat und Justizkommissar bei der Ostpreußischen Regierung.

Königsberg, eine wohlhabende Kaufmannsstadt, sorgte schon allein durch seine angesehene Universität für ein geistiges und geselliges Leben. Der Magnet der Hochschule war Immanuel Kant. Die Liebeskinds befreundeten sich mit dem Kriminalrat Friedrich August Stägemann, der die schöne Elisabeth Graun zur Geliebten hatte. Sie lebte in unglücklicher Ehe mit dem Geheimen Justizrat Graun, einem Sohn des Komponisten Carl Heinrich Graun. Da der Justizrat 1787 nach Berlin berufen worden war, seine Frau aber mit den Kindern bei ihrer Mutter in Königsberg blieb, konnte sich die verbotene Liebe frei entfalten. Diese Situation war Meta durchaus vertraut.

Auch in Königsberg setzte Meta ihre Übersetzertätigkeit fort. Gleich zwei ihrer Übertragungen erschienen 1795: *Das Schloß St. Valery, eine Gespenstergeschichte aus den Zeiten Richard*

Löwenherz, Roman eines anonymen englischen Autors, und wiederum ein Roman von Ann Radcliffe: *Udolpho's Geheimnisse* in drei Bänden. Zwei Jahre später folgten *Marchmont* von Charlotte Smith und *The Life of Samuel Johnson* von James Boswell, eine der berühmtesten Biographien des 18. Jahrhunderts, unter dem Titel *Denkwürdigkeiten aus Samuel Johnsons Leben*.

Im Oktober 1797 wurde Johann Heinrich Liebeskind, inzwischen zum Justizkommissar und Kriminalrat befördert, Regierungsrat im damals preußischen Ansbach. Auf der Reise in den Süden blieb das Ehepaar mit den beiden Kindern wenige Tage in Berlin, besuchte den berühmten Salon der Henriette Herz und traf auch Friedrich Schlegel wieder, der an Carolines zwölfjährige Tochter Auguste schrieb: »Zu erzählen habe ich Dir nicht so viel, wie Du mir; weil Du die Leute und den Ort hier nicht kennst. Doch habe ich ziemlich oft eine Bekannte von Dir gesehen – die *Liebeskind*. Sie hat auch nach Dir sehr emsig gefragt, scheint aber dennoch etwas langweilig und abgelebt. Sie hat mir aufgetragen, die Mutter zu grüßen, und beym Weggehn schärfte sie mir noch besonders ein, zu melden, wie ihr Gatte *Regierungsrath* im Anspachschen sey. Sie reisen nun bald dahin, und kommen vielleicht durch Jena ...«

So war es, wie Caroline am 15. Oktober 1797 an Luise Gotter schrieb: »Die Regierungsräthin Liebeskind *ci devant* Forkel ist nemlich mit ihrem Mann, der Regierungsrath in Anspach geworden ist, von Königsberg aus, hier durch gekommen mit 2 Liebesfrüchten, Adelbert und Antonie, und 4 Tage bey mir verblieben, was mir am Ende nicht so fatal war, wie ich anfangs dachte.«

Für Caroline hatten sich die Verhältnisse völlig verändert. Daß sie nach ihrer Entlassung aus der Haft überhaupt wieder Fuß fassen konnte, verdankte sie nicht etwa jenen Männern, die sie fälschlich für ihre Freunde gehalten hatte, Tatter und Meyer, sondern einem Bruderpaar, das ihr aus der Ferne unbeirrt treu geblieben war: August Wilhelm und

Friedrich Schlegel. Wilhelm, der Ältere, ihr bekannt aus Göttingen, hatte ihr schon zur Marburger Zeit den Hof gemacht und war abgewiesen worden. Das aber hatte die Brüder nicht gehindert, Caroline gleichsam auf den Fersen zu bleiben, zumal Briefe hin und her gegangen waren.

Am 11. Juli 1793 wurde Caroline in Kronberg auf freien Fuß gesetzt (»nach bezahlten Kosten«); die Pässe für sie und Auguste mußte sie in Frankfurt abholen. Dann begleitete der inzwischen aus Amsterdam eingetroffene Wilhelm Schlegel die beiden nach Leipzig, wo der Verleger Göschen erfuhr, wer diese hilfsbedürftige Frau war. Meyer, den sie immer noch für einen Freund ansah, gehörte zu den wenigen Menschen, denen sie sich anvertraute: »Ich habe vergeßen«, schrieb sie ihm aus Leipzig, »was ich meinem Kinde schuldig war – ich habe in einer gespannten Lage meines Gemüths aus leichtsinniger Kühnheit mich hingegeben, und die Folgen rächen sich in dem Nahmen, gegen den ich sündigte [= Mutter]. Jetzt übersehn Sie die Leiden der vergangenen Monate.«

Meyers Antwort erreichte sie in Lucka bei Leipzig, wo sie durch Göschens Vermittlung unterkam »im Hause eines ältlichen unverheyratheten kränklichen Arztes, der in dem Fach, worin ich ihn brauche, geschickt seyn soll, und mehrmals Kranke bey sich beherbergt. Göschen kante den Mann vorher nicht – er gab mich für seine Stiefschwester, Verwandte zu versöhnen, der Mann noch nicht im Stande eine Heyrath zu erklären u. s. w. Ich überließ ihm die Fabel.«

Carolines Not verband sie inniger mit Friedrich Schlegel, der zu Recht an den Bruder schrieb: »Ich glaube, man kann sie nicht kennen, wenn man sie nicht liebt oder von ihr geliebt wird.« Liebte sie ihn? Das gewiß nicht. Liebte er sie? Das läßt sich nicht genau ausmachen; sicher ist aber, daß er nie in seinem Leben eine Frau so sehr bewundert hat wie Caroline. »Wenn ich nicht wäre, so würdest Du Dich von der Schlegelsucht gar nicht zu retten wissen«, sagte die altkluge achtjährige Auguste ihrer Mutter zum Entzücken Friedrichs, der soeben ein neues Talent Carolines entdeckte:

Die Romantik 225

die Begabung zum Vorlesen. Goethes *Iphigenie* lese sie »herrlich«, schwärmte er, dem auch ihre »Urtheile über Poesie«, offenbar ein neues Gesprächsthema, »sehr neu und angenehm« waren. Gerade hatte sie Goethes törichte Verspottung der Französischen Revolution, das Stück *Der Bürgergeneral*, gelesen, das anonym erschienen war. »Die Leute sagen, es wäre von Goethe«, schrieb sie zweifelnd, als könne sie Goethe diese Trivialität nicht zutrauen.

Am 3. November brachte Caroline das Kind zur Welt. Sie ließ sich Wilhelms Porträt, das gerade eingetroffen war, sofort ins Zimmer bringen und ihm ausrichten, das Kind sehe »ganz deutsch« aus. »Warum? Damit Du nicht so einen entsetzlichen Haß darauf wirfst.« Sie hatte also schon Witz und Laune wiedergewonnen, denn selbstverständlich war diese Bemerkung scherzhaft gemeint. Im Kirchenbuch von Lucka wurde das Kind eingetragen als »Wilhelm Julius«, seine Mutter als »Julie Krantz, verehelicht mit Herrn Julius Krantz, Speditions- und Handelsherrn auf Reisen, als eine aus Hamburg sich hier eine Zeitlang aufhaltende Frau«. Als Pate war der »Stud. Jur. in Leipzig« Friedrich Schlegel genannt.

Anfang Februar 1794 gab Caroline das Kind in Lucka zur Pflege und fuhr nach Gotha zu Gotters. Und sie machte hier eine bittere Erfahrung: Gotters wurden von der Gesellschaft geschnitten, solange Caroline bei ihnen wohnte. »Man hält mich für ein verworfenes Geschöpf, und meint, es sey verdienstlich, mich vollends zu Boden zu treten. Die Verwünschungen, die über Therese ausgesprochen werden, treffen mich mit«, schrieb sie an Meyer. »Um diese Situation zu überwinden, müßt ich wahrhaftig eine Zauberinn seyn – die Natur war wohlthätig gegen mich – sie rettete mir Leben und Gesundheit, und erquickte mich mit süßen Freuden – o hätte ich in meiner Einsamkeit bleiben können! Wißen Sie keine Hütte für mich? Ich bin ja ausgestoßen und muß wenigstens ins Freye blicken können – in einen Spiegel, der mich nicht entstellt zurückwirft.«

Von Therese Forster traf unvermutet ein umfangreicher Bekenntnisbrief ein, schonungslos in der Analyse ihrer sexuellen Beziehung zu Forster, was sie der vermuteten »Nachfolgerin« wohl schuldig zu sein glaubte. Und pathetisch fragte sie: »Karoline, wozu bestimmte uns beide das Schicksal? Seit 15 Jahren was erfuhren, erlitten wir?« Es war ihr letzter Brief an Caroline, die darauf auch nicht antwortete. »Therese hat mir so unendlich viel Böses gethan, wovon ich fast täglich neue Spuren entdecke, daß es niederträchtig seyn würde sie zu lieben – ich wüßte auch nicht, wie ich das anfangen sollte – eben so wenig als wie zu glauben, daß sie zu nichts von dem mehr fähig sey, wozu sie gebohren war«, schrieb sie an Meyer.

Im August 1795 siedelten Caroline, Auguste und Mutter Michaelis nach Braunschweig um. Dort erreichte sie die Nachricht, daß Wilhelm Julius in Lucka im Alter von siebzehn Monaten am 30. April an den Frieseln gestorben war. »Wie quälend muß es sein, solchen Schmerz verbergen zu müssen«, sagte Friedrich Schlegel. Und Caroline schrieb an Georg Joachim Göschen, der jetzt alles wußte: »Das Gefühl, an meiner Glückseeligkeit, an meinem inneren Frieden selbst, durch *den* Tod eingebüßt zu haben, wird keine Zeit lindern, und wenn es weniger lebhaft in mir ist, so ist es nur die Gewöhnung an Schmerz und Verlust, welche es dämpft.«

Braunschweig, Residenz eines Herzogtums, erlöste Caroline, der die Stadt Göttingen inzwischen ein Aufenthaltsverbot erteilt hatte, aus ihrer Isolierung. Trotz ihrer Vergangenheit wurde es ihr nicht schwer, rasch Anschluß an die intellektuellen Zirkel zu gewinnen. Die Stadt wurde zur neuen Heimat: August Wilhelm Schlegel zog im Spätsommer 1795 hierher; Louise, die jüngste Schwester, heiratete den Arzt Christian Rudolf Wilhelm Wiedemann. Caroline, Auguste und die Mutter bezogen eine gemeinsame Wohnung, und Gustel bekam jetzt Klavierunterricht, »ernstlich«, schließlich sollte sie ihrer Mutter einmal »Kennst du

Die Romantik 227

das Land, wo die Zitronen blühen?« vorsingen, denn Caroline las gerade Goethes *Wilhelm Meisters Lehrjahre*, denen sie das Unverständnis des deutschen Publikums prophezeite. »Denk an mich, Louise«, schrieb sie nach Gotha, »wenn es heißt – ›es ist der Charakter der Deutschen, daß sie schwer über Allem werden und Alles schwer über ihnen‹.«

Die Freundin wollte wissen, wie es mit einer Heirat stehe. – »Du bist ein Kind, was Schlegeln und meine Nahmensveränderung betrifft«, antwortete Caroline am 13. Oktober 1795. »Kan man denn gar keinen Freund haben, ohne sich auf Leben und Tod mit ihm zu vereinigen?« Offenbar nicht: Am 1. Juli 1796 wurden Caroline und August Wilhelm Schlegel in St. Katharinen zu Braunschweig getraut.

Caroline hatte sich zu ihrer zweiten Ehe entschlossen, um »sich und ihrem Kinde in ihrer zerrütteten Lage einen Beschützer zu sichern«, und mehr als Dankbarkeit für Wilhelms Fürsorge war nie im Spiel. Bei Schlegels häufig wechselnden Amouren und Carolines sexueller Desinteressiertheit wird ihre spätere Erklärung verständlich, diese Ehe hätten beide Partner »nie anders als wie ganz frei betrachtet«.

Die Beziehung zu »Exfreund« Meyer war nun begraben; er hatte, nicht eben der Tapfersten einer, doch deutlich durchblicken lassen, daß ihn die Freundschaft mit Caroline kompromittieren könnte, und als er ihr dann noch einmal im September 1797 »zärtliche Vorwürfe über mein Schweigen macht«, bemerkte sie nur lakonisch: »Er wird sie noch lange zu machen haben.« Nie wieder haben sie einen Brief miteinander gewechselt und sich auch nie wiedergesehen.

Seit dem 8. Juli 1796 war sie mit Schlegel und Auguste in Jena, wo sie eine Wohnung gemietet hatten. Mit Schiller entwickelte sich ein für beide Seiten befriedigendes Verhältnis. Wilhelm von Humboldt, der die veränderte Stimmung sofort spürte, schrieb plötzlich über Caroline an Schiller: »Ich selbst kenne sie zwar nicht, aber sie ist mir gerühmt worden.«

Zu den ersten Besuchern gehörten die Hufelands, von denen sich Schlegels »wie Verwandte« behandelt fühlten. Der Jurist Gottlieb Hufeland war für Wilhelm Schlegel wichtig als Mitherausgeber der *Allgemeinen Literatur-Zeitung* in Jena; damals die einflußreichste literarische Zeitschrift in Deutschland, deren Urteil meinungsbildend wirkte und für die auch Christian Gottfried Schütz als Redakteur amtierte, der an der Universität eine Professur für Beredsamkeit innehatte. Er und seine Frau befreundeten sich rasch mit Schlegels. Daß der Umgang sich aus Professoren der Universität zusammensetzte, lag nahe: Sie waren die tonangebende Schicht in Jena.

Die Verhältnisse brachten es mit sich, daß Caroline häufig von den Professorenfrauen eingeladen wurde, was wenig ihrem Geschmack entsprach, denn diese Gattinnen standen geistig unter ihrem Niveau. Entsprechend äußerte sie sich: »Am Sonnabend gab die Schütz eine Theegesellschaft, wo es deliziösen Aepfelkuchen, lauter kleine artige Frauen (eine ausgenommen) und einen höchst skandaleusen Busen zu schauen gab. Der arme Mann hatte Krämpfe. Sie ist denn doch wirklich ein ganz schamloses Geschöpf, und ihre Artigkeit wird einem bald wiederwärtig.« Besser kam die Frau des Theologieprofessors Paulus weg – »übrigens eine artige kleine Frau« –, der Caroline aber übelnahm, daß sie öffentlich die französische Kokarde trug: »Das darf sie nun *hier* thun – und ich habe es in Mainz nie – nie – gethan. So gerecht geht's in der Welt zu.« Sonst war die Beziehung zu dem aus Schwaben stammenden Ehepaar Paulus, das sich auch in der Öffentlichkeit mit »lieb Mütterle, lieb Väterle« zu titulieren pflegte, durchaus freundschaftlich. Goethe übrigens war von Caroline Paulus entzückt: »Die Natur kann wieder eine Weile operieren, bis sie ein so neckisches Wesen zum zweitenmale zusammenbringt.«

Goethe sprach plötzlich und unangemeldet am Nachmittag des 17. Juli vor, als Caroline gerade allein zu Hause war. Sie hatten sich vor drei Jahren zum letztenmal gesehen bei

Die Romantik

Goethes Besuch in Mainz, und Caroline war überrascht, wie sehr der Bewunderte seither an Leibesfülle zugelegt hatte. Er war zu Pferd nach Jena gekommen (»denn er reitet troz seiner Corpulenz wacker darauf los«), das Manuskript des noch unveröffentlichten letzten Bands des *Wilhelm Meister* »hinter sich aufs Pferd gebunden«, und Caroline war von dem Wiedersehen ganz erfüllt: »Es hat mir große Freude gemacht Göthen, und zwar so holdselig, wiederzusehn. Er sprach davon, wie lustig und unbefangen wir damals noch alle gewesen wären, und wie sich das nachher so plötzlich geändert habe.«

Die Briefe Carolines aus dem Sommer 1796 verraten Glück und Zufriedenheit; es ist, als sei eine ungeheure Last von ihr genommen, wozu die geistigen Anregungen der Universitätsstadt und die zu Spaziergängen einladende »Herrlichkeit der Gegend« das Ihre beitrugen: »Jena scheint mir ein grundgelehrtes, aber doch recht lustiges Wirthshaus zu seyn. Unter uns, die Studenten sehn immer noch etwas barbarischer wie in Göttingen aus, es kommt mir vor, als hätten sie alle einen ganz verbrannten teint«, schrieb sie ihrem Schwager Karl Schlegel.

Im Dezember 1796 reisten die Schlegels für einige Tage nach Weimar. Man besuchte das Theater, wo Domenico Cimarosas vier Jahre zuvor komponierte Oper *Die heimliche Ehe* gegeben wurde, ein Werk, das Caroline in Braunschweig, von einem italienischen Ensemble vorgestellt, gesehen und »immer sehr gern gehört hatte«, ein Erfolgsstück jener Jahre, das sich seine Frische bis heute bewahrt hat. Dabei machte sie die Bekanntschaft der gefeierten Schauspielerin Corona Schröter, mit der sie sich sofort verstand; sie besuchte sie am nächsten Morgen und lud sie nach Jena ein. Tags darauf wurden Schlegels bei Herder zum Tee erwartet, gemeinsam mit Wieland. Herder habe sie »entzückt und fast verliebt gemacht« gestand sie Luise Gotter: »Der Curländische Aczent stiehlt einen schon das Herz, und nun die Leichtigkeit und Würde zugleich in seinem ganzen Wesen, die geistreiche

Anmuth in allem, was er sagt – er sagt kein Wort, das man nicht gern hörte – so hat mir denn seit langer Zeit kein Mensch gefallen.«

Aber auch Wieland hatte es ihr angetan: »Es ist wahr, er sagte lustige Sachen, unter andern schimpfte er gegen die Schweine, deren Schöpfung er dem lieben Gott nie verzeihn könte – und die er in dem höchsten Anfall von Unwillen darüber *Antigrazien* nannte ...« Womit sich der Vierundsechzigjährige ganz als Mann des *Ancien régime* erwies. Höhepunkt war am dritten Tag das Mittagessen bei Goethe, zu dem Goethes »Urfreund«, Karl Ludwig von Knebel, und Herder geladen wurden. »Göthe gab ein allerliebstes Diner, sehr nett, ohne Überladung, legte alles selbst vor, und so gewandt, daß er immer dazwischen noch Zeit fand, uns irgendein schönes Bild mit Worten hinzustellen (er beschrieb zb. ein Bild von Fueßli aus dem *Sommernachtstraum*, wo die Elfenköniginn Zetteln mit dem Eselskopf liebkoset) oder sonst hübsche Sachen zu sagen.« Sie wäre gern länger geblieben, gestand sie Luise Gotter, »um bey Göthe nicht allein zu hören, sondern auch zu sehn, und daneben freylich auch zu hören, aber das muß auf den Sommer verspart bleiben«.

Beeindruckt war sie von der Einheit von Besitz und Besitzer, »seine Umgebungen hat er sich mit dem künstlerischen Sinn geordnet, den er in alles bringt«, nur wollte ihr sein Verhältnis mit Christiane Vulpius gar nicht dazu passen, die an der Tafel nicht anwesend war. Caroline hatte sie schon im Theater gesehen und fragte nach ihrer Rückkehr in Jena Charlotte Schiller, warum sich Goethe denn nicht »eine schöne Italiänerinn mitgebracht« habe. Nein, für die inzwischen ein wenig füllig gewordene, trinkfrohe Christiane fehlte es den Zeitgenossen an Verständnis, und dieses lieblose Vorurteil hegte auch Caroline, die der Meinung war, Goethe täte es jetzt »wohl nur weh, die Vulpius zu verstoßen«. Indes, Goethe heiratete sie 1806.

Caroline hatte in Weimar Eindruck gemacht. Karl August Böttiger, dort zuständig für gepflegten Klatsch, schrieb

Die Romantik 231

an Schlegel, er habe Wieland die anerkennenden Worte der »edlen Caroline« übermittelt, worauf der gemeint habe, »daß ihm dies Zunicken mehr wert sei als das Geschnatter der ganzen auf der literarischen Gemeindetrift hütenden Autorenherde«. Und der rührige Johann David Falk ließ den Ehemann wissen: »Ihre kleine liebenswürdige Frau grüßen Sie mir tausendmal, und sagen Sie ihr, daß ich die Augenblicke, die ich in Weimar in Ihrer beiderseitigen Gesellschaft verlebt habe, zu den interessantesten meines Lebens rechne.« Das tat wohl.

Doch dann verdüsterte sich die Beziehung zu Schiller. Er war schon lange gegen Friedrich Schlegel aufgebracht, der verschiedentlich in Rezensionen Schillers Zeitschrift *Die Horen* wie auch den *Musenalmanach* gebeutelt hatte. Nun aber brachte eine weitere Kritik Friedrichs in der Zeitschrift *Deutschland* das Faß zum Überlaufen: Beanstandet wurde ein Zuviel an Übersetzungen in den *Horen*, ohne daß der Leser erfuhr, daß ein großer Teil dieser Übersetzungen aus der Feder des älteren Schlegel-Bruders stammte. Und der bekam nun den Zorn Schillers zu spüren: »Es hat mir Vergnügen gemacht, Ihnen durch Einrückung Ihrer Übersetzungen aus Dante und Shakespeare zu einer Einnahme Gelegenheit zu geben, wie man sie nicht immer haben kann, da ich aber vernehmen muß, daß mich Herr Friedrich Schlegel zu der nämlichen Zeit, wo ich Ihnen diesen Vorteil erschaffe, öffentlich deswegen schilt und der Übersetzungen zuviel in den *Horen* findet, so werden Sie mich für die Zukunft entschuldigen. – Und um Sie, einmal für allemal, von einem Verhältnis freizumachen, das für eine offene Denkungsart und eine zarte Gesinnung notwendig lästig sein muß, so lassen Sie mich überhaupt eine Verbindung abbrechen, die unter so bewandten Umständen gar zu sonderbar ist und mein Vertrauen zu oft schon kompromittierte.«

Wilhelm Schlegel, so unverhofft in Sippenhaft genommen, zeigte sich konsterniert: Man könne ihn für eine Rezension des Bruders nicht verantwortlich machen, er kenne sie nicht einmal. Auch Caroline schaltete sich ein. In einer Nachschrift zu Schlegels Brief an Schiller betonte sie: »Vergönnen Sie mir, selbst zu bestätigen, was mein Mann Ihnen in meiner Seele betheuert hat. Ich habe so wenig wie er je den entferntesten Antheil an dem Vorgefallenen genommen – ich habe die Rezension, von der jezt die Rede ist, noch bis diese Stunde nicht gesehn, und mische mich in so verwickelte Dinge nicht. Wir verehren und lieben Sie so aufrichtig, daß diese grade und feste Gesinnung uns auch auf einen graden Weg führte, wenn noch so viel anscheinende Collisionen da waren. Vergeben Sie mir, daß ich diese Versicherung jezt nicht unterdrücken kan, da Schlegel in Gefahr ist ein Glück einzubüßen, wovon ich weiß, wie sehr es ihm am Herzen liegt.«

Aber Schiller wollte keinen Frieden mehr. Seine Antwort kam sofort: »In meinem engen Bekanntschaftskreise muß eine volle Sicherheit und ein unbegrenztes Vertrauen sein, und das kann, nach dem, was geschehen ist, in unserm Verhältnis nicht stattfinden. Besser also, wir heben es auf, es ist eine unangenehme Notwendigkeit, der wir beide unschuldig, wie ich hoffe, nachgeben müssen; dies bin ich mir schuldig, da niemand begreifen kann, wie ich zugleich der Freund Ihres Hauses und der Gegenstand von den Insulten Ihres Bruders sein kann. – Versichern Sie Madame Schlegel, daß ich von dem lächerlichen Gerüchte, sie sei die Verfasserin von jener Rezension, nie Notiz genommen habe, und sie überhaupt für zu vernünftig halte, als daß sie sich in solche Dinge mische.«

Damit war der Bruch da, der nicht so ganz zufällig kam, denn Schillers engste Freunde, Christian Gottfried Körner und seine Frau in Dresden hatten bereits begonnen, Caroline gezielt zu verleumden. Wilhelm Schlegel, so fand Körner, sei »durch seine Frau« verdorben worden, und Caroline von Humboldt bekräftigte gegenüber ihrer Freundin Charlotte Schiller: »Daß Du die Schlegel gar nicht mehr siehst, freut mich, es ist doch eine Schlange.«

Charlotte Schiller, die wohl von Anfang an wenig Sympathie für Caroline empfunden hatte, übertrumpfte diese Injurie noch. So schrieb Rosina Eleanore Döderlein ihrem Verlobten Friedrich Immanuel Niethammer: »Die Schillern läßt Dir sagen, sowie die Schlegeln zum Hause heraus ist, solltest Du alle Türen und Fenster öffnen und dann zwei Pfund Räucherpulver verschießen, damit die Luft von der früheren Bewohnerin bis zu deren letzten Hauch gereinigt werde. Ein Pfund Räucherpulver wolle die Schillern selbst dazu geben.« Künftig würde man im Haus Schiller Caroline nur noch »Dame Luzifer« oder »Das Übel« nennen.

In Wilhelm Schlegels Arbeit stand 1797/99 die Übersetzung der Dramen Shakespeares im Mittelpunkt. Seit das 18. Jahrhundert Shakespeare für den deutschen Sprachraum entdeckt hatte, gab es immer wieder Ansätze, den ganzen Shakespeare einzudeutschen. Wielands Übersetzung – als das größte Unternehmen – war zwischen 1762 und 1766 erschienen, Johann Joachim Eschenburg (den Caroline in Braunschweig kennengelernt hatte) war 1775/77 gefolgt; aber weder war das der ganze Shakespeare, noch lag damit eine für die Bühne spielbare Eindeutschung vor. Zwischen 1797 und 1799 übersetzte Schlegel sechs Stücke, an deren Übersetzung Caroline tätigen Anteil nahm: *Julius Caesar* (1797), *Was ihr wollt* (1797), *Romeo und Julia* (1797), *Der Sturm* (1798), *Hamlet* (1798) und *Der Kaufmann von Venedig* (1799). Caroline kam dabei nicht nur die Aufgabe zu, Wilhelms Übersetzung in Reinschrift zu übertragen, sie übernahm sogar die Aufgabe einer Schiedsrichterin. Der sehr rasch übersetzende Schlegel hatte nämlich bei schwierigen Stellen die Gewohnheit, mehrere mögliche Verdeutschungen an den Rand des Manuskripts zu setzen und Caroline wählen zu lassen.

Nicht zu seinem Vorteil. Anhand der erhaltenen Manuskripte, in denen sich Schlegels zarte, fast weiblich zu nennende Schrift deutlich von dem eher männlichen Duktus der Handschrift Carolines abhebt, hat man beider Anteil sehr sorgfältig auseinanderdividieren können. In den meisten Fällen wird offenbar, daß Schlegel nicht nur die besseren Englischkenntnisse besaß, sondern auch das sensiblere Gefühl für sprachliche Valeurs, leider aber recht sorglos mit seinen Manuskripten verfuhr, die er Caroline blindgläubig überließ. Das Ergebnis war, daß Caroline die von ihr vorgenommenen Korrekturen zum Druck beförderte und diese sich überwiegend als arge Verschlimmbesserungen erwiesen. Caroline gebrach es an Sprachmusikalität, sie hatte wenig Sinn für die Imponderabilien des Worts, und ihre Mitarbeit hat Schlegels Übersetzungen mehr geschadet als genutzt. Auch wenn man ihre selbstherrlichen Eingriffe in Schlegels Text außer acht läßt: Sie hat in einem Fall sogar ganze Verse ausgelassen (*Julius Caesar* I,2,148–155).

Die Schuld daran traf dennoch Schlegel, dem es offenbar darum ging, möglichst rasch die Übersetzung im Druck zu wissen, statt sorgfältige Arbeit zu leisten, denn die Verschlimmbesserungen hätten ihm spätestens beim Korrekturlesen auffallen müssen. Carolines Anteil an der Übersetzung sollte man aber nicht nur negativ sehen. Sie diskutierte mit Schlegel während der gemeinsamen Arbeit über die Probleme der Übersetzung und war ihm darin gewiß eine nicht zu unterschätzende Hilfe, wäre ihm aber eine noch größere gewesen, hätten beide sich mehr Zeit gelassen und hätte sie den Vielbeschäftigten dazu angehalten, nicht zu viele Aufgaben zu gleicher Zeit sich aufzuladen.

Denn jetzt forderte Friedrich in Berlin des Bruders Aufmerksamkeit in einem Maße, das der Übersetzungsarbeit nicht gut bekommen konnte. Es ging um die Gründung einer eigenen Zeitschrift, die zum Sprachrohr dessen werden sollte, was die Brüder als *Romantik* bezeichneten. Der Begriff war schon in der Mitte des 17. Jahrhunderts in England aufgetaucht und verbreitete sich bald auch in Frankreich und Deutschland, wobei jeder etwas anderes darunter verstand.

Friedrich deutete das Zauberwort »romantisch« verschieden. Zuerst war das Wort für ihn synonym mit »schwärmerisch« und »überspannt«, dann mit »interessant«. Wenn er aber über einen Sonettenzyklus Petrarcas sagte: »auch ist er romantisch, nicht lyrisch«, so bedeutete das, es handele sich eher um einen Roman in Sonetten als um Lyrik. Und so schrieb er im November 1797 seinem Bruder: »Eine Erklärung des Worts *Romantisch* kann ich Dir nicht gut schicken, weil sie – 125 Bogen lang ist.«

Das erste Heft des neuen Journals erschien im Mai 1798 unter dem Titel *Athenäum* in einer Auflage von 1250 Exemplaren. Neben den Schlegels wurden auch drei Freunde Friedrichs zur Mitarbeit herangezogen: Friedrich von Hardenberg, der unter dem Pseudonym »Novalis« publizierte, Friedrich Schleiermacher und Ludwig Tieck. Mit dem *Athenäum* bekam die entstehende deutsche Romantik ihr eigenes Forum. Besonders das Fragment wurde als autonome Kunstform gepflegt, die »neueste und eigenste Form der Romantik« (Fritz Strich). Diese Fragmente sind freilich der klassischen Form entgegengesetzt, denn sie sind nicht geschlossen, sondern offen. Sie behaupten, aber beweisen nicht. Es sind Gedankensplitter, rasch notiert, weil ihre Verfasser spürten, daß sie irgendwie ein Stück Welt, ein Stück Erfahrung erhellen könnten; sie ahnen, raunen, prophezeien dunkel, oft sind sie ganz bewußt dunkel und unverständlich gehalten. Der Romantik, die nach der Entgrenzung, dem Universalen strebte, mußte das Fragment zur idealen Ausdrucksmöglichkeit werden, eine Art Glasperlenspiel, das alles zueinander in Beziehung setzen konnte und die ersehnte Totalität verwirklichte. Im Juli 1798 wurde im *Athenäum* zum erstenmal die neue Interpretation des Wortes »romantisch« gedruckt in einem von Friedrich Schlegel formulierten Fragment:

»Die romantische Poesie ist eine progressive Universalpoesie. Ihre Bestimmung ist nicht bloß, alle getrennten Gattungen der Poesie wieder zu vereinigen und die Poesie mit der Philosophie und Rhetorik in Berührung zu setzen. Sie will und soll auch Poesie und Prosa, Genialität und Kritik, Kunstpoesie und Naturpoesie bald mischen, bald verschmelzen, die Poesie lebendig und gesellig und das Leben und die Gesellschaft poetisch machen, den Witz poetisieren und die Formen der Kunst mit gediegenem Bildungsstoff jeder Art anfüllen und sättigen und durch die Schwingungen des Humors beseelen. Sie umfaßt alles, was nur poetisch ist, vom größten, wieder mehrere Systeme in sich enthaltenden Systeme der Kunst, bis zu dem Seufzer, dem Kuß, den das dichtende Kind aushaucht in kunstlosen Gesang. Sie kann sich so in das Dargestellte verlieren, daß man glauben möchte, poetische Individuen jeder Art zu charakterisieren sei ihr ein und alles; und doch gibt es noch keine Form, die so dazu gemacht wäre, den Geist des Autors vollständig auszudrücken: so daß manche Künstler, die nur auch einen Roman schreiben wollten, von ungefähr sich selbst dargestellt haben. Nur sie kann gleich dem Epos ein Spiegel der ganzen umgebenden Welt, ein Bild des Zeitalters werden. [...] Die romantische Poesie ist unter den Künsten, was der Witz in der Philosophie und die Gesellschaft, Umgang, Freundschaft und Liebe im Leben ist. Andre Dichtarten sind fertig und können nun vollständig zergliedert werden. Die romantische Dichtart ist noch im Werden; ja, das ist ihr eigentliches Wesen, daß sie ewig nur werden, nie vollendet sein kann. Sie kann durch keine Theorie erschöpft werden.«

Daß hier ein Kunstideal postuliert wurde, das demjenigen Schillers entgegengesetzt war, begriff dieser sofort. »Was sagen Sie zu dem neuen Schlegelischen Athenäum und besonders zu den Fragmenten?« schrieb Schiller am 23. Juli 1798 an Goethe. »Mir macht diese naseweise, entscheidende, schneidende und einseitige Manier physisch wehe.«

Goethe hielt zwar auch die Fragmente für ein »Wespennest«, aber: »Bei allem, was Ihnen daran mit Recht mißfällt, kann man denn doch den Verfassern einen gewissen Ernst, eine gewisse Tiefe und von der andern Seite Liberalität nicht ableugnen.« Seine Zurückhaltung hatte ihren Grund: Als Autor war er zu dieser Zeit schon lange nicht mehr »im

Gespräch«; sollte er gerade jetzt gegen eine Zeitschrift polemisieren, in der Friedrich Schlegel in einem bedeutenden Essay *Wilhelm Meister* feierte und Novalis verkündete: »Goethe ist jetzt der wahre Statthalter des poetischen Geistes auf Erden.« Also riet er behutsam beiden Seiten zur Mäßigung, worin ihm vor allem die Romantiker folgten.

Daß diese so sehr auf Goethe setzten und sich im gleichen Maße von Schiller abwandten, hatte einzig und allein Caroline bewirkt. Denn als sie die Schlegels kennenlernte, waren die Brüder noch ganz auf Schiller eingeschworen. Doch Schillers Idealismus, dessen Theorie schon Bürger so übel mitgespielt hatte und die Schiller für andere Tendenzen blind machte, war ihre Sache nicht länger. Caroline hatte schon früh Goethes Schaffen weit aufmerksamer verfolgt als das Schillers, das sie (damals) auch nie so sehr zum Widerspruch oder zur Zustimmung gereizt hatte. Ihre eigene Lebenserfahrung, vor allem die Mainzer und Nachmainzer Monate vertieften noch den Gegensatz, denn Caroline wehrte sich – instinktiv, sie sprach es nie aus – gegen Schillers Geistesanspruch gegenüber einer überwältigenden Natur.

Für Caroline zählte die sinnlich erfahrene Welt; eine Dichtung, die diese Welt eliminieren will, galt ihr nichts. In ihren Augen postulierte Schillers Werk einen Menschen, wie er ideell sein sollte, weswegen diese Dichtung der menschlichen Natur mißtraut; bei Goethe dagegen fand Caroline das Naturhafte im Menschen anerkannt. Goethe bestärkte sie in einem Sein, das Schiller verleugnete. Wilhelm Schlegel suchte den von den Romantikern bewunderten Shakespeare so treu wie möglich zu verdeutschen; Schiller hingegen bearbeitete den *Macbeth* so, wie Shakespeare ihn nach Schillers Meinung eigentlich hätte schreiben müssen, was Caroline über alle Maßen erboste.

Es wird sich kaum belegen lassen, in welchem Maße Caroline bei den Schlegels gegen Schiller wirkte, denn die überlieferten Briefe bezeugen erst nach dem offenen Bruch mit Schiller die entschiedene Gegenposition. Und wenn

Friedrich Schlegel verkündet: »Der höchste Grundsatz der Moral ist Individualität. Jeder soll sich bestreben, das zu werden, was er ist«, so ist diese Entwicklung der Selbständigkeit«, die für Friedrich Schlegel »Bildung« bedeutet, eher Goethesches als Schillersches Gedankengut.

Im Salon der Henriette Herz machte Friedrich Schlegel im Sommer 1797 die Bekanntschaft der um neun Jahre älteren Dorothea Veit. Sie war eine Tochter des Philosophen Moses Mendelssohn, verheiratet (nach dem Willen ihres Vaters) mit dem Bankier Simon Veit. Die Ehe, aus der zwei Söhne hervorgegangen waren, hatte fünfzehn Jahre gewährt, als sich Dorothea scheiden ließ, um von nun an mit Schlegel zusammenzuleben. An eine Heirat wurde zunächst nicht gedacht; Dorothea bezog mit ihrem sechsjährigen Sohn Philipp eine eigene Wohnung in Berlin (der neunjährige Johannes war dem Vater zugesprochen worden), ehe sie im Oktober 1799 nach Jena übersiedelte. Mit Caroline verstand sie sich gut.

Doch zunächst stieß ein anderer zum Kreis der jungen Romantiker: Friedrich Wilhelm Joseph Schelling traf am 5. Oktober 1798 in Jena ein. Der dreiundzwanzigjährige Schwabe – Pfarrerssohn aus dem württembergischen Leonberg – hatte die letzten zwei Jahre in Leipzig als Hofmeister zweier junger Barone verbracht; seine ersten philosophischen Schriften, die noch ganz unter dem Einfluß Fichtes standen, hatten bereits das Interesse an dem genialischen jungen Mann geweckt, der nun an der Universität Jena Philosophie lehren sollte.

Seine athletisch gedrungene Statur, seine mißtrauisch beobachtende trotzige Männlichkeit, seine borstige Abgekehrtheit, hinter der sich tiefe Verletzlichkeit schützte, die Unbedingtheit seines Anspruchs, die Widerspruch nicht zu dulden schien: dies alles machte Schelling in Jena sofort interessant, und niemand war davon tiefer beeindruckt als Caroline. Als sie mit Wilhelm am 12. Oktober nach Weimar zur Einweihung des frisch umgebauten Theaters fuhr, traf

Die Romantik

man dort auch Johann Gottlieb Fichte, und Caroline ließ sich von dem Philosophen mit vier Glas Champagner traktieren. Schelling war ebenfalls gekommen. Und da Wilhelm beschloß, noch in Weimar zu bleiben, fuhr Schelling an seiner Stelle mit Caroline nach Jena zurück.

Was während der nächtlichen Wagenfahrt gesprochen wurde, wissen wir nicht; für Caroline aber bedeutete sie mehr als eine beiläufige Fahrt mit einem beiläufigen Begleiter, auch wenn sie darüber nur drei Sätze verlor, und die gingen an Friedrich Schlegel: »Schelling wird sich von nun an einmauern, wie er sagt, aber gewiß nicht aushält. Er ist eher ein Mensch, um Mauern zu durchbrechen. Glauben Sie, Freund, er ist als Mensch interessanter, als Sie zugeben, eine rechte Urnatur, als Mineralie betrachtet, ächter Granit.« Worauf Schlegel spöttisch-aufgeräumt erwiderte: »Aber wo wird Schelling, der Granit, eine Granitin finden? Wenigstens muß sie doch von Basalt seyn?«

Der »trotzige Schelling« (Caroline) sprach von nun an häufig bei Schlegels vor. »Was Schelling betrifft«, so schrieb Caroline am 4. Februar 1799 an Novalis, »so hat es nie eine sprödere Hülle gegeben. Aber ungeachtet ich nicht sechs Minuten mit ihm zusammen bin ohne Zank, ist er doch weit und breit das Interessanteste was ich kenne, und ich wollte, wir sähen ihn öfter und vertraulicher. Dann würde sich auch der Zank geben. Er ist beständig auf der Wache gegen mich und die Ironie in der Schlegelschen Familie; weil es ihm an aller Fröhlichkeit mangelt, gewinnt er ihr auch so leicht die fröhliche Seite nicht ab. Sein angestrengtes Arbeiten verhindert ihn oft auszugehn; dazu wohnt er bei Niethammers und ist von Schwaben besetzt, mit denen er sich wenigstens behaglich fühlt. Kann er nicht nur so unbedeutend schwatzen oder sich wissenschaftlich mittheilen, so ist er in einer Art von Spannung, die ich noch nicht das Geheimnis gefunden habe zu lösen. Neulich haben wir seinen vierundzwanzigsten Geburtstag gefeiert. Er hat noch Zeit milder zu werden.«

Die Monate August bis Oktober 1799 belasteten Caroline aufs äußerste, vor allem als Hausfrau. Zuerst kam aus Braunschweig die Familie zu Besuch: die Mutter, Louise, die Schwester mit ihrem Mann und zwei Kindern, und eine Woche später Sophie Tischbein, die Frau des Dessauer Porträtmalers, gleichfalls mit zwei Kindern. Dann traf aus Berlin Ludwig Tieck ein und aus Weißenfels Novalis für zwei Wochen, auch Friedrich Schlegel kam aus Berlin, um seine künftige Wohnung einzurichten. Da sich außerdem noch Schelling und das Ehepaar Paulus zum Essen ansagten, hatte Caroline »jeden Mittag 15–18 Personen zu speisen«. Dabei gingen ihr eine Köchin und das Dienstmädchen Rose zur Hand. Wie sie die Aufgaben einer Hausfrau bewältigte, bleibt ein Rätsel, zumal sie in dieser Zeit Wilhelm auf vielfältige Weise bei seinen Arbeiten unterstützte und abends immer noch so munter war, die Gesprächsrunden anzuregen.

Die Tischbeins nahmen bei ihrer Abreise Auguste mit nach Dessau, und die wurde nun von ihrer Mutter regelmäßig über alles Wissenswerte aus dem Haus am Löbdergraben informiert. Etwa: »Schillers Musenkalender ist auch da, das Gedicht von Imhof [= Die Schwestern von Lesbos von Amalie von Imhoff] eben weiter nicht viel als ein Rudel Hexameter, aber über ein Gedicht von Schiller, *das Lied von der Glocke*, sind wir gestern Mittag fast von den Stühlen gefallen vor Lachen, es ist à la Voss, à la Tieck, à la Teufel, wenigstens um des Teufels zu werden.«

Der Brief vom 28. Oktober enthielt jene politische Nachricht, die damals viele in Deutschland begeisterte: »*Buonaparte ist in Paris*. O Kind, bedenke, es geht alles wieder gut. Die Russen sind aus der Schweiz vertrieben – die Russen und Engländer müssen in Holland schmählich capituliren, die Franzosen dringen in Schwaben vor. Und nun komt der Buonaparte noch. Freue Dich ja auch, sonst glaub ich, daß Du blos tändelst und keine gescheiten Gedanken hegst.«

Die Romantik

Der dreißigjährige General Napoleon Buonaparte, soeben von seinem fabulösen, die Phantasie anregenden Ägypten-Feldzug zurück, war damals vielen eine Hoffnung auf Perpetuierung der Revolutionsidee. Das Malerische seines jungen Feldherrenruhms begeisterte so manchen deutschen Poeten, der in ihm einen *Alexander redivivus* erblickte, und die Romantiker verehrten ihn ganz besonders, glaubten sie in ihm doch einen Förderer der Künste zu erkennen, durch den vielleicht auch eines Tages etwas für sie abfiele. Novalis plante *Reden auf Buonaparte*, die er aber dann doch nicht schrieb. Die Brüder Schlegel bemühten sich in diesen Wochen, eine in Berlin angebotene Napoleon-Büste zu kaufen, und Wilhelm dichtete gar ein Sonett in italienischer Sprache auf den Mann, den Hölderlin schon jetzt »den Allbekannten« nannte, und schickte es dem Vergötterten nach Paris.

Sonette gingen aber auch an andere Empfänger, wie Caroline ihrer Tochter schrieb. »Was die Menschen vor Zeugs aushecken, das glaubst Du nicht. Ich werde Dir ein Sonnet auf den Merkel schicken, der in Berlin geklatscht hat, der Herzog habe den Schlegels wegen des Athenäum Verweise geben lassen usw. Da haben sich Wilhelm und Tiek letzt Abends hingesetzt und ihn mit einem verruchten Sonnett beschenkt. Es war ein Fest mit anzusehn, wie beyder braune Augen gegeneinander Funken sprühten und mit welcher ausgelassenen Lustigkeit diese gerechte *malice* begangen wurde. Die Veit und ich lagen fast auf der Erde dabey. Die Veit kann recht lachen, was sie Dir wohl bestens empfehlen wird. Der Merkel ist ein geliefertes Ungeheuer. Davon erholt er sich nicht. Ein Mordlerm wird übrigens von allen Seiten losgehn. Schütz und Wilhelm haben artige Billette gewechselt, Schelling rückt der A. L. Zeitung mit voller Kraft auf den Leib. Doch diese Händel gehen Dich nichts an, die Russen und Buonaparte aber viel.«

Solche Momentaufnahmen aus dem Jenaer Kreis waren Carolines Stärke. Was verschlug's, daß Garlieb Merkel beileibe nicht »geliefert« war, ja sich nicht einmal zu erholen brauchte? Er ließ nämlich das »verruchte Sonett« fröhlich vervielfältigen. Und wenn auch »die frechen Romantiker« (Thomas Mann) bei der Lektüre von Schillers *Glocke* fast von den Stühlen fielen vor Lachen: Das Gedicht würde seinen Siegeszug durch das deutsche Bürgertum antreten wie kaum ein anderes und für mehr als ein Jahrhundert zum Bildungskanon deutscher Gymnasien zählen. Aber den Romantikern ging es nicht darum, einen Gegner ernsthaft zu verletzen; der Spaß, den sie an ihrem Spott hatten, trug seinen Lohn in sich. Was nicht heißt, daß es ihnen nicht in ihrem Wollen ernst gewesen wäre, aber jedweder blindwütige Fanatismus war ihnen fremd. Hatte die boshafte Polemik im Athenäum zunächst noch gefehlt, so sollte das jetzt anders werden. »Daß Grobheiten ins nächste Stück kommen müssen«, schrieb am 5. Oktober 1799 der Theologe Schleiermacher an Wilhelm, »darüber bin ich ganz Ihrer Meinung. Schränken Sie nur, um es möglich zu machen, den Kampfplatz nicht zu sehr ein. Seien Sie freigebig! Geben Sie Tieck den Iffland preis, Bernhardi den Herder, und Ihrem Bruder den Schiller, so stehe ich Ihnen dafür, daß Sie die göttlichsten Teufeleien bekommen.«

Plötzlich meldete sich Ludwig Ferdinand Huber, der nun auch mitreden wollte. Er ließ August Wilhelm Schlegel wissen, er werde das *Athenäum* in der *Allgemeinen Literatur Zeitung* verreißen. Da Wilhelm für einige Tage abwesend war, öffnete Caroline den Brief und bat Huber, auf sein Vorhaben zu verzichten. Zwei Tage später, nachdem sie Hubers Rezension, die am 21. November erschienen war, gelesen hatte, schrieb sie erneut. In der Form höflich, in der Sache aber gnadenlos, teilte sie Huber mit, was sie von seiner Kompetenz hielt: »In jener Zeitschrift, die sehr zufällig als Zeitschrift erschien, woran Sie sich doch so besonders hängen, ist von Philosophie, Kunst, sowohl bildender als Kunst überhaupt und dem Alterthum die Rede. Sie wissen viel besser, wie ich es Ihnen sagen könnte, daß Sie dieses alles nur sehr oberflächlich, Philosophie ganz und gar nicht, die

Kunst sehr verworren – selbst die Poesie ist Ihnen nie als freye Kunst erschienen. Einer Bekanntschaft mit dem Alterthum können Sie sich keineswegs rühmen, die Schlegels beyde in so hohem Grade haben – es ist mir noch erinnerlich, daß Sie das Griechische völlig vernachläßigt hatten, blos als Sprache genommen – und Sie schreiben oft in Ihrer eignen Sprache so, daß man zweifeln könnte, ob Sie die Härten und das Hammerwerk richtig zu beurtheilen im Stande wären. Also da dieses alles fehlte, warum vollbrachten Sie denn die Arbeit? Darüber giebt Ihr Brief Licht – wo die Kenntnisse mangelten, sollte es der Karakter thun, mit der Charakterstärke, die Sie Schlegel bitten vorwalten zu lassen, wollten Sie die Schlegels bezwingen, die Ihren Unwillen rege gemacht hatten. Dazu glaubten Sie sich berufen, statt eines schlechteren etwa, das *edle* Organ des gesammten Unwillens vom heiligen Volke von Athen zu werden. Wie heiß werden Ihnen auch Böttiger, Kotzebue, die ALZ., Nicolai etc. etc. samt allen Gegnern Fichtens und alles, was Höfen und Fürsten anhängt, dafür danken.«

Offenbar hatte dieser Hieb gesessen, denn Huber, der sich so genialisch dünkte, reagierte darauf erst am 9. Januar 1800. »Ich bin zu galant«, schrieb er an Wilhelm Schlegel, nicht etwa an Caroline, »um zu sagen, daß ein Brief von einer Frau des Zurückschickens an seinen Eigenthümer nicht werth ist.« Außerstande, Carolines Argumenten etwas entgegenzusetzen, spielte er die eingebildete Überlegenheit des dummen Mannes aus, der anders einer ihm weit überlegenen Frau nicht zu antworten versteht. Dazu dürfte ihn Therese entsprechend inspiriert haben, die noch drei Jahre später ihrer Tochter haßerfüllt schrieb, Caroline habe in diesem Brief »die Würde unseres Geschlechts« vergessen.

Das Weihnachtsfest 1799 hatte man am Löbdergraben gemeinsam mit Schelling sehr harmonisch gefeiert, aber allen war nicht verborgen geblieben, daß Caroline Schelling liebte. Sie geriet damit in einen Konflikt, der in einer schweren Erkrankung Anfang März 1800 zum Ausbruch kam.

Die Diagnose lautete »Nervenfieber«, was sowohl Ruhr wie Typhus bedeuten kann. Fast sechs Wochen lang war ihr Leben in äußerster Gefahr, und da sie nach ihrer Genesung sehr geschwächt war, schickte man sie zu einer Badekur nach Bad Bocklet in Unterfranken.

Die Harmonie unter den Schlegels war gründlich zerstört. Bis Ende 1799 hatten sich Caroline und Dorothea Veit bestens verstanden, ja sie lebten in einem fast herzlichen Einvernehmen. Doch innerhalb weniger Wochen schlug das Verhältnis um, und Dorothea reagierte in ihren Briefen auf Caroline mit einem geradezu blindwütigen Haß.

In den Beziehungen zwischen August Wilhelm und Friedrich Schlegel, Caroline und Dorothea und schließlich Schelling hatte sich allmählich eine ungeheure Spannung aufgebaut, die sich jetzt entlud. Offensichtlich war die treibende Kraft in diesem Konflikt Friedrich Schlegel. Er empfand den jüngeren – und begabteren – Schelling zunehmend als Rivalen; an der Universität bevorzugten die Studenten die Vorlesungen Schellings zu Lasten derer von Friedrich. Die Liebe Carolines zu Schelling, die Friedrich wohl schon sehr früh gespürt hatte, verstärkte das Mißverhältnis, zumal es Caroline auch noch wagte, sich gelegentlich über Friedrichs zunehmendes Phlegma (man könnte es auch schlicht als Faulheit bezeichnen) lustig zu machen. Unstreitig besaß Caroline eine sehr spitze Zunge und ein lockeres Mundwerk, andererseits aber war unter den Romantikern keiner so aggressiv und polemisch wie ihr Schwager, und der glaubte, sich in die immer deutlicher abzeichnende Ehekrise seines Bruders mit ungebetenen Ratschlägen einmischen zu dürfen. Die permanenten erotischen Eskapaden Wilhelms schien Friedrich stillschweigend zu akzeptieren. Die Brüder hätten sich zweifellos arrangieren können, wenn nicht Dorothea Veit gewesen wäre.

Dorothea fühlte sich als Jüdin und als Geschiedene gesellschaftlich stigmatisiert. Sie besaß – und das sagte sie selbst – kein Selbstbewußtsein, sondern hatte ihr ganzes

Die Romantik

Dasein auf Friedrich ausgerichtet, den sie ohne jeden Anflug von Ironie als den »Göttlichen« anhimmelte. Sie liebte ihn bedingungslos, Kritik an ihm empfand sie als Frevel. Die einzig aus Vernunft geschlossene Ehe von Wilhelm und Caroline blieb ihr ein Rätsel; »ist nicht viel von Sakrament zu merken«. Daß es eine Ehe ohne Liebe war, hätte sie, die selber so lange in einer solchen Ehe gelebt hatte, eigentlich begreifen müssen. Und auch sie hatte die Ehe gebrochen, als sie Friedrich Schlegel kennen- und liebenlernte.

Schelling hatte zunächst seine Eltern in Murrhardt besucht und war erst im Juni in Bad Bocklet eingetroffen, wo sich Caroline zur Kur befand, begleitet von Auguste. Während sich Carolines Gesundheit besserte, erkrankte plötzlich Auguste und erlag in wenigen Tagen der Ruhr. Sofort fuhr Wilhelm Schlegel (»auf die erste Nachricht habe ich geglaubt, wahnsinnig zu werden«) nach Bocklet, während in Jena Dorothea den frühen Tod des von allen so sehr geliebten Mädchens zum Anlaß nahm, ungehemmt gegen Caroline zu hetzen, die durch ihre Liebe zu Schelling indirekt den Tod ihres Kindes verschuldet habe: »Alles, was weiblich in einem ist, muß sich empören bei dieser ruchlosen Verderbtheit.« Über die vom Schmerz wie vernichtete Caroline höhnte sie: »Und nun die Ostentation der Trauer!«

Caroline hat den Tod Augustes nie mehr verwunden. »Faße Dich selbst und Deine Kinder um meinen Anblick zu ertragen, ich lebe nur noch halb und wandle wie ein Schatten auf der Erde«, schrieb sie am 18. September an Luise Gotter. Verzehrt von einem Schmerz, der sie fast um den Verstand brachte, setzte sich in ihr zunehmend der Gedanke fest, im Tod des am meisten geliebten Menschen einen Wink des Schicksals zu erkennen: Sie durfte in Schelling nicht mehr den Geliebten sehen, sondern nur noch den Sohn und den Bruder ihres Kindes. So sagte sie es ihm im Oktober in einem Brief aus Braunschweig, wohin sie sich zurückgezogen hatte, denn Jena konnte und wollte sie jetzt nicht wiedersehen. Alles erinnerte sie dort an die Tote, und sie durfte sich den unvermeidbaren Umgang mit Friedrich und Dorothea nicht zumuten. Sie wußte, nur einer konnte jetzt dem verzweifelten Schelling in Jena helfen: Goethe. »Er liebt Dich väterlich, ich liebe Dich mütterlich – was hast Du für wunderbare Eltern! Kränke uns nicht.« Auf diesen Ton waren jetzt ihre Briefe gestimmt. Daneben aber bezeugen sie eine erstaunliche Gefaßtheit und Gelassenheit, weshalb sie hinzufügte: »Das ist mein innerstes Wesen, daß ein Lächeln gränzen kann an die unsäglichste Noth.« Schelling stürzten ihre Briefe in eine schwere Depression. Nach dem Verlust Augustes verlor er nun auch die Geliebte, die es als Frevel empfand, ihm künftig als Frau anzugehören.

Sie bat Goethe, sich Schellings anzunehmen: »Wenn ich einen Wunsch besonders aussprechen darf, so ist es der, daß sie ihn um Weynachten aus seiner Einsamkeit locken und in Ihre Nähe einladen.« Goethe holte daraufhin Schelling persönlich in Jena ab; vom 26. Dezember bis zum 4. Januar 1801 war er Gast im Haus am Weimarer Frauenplan.

Der Schmerz um das verlorene Kind, die Gewißheit, Schelling nur noch als Sohn sehen zu dürfen, führte vorübergehend zu einer Annäherung an Wilhelm Schlegel, dem sie von der Lektüre eines Reise-Buchs von Friedrich Graf Stolberg schrieb: »Ich werde mir nichts draus merken als ›die Herzen der Guten sind heilbar, sagt Homer‹. Im Homer habe ich das niemals gefunden, blos in meinem eigenen Herzen. Wenn Du mir es mit den griechischen Worten nachweisen kannst, so schenk ich Dir etwas hübsches dafür.«

Und sie ermunterte ihn, stärker als bisher die eigene Dichtung zu fördern und die Arbeit als Kritiker zurückzustellen, denn: »O mein Freund, wiederhole es Dir unaufhörlich, wie kurz das Leben ist, und daß nichts so wahrhaftig existirt als ein Kunstwerk – Kritik geht unter, leibliche Geschlechter verlöschen, Systeme wechseln, aber wenn die Welt einmal aufbrennt wie ein Papierschnitzel, so werden die Kunstwerke die lezten lebendigen Funken seyn, die in das Haus Gottes gehen – dann erst komt Finsterniß.«

Aber sie übersah, daß sie diese schönen Sätze an einen Mann richtete, dessen Begabung für die Erschaffung eines Kunstwerks nicht reichte. Für das Überragende in Schellings Werk war ihr Blick geschärfter, aber wie die Nähe von Schlegel sie unkritisch machte gegenüber seinen bläßlichen Poesien, von denen nicht eine überdauern sollte, wurde ihr bei Schelling der Blick für das verstellt, was er für sie empfand. Er bekam von ihr Briefe, in denen sie ihn beständig ihrer tiefen und unwandelbaren Liebe versicherte, sich ihm aber als Frau verweigerte und ihm riet: »Wenn Du augenblickliche Erquickung bedarfst, so geh zum Goethe – er weiß, daß Du sie brauchst.«

Wilhelm war inzwischen nach Berlin gezogen, Caroline – seit April 1801 wieder in Jena – führte den Haushalt allein weiter, was sich häufende Auseinandersetzungen zur Folge hatte, denn die getrennten Haushalte kosteten viel Geld, und Caroline war nicht länger bereit, das aus ihren Mitteln zu bestreiten. Friedrich und Dorothea waren nach Paris gegangen, »wo er sich republikanisch zu vermählen gedenkt«, wie Caroline am 15. Juni 1802 ironisch an Julie Gotter, Tochter Luises, schrieb. »Das Ersäufen in der Loire hieß unter Robespierre *noces républicaines*, und der Hälfte dieses Paares möchte ich gern solche Hochzeit gönnen.«

Im September 1802 einigten sich Wilhelm und Caroline auf die endgültige Trennung. Die Auflösung einer Ehe war damals im Herzogtum Sachsen-Weimar außerordentlich schwierig, zumal nicht der Staat, sondern ein evangelisches Konsistorium (»Herzogliches Oberkonsistorium«) darüber zu befinden hatte. Daß sie dann doch am 17. Mai 1803 »auf ein entschiedenes Rescript Serenissimi« ausgesprochen wurde, bedeutete: Herzog Carl August selbst hatte sie befürwortet, was auf Empfehlung Goethes geschehen war. Goethe hatte das von Carolines Hand geschriebene Gesuch sogar persönlich redigiert. Julie Gotter schrieb sie im Februar 1803 im Rückblick auf ihre Ehe mit Wilhelm Schlegel: »Kinder hätten unstreitig unsre Verbindung, die wir unter uns nie anders als wie ganz frei betrachteten, unauflöslich gemacht. Das sind die Seiten meines Geschicks, wo das Verhängniß eintritt und von keiner Verschuldung die Rede seyn kann. Dagegen hätte ich behutsamer seyn sollen die Heyrath mit ihm nicht einzugehn, zu der mich damals mehr das Drängen meiner Mutter als eigner Wille bestimmte. Schlegel hätte immer nur mein Freund seyn sollen, wie er es sein Leben hindurch so redlich, oft so sehr edel gewesen ist. Es ist zu entschuldigen, daß ich nicht standhafter in dieser Überzeugung war, und die Ängstlichkeit andrer, dann auch der Wunsch mir und meinem Kinde in meiner damaligen zerrütteten Lage einen Beschützer zu geben, mich überredeten, allein dafür muß ich nun doch büßen.«

Am 26. Juni 1803 wurden Caroline und Schelling in Murrhardt von Schellings Vater getraut.

5. Therese Huber

NACH DEM TOD FORSTERS AM 10. JANUAR 1794 in Paris war der Weg frei für Thereses Ehe mit Huber, die am 10. April 1794 in Neuchâtel geschlossen wurde. Huber hatte seinen Dienst als sächsischer Legationssekretär im Juli 1793 quittiert, um bei Therese sein zu können, und versuchte nun sein Glück als selbständiger Schriftsteller, während Therese als Übersetzerin arbeitete. Doch von den Einkünften zu leben, die die beiden erwirtschafteten, und damit schließlich auch noch Kinder großzuziehen war kaum möglich. Beide hatten bei ihrer überstürzten Abreise aus Mainz ihre ganze Habe verloren und lebten bettelarm. Einmal spendierten beider Väter ihren Kindern großzügig jeweils 50 Taler, aber damit konnte man es nicht weit bringen.

Neuchâtel war kein ganz schlechtes Pflaster, zumal sich die Hubers gut eingelebt hatten und mit der Gesellschaft bekannt geworden waren. Neuchâtel lag zwar in der Schweiz, gehörte aber damals als Folge einer Erbschaft politisch zu Preußen, und in Berlin galten die Hubers wegen ihrer Mainzer Vergangenheit als verkappte Revolutionäre, schließlich standen sie dem verhaßten Forster sehr nahe. Im Juni 1794 erhielten sie die Ausweisung. Obwohl namhafte Persönlichkeiten und auch ein preußischer General sich für sie verwendeten, blieb die Behörde unbeugsam. Hubers zogen in das nahe gelegene Dorf Bôle, denn das gehörte zur Schweiz, wo sie unbehelligt blieben. Hier kamen ihre ersten Kinder zur Welt: im Februar 1795 Luise, im September 1796 Sophie Albertine (die nach elf Monaten starb), im Oktober 1797 Emanuel Honoré Michel; auch er starb nach wenigen Monaten.

Da Thereses Übersetzungen nicht so recht florierten, ging sie nun selbst unter die Autoren. Ihre erste literarische Arbeit, die Erzählung *Abentheuer auf einer Reise nach Neu-Holland*, druckte 1794 der Tübinger Verleger Johann Friedrich Cotta in dem von ihm herausgegebenen Journal *Flora. Teutschlands Töchtern geweiht*, das den Untertitel führte: *Eine Monatsschrift von Freunden und Freundinnen des schönen Geschlechts*. Die Arbeit daran hatte sie im Herbst 1793 aufgenommen und Forster darüber berichtet, der sie daraufhin ermutigte: »Bei Deiner Phantasie kann ich viel Anziehendes erwarten, und nachbeten wirst Du niemand.« Wie Therese 1804 an Meyer schrieb, hatte sie in der Hauptfigur Forster porträtiert, »so wie er mir durch seine Briefe seit unserer Trennung erschienen«.

Wichtiger aber wurde ihr zweites Werk, der Roman *Die Familie Seldorf*, den Cotta 1795/96 in zwei Bänden herausbrachte, unter Hubers Namen, wie schon ihr Debüt. Sechzehn Jahre später schrieb sie an Karl August Böttiger: »Da gibt's eine meiner dicksten Sünden, die im Jahre 1796 heraus kam, die ›Familie Seldorf‹ genannt, die tituliere ich gar nicht anders als ›Mittel gegen den Stockschnupfen‹, wegen der unsäglichen Thränen, die sie kostet. Viele von den Weiberchen lasen sie zum vierten-, fünftenmal und nahmen die Partie, gleich beim ersten Bogen zu weinen.« Das ist nicht schlecht charakterisiert.

Der Roman spielt zur Zeit der Französischen Revolution, deren Ideen tief die Angehörigen und Freunde einer in Frankreich lebenden deutschen Familie berühren. Allerdings ist das Ganze ein Trivialroman mit allen Requisiten des Genres jener Zeit: schlechte Charakterzeichnungen, unglaubwürdige Zufälle des Wiederbegegnens und Wiedererkennens, allerhand uneheliche Schwangerschaften, heimliche Geburten, Friedhöfe und unterirdische Schauergewölbe, kurz: eine ziemliche Räuberpistole, mit viel Rührseligkeit gewürzt. Dennoch nicht ungeschickt geschrieben, in dem Bemühen, Szenen aus dem revolutionären Geschehen realistisch und manchmal auch kraß darzustellen. Zwar bezieht die Autorin nicht die Position der Revolution, zeigt aber bemerkenswert viel Verständnis für den längst fälligen sozialen Umbruch.

Huber gab im November 1795 seinem Schwiegervater Heyne einen ausführlichen Bericht von ihrer gemeinsamen Häuslichkeit, worin er versicherte: »Therese liest nie eine einzige Zeitung, weder Moniteur noch sonst etwas; sie hat durch ihre mit häuslichen Beschäftigungen ganz angefüllte Existenz sogar eine Art von lustigem Abscheu dagegen, der mit ihrem lebhaften Interesse für alles Schöne, Große, Glänzende, was in den Neuigkeiten des Tages vorkommen mag, kontrastiert und doch sich vollkommen vereinigt; lese ich ihr etwas Kühnes, Mutiges, Braves vor, das in dieser oder jener Sitzung vorfällt. So jauchzt sie, sieht es einmal gar schlimm und verzweifelt um die öffentliche Sache aus, so lacht sie über meine Klugheit; allemal hat sie an meinem Vorlesen nur dann ein rechtes Fest, wenn es keine Zeitungen sind, sondern wir einmal eine hübsche Komödie oder etwas aus der älteren Geschichte zu lesen haben. Sie selbst liest gar nicht, auch kein Buch, weil sie im strengsten Sinne keine Zeit dazu hat, und oft wird es ihr nicht so gut, daß ich ihr abends nach acht Uhr beim Stricken vorlesen kann, zumal weil ich sehr oft um diese Zeit die Zeitungen zu lesen habe, die sie sehr selten genug interessieren.«

Der Wirklichkeit dürfte diese Schilderung nur bedingt entsprochen haben. Dem Schwiegervater mußte dargestellt werden, wie völlig desinteressiert an allem Politischen seine Tochter war, und der Eindruck »unweiblicher Gelehrsamkeit« mußte vermieden werden, weil diese Heyne verhaßt war. Er hatte Forster sehr geliebt und trauerte ihm nach, der neue Schwiegersohn, mit Mißtrauen betrachtet, mußte sein Herz erst noch gewinnen.

In Tübingen hatte der Verleger Johann Friedrich Cotta am 1. Januar 1798 eine Zeitung unter dem Titel *Neueste Weltenkunde* gegründet. Das Blatt erschien siebenmal wöchentlich und wurde im wesentlichen von Ernst Ludwig Posselt geschrieben, dessen Mitredakteur Huber im Februar wurde. Nachdem die politische Berichterstattung des Journals Kaiser Franz II. mißfallen hatte, erhielt Herzog Friedrich von Württemberg den Befehl, das Blatt zu verbieten. Unterderhand aber handelten Cotta und der Herzog einen Kompromiß aus. Posselt wurde entlassen, durfte aber Mitarbeiter bleiben, und Huber übernahm die Leitung der Zeitung, die nun unter dem Namen *Allgemeine Zeitung* in Stuttgart erschien. Therese war mit den Kindern im Mai nach Tübingen gezogen, dann im September nach Stuttgart. Cotta zahlte 400 Gulden Umzugskosten, und Huber bekam anfänglich ein Gehalt von 1526 Gulden jährlich, das 1799 auf 2000 Gulden erhöht wurde.

In Stuttgart kamen im Oktober 1798 die Tochter Emanuele Honorine Adele und im März 1800 der Sohn Viktor Aimé zur Welt. Hubers fanden bald Zugang zur Gesellschaft der württembergischen Residenzstadt, zu Cotta, den Dichtern Johann Friedrich von Matthison und Johann Friedrich Haug, vor allem aber zur Familie des Staatsrats August von Hartmann, dessen Frau Mariette eine enge Freundin Thereses wurde. »Glaube mir liebe Mariette, ich weiß daß Ihr viel *überwinden* mußtet, um mir gut zu sein. Mein vergangenes Schicksal, meine Lage, oder unsre Lage vielmehr – o vieles«, denn ihr Mainzer Leumund blieb unvergessen.

Mit Meta Liebeskind nahm Therese 1801 wieder die Beziehung auf und besuchte sie in Ansbach, wo die Liebeskinds seit Ende Oktober 1797 wohnten. Hier kam Metas Sohn Johann *Friedrich* August Ernst am 14. Januar 1798 zur Welt, während am 25. Juni des Jahres die vierjährige Antonia Lucilla Friederike – wie so viele Kinder in jener Zeit – an den Blattern starb. Einen weiteren Sohn, Carl Friedrich Ernst Ferdinand Wilhelm gebar Meta am 27. April 1800. Mit den Staegemanns, ihren Königsberger Freunden, blieb sie weiter in Verbindung. Friedrich August Staegemann war der Pate Friedrichs geworden, und mit Elisabeth tauschte sie Briefe. Der gesellschaftliche Umgang in der kleinen Stadt scheint nicht viele geistige Anregungen gebracht zu haben, denn Meta schrieb ihrer Freundin: »Dann sind noch einige Frauen, mit denen ich nicht viel zu machen weiß. Eine davon kocht beständig, weiß Mittel gegen alle Krankheiten, und würde ihre Seele für ihren Nächsten geben, nur kein Küchenrezept. Eine andere spricht nur von ihrer Garderobe, eine Dritte nur von dem, was sie gelesen und was es für einen Effect auf sie gemacht. Sie kann gewisse Worte, als: Anbetung, Begeisterung, Himmel, Jammer, Großherzigkeit, Schmerz durchaus nicht hören ohne Thränen zu vergießen, sollten sie auch blos nach alphabetischer Ordnung geschrieben werden.«

Vielleicht verschaffte ihr die fortgesetzte Übersetzertätigkeit eine gewisse Abwechslung, auf alle Fälle aber erwünschte Nebeneinkünfte. Zwischen 1797 und 1799 übertrug sie *Die Italienerinn oder der Beichtstuhl des schwarzen Büßenden* von Ann Radcliffe (3 Bände) und *Mathilde und Elisabeth* von Jane Elizabeth Purbeck.

Auf der Rückreise aus Sachsen, wohin Therese ihren Schwiegervater begleitet hatte, machte sie in Ansbach bei den Liebeskinds Station: Huber und ihre Tochter Louise waren schon zwei Tage vorher eingetroffen. Über diesen Aufenthalt schrieb sie im Juli an ihre knapp fünfzehnjährige Tochter Therese, sie habe sich in Ansbach von einer Gesellschaft in die nächste begeben. »Abgesehen davon, daß ich mir fest vorgenommen hatte, mal bei dieser Gelegenheit von dieser infernalischen Pfahlbürgercompagnie aus Stuttgart zu entschlacken, hatten wir politische Gründe, nun dort Bekanntschaften zu machen: Papa hat sich dem Minister Herrn von Hardenberg vorstellen lassen, und wir wurden von aller Welt mit der größten Zuvorkommenheit empfangen. Die Gesellschaft dort ist sehr angenehm, sehr einfach, und aus einer ziemlich großen Zahl von sehr kultivierten und ganz interessanten Leuten zusammengesetzt.«

Meta Liebeskind lebe aufwendiger, als es ihre Mittel erlaubten, sie habe sie beobachtet: »Sicher erwarte ich nicht von ihr, daß sie näht, strickt und schneidert, sie ist nicht mehr in dem Alter, in dem man diese Gewohnheiten annimmt und in dem man diese Art von Geschicklichkeit erwirbt, aber sie könnte doch durch ihre Fähigkeiten das Einkommen ihres Mannes aufbessern, um auf diese Weise ihr Haus besser zu unterhalten und Bediente zu bezahlen, die statt ihrer nähen würden. Erinnerst Du Dich an das Unbehagen, das Du so oft gespürt hast, nur Blechlöffel unsren Gästen anbieten zu können? Aber neben diesen rostigen Löffeln verbesserten sich unsere Wäsche, Betten, unser Küchengeschirr von Tag zu Tag, und unsere Einquartierung wurde recht bequem. Mad. L. hat zwei nett möblierte Zimmer, Löffel, Salzstreuer, selbst Zuckerdosen aus Silber – aber keinen neuen Bettbezug, kein Paar Strümpfe in gutem Zustand, kein Bett anzubieten.«

Gab es keine anderen Gesprächsthemen? Das Herabsetzen anderer Frauen nach den Maßstäben kleinbürgerlicher Moral war Therese von Zeit zu Zeit ein Herzensbedürfnis. Doch anders als mit der längst zur Todfeindin erklärten Caroline, blieb sie mit Meta Liebeskind in den folgenden Jahren in Verbindung; man traf sich, man wechselte Briefe. »Therese ehrte ihren Kopf, sah aber nicht viel Weibliches an ihr, wie sie sich einmal ausdrückte, rechnete ihr aber die freundschaftliche Würdigung Forsters und Hubers hoch an«, kommentierte Thereses Biograph Ludwig Geiger 1901.

Wie bei Hubers, so folgte auch bei Liebeskinds eine Geburt der nächsten. Am 6. Mai 1802 wurde Georg Karl *Heinrich* Ludwig geboren, und als sei des eigenen Kindersegens noch nicht genug, nahm das Ehepaar Liebeskind noch die siebenjährige Halbwaise Rosalie von Knebel in seine Familie auf. Sie war die Großnichte von Karl Ludwig von Knebel, Goethes »Urfreund«, und Johann Heinrich Liebeskind übernahm für Rosalie die Vormundschaft. Das Mädchen blieb bis zu seinem 14. Lebensjahr bei den Pflegeeltern und wechselte dann in eine Hanauer Pensionsanstalt.

Hubers mußten wieder einmal umziehen. Denn im Oktober 1803 verbot der inzwischen zum Kurfürsten aufgestiegene Friedrich von Württemberg die *Allgemeine Zeitung*. Anläßlich der Stiftung des Ordens der Ehrenlegion durch Napoleon hatte sich das Blatt abfällig über den Rang der Orden diesseits des Rheins geäußert. Daraufhin bot das etwas weitherzigere Kurfürstentum Bayern Cotta an, die inzwischen sehr angesehene *Allgemeine Zeitung* in Ulm, das damals zu Bayern gehörte, herauszubringen, was dann mit dem 17. November 1803 auch geschah.

Doch vorher war es in Stuttgart noch zu einer unerwarteten Begegnung gekommen, die alle Beteiligten peinlich berührte. Caroline und Schelling hatten beschlossen, von Murrhardt aus nach Stuttgart zu fahren, um dort im Theater Schillers *Maria Stuart* zu sehen, zumal Friederike Unzelmann, die berühmte Schauspielerin und Geliebte Wilhelm Schlegels, die Maria gab. Plötzlich bemerkte Caroline: Vor ihr saß Huber. Doch beide taten so, als kennten sie sich nicht. Am nächsten Morgen aber bestand »die Unzeline« (wie Friederike Unzelmann von den Schlegels genannt wurde) auf einer Begegnung und behauptete: »Therese rede mit großer Wärme von mir«, wie Caroline ihrer Schwester Luise schrieb. Es kam nur zu einem kurzen Treffen, »nicht ohne die innigste Bewegung von beiden Seiten«, aber man verabredete sich, einander häufiger zu sehen, zumal Caroline zur Kur nach Bad Cannstatt (»nur eine kleine Stunde von Studtgard«) wollte. Ein leeres Versprechen, denn Thereses Urteil lautete nach diesem – letzten – Wiedersehen, Caroline sei eine Sektiererin, ohne alles Gewissen und überschüttete sie in den Briefen an ihre Tochter Therese mit Verleumdungen.

Huber hatte Glück: Im März 1804 bekam er die Ernennung zum Landesdirektionsrat der Provinz Schwaben in der Schulabteilung, womit er zuständig war für die Aufsicht über die Bibliotheken und die Mitberatung über die Schulen, ein Amt, das ihm – neben seinem Redakteursgehalt – 1000 Gulden einbrachte und die Erlaubnis, seine Redaktionstätigkeit weiter auszuüben. Im April zog Therese mit den Kindern nach Ulm, wo sie am 29. April die Tochter Clémence Lavinia gebar, die aber schon im Juni diese Welt wieder verließ und der am 4. August die fünfjährige Adele folgte. Verzweifelt schrieb Therese ihrer Freundin Mariette von Hartmann: »Ach überhaupt, liebe Mariette ich bin eine arme Maschine! ohne Wein, starken Thee, China [Chinin], hin und her Opium kann ich so Matt sein daß ich einschlafe, und in diesen Epochen werden meine beine, mein Rükken ganz steif, wie eingeschlafen, und so schmerzlich, daß ich beim husten, Nießen, Schneuzen denke: das Rückgrad breche mir. Wenn mich doch Gott vor Schwanger sein bewahrt! Huber wünscht noch mehr Kinder – wie kann er das thun! – mir die Mühseeligkeit, und meinem Gemüt das an kein leben mehr glaubt, die Angst. – O meine Adele, meine Clemence! so oft ich an sie denke seh ich ihre blauen lippen, fühle die kalten harten, erstarrten Wangen – Nein, nein ich kann kein leben mehr geben!«

Aber noch ein Leben wurde ihr genommen. Am 23. September war Huber zu einer Reise aufgebrochen. Es ging um das Erbe seines inzwischen verstorbenen Vaters und den Verkauf von dessen Kupferstichsammlung, er wollte in Göttingen endlich seinen Schwiegervater und dessen Frau kennenlernen, Forsters Eltern in Halle aufsuchen und Mitarbeiter für das neue Periodicum *Vierteljährliche Unterhaltungsblätter* werben. Berlin und Leipzig gehörten ebenfalls zu den Reisestationen. Am 3. November kam er zurück nach Ulm, ein todkranker Mann. Am 27. November trat die Tuberkulose in ihr finales Stadium, und am 24. Dezember starb er in den ersten Morgenstunden. »Man öffnete ihn. – Seine Leber war dreimal so groß und brandig, seine rechte Lunge völlig zerstört, eine zerreibbare Haut. Er trug den Tod lange mit sich herum«, schrieb Therese den Hartmanns.

Von den neun Kindern, die Therese geboren hatte, lebten noch vier: Therese (18), Claire (15), Louise (9) und Viktor

Aimé (5). Die Witwe war nach dem Tod Hubers nicht mittellos. Vom Vater und zwei Schwägern bekam sie als erste Unterstützung 150 Gulden, aus dem Erbe von Georg Forsters Mutter erhielten die beiden Töchter aus erster Ehe 170 Taler und für den Verkauf der Bücher ihres Vaters weitere 2000. Die bayerische Regierung zahlte eine Witwenpension von jährlich 300 Gulden und je 50 Gulden jährliches Erziehungsgeld für die beiden jüngsten Kinder. Das Erbe von Hubers Vater belief sich auf 8000 Gulden. Als Witwe des Universitätsbibliothekars hatte sie einen Anspruch auf Pension, die sie jedoch nicht bekam. Die ihr gleichfalls zustehende einmalige Abfindung von 1000 Gulden aus der Witwenkasse wurde ihr ebenfalls nicht überwiesen. Erst 1809 gewährte man ihr davon 300 Gulden.

Bewegt von der Todesnachricht schrieb Caroline an Meta Liebeskind: »Ist es denn wirklich wahr? Hat denn der allwaltende Gott auch dieses wirklich noch verhängt? Ich weiß nicht, ich habe kein Bekümmerniß und kein Mitleid hiefür, das von dem zeitlichen Jammer herrührte, allen dem kann und wird abgeholfen werden, es schmerzt mich nur, daß er so früh, und gewiß ungern, scheiden mußte, und da er eben in der Welt das wenige erlangt hatte, und daß ihm so bald nach seiner Adele das Herz gebrochen ist. Damals habe ich auch schon alle Thränen um ihn geweint. Sie ist so tief zu beklagen, daß alle Hülfe, die man für sie voraussehn kann, nichts an der Begebenheit ändert; ja, daß alles, wodurch sie sichs erleichtern wird, einem die Empfindung hierüber nicht erleichtert. Möge sie nur den Aimé behalten.«

Am 1. Februar erzählte Caroline Meta von einem Traum: »Ich ging auf einer Gasse an einem Fenster vorbei, wo Huber stand; ich sah ihn nur halb, der Hut, der mir tief in den Augen saß, hinderte mich das Gesicht zu sehen, aber ich erkannte die Gestalt, den Schnitt der Kleider und eine Weste, die er zu tragen pflegte. Indem ich mich bemühte ihn zu sehn, verwandelt sich das Fenster in diejenige Glasthür, welche aus meinem blauen Zimmer in das kleinere führt. Er stand dahinter und kam herein. Unser Eßtisch steht da jetzt, da ich im Winter das kleinere Zimmer bewohne; es war für 3 oder 4 wie gewöhnlich gedeckt, er sezte sich aus der Thür herein mir gegenüber, wir erwarteten, daß Schelling herunter käme, und sprachen indeß ruhig mit einander, aber er und ich wohl wissend, daß er todt wäre. Von Freundschaft war nicht die Rede. Ich frug ihn, warum er uns so betrübt hätte, und ich würde gern mit ihm getauscht haben, denn, Huber, sagte ich, ich habe doch noch mehr im Himmel zu suchen wie Sie. Mir lag Auguste im Sinn, wie sie mir immer gegenwärtig ist. Er sagte – ist das Ihr Ernst, so geben Sie mir Ihre Hand – ich gab sie ihm über den Tisch, die seinige war ganz warm, das fiel mir auf, da er doch nicht lebte, und hierüber wachte ich auf, aber ich hatte ihn so wahr, so natürlich gesehn, es war in mir alles genau so, wie es gewesen seyn würde, daß ich es nicht vergessen konnte, und ihn immer vor Augen hatte. Die Worte: ich habe mehr im Himmel zu suchen, kamen mir recht aus der tiefsten Seele. Seitdem ist er mir wieder gänzlich befreundet. Feindlich habe ich ihn mir nun nie denken können. Was er feindliches übte, war aus Meinung und Ansicht außer uns liegender Dinge. Das Beste in seiner Natur war gewiß dazu bestimmt sowohl Schelling als mir freundlich verbunden zu seyn.«

Über Therese kein böses Wort, anders als Schiller, der am 25. April 1805 seinem Freund Körner schrieb: »Von Hubers Witwe mußt Du Dich losmachen, sobald Du kannst. Mit diesen schlechten Naturen beschmutzt man sich nur und ist nichts als Verdruß zu gewinnen. – Welche Impertinenz hatte das Weib, sich nur an Dich zu wenden, sie kann noch mehr thun, wenn Du sie nicht abschreckst.«

6 Der Krieg kommt nach Lübeck

FRANZ II., DEUTSCHER KAISER, ERHOB 1803 Matthäus Rodde in den Stand eines Reichsfreiherrn. Somit durfte sich Dorothea als Reichsfreifrau bezeichnen und ihrem Namen ein »von« voranstellen. Ihr Vater erhielt das Adelsprädikat für sich und seine Nachkommen ein Jahr später von Zar Alexander I. für seine Arbeiten zur russischen Geschichte. Es gibt mithin eine Dorothea von Rodde, aber keine Dorothea von Schlözer.

Der Eutiner Kreis hatte sich aufgelöst. Stolberg war 1800 nach Münster gezogen, Voß 1802 nach Jena, und 1805 ging Jacobi nach München, wohin man ihn zum Präsidenten der soeben gegründeten Akademie der Wissenschaften berufen hatte. Auch in Hamburg sah es inzwischen anders aus. Georg Heinrich Sieveking war gestorben, und auch Klopstock hatte, wie man damals gern formulierte, 1803 das Zeitliche mit dem Ewigen verwechselt und das aufwendigste Begräbnis erhalten, das je einem deutschen Dichter zuteil geworden ist: Mehr als zehntausend Menschen, darunter der gesamte Senat und das diplomatische Korps, waren seinem Sarg gefolgt, von allen Kirchtürmen Hamburgs hatten die Glocken geläutet und die Schiffe im Hafen halbmast geflaggt.

Aber nun wehte ein rauher politischer Wind durchs Land. Das Kurfürstentum Hannover war 1803 von französischen Truppen besetzt worden, die nun unmittelbar vor den Toren der drei Hansestädte standen, die ihrerseits nicht müde wurden, ihre Neutralität und Loyalität gegenüber Napoleon zu beteuern. Es sollte ihnen wenig nützen.

Preußen erklärte in einem Anfall von Größenwahn Frankreich im Oktober 1806 den Krieg. Napoleons kampferprobte

Divisionen zerschmetterten am 14. Oktober in den gleichzeitig stattfindenden Schlachten von Jena und Auerstedt die völlig veraltete preußische Armee. Im allgemeinen Desaster der kopflos fliehenden Preußen gelang es General Blücher, sich mit etwa 25 000 Soldaten zu lösen, in der Absicht, in Wismar schwedische Schiffe zu erreichen. Als die ihn verfolgenden Armeekorps der Marschälle Bernadotte und Soult jedoch Blüchers Korps nach Westen abdrängten, versuchte Blücher zunächst Lübeck und dann die dänische Grenze zu erreichen in der Illusion, Dänemark würde ihn mit offenen Armen empfangen.

Blücher hatte nicht die geringste Chance, seinen ihm weit überlegenen Gegnern zu entkommen, und hätte ehrenvoll kapitulieren können. Aber er, der seine freie Zeit am liebsten am Spieltisch verbrachte, spielte Vabanque. Er zwang das neutrale Lübeck gegen jedes Völkerrecht, seinen Truppen die Tore zu öffnen, und provozierte die Franzosen zu Straßenkämpfen, die innerhalb weniger Stunden in ein furchtbares Gemetzel ausarteten, das mit der Flucht der Preußen endete. Nun war Lübeck schutzlos der Rache der Sieger preisgegeben, die barbarisch hausten.

Dies war die Stunde von Charles Villers. Er stellte sich im blauen Militärmantel mit seinem alten Offizierssäbel, am Hut die französische Kokarde, vor das Haus Roddes und hielt Wache: »Ich hatte das Glück, jeden, der zu rauben kam, von der von mir zu verteidigen beschlossenen Schwelle abzuhalten. Ich suchte, um mit ihnen fertig zu werden, meine alte rauhe Soldatensprache wieder hervor, redete einen der vor unserer Türe sich zeigenden Haufen nach dem andern seiner Sitt' und Weise nach an, sagte zu dem einen: ich stände hier als Sicherheitswache, zu einem andern, ich wäre von einem General, der erwartet würde, hergeschickt, ihm das Quartier zu bereiten. [...] Alles dies war sehr leicht für einen Franzosen, den einiger Eifer für seine Freunde beseelte, der den für den Augenblick gehörigen Ton zu nehmen verstand und seine Besonnenheit beizubehalten wußte. Ich danke der höheren Hand der Vorsehung, daß sie mich bei der Gelegenheit geschützt und meine Maßregeln hat gelingen lassen. Mir übrigens kostete es weiter kein Unangenehmes, als daß ich mich ein wenig mit ein paar von den Widerspenstigsten, die durchaus eindringen wollten, herumzausen mußte, einen Kolbenstoß in die Hüfte erhielt und endlich meinen Mantel einbüßte, der in diesem Handgemenge von meinen Schultern geglitten war und mir entwandt wurde.«

Die rasende Soldateska zum Einhalten zu bringen gelang nicht; verzweifelt versuchten die Offiziere, die Disziplin wiederherzustellen. Schon am frühen Nachmittag des 6. November, als in den Straßen noch geschossen wurde, hatte die Plünderung begonnen, und sie nahm bei Einbruch der Dunkelheit chaotische Züge an. Seit dem 15. Oktober hatten die Verfolger in Gewaltmärschen ihre Kräfte erschöpft, jetzt wollten sie die Belohnung für die Strapazen. Verlockt von der Aussicht auf reiche Beute und zunehmend alkoholisiert plünderten sie Haus für Haus, und wer nicht sofort seine Preziosen hergab, wurde totgeschlagen, erstochen, erschossen. Und es kam zu entsetzlichen Massenvergewaltigungen. Charles Villers, der nicht zu Übertreibungen neigte, spricht von über hundert getöteten Lübeckern; den materiellen Schaden beziffert er auf 12 Millionen Francs.

Für Roddes und Villers erwies es sich als unschätzbarer Vorteil, daß einer der beiden Marschälle ein alter Bekannter aus Paris war: Jean-Baptiste Bernadotte. Rodde eilte in den Senat und bot sein Haus zum Quartier des Siegers an, der abends um neun Uhr erschien, gemeinsam mit den Freunden speiste und Villers zu seinem Sekretär ernannte.

Und die Preußen? Die völlig sinnlose Verteidigung Lübecks kostete sie über tausend Tote und sechstausend Gefangene. Blücher, der dafür die alleinige Verantwortung trug, mußte schon einen Tag später mit den ihm verbliebenen 14 000 Soldaten die Waffen strecken. Er ist für den Bruch des Völkerrechts und die von ihm zu verantwortenden Opfer nie zur Rechenschaft gezogen worden.

Die Einnahme Lübecks und die dabei verübten Greueltaten der Eroberer waren auch in Paris bekanntgeworden und veranlaßten Gräfin Fanny de Beauharnais, sich bei ihren Lübecker Freunden nach ihrem Ergehen zu erkundigen. Die Antwort kam von Villers, der in einem ausführlichen Schreiben über die Ereignisse mit erschütternden Details die Freundin informierte. Dieser Brief wurde im Februar 1807 im gesellschaftlichen Zirkel der Gräfin vorgelesen, und man beschloß, ihn auch dem Kaiser und seiner Familie zugänglich zu machen. Der dann gedruckte offene Brief – *Lettre à Madame la Comtesse Fanny de Beauharnais, contenant un récit des événements qui sont passés à Lubeck dans la journée de Jeudi 6. Novembre 1806, et les suivantes* – lag am 5. März 1807 im Buchhandel vor, wurde wiederholt nachgedruckt und auch ins Deutsche und Holländische übersetzt.

Die französischen Behörden in Hamburg, Lübeck, Amsterdam und Paris verboten die Broschüre und ließen sie beschlagnahmen. Napoleon selbst drohte dem »deutschen Ideologen« mit Verhaftung, wozu es beinahe gekommen wäre, denn Marschall Davout, der mit seinem Armeekorps gar nicht an den Greueltaten beteiligt gewesen war, hätte den verhaßten Villers nur zu gern in einem Kerker verschwinden lassen, wäre er seiner habhaft geworden. In seinen Augen hatte der Landsmann die Ehre der ganzen französischen Armee unverzeihlich beschmutzt.

Die Lübecker schickten am 12. November eine Delegation zu Napoleon nach Berlin, an der Rodde teilnehmen sollte, da er durch seinen Aufenthalt in Paris dem Kaiser persönlich bekannt war. Um ihm den Delegiertenstatus zu versüßen, ernannte ihn der Lübecker Senat einen Tag vor der Abreise und »außer der Ordnung« zum fünften Bürgermeister, den es offiziell gar nicht gab. Am Vormittag des 18. November um 11 Uhr trat die Delegation vor den Kaiser, der sie kühl behandelte und nichts versprach. Seine Wirtschaftspolitik richte sich ausschließlich gegen die Engländer, und wenn Lübeck dadurch ruiniert werden sollte, so sollten das doch bitte »die Engländer wiedergutmachen«. Mehr noch: Am 28. November trat General Buget vor die Lübecker Ratsversammlung und erklärte, die Truppen des Marschalls Mortier nähmen Lübeck im Namen des Kaisers in Besitz, der Senat sollte aber bestehen bleiben. Ebenso erging es Hamburg und Bremen.

Für Rodde änderte sich nichts Wesentliches. Er hatte dank hoher Protektion seinen Besitz wohlbehalten durch die stürmische Zeit gebracht und führte ein großes Haus wie eh und je. Johann Georg Rist, dänischer Geschäftsträger bei der Stadt Hamburg, besuchte Anfang August 1809 Lübeck und war bei Roddes zu Gast. Er erinnerte sich später (wobei er Matthäus Rodde mit keinem Wort erwähnte): »Unter den wenigen großen Häusern, die durch Aufwand und rauschende Geselligkeit dem gesunkenen Ort für den Fremden noch den Schein der Wohlhabenheit erhielten, war das des Bürgermeisters Rodde, mehr jedoch durch das Talent, die Liebenswürdigkeit und die Gelehrsamkeit seiner Gattin, der früher in Göttingen zum Doktor kreierten Tochter Schlözers, als durch den damals für unermeßlich geachteten Reichtum des Mannes, bekannt und geachtet. In diesem Hause, an das ihn sein Verhängnis unablöslich gekettet, dem er nicht nur eine glänzende Laufbahn, die ihm früher überall offen stand, dem er auch seine Selbständigkeit, einen großen Teil seiner Kraft, seiner Zufriedenheit, seines Rufs geopfert hatte, lernte ich den edeln, liebenswürdigen, geistreichen Villers kennen und lieben. Seine Blüte neigt sich schon, doch stand er noch in männlicher Schönheit und Kraft, deren Früchte aber niemand, auch Deutschland nicht, für das er zu leben gewünscht, ganz genossen hat, welche nur die ihn gekannt, ganz vermissen können. Treu und ritterlich gesinnt, unerschrocken, doch milde und weich, unnachahmlich als geselliger Freund, ernst als Forscher, aber gehemmt in jedem Aufschwung freier Thätigkeit durch ein beklagenswertes Verhältnis, ist er den Seinigen um so unvergeßlicher und teurer, da sie nie ohne einen Seufzer an ihn denken können, und ohne tiefen Unwillen an die rohen Hände, die dieses edle Herz, das so warm wie einst für die deutsche Freiheit schlug, fünf Jahre später gebrochen haben. – – Die Bürgermeisterin Rodde gehörte nicht weniger zu den seltenen Erscheinungen in ihrem Geschlecht; mehr aber noch durch ihre trefflichen Eigenschaften, als durch ihre Gelehrsamkeit, an die sie nur selten sich zu erinnern schien. Ein edler, männlicher Charakter, sowohl in dem schönen Profil, als in den Bewegungen und der Art zu reden und zu sein, war es hauptsächlich, was sie als eine ungewöhnliche Frau bezeichnete. Sie hat später in vielfachen schweren Leiden, in Einsamkeit und Bedrängnis diesen Charakter erprobt und einen Beweis mehr davon gegeben, daß die Natur in ihren Bildungen sich nicht an systematische Linien bindet, daß auch in einer weiblichen Form Tiefsinn und männliche Eigenschaften mit den Gefühlen einer Frau bestehen können.«

August Ludwig von Schlözer starb am 9. September 1809 in Göttingen an den Folgen eines Schlaganfalls. Wenn er auch bis zuletzt wissenschaftlich tätig geblieben war: Er litt unter den politischen Verhältnissen. Seit Napoleon im Herbst 1807 das Königreich Westfalen gegründet und seinem jüngsten Bruder Jérôme übergeben hatte, unterstand auch Göttingen und seine Georgia Augusta der neuen Herrschaft, die eine Hochschule nach französischem Muster daraus zu schaffen bemüht war. Schlözer mißfiel das alles, er verbitterte, und als plötzlich im Mai 1808 seine Frau, erst 55 Jahre alt, starb, hatte er das Empfinden, man habe ihm seinen letzten Halt geraubt.

Zur Regelung der Erbschaft war Dorothea im Frühjahr 1810 nach Göttingen gereist. Villers war schon etwas früher dort eingetroffen. Am 12. September erreichte sie aus Lübeck die Nachricht, die von Grund auf alles veränderte. Das Handelshaus Rodde hatte seine Zahlungsunfähigkeit erklären müssen mit Passiva von 2 686 684 Mark Courant. »Dreißig Jahre der Nachlässigkeit, der Unfähigkeit, zerstörter Phantasiebilder, schlechter Maßnahmen und alles bedeckt mit einem Schleier des Geheimnisses, den er für alle undurchdringlich zu machen verstand«, schrieb Villers.

Vieles hatte zu dieser Katastrophe beigetragen. Napoleons im November 1806 verhängte Handelsblockade gegen England (»Kontinentalsperre«) hatte für die deutschen Unternehmen zumeist verheerende Folgen. Zwischen 1808 und 1811 waren allein in Lübeck 95 Firmen in Konkurs gegangen. Die bedrängte Stadt, deren wirtschaftliche Lage immer prekärer wurde, war von Rodde wiederholt mit großzügigen Krediten unterstützt worden, ja er war allmählich zum Bankier seiner Vaterstadt geworden. Aber die Prüfung seiner Bücher ergab nicht nur, daß bei Rodde von einer korrekten kaufmännischen Buchführung nicht gesprochen werden konnte, sondern daß er sich noch weitaus weniger auf das von ihm betriebene Bankgeschäft, das er nie gelernt hatte, verstand. Daß er bei seinem ungeheuren Vermögen, über das er zuletzt jede Übersicht verloren hatte, viel zu aufwendig lebte, fiel demgegenüber nicht ins Gewicht.

Für Dorothea aber war das Schlimmste, daß nach lübischem Gewohnheitsrecht ihr eigenes Vermögen in die Konkursmasse eingehen sollte: die Lebensversicherung, das väterliche Erbe, die für ihre Kinder angelegten Ersparnisse und ihr Schmuck. Doch Villers half. In einem Verfahren wies er die Unrechtmäßigkeit dieser Konfiskation nach und bekam recht. Mit der geretteten Habe übersiedelte sie nach Göttingen und kaufte hier das (noch existierende) Haus in der Langen Geismarstraße Nr. 49, das sie mit ihren drei Kindern und ihrem Mann bewohnte. Matthäus Rodde war nicht nur durch seinen Bankrott ein gebrochener Mann; der Siebenundfünfzigjährige vergreiste zusehends und wurde für Frau und Kinder zu einer Last.

Am 13. Dezember 1810 befahl Napoleon die Errichtung von drei hanseatischen Departements und damit die Einverleibung von Hamburg, Lübeck und Bremen und deren Umland in das französische Kaiserreich. Generalgouverneur der annektierten Gebiete wurde Marschall Louis-Nicolas Davout, der Villers den offenen Brief an Fanny de Beauharnais nicht vergeben hatte und der, da Villers sich rasch für drei Monate nach Paris zurückzog und somit nicht verhaftet werden konnte, wenigstens dessen Papiere konfiszierte. Da diese aber keine Handhabe für ein Strafverfahren boten, befahl Davout am 8. März 1811 die Ausweisung des Gehaßten aus Lübeck.

Nun wäre Villers ohnehin gar nicht nach Lübeck zurückgekehrt, denn man hatte ihm am 6. Januar zum Professor für französische Literatur an die Universität Göttingen berufen, nicht auf Wunsch der Georgia Augusta, sondern nach dem Willen der Regierung in Kassel, was die Professorenschaft nicht vergaß und vergab, obwohl Villers 1808 »wegen seiner ausgezeichneten Verdienste um die deutsche Wissenschaft und seiner durch die Tat bewiesenen treuen Liebe zur Georgia Augusta« zum ordentlichen Mitglied der Sozietät der Wissenschaften ernannt worden war und für die er 1811 das Sekretariat übernahm.

Einer in der Nähe Stettins lebenden Bekannten schrieb Dorothea am 16. März 1811 noch aus Lübeck diesen Bekenntnisbrief: »Ich bin nicht im Stande Ihnen auszudrücken, liebe Edele Frau, wie unendlich mich Ihr Brief erfreut hat, – wie er mich in meinem Glauben bestärkt, daß ein geheimes Band verwandte Gemüther verbinde – wie er mich überzeugt, daß uns hienieden im Unglück frohe und in ihrer Art einzige Momente zu Theil werden, die dem Menschen, wenn des Glückes Stern hell am Horizonte strahlt, ganz und gar unbekannt bleiben. Welche Contraste wird man gewahr – hier sogenannte 19jährige Freunde und Verwandte, welche die unschuldige Frau eines Fallierten meiden – dort Ihre herrliche theilnehmende Seele, welcher ich durch jugendliche Eindrücke werth geworden bin; doch ich versichere Sie, Ihr Bild habe ich auch immer lebhaft vor Augen gehabt, kein

Reisender über Stettin ist unbefragt nach Ihnen von mir gegangen – und als Sie vor einigen Jahren hier durchreisten, that es mir recht wehe, daß Sie die Landsmännin nicht begrüßten, die gern alles hervorgesucht hätte, um Ihnen den Aufenthalt hier angenehm zu machen. Dieses wechselseitige Streben hat aber doch nie aufgehört und hat nun in mir ein unauslöschliches Gefühl von Anhänglichkeit und Dank tief eingeprägt.

Meine Lage ist einzig in ihrer Art. 19 Jahre habe ich vergebens gekämpft, um einem solchen Uebel vorzubeugen – auf eine sehr eingeschränkte Zukunft war ich immer vorbereitet, daß dieser Sturz aber bei meines Mannes Leben kommen würde, darauf war ich nicht gefaßt! Man muß sich in alles schicken und die Veränderung von sehr viel auf sehr wenig schmerzt mich weniger – als daß mein Glaube an die Menschheit so sehr hat schwinden müßen. [...]

Dies ist das Ende der ehemals glücklich gewiegten Dorothea Schlözer – deren Vater durch die Art und Weise wie er sie erzog, eine wenigstens sorgenlose Lage für sie zu erreichen glaubte. Wäre von mir allein die Rede, dann, beste Frau, würde ich mir sehr leicht zu helfen wissen – allein meiner Kinder Erziehung ist noch nicht vollendet, ein Junge von 13 Jahren bedarf noch vieles, ehe er durch sich selbst fortkömmt. Meine Töchter sind 17 und 15 Jahre alt – schmerzhaft ist es für eine liebende Mutter Mädchen in der Blüthezeit ihres Lebens nur auf Resignation vorzubereiten, und jede Hoffnung, zu der sie sich berechtigt glaubten, ihnen nun zu rauben. Doch danke ich dem Himmel, daß diese bei ihnen nie übertrieben, noch weniger genährt war, sie sind von jeher mäßig und sparsam erzogen, desto weher aber thut es mir, daß auch diese geringen Ansprüche schwinden müssen. Alles dieses trübt natürlich junge schuldlose Gemüther, die auch noch nicht stark genug sind, mit der gehörigen Verachtung die Kränkungen zu ertragen, welche ihnen von einem Publikum werden, ›das nur vor den Thalern die Knie beugt‹, wie Beaumarchais sagte. Wer 40 Jahre alt ist, wie ich, sagt zuversichtlich, man kann alles verlieren was man hat – aber nicht das was man *ist* – obgleich der größte Theil der hiesigen Einwohner nicht ganz aufs Reine über den Unterschied zwischen *haben* und *seyn* kömmt. Der richtige Begriff von *to be, or not to be*, möchte schwer werden. – Doch will ich auch nicht vergessen, daß es hier einige Wenige gibt, die sich durchaus gleich wie ehedem in ihrem Betragen geblieben und mir auf alle Art und Weise Freundschaft bewiesen haben – von diesen werde ich mit Dank und Liebe scheiden. – Mögten Sie, theure Landsmännin, mir mit prophetischer Stimme die Ruhe zugerufen haben, nach welcher sich mein Herz so lange sehnt – ich suche sie im Vaterland – meine guten Kinder werden alles dazu beitragen um mir mein Leben zu versüßen – theilnehmende Freunde habe ich – und mein Bewußtsein, alles angewandt zu haben, diese Katastrophe zu verhindern! Wünschen Sie mir Kraft und Muth noch 6 Wochen, um allerhand bevorstehende Unannehmlichkeiten zu ertragen. Sobald ich in Göttingen angekommen bin, schreibe ich Ihnen – aber vorher bitte ich Sie um einige Antwort, ob Sie Kinder haben? Ich muß mir alles lebendig vorstellen wie Sie leben, wir dürfen uns von nun an nichts weniger als fremd sein. – Sie, beste Frau, sind ein wahrer Freund in der Noth, und von dem laß ich nie wieder.   Dorothea Rodde Schlözer.«

Ein halbes Jahr vor dem Sturz Napoleons endete auch das Königreich Westfalen, und Göttingen wurde von den Truppen Bernadottes besetzt, der aber jetzt nicht als Marschall von Frankreich, sondern als Kronprinz von Schweden erschien, zu dem er 1810 geworden war. Er freute sich, Dorothea und Villers, den er mit dem schwedischen Nordsternorden auszeichnete, wiederzusehen. Die Göttinger Professoren verübelten dem ungeliebten Villers nicht nur diese Auszeichnung, sondern weit mehr, daß er »keine einzige Fachwissenschaft zunftmäßig erlernt hatte«. Wie konnte er sich da erdreisten, Professor einer deutschen Universität zu werden!

So erhielt Villers im März 1814 seine Entlassung (bei einer Jahrespension von 3000 Francs) und mit ihr die Aufforderung, Deutschland zu verlassen und nach Frankreich zurückzukehren. In einem Brief vom 2. April bat er daraufhin das Ministerium in Hannover, ihm die Gründe für seine Entlassung zu nennen: »Ich bin rechtmäßig naturalisierter Deutscher, ich bin Bürger von Bremen. Mein Herz ist deutsch. Soll ein Franzose, der in seinem Herzen Deutscher geworden ist, nicht einem Deutschen, der Franzose geworden ist, vorzuziehen sein? Mich jagt man von Göttingen, meinem letzten Asyl, fort, mich, der ich die Universität in Schrift, Wort und Tat so oft gegen die Feinde des deutschen Geistes verteidigt habe.«

Da die Entlassung allenthalben Aufsehen und Empörung bewirkte, lenkte man in Hannover ein. Villers wurde das Bleiberecht garantiert und die Pension auf 4000 Francs erhöht. Doch schon am 11. Februar 1815 erlitt er einen Schlaganfall und starb nach einem weiteren am 26. Februar, 50 Jahre alt. Beigesetzt wurde Charles Villers auf dem Göttinger Albani-Friedhof.

7. Carolines letzte Jahre

NACH DER SÄKULARISATION DES BISTUMS Würzburg 1802 wurde die Stadt von Bayern regiert und die 1582 gegründete Universität einer Erneuerung unterzogen. Zu den neuberufenen Professoren gehörte Schelling. Anfang November 1803 bezog hier das Ehepaar eine große Wohnung, die Schelling von der Regierung gestellt wurde und zu der auch ein »hübsch dekorierter« Hörsaal zählte; beide befanden sich im einstigen adligen Seminar. Mitbewohner wurden die Professoren Paulus und Hoven mit ihren Familien, auch der Jurist Hufeland wurde nach Würzburg berufen, so daß die alten Feinde fast vollzählig wieder beisammen waren, und die hatten nichts vergessen und vergeben. Schelling sei »zu beklagen, daß er sich so schändlich hat unterjochen lassen« (von Caroline natürlich), wußte Schiller Wilhelm von Humboldt mitzuteilen. Und Professor Paulus sekundierte: »Die Katze wird ihm, wie bisher, nicht von der Seite gehen und nun auch auf dem Theatrum Magicum die Geister beschwören helfen, die dann dem einzigen heiligen Geiste den Eintritt darein zu wehren angehalten werden.«

Die Katze – das war noch milde. Im März 1804 wurde der fromme Theologe in einem Brief an Charlotte von Schiller deutlicher: »Von dem Übel, wie Schiller zu Hufeland sagte, sind wir so ziemlich befreit. Diese bösartige Natur hat durch ebenso boshafte als dumm erfundene Lügen über mich die Hoven abhalten wollen, mit mir umzugehen; als sie sah, daß ihr dies nicht gelang, so wurde sie gegen die Hoven impertinent, und nun sehen wir sie gar nicht mehr. Auch Schelling hat bei dieser Gelegenheit bewiesen, daß er ein folgsamer Ehemann ist und daß die bösen Einflüsse dieser Madame Luzifer kräftig auf ihn wirken. Es ist recht gut, daß unsere Wohnung durch eine Kirche von der ihrigen getrennt ist, wo nach katholischer Sitte fleißig geräuchert wird.«

Henriette von Hoven legte Anfang April 1804 nach. Die Post ging ebenfalls an Charlotte von Schiller, die in Weimar das Töpfchen mit dem Klatsch am Sieden hielt. Während diese hier gegen Christiane Vulpius giftete, sorgten die Neu-Würzburger für Nachschub mit gezielten Verleumdungen Carolines. Schellings Eltern hatten Caroline herzlich aufgenommen und verstanden sich gut mit ihr. Das sah Frau von Hoven anders: »Die Eltern von S., die seit meiner frühen Jugend viel Liebe für mich hatten, verhehlten mir nicht, daß sie befürchteten, dieser böse Dämon möchte meinen Frieden stören.« Wie Schiller und Paulus beklagte auch Henriette von Hoven den bedauernswerten Schelling: »Er ist ein unglücklicher Mensch. Sie wird ihn überall seine Existenz verkümmern. Es ist sehr zu beklagen, daß sie so mächtigen Einfluß auf ihn hat, ob sie ihn gleich oft mißhandelt und despotisiert und dann wieder auf der Erde kriecht. Die Augen werden ihm noch schrecklich aufgehen.«

Im Mai 1804 kam August Wilhelm Schlegel zu Besuch. Er befand sich inzwischen – neben Benjamin Constant – im Gefolge der Madame de Staël, die ihn aus Berlin mitgenommen hatte. Zweimal besuchte er Caroline: »Sie schien geneigt, alle Bitterkeit der Erinnerung auslöschen zu wollen, und war bei meinem Abschiede gerührt. Ihr Aussehen schien mir besser und gesunder als in Berlin, und dann weiß sie sich immer noch vorteilhaft zu kleiden und ihre Umgebung zierlich einzurichten. In einem großen Gesellschaftszimmer hatte sie die Büste von Goethe und Augusten aufgestellt und innen an den Fenstern zwei große Orangenbäume. In dem Wohnzimmer sah ich das geliebte Bild Augustes [von Tischbein] wieder.« Auch der Ärger, den die Nachbarschaft den Schellings bescherte, kam zur Sprache. »Caroline sprach natürlich ebenso schlimm von der Paulus als diese von ihr. Auch über die Huber und deren scheinbare, aber nicht haltbare Versöhnung mit ihr.«

Indes kein herabsetzendes Wort über sie, wie es für seinen Bruder selbstverständlich zu sein schien, der im Juni an Caroline Paulus schrieb: »Wunderbar ist es freilich, daß Sie nun mit Madame Schelling unter einem Dache wohnen; doch so ganz wunderbar nicht, da ja auch auf jedem fruchtbaren Weizenfelde Dorn und Distel, Lolch und andres schlechtes Gesäme sich einzunisten pflegt. Gott gebe, daß der Teufel sie bald holen mag, und zwar mit der gehörenden Feierlichkeit und Lärm nach Standesgebühr; an Gestank wird es ohnehin nicht fehlen.«

Besuch bekam Caroline im Juli 1804 von Meta Liebeskind, die sie 1797 zuletzt gesehen hatte. Aus den ursprünglich vorgesehenen zwei Wochen wurden dann sechs; beide müssen sich gut verstanden haben. Zurück in Ansbach, berichtete Meta vom Tod der fünfjährigen Adele Huber. Caroline fühlte sich an das frühe Sterben Augustes erinnert: »Ich kann über *meinen* Verlust nicht weinen, die Furcht, als ob die Thränen blutig werden möchten und mich dahin brächten, wo der ermüdete Mensch nicht leben und sterben kann, ein Zustand, vor dem meine Natur das äußerste Entsetzen hegt, die Furcht hält mich in Schranken auf Erden noch zu klagen, bis ein Anlaß kommt wie dieser, dem ich unaufhaltsam mich hingebe. Daß Adele nun auch hin ist, ist mir so unerwartet, so unglaublich und alles zusammengenommen schrecklich. Und wahr ist es mir wie Ihnen, der lezte Eindruck bestimmt sich durch den Brief der Mutter, der so ganz ein Vergangnes und nicht die gegenwärtige natürliche reine Empfindung bezeichnet. Ich wollte, Sie hätten ihn mir nicht mitgetheilt, und ich mag nichts näheres darüber sagen, um die Stunde nicht durch Urtheile und Wahrnehmungen zu entweihen, die eben, weil sie Theresens complizirtes Wesen betreffen, immer etwas von der Art ihrer eignen Urtheile und moralischen Wahrnehmungen an sich tragen müssen. Nur kann ich mich nicht erwehren mich bey jedem neuen Todesfall dieser Kinder jener Worte von Forster zu erinnern, die er mir sagte oder schrieb, wie davon die Rede war, daß Forster *ihr* die Claire lassen möchte, – ›ja, er würde es thun, denn Hubers Kinder blieben nicht am Leben, und er wollte sie nicht aller Kinder berauben, man habe es an George und Luise gesehn‹. Aber stille davon, denn das ist nicht, was mich beschäftigt, obwohl ich auch *darüber* nicht sprechen kann, was diese heißen Thränen bedeuten. Der Tod ist eine himmlische Hoffnung, wenn er so der Bewahrer unsrer liebsten Schätze geworden. Das Leben wäre unerträglich und eine Schmach, wenn es dieser beraubt nicht dennoch ein überirdisches Interesse enthielte, einen Theil jener ewigen Seligkeit, und Sie wissen, wer mir nicht blos ein zeitlicher Gefährte ist.«

Daß Therese nun nach dem Tod Hubers daranging, in der ihr eigenen Geschäftigkeit dem Verstorbenen ein Denkmal zu setzen, indem sie Briefe Hubers und ihre Erinnerungen an ihn in mehreren Journalen drucken ließ, wobei sie die Tatsachen nach ihrem Geschmack formte, mißfiel Caroline. Auch befremdete sie ein von Therese publizierter Brief Hubers, in dem sich dieser zum »Retter« der Familie Forster aus dem »Clubisten-Horror« aufspielte. Sie fand das, wie sie an Meta Liebeskind schrieb, »abscheulich, so das Heiligste und Heimlichste durch den Schlamm der Tagesblätter zu ziehen« und fragte: »Und was will Therese mit allen diesen Veranstaltungen? doch nur *sich* rechtfertigen. [...] Wird Therese auch uns belügen wollen? Denn es finden sich allerlei Andeutungen, daß sie gewillt ist *ihre* Ansicht vollständig dem Publikum zu geben. Können Sie es, so sollten Sie sie warnen. Es ist seltsam, daß sich ihr Schmerz so nach außen kehrt, und wieder ein Zeichen von dem Mangel an Frieden im Innern. Sagen Sie, wie kann man das Bedürfniß haben seinen Mund gegen die Welt zu öffnen, sich der, immer schmälichen, Gegenwart gegen über zu stellen? Ist es blos der theatralische Charakter oder böses Gewissen?«

Therese Huber zu »warnen« hieß Meta Liebeskind überfordern. Die beiden Frauen kamen leidlich miteinander aus, und auch das nur, weil sich Therese selbstverständlich als die Überlegene empfand. »Die gute Liebeskind hob ihr Haupt nicht so ruhig aus dem Sturm des Schicksals empor wie ich«, schrieb sie im Februar 1806 an Elisabeth Stägemann. »Sie kann keine Poesie ins Leben legen – das heißt nicht alles mit Liebe umfassen, es ist ihr vieles gleichgültig, und da langweilt sie das Leben.« Carolines Wort vom »theatralischen Charakter« traf den Sachverhalt genau. In ihren Briefen tritt uns Therese als die einzige und wahre Verkörperung von Familiensinn, Fleiß und Ordnung entgegen – und keine dieser Eigenschaften wird man ihr absprechen können –, aber daß sie das am liebsten öffentlich tat, stieß Caroline ab: »Sie ist nicht übel willens sich dem Publikum von Deutschland interessant zu machen, und das ist kein würdiges Todtenopfer.«

Friedrich Schlegel, der inzwischen Dorothea geheiratet hatte und mit ihr in Köln lebte, schrieb weiterhin »von jenem pfiffigen literarischen Räuberhauptmann und Schinderhannes oder Rinaldo Rinaldini und seiner ehrsamen Caroline«. Er konnte es Schelling nicht verzeihen, berühmter zu sein als er, und für Dorothea wurde es im Juni wieder einmal Zeit, sich gegenüber dem Ehepaar Paulus, von dem sie mit dem neuesten Würzburger Klatsch versorgt worden war, aufs neue über Caroline auszulassen. Denn die Paulus' und Hovens schürten jetzt das Gerücht, Caroline unterhalte mit Martin Heinrich Köhler, Professor der Zoologie und Freund der Schellings, ein Liebesverhältnis. »Das wäre ein Spaß, wenn sie Schelling untreu würde!«

Frau Paulus bekam gleich eine Probe der neuen Glaubensweisheit der frisch zum Katholizismus konvertierten Dorothea: »Bertram empfiehlt sich Dir; er ist ein eifriger Katholik und studiert Tag und Nacht auf einen recht kräftigen Exorzismus, um, wenn er nach Würzburg kommt, den Teufel oder die Legion Teufel aus Madame Luzifer zu bannen, daß

Carolines letzte Jahre 275

sie recht mit Gestank aus ihr fahren, die Herde, den unsaubern Geist aufzunehmen, wird gewiß nicht weit sein, dazu werden sich eine Menge der andächtigen Zuhörer Schellings wohl sattsam qualifizieren; durch dieses Wunder hofft Bertram Dich von der Weisheit des katholischen Glaubens zu überzeugen und Dich in den Schoß der alleinseligmachenden Kirche zu führen. Einstweilen ist er erbötig, Dir alle Mittel, welche die katholische Kirche gegen alle Anfechtungen des Bösen habe, zuzuschicken. Als da sind: Gertrudis Zettelchen gegen alles böse Ungeziefer. Gesegnetes Räucherwerk gegen allerhand Unrat. Gesegneten Krautwich gegen Donnerwetter. Johannesbriefchen gegen aller Verleumdungen böser Zungen. Das kräftigste unter allen ist das sogenannte *Teufelsgeißelchen*, das die besondere Eigenschaft hat, den Satanas, wenn er sich auch in den schönsten Engel verkleidet habe, sobald er davon berührt werde, in seiner ursprünglichen Mißgestalt zu zeigen mit Klauen, Hörnern, Schwanz etc. Dies Büchelchen in einem eleganten Teezirkel heimlich der Madame Luzifer unter den *Allerwertesten* geschoben, müßte von erfreulicher Wirkung sein. Sind auch in Würzburg die Kamine weit genug zu einer möglichst schnellen Retirade?«

Und Friedrich Schlegel ließ sich kein Postskript zu den Briefen seiner Ehefrau entgehen, ohne Sätze wie diese anzuhängen: »Was macht der philosophische Chirurgus? – und besonders Mad. Schwerdtlein? Geht es ihr wohl unter dem Einfluß der Franzosen? Mir deucht, es müßte ihr sehr wohl gehen; von da ging sie aus, nun ist sie wieder da und hat ihren Kreislauf vollendet, wenn anders der krumme Weg einer solchen zweibeinigen Schlange kreisförmig genannt werden kann. Gott, nämlich ihr Gott, d. h. der Gottseibeiuns, gesegne es ihr und helfe ihr.«

Das ist nun der phantasielose »Humor« eines von Rachedurst und Minderwertigkeitsgefühlen wahrlich heimgesuchten Paares, dessen infantiler Witz sich besonders an Begriffen wie »Gestank« festhakt. Neu ist am letzten Zitat nur, daß noch eine nationalistische Komponente ins Spiel gebracht wird, nämlich die Franzosen (Anspielung auf Carolines Mainzer Zeit), so, als hätte sich der Europäer Schlegel (selbst in Köln unter französischer Herrschaft lebend, wie zuvor zwei Jahre in Paris) nicht noch vor kurzer Zeit an der Vorstellung von Napoleons Universalherrschaft lebhaft erwärmt.

Der Krieg Napoleons gegen die österreichisch-russische Koalition im Herbst 1805, der mit der vernichtenden Niederlage der Koalitionsarmee in der Schlacht von Austerlitz am 2. Dezember 1805 sein Ende fand, war für Würzburg folgenreich. Bayern erhielt mit dem Frieden von Preßburg nicht nur die Königswürde, sondern auch Tirol mit Vorarlberg und Salzburg; dafür aber wurde – wunderlich genug – der seines Landes verlustig gegangene Kurfürst-Erzherzog von Salzburg (Bruder des Deutschen Kaisers) mit Würzburg entlohnt, dieses zum Großherzogtum gemacht und aus dem bayerischen Staat herausgelöst.

»Wer hätte sich auch so verruchtes Zeug träumen lassen!« kommentierte Caroline. »Es ist ein Spott des Zufalls, daß wir am Ende noch kaiserlich werden müßen. Am *Ende* freilich werden wirs nicht bleiben.« Denn Schelling weigerte sich, den Eid auf die neue Regierung zu leisten, weil er von der bayerischen berufen worden war und Bayern treu zu bleiben gedachte. Caroline, die jetzt zum erstenmal napoleonische Politik als Bürgerin erfuhr, war der früher gehegte Enthusiasmus für Frankreichs neuen Kaiser gründlich vergangen: »Was nun das Schlimmste ist, so bekommen wir jetzt noch französische Truppen ins Land, und die Kaiserlichen werden wieder weichen, denn dieser Napoleon weidet mit scharfen Zähnen ein Land nach dem andren ab, und wirft sie dann erst den beschüzten Regenten zu, er, der König der Könige, dem der Herr aller Herren doch gnädiglich bald den Hals brechen möge.«

Dennoch hatte diese Veränderung ihr Gutes. Würzburg war den Schellings längst verleidet. Katholische Engstirnigkeit hetzte und stichelte gegen Schelling; angehenden Priestern war es verboten, seine Vorlesungen zu besuchen. Die haßerfüllte Rotte um die Professoren Paulus und Hoven, täglich aufgestachelt von ihren geistig unbedarften Ehefrauen, hatte es zudem verstanden, Schelling und Caroline den Alltag zu verderben, obwohl die Schellings zu keinem Zeitpunkt gesellschaftlich isoliert waren, wie Henriette von Hoven behauptete.

Die bayerische Regierung berief Schelling nach München. Das bedeutete Residenzstadt, vor allem aber: Man wurde die inferiore Nachbarschaft los. Mitte April 1806 verließ Schelling Würzburg, und Caroline begann mit der Auflösung des Haushalts. Zum Einzug von Kurfürst Ferdinand (er wurde dann Großherzog) mußte die Stadt festlich beleuchtet werden, was Bürgerpflicht war, der sich auch Caroline nicht entziehen konnte, wenn auch die Kerzen dazu von der Stadt gestellt wurden. Sie fand das alles höchst amüsant: »Unzählige Illuminationsgerüste stehen fertig, die Ampeln werden auf Wägen gefahren«, berichtete sie Meta Liebeskind, »es ist kein Unschlitt mehr in der Stadt aufzutreiben, Tag und Nacht exercirt das Bürgervolk, sie müssen noch bersten vor Patriotismus und Zuneigung, wenn der Herr nicht bald kommt.« Da sprach die Mainzer Demokratenschule. Sie hoffte auf eine Anstellung Liebeskinds in München, damit man einander häufiger sehen könne. Beim Umzug dorthin würde sie gern über Ansbach fahren, einen Tag bleiben und dann gemeinsam mit Meta nach München reisen.

Doch Johann Heinrich Liebeskind wurde nicht nach München, sondern im April 1807 in die »oberste Justizrathsstelle« am Gericht in Bamberg versetzt. Anders als E. T. A. Hoffmann, der im September 1808 nach Bamberg kam und dort nach eigener Einschätzung seine »Lehr- und Marterjahre« erlebte, da sein Künstlertum immer wieder mit der Bamberger Gesellschaft kollidierte, hatten sich die Liebeskinds schnell eingelebt. Vor allem entwickelte sich ein herzliches Verhältnis zu Georg Wilhelm Hegel, der, nachdem ihn die Plünderung Jenas im Oktober 1806 fast um seine ganze Habe gebracht hatte, in Bamberg als Zeitungsredakteur tätig war. Seinem Freund Friedrich Immanuel Niethammer, Professor der Philosophie in Jena, schrieb er am 30. Mai: »Liebeskind aus Ansbach ist hierher gekommen; ich weiß nicht, ob Sie ihn kennen; aber seine Frau wenigstens wird Ihnen nicht bekannt sein. Ihre Freundschaft mit der Schelling konnte etwa, je nachdem man von der letzteren urteilt, in die Neugierde, sie kennen zu lernen, etwas Schüchternheit bringen. Sie hat mir gutartig geschienen; und er ist in der Tat ein ganz scharmanter Mann; die übrige Bamberger Manier und Bildung ist vielleicht nicht ganz für diese Familie, ist vielleicht etwas gegen sie; so denke ich um so mehr, daß ich hier einen ungenierten Umgang finde.« Dieses steigerte er noch zwei Monate später: »Liebeskinds sind für mich eine große Akquisition, ich gehe fast nur in dieses Haus.«

Der Aufenthalt in Bamberg war allerdings nur kurz, weil Liebeskind zum Jahresende 1807 dann an das Oberappellationsgericht in München versetzt wurde, wo er in der Wilhelminenstraße eine Wohnung fand. Vielleicht entsprach ihr Eindruck von München dem Carolines, die am 4. Januar an Gotters schrieb: »Ich weiß oft nicht anders, als daß ich in einem ansehnlichen Landstädtchen wohne.« Und zwar am Karlstor. Sie lobte den »hiesigen Gemähldeschaz«, beklagte sich aber über das zu kleine Theater. Und: »Der Kreis meines Umgangs ist eng gezogen, wir wollen es selbst nicht anders.«

Zu dieser Zeit hatte sich der Krieg Preußens mit Frankreich schon in den Osten verlagert, Napoleon kämpfte in Polen und Ostpreußen gegen die Überreste der geschlagenen Preußen und die ihnen verbündeten Russen. Schellings berührte das nicht weiter. »Unser Geschick hat uns allen kriegerischen Scenen bis jetzt entzogen –«, schrieb Caroline an Luise Gotter. »Wir haben weder den Sieger noch Besiegte zu sehn bekommen. Besiegte sind wir zwar sämmtlich. – Ich lebe hier in der Hauptstadt, als wenn ich auf dem Lande lebte, nach meiner gewöhnlichen stillen Weise. Wir haben ein *logis,* wo die *Façe* der Häuser auf einen freyen Platz vor der Stadt hinausgeht, und ich sehe die Tyrolergebirge aus dem Fenster. Mein Mann ist sehr heiter, sehr gesund und so placirt, wie er es nur wünschen konnte. Er hat als Mitglied der Akademie der Wissenschaften seine ganze Zeit für sich und ein Gehalt, das ihn vor Sorge schützt. Eingerichtet habe ich mich nur ganz nothdürftig, mich dünkt, ich möchte mich nirgends mehr ansiedeln, und es ganz buchstäblich nehmen, daß wir nur Pilger sind.«

Zusätzlich zur Akademie der Wissenschaften wurde am 13. Mai 1808 in München die Akademie der bildenden Künste gegründet; zu ihrem Generalsekretär ernannte der König Schelling, bei einer Aufstockung seines Gehalts von bisher 1200 Gulden auf 3000 Gulden. Zwei Wochen später wurde der Philosoph mit dem Ritterkreuz des Zivildienstordens der bayerischen Krone ausgezeichnet und durfte nun seinem Namen ein »von« voranstellen.

Ironisch-nachsichtig war der Kommentar der Außenwelt. »Die Krone aller Weiber lebt einsam und – sparsam, die Umstände wollen es so, und niemand stört ihren philosophischen Gang«, schrieb Henriette von Hoven 1807 noch an Charlotte von Schiller, dann erstarb das Geklatsche. Der Kreis, mit dem das Ehepaar Schelling verkehrte, war nicht groß; Caroline lag immer weniger an gesellschaftlichem Umgang und Reputation. Einmal schrieb ein zehnjähriger Zögling des Münchner Kadettenhauses seiner Mutter: »Ich bin recht gerne bei Mad. Schelling, weil sie so schöne Bücher hat.« Es war August Graf von Platen-Hallermünde.

Im Herbst 1808 kamen Ludwig Tieck und seine Schwester zu Besuch: Sophie Bernhardi-Tieck, einst die Geliebte Wilhelm Schlegels. Wie einst in Jena unterhielt Tieck wieder alle mit seiner hinreißenden Rezitationskunst.

Sie schöpfte Hoffnung, »als würde sich hier ein Sammelplatz bilden, wie in Jena war; eine Menge Faden laufen hier wieder zusammen, theils sind sie wirklich schon angeknüpft, theils sehen wir noch kommen«, schrieb Caroline im November 1808 an Johanna Frommann, die Frau des Jenenser Buchhändlers und Verlegers.

Nach einigen Wochen aber wurde die Stimmung in Carolines Briefen merklich gedämpfter. Vom alten »Sammelplatz« war nicht mehr die Rede, denn nun kam die ganze »AngeBrentanorei« nach München. Der »Angebrentano« oder der »Angebrannte« war ein Spitzname für Clemens Brentano noch aus Jenaer Tagen. Vor allem aber erschien nun auch der Quirl, Bettine Brentano, eine irrwischhafte Erscheinung, die noch im Alter von 24 Jahren glaubte, den ewigen Backfisch spielen zu müssen. »Es ist ein wunderliches kleines Wesen, eine wahre Bettine (aus den venetianischen Epigrammen) an körperlicher Schmieg- und Biegsamkeit, innerlich verständig, aber äußerlich ganz thöricht, anständig und doch über allen Anstand hinaus, alles aber, was sie ist und thut, ist nicht rein natürlich, und doch ist es ihr unmöglich anders zu seyn«, bekam Pauline Gotter erzählt. »Sie leidet an dem Brentanoischen Familienübel: einer zur Natur gewordnen Verschrobenheit, ist mir indessen lieber wie die andern. [...] Ganze Tage brachte sie allein bei ihm [Tieck] zu, da seine Schwester auch lange krank war und nicht bei ihm seyn konnte. Manche fürchteten sich ihrentwegen hin zu gehen, denn nicht immer geräth ihr der Witz, und kann sie wohl auch grob seyn oder lästig. Unter dem Tisch ist sie öfter zu finden wie drauf, auf einen Stuhl niemals. Du wirst neugierig seyn zu wissen, ob sie dabei hübsch und jung ist, und da ist wieder drollicht, daß sie weder jung noch alt, weder hübsch noch häßlich, weder wie ein Männlein noch wie ein Fräulein aussieht.«

Bei den Tiecks ging es ähnlich turbulent zu. Der Dichter und seine Schwester lebten in München ganz prächtig, da sie aber überhaupt kein Geld besaßen, schnorrten sie sich durch. Vor allem mußte ein Baron Knorring, der Sophie einige Jahre zuvor geschwängert hatte (sie schob die Vaterschaft dem recht großmütigen Wilhelm Schlegel zu, mit dem sie gleichzeitig ein Verhältnis unterhalten hatte), das Gespann aushalten. Tieck lag inzwischen »an der Gicht kläglich danieder« und mußte sich Bettines Sottisen anhören: »Bettine sagte ihm einmal, da von Göthe die Rede war, den Tiek gar gern nicht so groß lassen möchte, wie er ist: Sieh, wie Du da so liegst, gegen Goethe kommst Du mir wie ein Däumerling vor – was für mich eine recht *anschauliche* Wahrheit hatte«, denn dieser Seite Bettines wußte Caroline viel abzugewinnen.

Zwar hatte sich Caroline den Umgang mit Meta Liebeskind in München gewünscht, doch nun, da beide in Bayerns Hauptstadt lebten, schien sich das Verhältnis etwas abgekühlt zu haben. »Die Liebeskind ist nun hier etablirt mit Mann und vier Söhnen«, schrieb sie am 17. März 1809 ihrer Schwester Luise. »Der Himmel weis, sie ist nicht anmuthig, sehr alt und häßlich. Geistreich habe ich sie nie gefunden. Übrigens bringt sie sich überall glücklich an und durch.« Es ist nicht auszumachen, woher plötzlich dieser gereizte Ton kam; vielleicht waren ihr die vielen Menschen, die jetzt alle nach München strebten und sie überliefen, zu beschwerlich geworden. Zugleich stellte sich eine melancholische Stimmung ein. »Wer weiß, wie nahe mir mein Ende«, schrieb sie, einen alten Choral zitierend, ihrer Schwester.

Und wieder brach Krieg aus. Wie schon 1805 eröffnete ihn Österreich mit einem Überfall auf das mit Frankreich verbündete Bayern im April 1809. Das begrub die Hoffnung der Schellings auf eine Italienreise, die sie bereits 1803 geplant hatten und jetzt wie damals aufgeben mußten. Statt dessen beschlossen sie, Schellings Eltern, die inzwischen in Maulbronn lebten, zu besuchen und dort sechs Wochen zu bleiben. Nach ihrer Ankunft schrieb sie an Meta Liebeskind: »Der Frieden, hofften wir, würde hinter uns drein kommen, dagegen fanden wir den Krieg auf unserm Wege, besonders zwischen Augsburg und Ulm, wo den ganzen Tag über bald Kürassiere aus Spanien, bald Depots von Infanterie und vor allem furchtbare Pulvervorräthe uns entgegen kamen, Wägen mit Fässern so stark beladen, daß immer 10–12 Pferde vorgespannt waren. In Zusmarshausen kamen wir in ein gewaltiges Gedränge, ein Zug von Blessirten war mit uns angelangt, ein Infanterie Bataillon rückte von der andern Seite ein und eben trieb der Hirt die zahlreiche Hornviehheerde durch den Ort. […] Beinah müssen wir fürchten den großen Kaiser wieder versäumt zu haben. Bei unserer Durchreise durch Stuttgart erwartete man ihn dort für die nächsten Tage, die Kanonen waren aufgeführt, die ihn begrüßen sollten. Hier erfährt man nur, was die Zeitung bringt, welches nicht immer das rechte und neueste ist.« Die Zeitungen waren völlig falsch informiert, wenn sie Napoleon in Stuttgart erwarteten, denn der hielt sich im August in Wien auf, das er erst Mitte Oktober verließ.

Caroline, das fiel der Familie in Maulbronn auf, war »diesmal so ganz besonders liebevoll und zärtlich gegen alle«, zugleich »still und in sich gekehrt, wenngleich bei dem äußeren Ausdruck der völligsten inneren Heiterkeit«. Man nahm es für Anspannung, denn Schelling war im Frühjahr zwei Monate lang krank gewesen, und Caroline hatte ihn gepflegt und sich dabei wenig geschont.

Eines Abends, als sie in Maulbronn mit Schelling am Fenster stand und in die Landschaft blickte, sagte sie plötzlich: »Schelling, glaubst du wohl, daß ich hier sterben könnte?« Schelling maß dieser Frage keine Bedeutung bei, er vermutete sie durch die Melancholie der Landschaft inspiriert. Dann brachen sie zu einer dreitägigen Wanderung auf, von der sie am 3. September zurückkehrten. Wenige Stunden später war Caroline erkrankt: Ruhr. Noch nahm sie die Symptome nicht wichtig, aber am Abend begann sie zu fiebern. Als Schelling am nächsten Morgen an ihr Bett trat, sagte sie: »Ich fühle die Destruktion solche schnellen Fortschritte machen, daß ich glaube, ich könnte diesmal – sterben.«

Nur an diesem Abend hatte sie Schmerzen, die übrige Zeit war sie schmerzfrei. Am Abend des 6. September »fühlte sie sich leicht und froh«, wie Schelling später berichtete,

»die ganze Schönheit ihrer liebevollen Seele tat sich noch einmal auf; die immer schönen Töne ihrer Sprache wurden zur Musik; der Geist schien gleichsam schon frei von dem Körper und schwebte noch über der Hülle.«

Am 7. September 1809 starb Caroline um 3 Uhr morgens »sanft und ohne Kampf: Auch im Tode verließ sie die Anmuth nicht; als sie todt war, lag sie mit der lieblichsten Wendung des Hauptes mit dem Ausdrucke der Heiterkeit und des herrlichsten Friedens auf dem Gesicht«, wie Schelling an Luise Gotter schrieb. »Sie ist gestorben, wie sie sich immer gewünscht hatte.« Der Leichnam wurde am 10. September hinter der Klosterkirche von Maulbronn beigesetzt.

»Ihr ist jetzt wohl; der größte Theil ihres Herzens war schon längst jenseits dieses Lebens. Mir bleibt der ewige durch nichts als durch den Tod zu lösende Schmerz, einzig versüßt durch das Andenken des schönen Geistes, des herrlichen Gemüths, des redlichsten Herzens, das ich einst in vollem Sinne *mein* nennen durfte. Mein ewiger Dank folgt der herrlichen Frau in das frühe Grab. Gott hatte sie mir gegeben, der Tod kann sie mir nicht rauben.«

Über den plötzlichen Tod ihrer Freundin informierte Schellings Mutter Meta Liebeskind, die ihr tief bewegt antwortete: »Nicht nur unsre Thränen fließen um sie – schon gestern war bei der Nachricht alles, was sie gekannt hat, tief erschüttert, und jedermann zollt ihrem ewig theuren Andenken den Tribut der hohen Achtung, welche ein Weib von so seltnen Vorzügen dient. O meine Caroline! Du, in welcher verschönert zurückgestrahlt die frühern Tage meiner Jugend vor meiner Seele standen, die mich sanft knüpfte an alle Bande der Vergangenheit, die dem menschlichen Herzen theurer sind; Du geliebte! einst die Gefährtin meiner Leiden und jetzt Mitgenossin einer schönen, beglückten Existenz, ach! die ich noch so lange mit Dir zu genießen hoffte – so ist auch dieser Traum des Lebens dahin, und allein stehe ich in der großen öden Stadt, die nie eine Freundin wie Du mir wieder zurükgeben wird.«

Von Therese Huber kam der Nachruf, den man von ihr erwartete: »Jetzt eben starb ein Weib – die arme Bürger [Elise B., geb. Hahn] [...] ist gegen sie eine Vestalin – aber diese behielt die Außenseite einer Frau von Stande und imponierte bis an ihren Tod. Ich meine Schellings Frau, die vor ein paar Monaten starb. Eines der merkwürdigsten Geschöpfe – an Sinnlichkeit, Falschheit und Verstand – sie hatte soviel Verstand, daß ich überzeugt bin, sie wäre endlich gut geworden – ja man sagt mir, das sei sogar in ihrem letzten Lebensjahr der Fall gewesen.«

Therese war nach dem Tod Hubers nach Stoffenried gezogen. Neun Kinder hatte sie geboren, vier lebten noch und mußten versorgt werden. Anfang 1804 hatte ein junger Schweizer, Gottlieb von Greyerz, die Bekanntschaft der Familie gemacht und sich in die knapp fünfzehnjährige Claire verliebt. Der aus Bern stammende Greyerz versah das Amt eines Oberförsters bei einem Jahresgehalt von 2000 Gulden und schien ganz der Schwiegersohn zu sein, wie Therese ihn sich wünschte. »Greyerz ist so gut, so besorgt, mir einen Schatten von Kummer zu machen, daß er meinen Willen ganz als Gesetz annimmt. Wie glücklich mich ein Sohn macht, den ich unter Tausenden gewählt hätte! Nun haben meine Töchter eine Stütze, Huber einen Freund, mein guter Aimé einen Führer. Und wie Greyerz die Kinder liebt! Er betet die Mutter ebenso an, wie er die Tochter liebt. Unsere Abende sind seit jener Erklärung das Bild stillen Glücks. Er macht meinen Thee, liest mir vor, er liebt alles Schöne, alles Gute, er fühlt Poesie richtiger, als er sie versteht, daher liest er gern mit mir. Dann erzähl' ich ihm, *auch von Dir;* er fühlt sich dann so innig glücklich, in einem so stürmischen trüben Leben einen hellen Punkt zu bilden, ein so oft zerrissenes Herz mit frohen Empfindungen zu erfüllen«, schrieb sie zufrieden im Oktober 1804 an Meyer.

Darüber könnte man fast vergessen, daß er nicht sie, sondern Claire zu heiraten beabsichtigte, was dann auch am 9. Mai 1805 in Göppingen geschah. Die jungen Leute hatten eine geräumige Wohnung mit 18 Zimmern im Schloß von Günzburg zugewiesen bekommen, auch Therese zog dort ein.

»Eine göttliche Wohnung! Ich habe im oberen Stock drei Zimmer, West-Süd-West (so liegen alle Zimmer), eine Aussicht auf sechs bis zehn Stunden, Korn, Fluß, Wald – unten an einer Terrasse ein Teil der Stadt, wie ein Maulwurfsnest – der erste Strahl der Sonne erleuchtet fern Ulm – der letzte sinkt vor meinem Fenster. – Ach, wie göttlich, über Söflingen hinab. Göttlich schön! Wie wohnte ich so reizend. Platz überflüssig – aber meine Höhe ließ mich den dritten Stock wählen.«

Diese Schilderung schickte sie 1807 an Johann Gottgard Reinhold, ein in Hamburg lebender Diplomat in holländischen Diensten, mit dem sie eine ausgedehnte Korrespondenz führte. Ihre anderen regelmäßigen Briefpartner waren der Arzt und Botaniker Paulus Usteri in Zürich, K. F. E. von Ixküll, der als Privatier in Stuttgart lebte, und der in Dresden wohnende Karl August Böttiger; Philologe, Archäologe, Gymnasialdirektor, Oberkonsistorialrat, Schriftsteller, Journalist und vor allem Deutschlands größtes Klatschmaul. Bis 1804 hatte er in Weimar gelebt, als er endlich wegen seiner notorischen Indiskretionen von Goethe aus dem Land komplimentiert wurde. Therese schätzte ihn mit Maßen. Ihr Briefwechsel mit Meyer endete ziemlich abrupt 1805, als er sich nach Hubers Tod von ihr zurückzog und statt Trostworten Vorwürfe schickte.

Die Beschäftigung mit ihrem umfangreichen Briefwechsel, mit der Lektüre und der Erziehung ihrer Kinder füllte sie aus. »Mir wird jeder Kummer leichter zu ertragen wenn ich von meinem Nähzeug zu meinen Büchern, vom gemeinschaftlichen Lernen mit Luise zu meinem Schreibtisch gehe«, schrieb sie 1810 an Mariette von Hartmann. Daneben beschäftigten sie die zu schreibende Biographie Hubers und die Korrespondenz Georg Forsters, die sie herauszugeben gedachte. Sich selbst charakterisierte sie – in einem Brief an

Reinhold 1806 – als ein »unbändig, unabhängiges Wesen«. Das war sie zweifellos, aber daneben auch sehr egozentrisch und besserwisserisch, vor allem gegenüber denen, die nicht bereit waren, sich von vornherein ihr unterzuordnen und ihre Dominanz anzuerkennen.

Sie hatte ihren Sohn Aimé im Mai 1806 in die Erziehungsanstalt Hofwyl in der Schweiz gebracht, die nach den Prinzipien Pestalozzis von Philipp Emanuel von Fellenberg geführt wurde; ein Jahr später gab sie auch ihre älteste Tochter Therese dorthin. Zunächst verstand sie sich mit Fellenberg ausgezeichnet, doch schon bei ihrem zweiten Aufenthalt in Hofwyl 1807 kam es zu Spannungen, als sich Therese ungebeten in die Leitung des Instituts mischte. Auch das Verhältnis zu Greyerz und Claire blieb nicht ungetrübt, was bei einer so dominanten Mutter, die mit Tochter und Schwiegersohn unter einem Dach lebte, nicht ausbleiben konnte, zumal sie selber zugab, herrschsüchtig zu sein.

Um wieder eine gewisse Distanz zu gewinnen, fuhr sie Ende August 1808 nach Göttingen. Nach langer Abwesenheit drängte es sie, ihren Vater wiederzusehen und ihre alte Heimat.

»Nach 20 Jahren seh' ich das väterliche Haus zum erstenmal wieder«, schrieb sie aus Göttingen an Böttiger, »über so viele teure Gräber wandle ich hierher, wo von meinen Jugendgenossen und Jugendbeschützern fast keiner mehr lebt, wo ich aber die teuren Häupter meiner Eltern und Geschwister alle wieder finde, und alle so liebend und gütig, wie ich sie vor 20 Jahren verließ. Meinen Vater finde ich fähig und thätig wie ehemals, rüstig und in vielen Stücken fester in seiner Gesundheit, heute im achtzigsten als damals im sechzigsten Jahre. Aber der Gang der Zeit drückt unendlich schwer auf ihm, die Vergangenheit macht es ihm schwer, die Gegenwart so zu ertragen, daß sie ihm eine erträgliche Zukunft verspricht, und mir graut vor der Nemesis, die aus dieser Stimmung emporsteigt und über dieses herrlichen Greises Grab hinaus an diesem Ort walten kann.«

Sie fand sich von allen herzlich aufgenommen, »nichts wie Liebe, lauter Wiederfinden«. Doch das Wiedersehen mit Stadt und Universität erschien ihr beklemmend ob all der Antiquiertheit, denn in den vergangenen 20 Jahren hatte sich hier nichts verändert. »Wie engt Sitte die lieben Herzen ein«, schrieb sie an Reinhold, »wie umhüllen Gesichtspunkte, die sie sich nicht verrücken lassen, die braven Köpfe! Sie sehen das Weltall als kurfürstlich braunschweigisch-lüneburgische Hofräte und die Regierungsformen, ja Staaten und Völkergeschichte als Wächter des heiligen Feuers der Georgia Augusta an.«

»Der neue König [Jérôme Bonaparte] scheint das Beste zu wollen, aber einerseits fesselt ihn der Wille von Westen her [Napoleon], andererseits Unkunde des Volkes, das er vereinen soll, und nirgends vielleicht strebt der böse Wille, die Beschränktheit, der unvernünftigste Hochmut dem Guten, was die Regierung hier will, wohl mehr entgegen als in dem Hannöverschen. Mit welcher Blindheit da die besten Menschen handeln, ist nicht zu fassen! Das Wort *Revolte* erschreckt sie, weil sie seine Schrecken und ihre Ohnmacht kennen, aber das Hintertreiben alles Guten, das Verschmachten in Unordnung. Druck, Mißtrauen, Demoralisation, welche durch beständiges Frondieren hervorgebracht wird, scheint ihren moralischen Gefühlen gar nicht zu widersprechen. In Göttingen ist wohl die Unzufriedenheit am größten, wenn gleich die Regierung hier am meisten that, am meisten schonte. Aber Sie kennen ja die Morgue [Dünkel] und Beschränktheit deutscher, nordischer, göttingscher Professoren! Sie glauben, die Wissenschaften gehen unter, weil ein Hundert Studenten weniger als sonst in Göttingen studieren; sie glauben, der Gelehrtenstand wird unter die Füße getreten, weil der Präfekt, der Tribunalchef, der Kommandant über sie gesetzt, nun eine gemischte Gesellschaft in Göttingen bilden«, spottete sie in einem Brief an Usteri.

Ihre Tochter Therese hatte die Mutter schon früh auf den künftigen Beruf einer Erzieherin und Gesellschafterin vorbereitet, weshalb sie mit ihr nur französisch sprach und korrespondierte. Nachdem sie sie aus Hofwyl abgeholt hatte, begleitete sie die Dreiundzwanzigjährige Mitte Juli 1809 nach Utrecht, wo sie im Haus eines ehemaligen Diplomaten, Paulus Stricks von Lindschoten, die Erziehung der einzigen Tochter übernehmen sollte. Von dem Land und seinen Bewohnern war Therese, die Mutter, wenig erbaut, wie sie Usteri wissen ließ: »Ich bin da diesen Sommer nach Westen hingepilgert zu dem Sumpfvolk, welches mir eine Menge höchst interessante Momente gewährte. Sie kommen mir manchmal wie ihr Meermuscheln vor, als habe die schaffende Kraft eben nur alle möglichen Formen versucht, alle Aufgaben gelöst und also auch Holländer geschaffen. In dem Lande sieht alles aus, als wenn es fertig wäre und man nun in der nächsten Zeit notwendig Langeweile haben müßte, dann erscheinen aber glücklicherweise des Ozeans Fluten und bringen das alte Chaos zurück. Und das finde ich recht gut, denn wär's nicht wegen des Ersaufens, so dächten die Holländer wohl recht wenig an den ordentlichen Gott, der überall ist – denn diesen muß ich notwendig von dem Pastoren-Gott, der in der Kirche und dem Heidelberger Katechismus logiert, unterscheiden. Wie soll er einem auch viel in Holland einfallen? Er agiert nur immer durch die dritte und vierte Hand – das Wasser? Nun, dem graben sie Kanäle, das sehen sie nie aus dem Schoß der Erde entspringen, – die Bäume pflanzen sie und malen sie zuweilen gar an, die Sonne scheint nur so ganz oberflächlich durch einen blassen Himmel hin, und den Wind brauchen sie wie ein anderes dienstbares Ding, um ihre großen Mühlflügel zu bewegen. Da ist rund umher nichts allein gekommen, alles haben die Holländer gemacht und der Herr Gott nach ihrer Anweisung vollendet, – denn das Gras wissen sie noch nicht recht wachsen machen, sonst brauchten sie ihn gar nicht mehr.«

Immerhin reichten ihr ganze drei Monate in den Niederlanden, um darüber einen Band von 400 Seiten zu verfassen (bestehend aus Briefen, die sie in dieser Zeit an die Familie geschrieben hatte), der dann 1811 unter dem Titel *Bemerkungen über Holland aus dem Reisejournal einer deutschen Frau von Therese H.* in Leipzig gedruckt wurde. Es war übrigens die erste Publikation unter ihrem Namen, bisher hatte sie alle ihre Schriften unter dem Namen Hubers veröffentlicht. Daß sie überhaupt schrieb und publizierte, glaubte sie noch 1810 vor ihrem Vater rechtfertigen zu müssen: »Weiblicher ging wohl nie ein Weib von der, ihrem Geschlechte vorgeschriebenen, und es allein beglückenden Bahn ab als ich. Ich schrieb um meinen Mann die Mittel zu erleichtern Weib und Kind zu ernähren, und nie erfuhr es bis zu Hubers Tod ein Mensch, daß ich die Feder ansetzte.« An Usteri hatte sie einige Monate vorher geschrieben: »Ich habe einen Trieb zum Beßern in mir der mit meinen Fähigkeiten nicht im Gleichgewicht ist – indem ich schreibe, kann der Gegenstand mich so interessiren daß mein Gefühl über meine Forderungen an Schönheit, Wahrheit, Klarheit das Übergewicht hat.«

Am 14. Juli 1812 starb Christian Gottlob Heyne im Alter von 83 Jahren in Göttingen. Das Erbe, das sich Therese mit Stiefmutter und Geschwistern teilen mußte, brachte nicht annähernd das, was sie sich erhofft hatte. Es war kaum Bargeld vorhanden gewesen, und auch der Ertrag aus dem Verkauf des literarischen Nachlasses, der Handschriften und Bücher blieb unter den Erwartungen. Therese bekam ein paar Bücher, etwas Wäsche und nach dem Verkauf des Hauses 1814 ihren Anteil von 500 Talern.

VIERTES KAPITEL

Universitäts Bibliothec.
deren Saal 100. Fuß lang und 40. Fuß breit ist.

Die Universitätsbibliothek von Göttingen

Der Schatten Napoleons

ES WAR DAS SCHON FRÜH ERKLÄRTE ZIEL Napoleons, das Heilige Römische Reich Deutscher Nation zu zerschlagen und an seine Stelle das eigene Kaiserreich zu setzen. Er zwang 1806 den Deutschen Kaiser Franz II. zur Abdankung und erlaubte ihm nur noch den Titel eines Kaisers von Österreich: Franz I., den der Monarch ohne Protest akzeptierte. Das war das ruhmlose Ende des Reichs, das tausend Jahre existiert hatte.

Die Kurfürsten von Bayern und Württemberg wurden zu Königen von Napoleons Gnaden erhoben, der Markgraf von Baden wurde Großherzog, und alle drei erhielten für ihre Bündnistreue beträchtliche Gebietserweiterungen. Der im Juli 1806 gegründete Rheinbund schloß 16 deutsche Staaten in einer Allianz mit Frankreich zusammen. Und nachdem mit dem Frieden von Tilsit im Juli 1807 Preußen aufgehört hatte, eine Großmacht zu sein und alle seine Territorien westlich der Elbe einbüßte, war ganz Deutschland zum Vasallen Napoleons geworden.

Mit der Gründung eines Königreichs Westfalen im Herbst 1807, dessen Krone Napoleon seinem jüngsten Bruder Jérôme verlieh, sollte ein deutscher Musterstaat geschaffen werden. Zwar war er in der Tat vorbildlich in seiner Verfassung, seiner Verwaltung, seiner Rechtsprechung, seiner ganzen Organisation und hätte zum weithin leuchtenden Modellstaat erster Ordnung werden können, wenn Napoleon ihn nicht ausgeplündert hätte, indem er ihn mit Abgaben überhäufte, die zu tragen der neue Staat wirtschaftlich gar nicht fähig war. Napoleon zerstörte somit selbst alle Wohltaten, die er diesem Kunstgebilde eigentlich hatte erweisen wollen.

Hinzu kamen die schweren Lasten, die der deutschen Wirtschaft durch die Handelsblockade gegen England entstanden, denn damit wurde den deutschen Unternehmern der Exportmarkt verschlossen, und sie litten empfindlich unter dem Rohstoffmangel durch die Importrestriktionen. Positiv empfand man allenfalls, daß die britische Konkurrenz mit ihren Niedrigpreisen weitgehend eliminiert worden war. Konjunktur bekam nur ein gigantischer Schmuggel mit den verbotenen englischen Waren.

Bis 1808 waren die Mängel des Napoleonischen Systems kaum sichtbar für die Deutschen, seine Vorzüge durchaus. Die deutschen Staaten bekamen endlich eine moderne, effiziente Verwaltung nach französischem Muster, die Gleichberechtigung aller vor dem Gesetz, eine moderne, die Verfahren verkürzende Rechtsprechung, die Aufhebung der Leibeigenschaft, Gewerbefreiheit und Freizügigkeit. Adelsprivilegien fielen, die Macht der Kirche war gebrochen. Dies alles wurde dankbar anerkannt. Daß dagegen immer mehr Deutsche für Napoleon in den Krieg ziehen mußten, fiel zunächst nur darum nicht ins Gewicht, weil die Zahl der Opfer relativ niedrig war. Ja, manche jungen Männer drängte es sogar, für den als unbesiegbar erscheinenden, von seinen Soldaten vergötterten Napoleon kämpfen zu dürfen. Früher war der deutsche Soldat eine vielfach gedemütigte, geprügelte, verachtete und schlecht entlohnte Kreatur gewesen; Napoleon aber gab ihm Selbstbewußtsein, versorgte ihn gut und öffnete jedem, auch dem Tagelöhner, den Aufstieg in die obersten Ränge der Militärhierarchie nach französischem Vorbild.

Doch schon bald verdüsterte sich das Bild. Der seit 1808 geführte Krieg in Spanien und Portugal, der sich zum ersten modernen Partisanenkrieg entwickelte, zwang immer mehr deutsche Soldaten zur Unterstützung der Franzosen auf die Iberische Halbinsel, und die Verluste erhöhten sich von Jahr zu Jahr. Den von Österreich im Frühjahr 1809 angezettelten Krieg konnte Napoleon zwar souverän in nur vier Monaten für sich entscheiden, aber er fiel sehr verlustreich aus. Noch einmal triumphierte der Kaiser wie gewohnt. Unruhen wie der Aufstand des Obersten von Dörnberg in Hessen und die Rebellion des Majors von Schill in Preußen und auch der weit ernstere Aufstand der Tiroler Bauern wurden niedergeschlagen (überwiegend besorgten das die Truppen des Rheinbundes), und eine britische Invasion an der holländischen Küste geriet für den Angreifer zum völligen Desaster. Doch wer die Zeichen zu deuten verstand, konnte erkennen, daß Napoleon 1809 den Zenit seiner Macht überschritten hatte.

Dennoch unternahm er 1812 seinen Feldzug gegen Rußland, das den Vertrag von Tilsit gebrochen hatte, englische Waren ins Land ließ und französische ausschloß, weil die verzweifelte Wirtschaftslage dem industriell unterentwickelten Rußland keine andere Wahl ließ. Um den einstigen Bündnispartner wieder zur Vertragstreue zu zwingen, ließ Napoleon 600 000 Soldaten gen Osten marschieren, erreichte in nur drei Monaten Moskau und mußte dann ergebnislos umkehren. Das militärische Abenteuer von nur sechs Monaten kostete einer halben Million Menschen das Leben, die meisten davon waren Deutsche. Sie starben nicht in Eis und Schnee, wie eine zählebige Legende bis heute behauptet, sondern überwiegend an Seuchen, weitaus weniger bei Kampfhandlungen und die wenigsten durch Erfrieren.

Danach dauerte es noch 16 Monate, bis Napoleon endgültig besiegt war. Die Mär spricht von einem das ganze deutsche Volk (als Nation noch längst nicht existent) erfassenden Aufstand gegen Napoleon, wovon nicht einmal entfernt die Rede sein kann. Eine Erhebung hat es überhaupt nur in Preußen und zum Teil in Norddeutschland gegeben, weitaus bescheidener als immer behauptet. Im übrigen Deutschland rührte sich keine Hand, dafür sorgten schon die Napoleon ergebenen Fürsten des Rheinbundes. Erst im Herbst 1813 wendete sich das Glück für den siegesgewohnten Napoleon.

Seine Persönlichkeit und sein Wirken ist von den dargestellten Frauen unterschiedlich bewertet worden. Caroline sah ihn distanziert und eher abwertend. Dorothea Rodde, die Schreckenstage von Lübeck und den wirtschaftlichen Niedergang der Hansestadt vor Augen, hat sich nicht unmittelbar geäußert, aber sie dürfte Napoleon schwerlich mit Zustimmung bedacht haben, zumal der Royalist Villers, ihr Gefährte, kein Bewunderer des Kaisers war. Von Meta Liebeskind wissen wir nur, daß ihr Sohn Adalbert bayerischer Soldat war; die Politik scheint sie nicht gekümmert zu haben.

Ganz anders aber Therese Huber. Sie stand politischen Fragen nicht nur weit aufgeschlossener gegenüber als die anderen Frauen, sie sprach das in ihren Briefen auch deutlich aus. Sie fühlte sich mehr als Französin denn als Deutsche, verhehlte nie ihre Begeisterung für die Französische Revolution und bewunderte grenzenlos Napoleon, dessen Bildnis in ihrem Zimmer hing, von ihren Kindern als *notre général* bezeichnet. Deutschland und die Deutschen erschienen ihr als der Inbegriff dumpfer Spießigkeit, notorischer Rückständigkeit und stumpfsinniger Krähwinkelei. Zwischen 1805 und 1807 schrieb sie aus Stoffenried ihrem späteren Schwiegersohn Emil von Herder einen (undatierten) Brief, dem man in Diktion und Orthographie anmerkt, in welcher Erregung er geschrieben worden sein muß:

»Ich habe einen hellen Blick gehabt in meine Vergangenheit und in ihr den Grund nachgespürt meiner *Unliebe* für die Deutschen. Ich wollte du hättest den Blick mit mir geteilt, und mich nun verstanden, wie ich mich. Wie ich glaubte das Jahrhundert der Freiheit sei gekommen, bei jener schönen Morgenröthe die mir das höchste feurigste Gefühl gab, das ich je empfand, wo ich fühlte was Agrippina an dem Aschenkruge ihres Gatten, was Portia empfand, was die Mütter der Erschlagnen bei Termopyle fühlten – wie du ein Kind warst und einen Schulmeister hattest der dir *libertatis* – oder wie es heißt ins dumpfe Ohr schrie – da wär ich gestorben, hätte geblutet, *und sah bluten* für Freiheit – Freiheit welche in Frankreich entblühte. Was thaten da die Deutschen? *Sag an?* [...] Dort blutete, mordete, ward gemordet, ein Volk für Freiheit. Sie war ein Hirngespinst, sie war eine Geisel, sie war der Deckmantel des höllischen Geistes – du Thor – hätte sies denn sein können wenn man sie nicht gekannt, nicht schöne Kräfte, nicht hohe Begeisterung, nicht ungeheure Kräfte des Widerstandes und Angrifs gehabt hätte? Und was thaten seit 92 die Deutschen? – *Was?* kannst du ohne Erröthen die Frage hören? Aber kennst du auch die Geschichte der Rev. Sieh ich bitte dich, ließ doch – aber das ist unmöglich! *ich las* nicht. Ich lebte mit. Ließ alle Moniteur, alle Frankfurter Zeit., alle fr. brochuren, alle Rev. Almanache, Constant, Lezei, und Genz, La critelle und Reichard, Toulongeon und Girtanner, und kenne die Emigrirten die ich kannte, und sei unter Custines heer, und birons, und Brunes, und Moreau – wenn sich dann ein Widerwille bildet gegen das Volk das ich nie neben der Freiheit nennen hörte, und von dem ich nie etwas *Großes* sah, gleich viel ob gut oder bös, und du nicht lieber mit dem Volke Ehre und Ruhm und Herrschaft theilst, das im Irrthum und Wuth und Herrschaft stez kräftig ergreifend, kühn vollendet sich zeigte – du Thor! – das Volk das 15 Jahre durch eine solche Schule ging ist noch aus solchen Menschen zusammen gesezt, wie wir sie heute sehen. *A en croire Vos théoretique savans* – müßten sie Hyänen, Tiger geworden sein. Bei uns? was änderte sich bei uns? wir behielten Schulen, Bücher, Pastöre – und was bracht es uns weiter? O ich sah Wittwen, Gattinnen, Greise die *alle Opfer* waren mit der Glorie der Märtirer Krone das Wort *liberté!* sprechen – *Freiheit?* – wo rief man Freiheit? Nun – sie ist hin. O Gott sie ist hin! Aber weil ich einmal Freiheit zu erblicken glaubte, und Deutschland sie mordete, und England – ja Deutschlands Kriegsknechte, und Englands Gold – beweißt mir daß *ohne* sie Fr. *nicht* hätte können den schönen Kampf vollenden.«

Die wachsende Deutschtümelei, besonders unter den jungen Menschen, empörte sie und stieß sie ab. Am meisten aber das Verhalten Preußens 1813. Ihm warf sie vor, das Bündnis mit Napoleon gebrochen und sich Rußland angeschlossen zu haben, ein Bündnis, das 1812 von Napoleon erzwungen worden war. Für Therese war Rußland – wie für die meisten deutschen Intellektuellen – der Inbegriff der Barbarei. Unvergessen war, daß die Russen 1807 in Ostpreußen weit schlimmer gehaust hatten als die Franzosen, daß sie damals ihren Bündnispartner Preußen um eigener Vorteile willen im Stich gelassen hatten und sich auch jetzt in den von ihnen »befreiten« Provinzen wie Vandalen benahmen. Ludwig Geiger, Thereses Biograph, schrieb: »Es ist schwer begreiflich, wie ihr der große ideale Zug, der trotz des unklugen Gebarens und der Selbstüberhebung mancher durch ganz Deutschland verbreitet war, namentlich in der Jugend vorwaltete, so ganz entging.«

Er konnte ihr gar nicht entgehen, weil von »ganz Deutschland« nicht gesprochen werden konnte. Sie habe »von den großen Reformen« Preußens nichts gewußt? Aber die meisten dieser vielgerühmten Reformen existierten nur auf dem Papier; verwirklicht wurden nur die Heeres- und mit überwiegend negativen Resultaten die Agrarreform. In einem Brief an Usteri vom 9. Februar 1814 – in Frankreich wurde noch heftig gekämpft, aber alle Rheinbundstaaten hatten sich von Napoleon losgesagt – schrieb Therese angewidert von den chauvinistischen Emanationen, die sie erlebte: »Man findet bei Jacobi, Schlichtegroll, so oft man dort zum Thee kommt, Haufen von Zerrbildern, wo die blutigsten Greuel mit deutscher Schwerfälligkeit zu platten Späßen gedrechselt werden, um Napoleon als Bluthund, Dummkopf, Memme zu schildern, die französischen Heere als feige, hungrig – man findet Shawls dort mit Bonapartes Schandthaten, dann berlinische eiserne Kreuze – und da sitzen die zarten Damen, schimpfen, daß ihnen der Ausdruck ausgeht, delektieren sich an den Zerrbildern, wo witzig ein Transparent Frankreich in Flammen darstellt, Napoleon auf einem Leichenhaufen – dann singt man schulbübische

Liedeln – da stehen Weiber stundenlang unter den Männern und fragen nach jeder Kaffeehausanekdote. – Ich war ja Jakobinerin und Demokratin und Revolutionär, aber ich wußte stets, das Weib solle schweigen, wenn Männer sprächen, und nie außer dem innigsten Zirkel von Politik sprechen.«

Der letzte Satz wäre Caroline nicht im Traum eingefallen. In einem Brief vom 23. November 1816 an Böttiger – Napoleons Niederlage bei Waterloo lag mehr als ein Jahr zurück – zog Therese diese Summe: »Sagen Sie mir doch, wie motiviert denn die deutsche Logik oder Großmut das Pathos, mit dem deutsche Gesalbte den fatalen Menschen immer den Korsen nennen? – Wenn man den König von Engelland den Hannoveraner, den russischen Kaiser den Anhalter, den König von Preußen den Hohenzollern nennte – wär' denn das ein Schimpf? – für den Fürsten oder für die Völker? oder will man das Korsenvolk beschimpfen? oder liegt das Unerhörte ursprünglich immer darin, daß er nur ein Korse, kein korsischer Fürst war? – Ach Gott, da kommen doch alle *ersten* Fürsten recht schlecht weg! Und mich wundert gar nicht mehr, daß sich Saul auf meiner Kinderbibel also unter die Oelfässer verkroch – er hat das geahnet, wie übel es den Männern einst ergehen würde, die zuerst Könige wurden. Es ist doch wunderlich, daß der junge Mensch so ein dauerndes Hinneigen zum Recht in der Seele behält, obgleich er erzogen und unterrichtet wird. Bedenken Sie einmal, was aus seinem Evangelium werden sollte, wenn ihm das heutige Hassen eingeflößt wird, was aus seiner Redlichkeit, wenn der die Geschichte von Rußlands letzten drei Regenten, Engellands von jeher, aber besonders seit Heinrich VIII. und wie viel anderer – nur nicht Frankreichs, wo die Natur allein die Erbfolge bis zur Revolution abänderte – erlernt und die jetzigen Politiker hört? und doch bildet sich dabei Rechtschaffenheit.«

Friedhofsruhe

AM 30. OKTOBER 1814 WURDE IN WIEN ein Kongreß eröffnet, auf dem Fürsten und Diplomaten die politische Neuordnung Europas festlegen wollten, die nach dem Sturz Napoleons erforderlich geworden war. Diesem Wiener Kongreß ist immer wieder nachgesagt worden, er habe nur den Zustand von vor 1789 wiederherstellen und jede Erinnerung an die Französische Revolution und Napoleon tilgen sollen. Doch das trifft nur in Details zu. Der Wiederherstellung des 1806 aufgelösten Heiligen Römischen Reiches Deutscher Nation in seinen alten Grenzen und Befugnissen hätte kein deutscher Fürst zugestimmt. Den Herrschern der Rheinbundstaaten war schon vor ihrem Abfall von Napoleon 1813 der Besitzstand garantiert worden (nur Bayern mußte Tirol an Österreich zurückgeben, was ihm nicht schwerfiel), anders hätten sie einen Frontwechsel nicht mitgemacht, und wenn die katholische Kirche nichts unversucht ließ, ihren säkularen Besitz zurückzuerhalten, so blieben ihre Versuche von vornherein aussichtslos, auch als Frankreich das 1803 zugesprochene linke Rheinufer wieder abgenommen wurde. Frankreich saß in Wien ebenfalls mit am Konferenztisch in Gestalt seines stets doppelzüngigen Außenministers Talleyrand. Die Dynastie der Bourbonen war zurückgekehrt, in Paris regierte jetzt Ludwig XVIII.

Die Uneinigkeit unter den Teilnehmern war groß. Was sollte mit Napoleons treuem Alliierten, dem Königreich Sachsen, geschehen, das Preußen sich am liebsten ganz einverleibt hätte – was mit Polen, das von Rußland für sich beansprucht wurde? Heimlich schlossen die Großmächte bereits unter-, mit- und gegeneinander Militärbündnisse, bereit zum Losschlagen, zumal die Armeen ja noch nicht demobilisiert waren, aber Österreichs Staatskanzler Metternich, der die Fäden zog, sah den eigentlichen Feind nicht außen, sondern innen in Gestalt eines im Kampf gegen Napoleon sich mächtig entwickelnden Nationalismus und in den Forderungen der jungen Generation nach Geistes- und Gedankenfreiheit. Der kurze Auftritt Napoleons im Frühjahr 1815 war für Metternich ein Alarmzeichen gewesen. Der nach Elba verbannte Kaiser war seinen Bewachern entkommen und Anfang März überraschend in Südfrankreich gelandet, aber schon am 18. Juni 1815 bei Waterloo in Belgien vernichtend geschlagen worden. Alarmierend war, daß er auf seinem Marsch nach Paris im März nirgends auf Widerstand, vielmehr auf Begeisterung gestoßen war. Weder Volk und noch viel weniger die Armee zeigten die geringste Neigung, die Bourbonen zu verteidigen, die daraufhin aus Frankreich flohen. Der revolutionäre Geist war keineswegs erloschen, und Metternich wußte ebenso, daß Rheinbundoffiziere ganz offen Napoleon hatten hochleben lassen, als dessen Landung in Frankreich bekanntgeworden war. Dieses unsichere Europa bedurfte also der strengsten Überwachung.

Die am 9. Juni 1815 unterzeichnete Schlußakte des Wiener Kongresses sah zwei grundlegende Neuerungen vor: zum einen den Deutschen Bund, der sich einen Tag zuvor konstituiert hatte, ein lockerer Zusammenschluß von Fürsten und Freien Reichsstädten mit 41 Mitgliedern; zum anderen die Heilige Allianz Preußens, Österreichs und Rußlands. Der Deutsche Bund mit dem Bundestag in Frankfurt am Main war freilich machtlos; es kam nicht einmal zu einem einheitlichen Rechts-, Zoll- und Wirtschaftssystem, es blieb ein Staatenbund, wurde aber nicht der von den Kriegsteilnehmern erhoffte Bundesstaat. Die Heilige Allianz war ein Schutz- und Trutzbündnis der Monarchen, das den politischen Status quo in Europa garantieren sollte.

Eine geistige Neuordnung von den in Wien versammelten Diplomaten zu erwarten hieß sie nicht nur überschät-

Friedhofsruhe

zen, es war auch nicht ihre Aufgabe. »Schließlich gelang es ihnen auch, ein vernünftiges Gleichgewicht zwischen den Großmächten herzustellen, so daß keine der Mächte ernsthaft benachteiligt wurde. Damit dienten sie der Sache des Friedens«, urteilte der amerikanische Historiker Gordon A. Craig. Es war dem vielgeschmähten Wiener Kongreß zu verdanken, daß er nach einem Vierteljahrhundert permanenter Kriege Europa für Jahrzehnte einen dauerhaften Frieden sicherte.

Die schon vier Jahre nach Abschluß des Kongresses einsetzende brutale Unterdrückung aller freiheitlichen Regungen und überhaupt die Eliminierung von Gedankenfreiheit war so ursprünglich nicht geplant worden. Der öffentliche Protest der 1817 auf der Wartburg versammelten Studenten gegen die wachsende reaktionäre Gesinnung und die Ermordung des in russischen Diensten stehenden Schriftstellers August von Kotzebue durch den Studenten Karl Ludwig Sand 1819 in Mannheim gaben den Anstoß zu einem Kongreß in Karlsbad, auf dem die deutschen Staaten unter der Führung Österreichs und Preußens die gnadenlose Verfolgung der »Demagogen« beschlossen, d. h. derjenigen, die es wagten, freiheitliche und demokratische Grundsätze zu vertreten, die deutschen Fürsten an ihr 1813 gegebenes Verfassungsversprechen zu erinnern und überhaupt die politische Einigung Deutschlands zu fordern. Mit der so rücksichtslosen »Demagogenverfolgung« legte sich nun eine Friedhofsruhe über das Land.

Die Feier am 18. Oktober 1817 auf der Wartburg hatte nicht allein im Zeichen des Protests gegen Reaktion und verordnete Untertanengesinnung gestanden, es waren ihr auch deutlich antijüdische Motive beigemischt. Die Revolutionsregierung in Paris (Konstutuante) hatte 1791 den Juden die völlige Gleichberechtigung vor dem Gesetz zugesichert, und Napoleon hatte daran nichts geändert. Ja mehr noch: Wo immer seine Armeen standen und so weit sein Einfluß reichte, setzte er die bürgerliche Gleichstellung der Juden durch, sogar in Preußen, das sich erst 1812 dazu bequemte. Mit dem Sturz Napoleons aber verschwand fast überall die den Juden zuerkannte Gleichberechtigung, und die alte Diffamierung lebte wieder auf. Die wachsende Feindseligkeit hatte mehrere Ursachen: Der Handel fürchtete die wachsende, durch einschränkende Gesetze nicht länger zurückgedrängte jüdische Konkurrenz, zumal auch das Geldgeschäft vornehmlich bei den jüdischen Bankhäusern lag. Auch sagte man den Juden Zusammenarbeit mit den Franzosen nach, obwohl die nicht größer war als die nichtjüdischer Unternehmen, aber man unterstellte sie, weil die projüdische Gesetzgebung Napoleons von den Betroffenen natürlich dankbar angenommen wurde. Doch spendeten 1813 jüdische Bankiers und Kaufleute in Preußen beträchtliche Summen, um Kriegsfreiwillige auszurüsten. Von den in der preußischen Armee 1813/15 kämpfenden jüdischen Soldaten wurden 72 mit dem Eisernen Kreuz für ihre Tapferkeit ausgezeichnet und 14 zu Offizieren befördert.

Aber das alles zählte jetzt nichts mehr. In einem Brief vom 29. März 1816 artikulierte Caroline von Humboldt die wachsende antijüdische Tendenz, indem sie ihrem Ehemann schrieb: »Du rühmst Dich, die Juden nie zu verlassen. Es ist der einzige Fehler, den ich an Dir kenne. Sie sind Dir zu einerlei. Allein das Einerleisein ist nicht die Natur der Juden. Auf Individuen kann das Lieben oder Nichtlieben keinen Einfluß haben, aber im ganzen stehen sie hier in unrichtigem Verhältnis zur Zeit, zum Geschehenen. Man erhebt sie zu allen freien Bürgerrechten, und das einzige, wozu sie sich derer bedienen, ist das Schachern und Handeln usw. Schierstedt hat mir erzählt, wie ganze Distrikte im Jahre 1813, die Reichen für die Armen mit, sich loskauften, um nicht den Feldzug mitzumachen – sie sind jetzt schon ein nicht unbedeutender Teil des Grundeigentums in allen preußischen Staaten, Juden sind Patronatherren von Christen und christlichen Kirchen, was doch ein größerer Unsinn ist als wenn Türken es wären, die doch Christus nicht

Friedhofsruhe

leugnen, nur Mohammed einen größeren Propheten nennen. Das Vermögen des Staats ist größtenteils in ihren Händen, hier in Berlin ist es sehr auffallend, wie jetzt, wo ein großer Häuserverkauf wieder stattfindet, unter vieren gewiß drei von Juden akquiriert werden. Wenn ich was zu sagen hätte, ich ließe sie drei Generationen lang nicht handeln und alle zwanzigjährigen Jünglinge, ohne irgendeine Ausnahme als die der körperlichen Gebrechlichkeit, wären Soldaten, da wollte ich wetten, daß in 50 Jahren die Juden als Juden vertilgt wären. Und daß das nicht ein Gewinn für die Menschheit wäre, lasse ich mir nicht ausreden, die Juden in ihrer Gesunkenheit, ihrem Schachergeist, ihrem angeborenen Mangel an Mut, der von diesem Schachergeist herrührt, sind ein Flecken der Menschheit.«

Worauf Wilhelm von Humboldt am 9. April nur zu erwidern wußte: »Deine Tirade über die Juden, teure Seele, ist göttlich; ich habe Lust, sie Steinen [Karl Reichsfreiherr vom und zum Stein] mitzuteilen, der ganz Deine Ansichten teilt, aber noch viel heroischere Mittel zur Abhilfe vorschlägt, da er die Nordküste Afrikas mit ihnen bevölkern will.«

Der preußische Historiker Christian Friedrich Rühs verlangte 1815, Juden müßten auf ihrer Kleidung einen gelben Fleck tragen, »damit ein Deutscher, sei er durch Aussehen, Verhalten und Sprache irregeführt, seinen hebräischen Feind erkenne«. Denn, so ergänzte der Philosoph Fichte: »Ein reines Volk, wie die Deutschen, kann kein Volk anderen Ursprungs in seiner Mitte dulden.«

Ende August 1819 kulminierte der wachsende Judenhaß in einem Pogrom. Gruppen zogen mit dem Ruf »Hep! Hep! Jude verreck!« durch die Straßen, mißhandelten Juden und verwüsteten Wohnungen und Geschäfte. Selten kam es zu Blutvergießen, doch in Würzburg wurden mehrere Juden von der Menge gelyncht, weil sie gewagt hatten, sich zu wehren. Erst nach Monaten verloren sich die Unruhen. Die Einstellung gegenüber den Juden war jedoch rauher und gewalttätiger geworden.

Ein Grab in Avignon

ENDE 1812 WAR MATTHÄUS RODDE, EIN gebrochener, trübsinniger, ertaubender und sich selbst bejammernder Mann, seiner Frau nach Göttingen gefolgt. Karl Sieveking, damals Privatdozent in Göttingen, fällte über ihn ein gnadenloses Urteil: »Der alte Rodde ist für sein Haus ein Vampir der Langeweile. Die heulende Jämmerlichkeit des Spießbürgers, der nie ein gesundes Gefühl gehabt hat und in der Welt nichts verehrt, als den Schwiegersohn des Bürgermeisters Petersen, ist wirklich unausstehlich schon für Fremde. Daß aber diejenigen, welche mit ihm an eine Galeere geschmiedet sind, nicht halb verrückt werden, ist mir unerklärlich.«

Jetzt, nach dem Tod von Villers, belastete er Dorothea und die drei Kinder als Pflegefall. »Meinen Mann können wir nicht allein lassen«, schrieb Dorothea am 9. November 1818 an ihre Schwägerin Friederike, Frau ihres Bruders Karl, in Lübeck, »er wird täglich an Geist schwächer, dazu ist er ganz taub, das geht nicht. [...] Alles dieses, eine eben begrabene Schwester [Lisette] und ein tägliches mit Sorgen ringendes Leben – keine Seele, mit der man Rat pflegen kann, reiben mich auf; ich werde älter und die dazu erforderlichen Kräfte nehmen ab. Ich fühle, daß ich dem Himmel noch für vieles zu danken habe – allein meine Verhältnisse sind zu peinlich und lästig für eine Frau, das Leben muß vom Mann und nicht von einer kränklichen Frau betrieben werden.«

Am 13. Oktober 1820 erlag ihre älteste Tochter, Augusta, in Göttingen der Tuberkulose; am 29. April 1823 starb auch der einzige Sohn, August Ludwig, in Schwerin gleichfalls an der Schwindsucht. »Mir sind alle Hoffnungen für dieses

Leben verschwunden, nur Furcht umgibt mich«, schrieb sie ihrem Bruder Karl.

Denn nun erkrankte auch ihre jüngste Tochter, Dorothea, genannt Dortchen. Zuerst reiste die Mutter mit ihr zur Kur nach Bad Ems, aber der Arzt riet, den Winter 1824/25 in Südfrankreich zu verbringen. Diese Reisen bezahlten die Verwandten, vor allem ihr Bruder Karl, den sie über alles in ausführlichen Briefen unterrichtete. Am 8. Dezember 1824 waren sie in Marseille angekommen: Dorothea und Matthäus Rodde, Dortchen und die aus Göttingen mitgenommene Dienerin Marie.

»Meine Last ist grenzenlos«, schrieb sie am 13./14. Dezember, »und so alt ich bin, habe ich keine so herbe Zeit wie diese erlebt. Ich vergehe vor langer Weile – sehen kann ich nichts bei Licht – Komödie ist mir zu teuer, gesellschaftliche Unterhaltung greift mich an – dazu sitzt man wie auf der Straße bei den verfluchten Kaminen – ich friere wie ein Hund Tag und Nacht. – Ich will alles doch ertragen, wenn es nur hilft, woran ich zweifle. Von der an Marseille gepriesenen Wärme fühle ich nichts. Mit vielen unnützen Worten beschreiben die Reisenden unnütze Dinge, wie es aber eigentlich in den Städten aussieht, vergessen sie. Es ist alles hier zum heißen Sommer eingerichtet – nichts zu dem Frühjahr, wo wir noch Ofenwärme gewöhnt sind. Meine Briefe sind Klagelieder. Wenn ich schlafe, ist mir wohl, sowie der Tag graut, geht Last und Verdruß an. Grüße alle, die meiner in Frieden gedenken, und bedaure mich, mein Schicksal ist beispiellos hart.«

Doch es gab Hoffnung, denn Dortchen erholte sich schon im Januar zusehends. »Sie wird ganz blühend und gilt hier für eine große Schönheit, auch wird ihr Klavierspielen sehr bewundert.« Und mehr noch: »Es scheint, bester Karl, als wenn das Schicksal mir endlich eine Blume reichte! Dortchen ist Braut! Sie lebt ganz auf!«

Der Auserwählte war 32 Jahre alt, verwitwet, einziger Sohn eines vermögenden Kaufmanns, musikalisch, mathematisch geschult und ein anregender Gesprächspartner: »Übrigens ist er wie alle Franzosen, kennt nur sein Land und seine Literatur, der deutschen Wissenschaft läßt er Gerechtigkeit widerfahren, übrigens zanke ich mich alle Tage mit ihm über die Deutschen und Franzosen. Er ist immer lustig und voller Schwänke, für Dortchen ganz herrlich; er bannt auch schon ihre bisherige Traurigkeit und sie lebt ganz auf. Er hält sie für die größte Schönheit auf Erden; übrigens gilt sie hier allenthalben so, denn die Weiber hier sind alle gelb und klein. Wir waren neulich auf einem großen Ball bei dem Comte de Castellane, wo sie viel Aufsehen durch ihr Tanzen machte, sowie auch durch ihre Weiße und ihre große, schöne Gestalt.«

Doch die Verlobung mußte schon im April 1825 wieder aufgelöst werden, da der attraktive künftige Schwiegersohn bloß ein hübscher Betrüger war. Aber mehr noch als ihm galt Dorotheas Verbitterung dem neben ihr vegetierenden, an nichts teilnehmenden Ehemann: »Wer alles Elend über mich und meiner armen Kinder Haupt gebracht hat, weiß ich und stehe erstaunt vor meinem Schicksal da: ein großer dummer Streich zieht alles ins Unglück, daß aber *Unschuldige alles leiden müssen*, geht über meine Einsicht.«

Am 12. Juni verließen sie Marseille, wo die Hitze inzwischen unerträglich geworden war. In Avignon mußte pausiert werden, da Dorothea, die schon Marseille krank verlassen hatte, inzwischen so elend geworden war, daß man ihr die Fortsetzung der Reise nicht mehr zumuten konnte. Am 12. Juli 1825 erlag sie einer Lungenentzündung. Ihre letzte Lektüre waren die Sonette Petrarcas, ihre letzte eigenhändige Notiz galt einem Vierzeiler von Martin Opitz:

Das rechte Maß von Opitz.

Gieb aus, als solltest du der Welt dich bald begeben
Sey karg, als würdest du noch lange, lange leben.
Der ist ein weiser Mann, der beydes wohl erkiest
Und mild in rechter Zeit in rechter sparsam ist.

Ein Grab in Avignon

Dorothea Rodde, geborene Schlözer, wurde begraben auf dem Friedhof St. Véran in Avignon, wo ihr Grab heute noch existiert.

Matthäus Rodde starb am 14. Dezember 1825 während eines Besuchs in Lübeck im Alter von 71 Jahren; er überlebte seine Frau um fünf Monate.

4. Die Redakteurin

JOHANN FRIEDRICH COTTA, IN DER HERausgabe immer neuer Journale erfinderisch, hatte zum 1. Januar 1807 das *Morgenblatt für gebildete Stände* auf den Markt gebracht. Die Zeitschrift im Umfang von nur vier Quartseiten, zweispaltig gesetzt, erschien täglich (außer sonntags) und begann mit einer Auflage von 1100 Exemplaren, die schon ein Jahr später auf 1450 gestiegen war. Das Blatt bot eine vielfältige Mischung aus Reiseberichten, Gedichten, Lebenserinnerungen und Aufsätzen über Literatur, Geschichte, Naturkunde, Kunst sowie Rezensionen.

Therese Huber war von Anfang an Mitarbeiterin, wurde 1816 Mitglied der Redaktion und übernahm Ende Juli 1817 die alleinige Redaktion. Keine leichte Aufgabe, denn der eigenwillige Verleger mischte sich in die Belange der Redaktion, und alle Vorgänger Thereses – darunter Friedrich Rückert – waren im Unfrieden geschieden. Cotta sei »zum Sklaventreiber geboren«, bemerkte Therese nach zwei Jahren und klagte über seinen »kranken Dünkel alles beßer zu wissen«, und die Sprunghaftigkeit seiner Entscheidungen; er mache sie dabei »zur Maschine«.

Zu ihrem größten Verdruß engagierte der Verleger 1820 den Theaterdichter Adolph Müllner, der neben seinen berühmt-berüchtigten Schicksalsdramen auch bissige Rezensionen verfaßte. Er bekam von Cotta einen eigenen Literaturteil, der Therese entzogen wurde, fast das dreifache an Gehalt (2000 Gulden) und tat alles, um die ihm verhaßte Kollegin hinauszuekeln.

Nun war Therese alles andere als eine stille Dulderin. An Herrschsucht stand sie Cotta nicht nach, sie vertrat selbstbewußt ihren Standpunkt und handelte sich auch Ärger mit Autoren ein, deren Manuskripte sie zuweilen umschrieb, worauf sich diese bei Cotta beschwerten. Dem Verleger entging aber auch nicht, daß sich unter Therese Hubers Ägide die Auflage auf 1800 Exemplare steigerte, auch schätzte er sie als Persönlichkeit, und es gab immer wieder Zeiten, da sie einander nahestanden; wiederholt nannte Therese ihn ihren Freund. Als verantwortliche Redakteurin ging sie ihre Aufgabe energisch an, nahm dem *Morgenblatt* seinen provinziellen Charakter und machte es internationaler durch die gewählten Themen und Übersetzungen.

Nachdem Friedrich König 1812 die sogenannte Schnellpresse erfunden hatte, mit der sich der Druckvorgang erheblich beschleunigen ließ, beschloß Cotta, für seine umfangreiche Produktion eine solche Schnellpresse in einer eigens dafür zu errichtenden Druckerei in Augsburg aufzustellen, und er teilte Therese mit, daß er gedenke, Druck und Verlag des *Morgenblatts* nach Augsburg zu verlegen. Im Oktober 1823 übersiedelte sie daher von Stuttgart nach Augsburg, wo auch ihre Tochter Claire von Greyerz inzwischen lebte. Aber mit der Installierung der Schnellpresse dauerte es länger als gedacht, und Cotta, der seine Redakteurin wohl schon seit längerem loswerden wollte, entzog ihr 1824 die Redaktion des *Morgenblatts*, allerdings ohne ihr zu kündigen. Das teilte er ihr aber nicht mit, sie erfuhr es indirekt, denn alle Manuskriptein- und -ausgänge und die Korrespondenz waren schon immer über Cottas Büro gelaufen. Nun aber kam aus Stuttgart gar nichts mehr, sie wurde auch nicht mehr konsultiert, das *Morgenblatt* erschien wie bisher weiter in Stuttgart, nur eben ohne Therese Huber. Dafür, daß Cotta ihr noch zwei Jahre lang ihr ohnehin dürftiges Jahresgehalt von 700 Gulden weiterzahlte (nur ihre eigenen Beiträge wurden ihr wie bisher gesondert honoriert), mußte sie sich verpflichten, für Cotta die sechsbändigen Memoiren der ihr verhaßten (»schandbaren«) Modeautorin Stéphanie de Genlis ohne Honorar zu übersetzen.

»Ich habe mit der eigentlichen Redaktion des Morgenblatts nichts mehr zu thun, da es Cotta nicht *hierher* verpflanzt hat«, schrieb sie im Dezember 1825 an die österreichische Schriftstellerin Karoline Pichler. »Dieses Verhältniß ist von Cottas Seite eine sehr menschliche Schwäche die er durch die edelmüthigsten Freundschaftsdienste an mir ersetzt. Ihnen löse ich das Räthsel: er beschäfftigt mit der Redaktion seinen armseeligen Sohn, der hochmüthig, geizig, müßig ganz einsam und isolirt sonst nur mit diesem Fädchen an des Vaters Geschäfften hängte. Cotta sieht aber nicht gern daß ich mich als losgesagt von der Redaktion ansehe, sondern behandelt das ganze Verhältnis als temporair. Ich lasse ihm sein Palliativ fürs wunde Vaterherz und arbeite andre Dinge.«

Quasi en passant kam ihr zu Ohren, seit dem 1. Januar 1827 besorge die Redaktion des *Morgenblatts* (immer noch in Stuttgart) ein junger Mann namens Wilhelm Hauff. Erbost schrieb sie im Juni 1827 an Usteri: »Seine Satanspapiere sind freche, oder matte persönliche Satyren die in den nordischen Blättern schon ziemlich herbe gepinselt werden – in keinem Fall kann ein verdorbner Candidat, der keine Bildung hat, keine neue Sprache und Lit. kennt, ein tauglicher Red. solch eines Blatts seyn.« Das bezog sich auf Hauffs *Mitteilungen aus den Memoiren des Satan*, die im Jahr zuvor erschienen waren und worin »die rühmlichst bekannte, interessante Th. v. H.« verspottet wird.

Ihre Erzählungen waren 1819 in zwei Bänden unter dem Titel *L. F. Huber: Gesammelte Erzählungen, fortgesetzt von Therese Huber* erschienen, durchweg ihre eigenen Arbeiten, Huber selbst hatte nie eine Erzahlung verfaßt. Zwei Jahre später folgte der Roman *Hannah, der Herrnhuterin Deborah Findling*, ein Jahr später der Roman *Ellen Percy, oder Erziehung durch Schicksale* in zwei Bänden, 1824 der Roman *Jugendmut* (2 Bände) und 1829 ihre letzte große Arbeit, der zweibändige Roman *Die Ehelosen*.

Therese Hubers Erzählungen und Romane werden von didaktischen Absichten bestimmt. Sie will ihre (weibliche)

Leserschaft bilden, bessern, belehren. Entschieden spricht sie sich gegen Frömmelei und religiösen Fanatismus aus. Ihre Heldinnen gehen ihren eigenen Weg gemäß der von ihnen als richtig erkannten Bestimmung, aber dieser Weg weicht nie von der bürgerlichen Ordnung und ihren konservativen Idealen ab. Familie und Ehe sind heilige Güter, Emanzipation bleibt ein Fremdwort. Sie schreibt geschickt, anschaulich, nie weitschweifig, klar aufs Ziel gerichtet, denn sie hat eine Botschaft mitzuteilen. Schon deswegen trifft Hauffs Vorwurf, sie sei eine Trivialautorin, nicht zu. Sie ist eine gute und versierte Erzählerin, aber keine genuine Dichterin. Sie mißtraut immer wieder der Kraft ihrer Gestaltung, weshalb sie in ihren Werken oft glaubt, ihre Darstellung kommentieren zu müssen. Ihr Bild der bürgerlichen Gesellschaft kennt keine Trübungen, es ist Teil des nun herrschenden Biedermeiers. Dennoch widersprechen ihre Bücher dem Trend der Epoche insofern, als sie politisch mit republikanischen Idealen sympathisiert, sich manchmal auch kritisch in der Darstellung des Adels zeigt (ihn aber niemals in Frage stellt) und ganz unverhohlen ihre Sympathien für Polen ausspricht, das nach dem Wiener Kongreß, aufgeteilt zwischen Rußland und Preußen, jede Selbständigkeit verloren hat. Und als es Mode wurde, Juden mit Verachtung oder Haß zu begegnen, besaß Therese Huber den Mut, sich mit der 1815 publizierten Erzählung *Geschichte eines armen Juden* – drei Generationen einer jüdischen Familie im Elsaß – gegen die sich schon 1815 abzeichnende Pogromstimmung zu stellen und um Verständnis zu werben für die Probleme einer jüdischen Familie in der ihr wenig wohlgesinnten christlichen Gesellschaft. Hier mag auch die judenfreundliche Politik des von ihr verehrten Napoleon ihr zusätzlich den Blick geschärft haben.

Als Leserin begeisterte sie sich für die Memoiren von Napoleons Adjutanten Ségur und die »Evangelien« (H. Heine) von St. Helena, die Aufzeichnungen des irischen Arztes O'Meara über Napoleon und das *Mémorial* des Grafen Las

Cases, Napoleons Eckermann. Für die zeitgenössische Dichtung hingegen fehlte ihr das Verständnis. Über einen der bedeutendsten deutschen Romane, E. T. A. Hoffmanns *Kater Murr*, urteilte sie: »Es ist eine Liederlichkeit des Verstandes, so zügellos Schlechtes, Gutes auszuschütten.« Und Heinrich Heine subsumierte sie unter die »Eintagsfliegen« wie den verabscheuten Hauff.

In ihrem letzten Brief an Karoline Pichler schrieb sie im Januar 1829: »Bleiben Sie mir gut! haben Sie Geduld mit mir! ich muß Ihnen wohl paradox, extrem vorkommen? O ich bin sehr kindlich – denn lieb gehabt zu werden, ist mir das erhebenste, beherzigendste, als sei ich blutjung.« Therese Huber, deren Gesundheit sich schon seit längerem zunehmend verschlechterte, starb am 15. Juni 1829 in Augsburg nach dreitägigem Todeskampf, 65 Jahre alt.

5. Die Lyrikerin

VON PHILIPPINE GATTERER, VERHEIRAtete Engelhard, hatte man lange nichts gehört. Nach ihren ersten beiden Gedichtbüchern von 1778 und 1782 erschien erst 1821 mit *Neue Gedichte* ein 378 Seiten starker Band, dessen erstes Gedicht von 1783 und dessen letztes vom 23. 7. 1820 datiert, die Ernte also von 37 Jahren. Zu ihren letzten Versen gehörte das am 5. März 1820 geschriebene *Warum ich dichte*, dessen vier Strophen lauten:

> Soll Trauer mich soll Freude mich erfüllen,
> Daß nach Begeisterung zum Gesang mich reißt?
> Zwar selbst im Unglück, und im dunkeln Stillen
> Erhob mich, führte mich der Feuergeist.
> Doch stört mich's oft im argen Weltrevier,
> Denn Bosheit, Neid und Einfalt dreuen mir.
>
> Jahrtausende schon melden die Gelehrten
> Von allen Völkern, roh und cultivirt,
> Daß sie den Gotterfüllten Sang verehrten,
> Auch wenn der Strahl in Weibesbrust sich rührt.
> Wen Dichtergluth beseelte, ward erhöht
> Als Arzt, als Seher und Prophet.
>
> Auf stand August! Das Volk, die Großen alle
> Als einst Virgil sich spät zum Schauspiel fand.
> Wer ehrt jetzt so in eines Fürsten Halle
> Wohl einen Geist von Göttergluth entbrannt?
> Ach, Karten, Trunk, und feile Frauengunst
> Lockt Groß und Kleine mehr als Musenkunst.

Doch huld'gen Edle noch dem Lorbeerkranze,
Und halten alle Musenkünste werth.
Und preisen laut daß zu dem höchsten Glanze
Der Dichtersang in Deutschland sich verklärt.
Drum singt – die alt noch für die Dichtkunst glüht –
Bald stark, bald schwach, noch manches Schwanenlied.

Ein großer Anspruch, dem freilich ihre eigenen bescheidenen Reimkünste, schwerlich »von Göttergluth entbrannt«, nicht einmal entfernt gerecht werden konnten, was schon die Zeitgenossen so empfanden, die eben über diese Gedichte gar nichts bemerkten. Es war auch nicht sehr verlockend, die Empfindungen der Dichterin beim Geburtstag ihres Vaters oder ihres Ehemanns, Gedanken zu ihrer Silberhochzeit oder gar Betrachtungen über die eigene Nase kennenzulernen. Die Lyrikerin Philippine Gatterer, schon mit ihren beiden ersten Büchern weit überschätzt, war 1821 als Philippine Engelhard schon längst vergessen, und man darf hinzusetzen: zu Recht.

Ihr Ehemann, Johann Philipp Engelhard, hatte als leitender Beamter treu dem Kurfürsten von Hessen, dann dem König Jérôme von Westfalen und anschließend wieder dem zurückgekehrten Kurfürsten gedient, bis ihn 1818 ein Schlaganfall im Alter von 65 Jahren aus dem Leben riß. Neben seiner dienstlichen Tätigkeit pflegte er als Liebhaberei die Hühnerzucht. Zehn Kinder hatte ihm Philippine zwischen 1781 und 1800 geboren. Ihre letzte literarische Arbeit galt 1830 der Verdeutschung von 64 Liedern des populären französischen Volkssängers Pierre-Jean de Béranger.

Während eines Besuchs bei ihrer Tochter Caroline in Blankenburg am Harz starb Philippine Engelhard am 28. September 1831 an den Folgen eines Schlaganfalls nach einer Nierenentzündung, sie war 75 Jahre alt. Beigesetzt wurde sie auf dem Friedhof von Blankenburg. Irgendwann in den sechziger Jahren des 20. Jahrhunderts hat man ihr Grab dann aufgelassen, da niemand mehr etwas von Philippine Gatterer-Engelhard wußte. Daß ihr und ihren Gedichten keine Dauer würde beschieden sein, hatte sie geahnt. Gegen Ende ihres Lebens schrieb sie an ihren jüngeren Schriftstellerkollegen Gustav Schwab:

»Übrigens bescheide ich mich freilich gern in dem Strom der jetzigen Zeit mit unterzugehn. Mich tröstet die ehrenwerte Gesellschaft! Kaum kennen und lieben noch einige Alte die Lieder von Hölty, süß und unschädlich wie Reseda und Nachtviolenduft, die kräftigen lieblichen Oden von Stolberg und Klopstock, von dem mehrere Oden hinreißend schön und jedem verständlich sind. So manchem Kreis von Frauen und Mädchen nannte ich sie zur Probe: die meisten kannten ihren Namen nicht! Wohl haben wir in jetziger Zeit Dichter, die ich wundervoll nennen möchte, so wissen sie die deutsche Sprache zu gebrauchen, so melodisch und kräftig dichten sie und deren Phantasie göttlichen Ursprungs ist. Aber ists wohl klug und billig, nur einerlei Art Dichtung zu schätzen? Wunderliche Menschen! Wie groß ist z. B. die Verschiedenheit der Früchte: Südlich und nördlich – in Farbe, Gestalt und Wirkung so mannigfaltig – und die Feinschmecker verschmähen nicht leicht eine Art derselben, und der geistige Genuß des Schönen, der aus der mühseligen Gewöhnlichkeit des Lebens oft freundlich und selig uns erhebt – soll nur einerlei Modeweise sein!«

Auf ihren Grabstein setzte man die Inschrift: »Liebend betrauert von zehn Kindern, acht Schwiegerkindern und 34 Enkeln. Hellen Geistes reifte sie zum ewigen Licht! Glücklich vor Tausenden und wert es zu sein.«

Die Unstete

DER TOD CAROLINE SCHELLINGS IM SEPtember 1809 hatte ihre Freundin Meta Liebeskind tief getroffen. Am 14. Oktober schrieb sie an Schelling: »Herder aber hat innigen Antheil an meinem Schmerze genommen u. schon mehrmals mit mir geweint: er ist mit den Schmerzen vertraut, u. hat selbst jetzt eine trefliche Mutter verloren. Er hat mich auch beredet, Therese Huber den Verlust zu schreiben, wohin ich anfangs mich nicht recht bringen konnte. Wenn sie mir antwortet, werde ich es Ihnen mittheilen. Ach welche ungeheure Kluft zwischen diesen beiden. Welche Wahrheit, Hoheit und welche Tiefe in diesem Gemüth [Caroline] u. in der andern nur Theaterprunk u. Sinneblitze. Statt mich nach ihr zu sehnen habe ich ordentlich eine Abneigung sie jetzt zu sehen.« (Therese besuchte Meta ein Jahr später für vier Wochen.)

Der genannte Herder war Emil von Herder, der Sohn von Johann Gottfried (die Mutter Emils, Caroline Herder, war am 15. September 1809 gestorben), damals noch Therese Hubers Schwiegersohn in spe; er heiratete im Oktober 1813 ihre Tochter Luise. Die Ehe wurde nicht glücklich, was nicht zuletzt an der Dominanz Thereses gelegen haben könnte, die für vier Monate zu dem jungen Ehepaar nach München zog und gewohnt war, ihre ganz persönlichen Ansprüche und Ansichten in jeder Weise geltend zu machen. Danach kehrte sie nach Günzburg zurück – allein mit Luise. Die Ehe wurde 1816 geschieden, doch 1822 heirateten Luise und Emil von Herder erneut.

Meta Liebeskind nahm noch einmal ihre bewährte Übersetzertätigkeit auf und übertrug die gerade in Paris erschienenen *Lettres de Madame du Deffand* für Cottas *Morgenblatt*, wo sie 1812 in vier aufeinanderfolgenden Ausgaben erschienen. Nachdem Therese Huber die Redaktion des Blattes übernommen hatte, ließ sie sich von Meta 1820 und 1821 regelmäßig *Korrespondenznachrichten für München* schicken, denn die Leser des *Morgenblatts* sollten doch das jeweils Neueste aus dem Münchner Kultur- und Gesellschaftsleben erfahren, einschließlich des Faschingstreibens und der aktuellen Trends in der Mode.

Die Liebeskinds fühlten sich wohl in München und unterhielten vielfältige Beziehungen zu jenen Zirkeln, die im gesellschaftlichen Leben der bayerischen Residenz eine Rolle spielten. Als der 27 Jahre alte schwedische Schriftsteller Per Daniel Amadeus Atterbom auf seiner zweijährigen Europareise im Dezember 1817 nach München kam, notierte er am 22. Dezember in seinem Tagebuch: »Vorgestern abend war ich zu einer Geheimrätin von Liebeskind eingeladen, einer schöngeistigen, klugen und feinen Frau, deren Mann Hjort [sein Reisebegleiter Peder Hjort] und mich seitdem in die hiesige Akademie der Wissenschaften einführte, welche jeden Sonnabendnachmittag ihre Zusammenkunft hält. Die ordentliche Session war vorbei, aber wir trafen doch noch verschiedene Gesellschaftsmitglieder und mehrere nicht der Akademie angehörige Münchener Literaten, welche letzteren etwas später jeden Sonnabendabend in den Zimmern der Akademie eine Art literarischen Klub bilden.«

Noch lieber aber ging Meta allein auf Reisen. Seit 1811 verbrachte sie wiederholt die Sommermonate im Haus ihres Bruders Georg in Darmstadt. Der einstige Mainzer Jakobiner, der Lynchjustiz der Mainzer gerade noch rechtzeitig entkommen, war ein hochangesehener Arzt und Professor der Medizin, zeitweilig sogar wieder in Mainz. Nachdem er als Militärarzt in Napoleons Armee gedient hatte, ernannte ihn Ludwig I., Großherzog von Hessen-Darmstadt, 1808 zum Leibarzt und erhob ihn ein Jahr später in den Adelsstand.

Von Darmstadt aus unternahm Meta Abstecher nach Worms, Mainz und Heidelberg, wo sie mit Johann Heinrich Voß und den Brüdern Boisserée verkehrte, die hier ihre große Sammlung spätgotischer Malerei aufgestellt hatten, die später der bayerische König für die Alte Pinakothek erwarb. Auch machte sie die Bekanntschaft der umtriebigen Helmina von Chézy, die Hermann Fürst Pückler mit der so boshaften wie zutreffenden Bemerkung charakterisierte: »Wir verdanken ihr den erbärmlichen Text zu einem der köstlichsten Musikwerke, Webers Oper *Euryanthe*, die dadurch für uns getötet worden ist.«

Wichtiger aber war, daß diese Frau gegenüber dem preußischen Militär eine ganz ungewöhnliche Zivilcourage demonstrierte. Nach der Schlacht von Waterloo 1815 hatte Helmina von Chézy die skandalösen Verhältnisse in den preußischen Lazaretten in Belgien gesehen und sie in einem Brief dem Generalstabschef Gneisenau beschrieben. Dieser, ein humaner und rechtlich denkender Mann, gab den Brief zwecks Untersuchung an die zuständige Generalität und die Preußische Invaliden-Prüfungs-Kommission weiter. Nachdem dort als erstes die Vernehmungsprotokolle verschwanden, wurde Frau von Chézy angeklagt, das preußische Allerheiligste, das Militär, beleidigt zu haben. Ihre Verteidigung und die Untersuchung des Falls wurde dem Kammergerichtsrat und Dichter E. T. A. Hoffmann übertragen, der es schaffte, gegen den eigenen Justizminister drei Verfahren anzustrengen und im Juli 1817 die Beklagte zu rehabilitieren und das gegen sie verhängte Urteil (ein Jahr Gefängnis, 550 Taler Geldstrafe und Zahlung aller Prozeßkosten) aufzuheben. Das gelang nur, weil der Fall inzwischen so bekannt geworden war, daß das preußische Justizministerium unliebsames Aufsehen vermeiden wollte, denn die schändliche Rechtsbeugung war für die Öffentlichkeit doch allzu offensichtlich.

Am 20. März 1818 war in Göttingen Johann Nicolaus Forkel im Alter von 69 Jahren gestorben. Wann Meta davon erfuhr, ist nicht bekannt, aber daß ihr der Tod ihres geschiedenen Ehemanns naheging, bekundet ein Brief, den sie am 12. Mai über »des alten Freundes Tod« an Therese Huber schrieb: »Schon nach sechs Wochen sah der Arzt Brustwassersucht und nahen Tod voraus. Er blieb bei aller Schwäche heiter und seinen Tod nicht ahnend, bis er die letzten vier Tage in eine Art bewußtlose Betäubung sank. Meiner hat er mehrmals auch schon früher mit Achtung und Liebe gegen Riedel erwähnt und über das frühere Verhältniß sehr billig gesprochen. Er wurde mit Sorgfalt verpflegt, sonst würde mich dieses einsame Krankenlager noch tiefer schmerzen. Doch gestehe ich, daß wenn ich nur einen Wink erhalten hätte, nichts mich würde abgehalten haben, ihm die letzten Pflichten der Freundschaft und der früheren Verbindlichkeiten selbst zu leisten.«

Natürlich wußte Meta von der Behauptung Thereses, Forkel sei der Liebhaber ihrer Mutter gewesen und habe zur Zerrüttung der Ehe ihres Vaters beigetragen. Deshalb schrieb sie nun vorsichtig, sie hätte dieses Verhältnis »immer nur für platonische Schwärmerei gehalten«. Und: »Es hat mir immer etwas Unerklärliches gehabt, doch habe ich nie geglaubt, daß es störend auf Ihren Herrn Vater gewirkt hätte, der, selbst zu beschäftigt, sich wohl nie um die Stunden seiner Frau bekümmerte.«

Nicolaus Forkel wäre wohl für immer nur eine Fußnote in der Geschichte der Wissenschaft geblieben, hätte er nicht 1802 ein bescheidenes Büchlein veröffentlicht, das damals wenig Beachtung fand: *Ueber Johann Sebastian Bachs Leben, Kunst und Kunstwerke. Für patriotische Verehrer echter musikalischer Kunst.* Es war die erste Johann Sebastian Bachs Leben und Schaffen gewidmete Monographie. Forkel konnte Material benutzen, das ihm seine Freunde, die Bach-Söhne Wilhelm Friedemann und besonders Carl Philipp Emanuel, zur Verfügung gestellt hatten. Die Versäumnisse und Fehler Forkels in seiner Darstellung können hier nicht diskutiert werden, aber diese Monographie öffnete trotz ihrer Unzulänglichkeit den Weg zur langsam einsetzenden Bach-Forschung, sie ist gleichsam so etwas wie ihre Inkunabel und hat den Namen Forkels mit dem Johann Sebastian Bachs für immer verknüpft.

Metas lange Reisen bei kurzen Aufenthalten gleichen Fluchten. Immer wieder suchte sie auch Bäder auf. Gemeinsam mit ihrem Mann, der ihre ständigen Abwesenheiten gutmütig duldete und mit dem sie offensichtlich eine gute Ehe geführt hat, besuchte sie 1827 Kissingen und Bocklet; in diesem Jahr war Johann Heinrich Liebeskind als Oberappellationsgerichtsdirektor nach Landshut berufen worden, doch schon zwei Jahre später wurde er an das Appellationsgericht Ansbach versetzt und mußte dann 1832 wieder nach Landshut zurück, jetzt vom Zweiten zum Ersten Direktor des Appellationsgerichts ernannt. Das bedeutete für das Ehepaar nicht nur beschwerliche Umzüge, sondern auch den Verlust ihres Münchner Freundeskreises.

In dieser Zeit besuchte Meta schon regelmäßig Baden-Baden, da sich ihr Gesundheitszustand offenbar verschlechterte. Der letzte Aufenthalt dort ist für 1837 bezeugt. Am 8. Juli 1837 verließ das Ehepaar Liebeskind gemeinsam Baden-Baden, anscheinend mit dem Ziel Bamberg. Danach verliert sich von Meta Liebeskind jede Spur. Wann, wo und woran sie gestorben ist, konnte bis heute nicht ermittelt werden.

7. Spätere Schicksale

VON DEN ZEHN KINDERN PHILIPPINE Engelhards, geb. Gatterer, heiratete die 1787 geborene Louise Wilhelmine 1809 den später bedeutenden Unternehmer Johann Gottlob Nathusius. Beider Sohn, der 1815 geborene Philipp Engelhard von Nathusius, selber Schriftsteller, plante die Herausgabe von Philippines Nachlaß und eine Biographie seiner Großmutter, worüber er mit Bettine von Arnim korrespondierte. Doch aus dem Vorhaben wurde nichts, und der Nachlaß gilt heute als verschollen.

Caroline Schelling überlebte ihre vier Kinder und starb 1809. Schelling heiratete 1812 die sechsundzwanzigjährige Pauline Gotter, die Tochter von Carolines ältester Freundin Luise. Diese Ehe währte 42 Jahre, und sechs Kinder gingen daraus hervor. Schelling starb 1854 in Ragaz (Schweiz). Pauline überlebte ihn um vier Monate.

Von den neun Kindern Therese Hubers haben nur vier die Mutter überlebt: Therese, die Älteste, starb unverheiratet 1861 mit 75 Jahren; Claire, verheiratet mit dem Forstmeister Gottlieb von Greyerz, 1839 mit 50 Jahren; Luise, verheiratet mit dem Oberforstrat Emil von Herder, 1831 mit 36 Jahren; Victor Aimé, der sich nach einem abgeschlossenen Medizinstudium für die Laufbahn eines Publizisten und Schriftstellers entschied, 1869 mit 69 Jahren. Von 1830 bis 1834 veröffentlichte er das erzählerische Werk seiner Mutter in sechs Bänden.

Johann Heinrich von Liebeskind (er wurde 1825 nobilitiert) starb am 18. Juni 1847 in Eichstätt. Der einzige Sohn aus Metas Ehe mit Johann Nicolaus Forkel, Carl Gottlieb, starb 1818, sechs Monate nach seinem Vater, 36 Jahre alt.

Von den Kindern aus Metas Ehe mit Liebeskind überlebten die vier Söhne. Adalbert wurde Soldat in der bayerischen Armee und starb als Hauptmann a. D. 1866 kinderlos im Alter von 74 Jahren. Friedrich, Jurist, Vater einer Tochter, starb 1873 im Alter von 75 Jahren; Ferdinand, Oberförster, starb kinderlos 1855, er wurde 55 Jahre alt; Heinrich Ludwig starb 1872 kinderlos, er wurde 70 Jahre alt.

Von den drei Kindern Dorothea Roddes, geb. Schlözer, überlebte nur Dorothea (genannt Dortchen). Sie heiratete 1830 Friedrich Ernst Ferdinand von Lasperg, Oberst und Kammerherr in Anhalt-Bernburg, gebar zwei Töchter und starb 1834 im Alter von 38 Jahren.

Friedrich Ludwig Wilhelm Meyer starb am 1. September 1840 im Alter von 81 Jahren auf seinem Gut in Bramstedt (Holstein), wo er seit 1800 zurückgezogen lebte; »in meinem stillen Forste«, wie er an Therese Huber schrieb. Er muß in späteren Jahren ein vermögender Mann gewesen sein, obwohl er als Schriftsteller nur sehr wenig veröffentlicht hat und mit seinen Werken ziemlich erfolglos blieb. Der letzte erhaltene Brief, den er an Therese schrieb, datiert vom 23. 8. 1805, danach bricht die Korrespondenz mit ihr ab. Aber Therese hat dann noch einmal, am 16. 1. 1820 einen Brief an Meyer gerichtet, den er offensichtlich nicht beantwortet hat. Am 8. 3. 1827 fragte Therese die in Hamburg lebende Witwe des Arztes Georg Kerner: »Lebt Meyer noch in Bramstedt?«

Nicht unerwähnt bleiben soll das denkwürdige Schicksal der armen Elise Bürger, geborene Hahn. Über das Desaster ihrer gescheiterten Ehe mit G. A. Bürger, das schon geschildert wurde, zerriß sich nicht nur Göttingen das Maul, sondern nahezu ganz Deutschland nahm an diesem Skandal regen Anteil. Vier Monate vor der am 31. 3. 1792 gerichtlichen Auflösung dieser Ehe hatte Caroline Böhmer über Elise Bürger geurteilt: »Es ist ein kleines niedliches Figürchen, mit einem artigen Gesicht und Gabe zu schwazen – empfindsam wo es noth thut, intriguensüchtig im höchsten Grad – und die gehaltloseste Coquetterie – der es nicht um einen Liebhaber so wohl – ohngeachtet sie auch da so weit geht – wie man gehen kan – sondern um den Schwarm unbedeutender Anbeter zu thun ist, die ihre ganze Zeit damit verdirbt, und den Kopf dabey verliert. Mir thuts sehr weh für Bürger – eine vernünftige Frau, seinen Jahren angemeßen, hätte ihn noch zum ordentlichen Mann gemacht – aber jezt droht seiner Haushaltung ein völliger Untergang, weil sie sich um nichts bekümmert – nicht einmal um ihr Kind – den kleinen Agathon, der, seit die Leute sich nicht mehr über den Nahmen wundern, von aller Welt und von der Mutter vergeßen ist. Nicht ein Funken mütterlich Gefühl in ihr! Sehn Sie, Meyer – darum müßen Weiber keine Liebhaber haben, weil sie so leicht Kind und Wirtschaft darüber vernachläßigen. Ich könte Ihnen hiervon Anekdoten erzählen, die mir die Thränen in die Augen gebracht haben – mein innerster Unwille wird reg, wenn ein Weib so wenig Weib ist, das Kind vergeßen zu können, und wär ich Mann, ich möchte sie nicht in meine Arme schließen.«

Therese Huber indes, die das Ehedrama ausschließlich von Elise Bürger vorgestellt bekam, sah das natürlich ganz anders, zumal sie es selber mit der ehelichen Treue nicht so genau genommen hatte: »Im Innern der Ehe verführte, reizte, zwang nun dieser ehrlose alte Wollüstling [G. A. Bürger] das 19jährige gesunde Weib zu einer Liederlichkeit, die zehnfach infamer ist wie die Zügellosigkeit öffentlich schlechter Sitten.«

Die mittellose Elise begann nach ihrer Flucht aus Göttingen eine neue Existenz als Schauspielerin. Sie wurde nach ihrer Ausbildung 1796 vom Altonaer Theater für drei Jahre engagiert, wechselte dann an das Dresdner Hoftheater und spielte auch in Bremen und Hannover. Dann verließ sie die Bühne, zog nach Frankfurt am Main und unternahm von dort aus Tourneen durch Deutschland als Rezitatorin und Darstellerin »lebender Bilder«, zu denen sie selbstgefertigte Kostüme trug. Sie selbst bezeichnete sich als »Professor in der Deklamation« und ließ sich mit »Frau Professor Bürger« anreden. Berühmt-berüchtigt durch ihren Eheskandal, bekam sie meist volle Säle, wurde aber vom Publikum nicht immer freundlich aufgenommen und erhielt in mehreren Orten auch Auftrittsverbot. Sie deklamierte Verse von Goethe, Schiller und vor allem Bürgers *Lenore,* inszenierte Gedenkfeiern für Königin Luise und General Blücher und schrieb selber Gedichte, Novellen, Reiseberichte und 16 Dramen.

»Madame B. hat Ihnen meine gewis zärtliche Begrüßung ausgerichtet«, schrieb Meta Liebeskind 1815 an Helmina von Chézy. »Wo ist sie denn jezt, die Arme. Es hat mir schrecklich weh gethan, daß auch in München für sie nichts zu thun war. Auf dieser Stuffe des Lebens ist es hart, sich so sonderbar geächtet zu sehen.«

Am 24. November 1833 ist Elise Bürger in Frankfurt am Main gestorben, 64 Jahre alt, erblindet und völlig verarmt. Das einzige Kind aus der Ehe mit Bürger, Agathon, war offenbar geistig behindert und arbeitete später in Dresden als Gärtner. Dort ist er 1813 im Alter von 22 Jahren gestorben.

Bibliographie

Anonym: Die Mainzer Klubbisten zu Königstein oder Die Weiber decken einander die Schanden auf. Ein tragi-komisches Schauspiel in einem Aufzug. Leipzig 1907 (Nachdruck der Ausgabe von 1793)

Per Daniel Amadeus Atterbom: Reisebilder aus dem romantischen Deutschland. Jugenderinnerungen eines romantischen Dichters und Kunstgelehrten aus den Jahren 1817 bis 1819. Stuttgart 1970

Johann Nikolaus Becker: Fragmente aus dem Tagebuche eines reisenden Neu-Franken. Nach der Erstausgabe von 1798 neu hrsg. u. m. e. Nachw. u. Erl. versehen v. Wolfgang Griep. Bremen 1985

Stefan Brüdermann: Göttinger Studenten und akademische Gerichtsbarkeit im 18. Jahrhundert. Göttingen 1990

Gottfried August Bürger: Gedichte. Berlin u. Stuttgart o. J. (1883)

Franz Dumont: Die Mainzer Republik von 1792/93. Studien zur Revolutionierung in Rheinhessen und der Pfalz. Alzey 1982

Lieselotte J. Eberhard: Von der berühmten, gelehrten, schönen und trefflichen Dorothea Schlözer, Doctor der Philosophie, verehelichte von Rodde in Lübeck. Eine Sammlung von Bildern u. historischen Texten. Lübeck 1995

Erich Ebstein (Hrsg.): Gottfried August Bürger und Philippine Gatterer. Ein Briefwechsel aus Göttingens empfindsamer Zeit. Leipzig 1921

Thomas Ellwein: Die deutsche Universität vom Mittelalter bis zur Gegenwart. Frankfurt a. M. 1992

Philippine Engelhard: Neue Gedichte. Nürnberg 1821

Georg Forster: Werke in vier Bänden. Hrsg. v. Gerhard Steiner. Frankfurt a. M. 1967

Philippine Gatterer: Gedichte. Göttingen 1778

Philippine Gatterer: Gedichte. Göttingen 1782

Ludwig Geiger: Dichter und Frauen. Vorträge und Abhandlungen. Berlin 1896

Ludwig Geiger: Dichter und Frauen. Abhandlungen und Mittheilungen. Neue Sammlung. Berlin 1899

Ludwig Geiger: Therese Huber 1764 bis 1829. Leben und Briefe einer deutschen Frau. Stuttgart 1901

Johann Wolfgang von Goethe: Sämtliche Werke. Briefe, Tagebücher und Gespräche. Vierzig Bände. Frankfurter Ausgabe. Frankfurt/Main 1987–1999

Klaus Günzel: Der Wiener Kongreß. Geschichte und Geschichten eines Welttheaters. München u. Berlin 1995

Andrea Hahn/Bernhard Fischer (Hrsg.): »Alles … von mir!« Therese Huber (1764–1829). Schriftstellerin u. Redakteurin. Marbacher Magazin 65/1993. 2. Aufl. Marbach 1995

Notker Hammerstein: Bildung und Wissenschaft vom 15. bis zum 17. Jahrhundert. München 2003

Adalbert von Hanstein: Die Frauen in der Geschichte des Deutschen Geisteslebens des 18. u. 19. Jhs. 2 Bde. Leipzig o. J.

Klaus Harpprecht: Georg Forster oder Die Liebe zur Welt. Eine Biographie. Reinbek 1987

Rudolf Hirsch/Rosemarie Schuder: Der gelbe Fleck. Wurzeln und Wirkungen des Judenhasses in der deutschen Geschichte. Essays. Köln 1999

M. Isler (Hrsg.): Briefe an Charles de Villers. Auswahl aus dem handschriftlichen Nachlasse des Ch. de Villers. Zweite vermehrte Ausgabe. Hamburg 1883

Norbert Kamp (Hrsg.): Der Vormann der Georgia Augusta. Christian Gottlob Heyne zum 250. Geburtstag. Sechs akademische Reden. Göttingen 1980

Friedrich Kapp: Justus Erich Bollmann. Ein Lebensbild aus zwei Weltteilen. Berlin 1880

Bärbel Kern/Horst Kern: Madame Doctorin Schlözer. Ein Frauenleben in den Widersprüchen der Aufklärung. 2. durchgesehene Auflage. München 1990

Hermann Kinder: Bürgers Liebe. Dokumente zu Elise Hahns und G. A. Bürgers unglücklichem Versuche, eine Ehe zu führen. Frankfurt a. M. 1981

Eckart Kleßmann: »Ich war kühn, aber nicht frevelhaft«. Das Leben der Caroline Schlegel-Schelling. 2. veränderte Auflage. Bergisch-Gladbach 1992

Paul Kluckhohn: Die Auffassung der Liebe in der Literatur des 18. Jhs. u. i. d. deutschen Romantik. 2. Auflage. Halle (Saale) 1931

Brigitte Leuschner (Hrsg.): Schriftstellerin und Schwesterseelen. Der Briefwechsel zwischen Therese Huber (1764–1829) und Karoline Pichler (1769–1843). Marburg 1995

Brigitte Leuschner (Hrsg.): Der Briefwechsel zwischen Therese Huber (1764–1829) und Karoline von Woltmann (1782–1847). Ein Diskurs über Schreiben und Leben. Marburg 1999

Georg Christoph Lichtenberg: Schriften und Briefe. 4 Bde. Hrsg. v. Wolfgang Promies. München 1967

Margot Lindemann: Deutsche Presse bis 1815. Geschichte der deutschen Presse. Teil I. Berlin 1969

Dieter Lohmeier, Urs Schmidt-Tollgreve, Frank Trende (Hrsg.): Heinrich Christian Boie. Literarischer Mittler in der Goethezeit. Heide 2008

Helmut Mathy: Als Mainz französisch war. Mainz 1968

Helga Meise: Die Unschuld und die Schrift. Deutsche Frauenromane im 18. Jahrhundert. Berlin u. Marburg 1983

Otto Mejer: Kulturgeschichtliche Bilder aus Göttingen. Linden-Hannover 1889

Friedrich Johann Lorenz Meyer: Briefe aus der Hauptstadt und dem Innern Frankreichs. 2 Bde. Tübingen 1802

Johann David Michaelis: Lebensbeschreibung. Rinteln u. Leipzig 1793

Gustav Poel: Bilder aus vergangener Zeit. Nach Mittheilungen aus großentheils ungedruckten Familienpapieren. Teil 1 u. 2. Hamburg 1884/1887

Wolfgang Promies: Georg Christoph Lichtenberg. Reinbek 1964

Johann Stephan Pütter: Selbstbiographie. 2 Bde. Göttingen 1798

Detlev Rasmussen (Hrsg.): Der Weltumsegler und seine Freunde. Georg Forster als gesellschaftlicher Schriftsteller der Goethezeit. Tübingen 1988

Albrecht Saathoff: Geschichte der Stadt Göttingen. Göttingen 1937

Helmut Scherer: Lange schon in manchem Sturm und Drange. Gottfried August Bürger. Der Dichter des Münchhausen. Eine Biographie. Berlin 1995

Christian von Schlözer: August Ludwig von Schlözers Öffentliches und Privatleben aus Original-Urkunden. 2 Bde. Leipzig 1828

Leopold von Schlözer: Dorothea von Schlözer. Ein deutsches Frauenleben um die Jahrhundertwende 1770–1825. Göttingen 1937

Hans-Georg Schmeling (Hrsg.): Göttingen im 18. Jahrhundert. Eine Stadt verändert ihr Gesicht. Göttingen 1987

Erich Schmidt (Hrsg.): Caroline. Briefe aus der Frühromantik. Nach Georg Waitz vermehrt. 2 Bde. Leipzig 1913

Werner Schneiders (Hrsg.): Lexikon der Aufklärung. Deutschland und Europa. München 1995

Ilse Schreiber (Hrsg.): »Ich war wohl klug, daß ich dich fand.« Heinrich Christian Boies Briefwechsel mit Luise Mejer 1777–1785. München 1961 (3. Aufl. 1975)

Monika Siegel: »Ich hatte einen Hang zur Schwärmerey ...« Das Leben der Schriftstellerin und Übersetzerin Meta Forkel-Liebeskind im Spiegel ihrer Zeit. Diss. Darmstadt 2002

Adolf Strodtmann (Hrsg.): Briefe von und an Gottfried August Bürger. Ein Beitrag zur Literaturgeschichte seiner Zeit. 4 Bde. Berlin 1874

Anna von Sydow (Hrsg.): Wilhelm und Caroline von Humboldt in ihren Briefen. 7 Bde. Berlin 1906–1916

Claus Träger (Hrsg.): Mainz zwischen Rot und Schwarz. Die Mainzer Revolution 1792–1793 in Schriften, Reden und Briefen. Berlin 1963

Ludwig Uhlig: Georg Forster. Einheit und Mannigfaltigkeit in seiner geistigen Welt. Tübingen 1965

O. Ulrich: Charles de Villers. Sein Leben und seine Schriften. Leipzig 1899

Guntram Vesper: Galeere meiner Sklaverei. Zu Gottfried August Bürger in Göttingen. Göttingen 1994

Silke Wagener: Pedelle, Mägde und Lakaien. Das Dienstpersonal an der Georg-August-Universität Göttingen 1737–1866. Göttingen 1996

Traudel Weber-Reich: »Des Kennenlernens werth«. Bedeutende Frauen Göttingens. Göttingen 1993

Karl Weinhold: Heinrich Christian Boie. Beitrag zur Geschichte der deutschen Literatur im 18. Jahrhundert. Halle 1868

Wolfgang von Wurzbach: Gottfried August Bürger. Sein Leben und seine Werke. Leipzig 1900

ECKART KLESSMANN, 1933 in Lemgo geboren, veröffentlichte Bücher über die deutsche Romantik und mehrere Biographien, darunter *E. T. A. Hoffmann; Christiane. Goethes Geliebte und Gefährtin; Napoleon. Ein Charakterbild.* Für seine Darstellungen historischer Themen wurde er 1998 mit dem Leon-Feuchtwanger-Preis der Berliner Akademie der Künste ausgezeichnet.

DIE ABBILDUNGEN zeitgenössischer Stiche entstammen dem Band:

Wahre Abbildung, Der Königl: Groß Britan und Churfürstl. Braunschw. Lüneb: Stadt, // GÖTTINGEN. // Ihrer Grund-Lage, Aüserl. und Innerlicher Prospecte und der Zur // GEORG AUGUSTUS UNIVERSITÆT // gehörigen gebäude // Gezeichnet, und in Kupffer herauß gegeben, durch Georg Daniel Heumann // Königl. Groß-Brit: Hoff und Universitæts Kupfferstecher // in Goettingen.

Der Abdruck erfolgt mit freundlicher Genehmigung des Städtischen Museums Göttingen.

UNIVERSITÄTSMAMSELLEN, *Fünf aufgeklärte Frauen zwischen Rokoko, Revolution und Romantik* von Eckart Kleßmann ist im Mai 2008 als zweihunderteinundachtzigster Band der ANDEREN BIBLIOTHEK im Eichborn Verlag, Frankfurt am Main, erschienen. Das Lektorat lag in den Händen von Palma Müller-Scherf.

DIESES BUCH wurde in der Abrams Venetian gesetzt und beim Memminger Medienzentrum auf 100 g/m² holz- und säurefreies mattgeglättetes Bücherpapier der Papierfabrik Schleipen gedruckt. Den Einband besorgte die Buchbinderei Lachenmaier, Reutlingen. Typographie und Ausstattung: Christian Ide und Lisa Neuhalfen.

1.–7. Tausend April 2008.
Dieses Buch trägt die Nummer:

ISBN 978-3-8218-4588-3
Copyright © Eichborn AG,
Frankfurt am Main 2008